Marc Lynch

Die neuen Kriege in der arabischen Welt

Marc Lynch

Die neuen Kriege in der arabischen Welt

Wie aus Aufständen Anarchie wurde

Aus dem Englischen von
Rita Seuß und Thomas Wollermann

edition Körber-STIFTUNG

Bibliografische Information der Deutschen Nationalbibliothek

Die Deutsche Nationalbibliothek verzeichnet diese Publikation
in der Deutschen Nationalbibliografie; detaillierte bibliografische Daten
sind im Internet unter http://dnb.d-nb.de abrufbar.

Umschlag: Groothuis. www.groothuis.de
Cover: picture alliance/abaca
Herstellung: Das Herstellungsbüro, Hamburg|
buch-herstellungsbuero.de
Druck und Bindung: CPI – Clausen & Bosse, Leck
Printed in Germany

ISBN 978-3-89684-193-3

www.edition-koerber-stiftung.de

Für Sophia Faith und Alexander Reyes

Inhalt

Vorwort

»Wir kommen heute Nacht. Und es wird keine Gnade geben«, warnte der libysche Staatschef Muammar Gaddafi am 17. März 2011, während seine Truppen unerbittlich auf Bengasi vorrückten, die bedrängte Hochburg des Aufstands, der einen Monat zuvor begonnen hatte. Derweil appellierten Rebellenführer verzweifelt an die internationale Gemeinschaft, zu intervenieren und sie zu unterstützen. Die beginnende Katastrophe konnte man sodann live im Fernsehen verfolgen, inmitten einer Flutwelle von Massenprotesten und deren gewaltsamer Niederschlagung durch die Regime überall in der Region. Die Menschen, die auf die Straße gegangen waren, schauten zu, und das Schicksal der arabischen Aufstände schien ungewiss.

Die Reaktion der Weltöffentlichkeit war ungewöhnlich. Die sonst so zerstrittene Arabische Liga sprach mit einer Stimme und verlangte ein internationales Vorgehen gegen Gaddafi. Der Sicherheitsrat der Vereinten Nationen verabschiedete – entgegen allen Erwartungen – eine Resolution, die Militäreinsätze zum Schutz der libyschen Rebellen erlaubte. NATO-Kampfflugzeuge begannen fast unmittelbar danach Luftangriffe zu führen, mit denen die Truppen des Regimes gestoppt und schon bald zurückgedrängt wurden.

Die Luftangriffe brachten jedoch keinen schnellen Sieg. Es folgte ein sechs Monate langes zähes Ringen, bevor ein überraschender Vorstoß der Rebellen nach Tripolis Gaddafis Regime zu Fall brachte. Am 20. Oktober wurde Gaddafi von Rebellen in Sirte getötet. Der Nationale Übergangsrat, die politische Führung der Aufständischen, der als neue libysche Regierung die Macht übernahm, kündigte einen ehrgeizigen Fahrplan für den Übergang zu einem demokratischen Libyen an. Im Frühjahr 2012 schienen sich in Libyen die Hoffnungen der arabischen Aufstände, der US-amerikanischen Strategie einer begrenzten militärischen Intervention und eines besseren Nahen Ostens zu erfüllen.

Doch dann lief alles schief. Dem neuen libyschen Staat gelang es nicht, für Sicherheit zu sorgen, einen politischen Konsens zu finden und effiziente Institutionen aufzubauen, trotz demokratischer Wahlen. Die bewaffneten Gruppen, die für die Revolution gekämpft hatten, weigerten sich, ihre Waffen niederzulegen, und operierten fortan als Milizen, die die Verkehrswege kontrollierten. Am 11. September 2012 verübte die islamistische Miliz Ansar al-Sharia (Libyen) einen dreisten militärischen Angriff auf das amerikanische Konsulat und die CIA-Stützpunkt in Bengasi. Erst einen Monat zuvor hatten die US-Senatoren John McCain, Lindsey Graham und Joe Lieberman auf eine amerikanische Intervention in Syrien gedrängt und auf Libyen verwiesen, wo »die tiefe Dankbarkeit für die amerikanische Hilfe im Krieg gegen Muammar Gaddafi die Grundlage für ein neues, helles Kapitel in den Beziehungen zwischen unseren beiden Ländern gelegt hat«.[1] Die Ermordung des amerikanischen Botschafters Chris Stephens und dreier weiterer US-Bürger durch eine dschihadistische Miliz im Kerngebiet der libyschen Revolution und inmitten chaotischer antiamerikanischer Proteste gab diesem neuen Kapitel einen blutigen Anstrich. Viele sahen darin das traurige Ende der arabischen Aufstände gekommen.

Die Folge des Angriffs in Bengasi war eine gefährliche Polarisierung der libyschen Politik und Gesellschaft, während dschihadistische Gruppen das Sicherheitsvakuum nutzten, um sich neu zu konstituieren. Die ausgebrannte Ruine des Konsulats wurde für Washington über Nacht zu einem Symbol für ganz Libyen, das seine zaghaften Zukunftshoffnungen verloren hatte und zu einem blutigen Albtraum erbittert gegeneinander kämpfender Gruppen geworden war. Während die Vereinigten Staaten erschauderten und die Gewalt der Milizen immer weiter zunahm, zerfiel der libysche Staat zusehends. Die Ölförderung und die gesamte Wirtschaft brachen zusammen. Die von der internationalen Gemeinschaft anerkannte Regierung kontrollierte nur einen Teil des Landes, den Rest beherrschte eine rivalisierende Regierung. Libyen rutschte in einen Bürgerkrieg ab, in dem sich zwei schwer bewaffnete, von ausländischen Mächten finanziell und militärisch massiv unterstützte Koalitionen gegenüberstanden. In dem zersplitterten Gebiet errichteten die Dschihadisten neue Hochburgen.

Die Entscheidung der Obama-Regierung, im Rahmen der NATO und gemeinsam mit ihren arabischen Verbündeten in Libyen militärisch zu intervenieren, wird heute als der entscheidende Wendepunkt der arabischen Aufstände betrachtet – mit Auswirkungen weit über die Grenzen dieses Landes hinaus. Umstritten ist bis heute, welche Lehren aus dieser Intervention zu ziehen sind. Sie erreichte ihr kurzfristiges Ziel, die libysche Zivilbevölkerung zu schützen, und verhinderte ein Blutbad; und sie trug dazu bei, einen der schlimmsten arabischen Diktatoren zu stürzen. Hätte Obama nichts unternommen, hätte man mit Sicherheit Amerika die Schuld gegeben, dass der Aufstand in einem Blutvergießen endete. Doch dass Obama handelte, hatte eine Vielzahl anderer unbeabsichtigter Konsequenzen. Heute glauben einige, das eigentliche Problem sei nicht die Intervention an sich gewesen, sondern das Unvermögen der Vereinigten Staaten, für eine Stabilisierung nach dem Ende des Kriegs zu sorgen. Doch die neue libysche Führung hatte jede Art internationaler Friedenstruppen strikt abgelehnt. Und selbst wenn sie deren Einsatz nicht abgelehnt hätte, das düstere Kapitel der Irak-Besetzung hätte dafür gesorgt, dass Amerika keine Truppen entsandt hätte … und die Einschätzung genährt, dass solche Truppen nicht hilfreich gewesen wären.

Warum beginnt diese Geschichte mit Libyen und nicht mit der Syrienkrise oder der Herausforderung des Islamischen Staats? Weil Libyen zum entscheidenden Wendepunkt für die Transformation der arabischen Aufstände von friedlichen Erhebungen in einzelnen Ländern zu einem regionalen Stellvertreterkrieg wurde. Nach dem schwindelerregenden Erfolg der Protestbewegungen in Tunesien und Ägypten bot der Krieg in Libyen das erste warnende Beispiel dafür, wohin das Streben eines Landes nach einem demokratischen Wandel führen konnte. Der NATO-Einsatz führte den arabischen Demonstranten, aber auch den Autokraten vor Augen, dass ein bewaffneter Aufstand erfolgreich sein kann, wenn man sich Hilfe von außen holt. Er zeigte den arabischen Mächten, dass sie den Westen dazu bringen konnten, ihre Ambitionen mit militärischer Stärke zu unterstützen, bewog jedoch Russland dazu, weitere solche UN-Resolutionen zu blockieren. Der nachfolgende Sturz Libyens in den Bürgerkrieg wurde zu einem Lehrbeispiel für die Gefahren der Intervention und eines Staatszerfalls. Libyen bereitete in vieler Hinsicht den Boden für Syriens Abgleiten in einen mörderischen Bürgerkrieg.

Dass die Entwicklung Libyens nicht hielt, was sie versprochen hatte, traf auch mich persönlich. Ich war damals Kolumnist für die Zeitschrift *Foreign Policy*, kam regelmäßig mit Mitarbeitern der Obama-Regierung zusammen und war häufig in den Medien. Ich plädierte für eine amerikanische Intervention zur Unterstützung der libyschen Demonstranten: zum einen um die Zivilbevölkerung vor staatlichen Gewaltexzessen zu schützen; zum anderen aber auch um die Führungen anderer Staaten von bewaffneten Repressionen gegen Demonstranten abzuschrecken und die Dynamik der arabischen Aufstände zu gewährleisten. Libyen war seit Bosnien der erste amerikanische Krieg, den ich befürwortete. Dass diese Intervention scheiterte, bewog mich dazu, viele der Argumente für ein amerikanisches Eingreifen im Nahen Osten öffentlich zu überdenken.[2] Es verblüfft mich, dass die meisten in Washington aus den Problemen der Libyen-Intervention den Schluss zogen, dass Obama auch in Syrien hätte intervenieren sollen.

Ich habe dieses Buch nicht zuletzt deshalb zu schreiben begonnen, weil ich die Prämissen und Argumente meiner ursprünglichen Analyse nicht nur Libyens, sondern des gesamten arabischen Aufstands überdenken wollte. Ich hoffe, ich kann damit andere ermutigen, dasselbe zu tun. Politikwissenschaftler, Journalisten und Beteiligte all der folgenschweren Ereignisse der letzten fünf Jahre haben eine Vielzahl von Ad-hoc-Analysen veröffentlicht. Viele dieser Analysen sind exzellent, und ich habe in diesem Buch von den Erkenntnissen bedachtsamer, kenntnisreicher und brillanter Wissenschaftler enorm profitiert. Was haben wir im Eifer des Gefechts unterschätzt oder allzu sehr in den Vordergrund gestellt? Welche Schwierigkeiten haben wir übersehen? Und wo haben wir für richtig diagnostizierte Probleme keine adäquaten Lösungen gefunden?

Was wir mit ziemlicher Sicherheit falsch eingeschätzt haben, war der epochal und fundamental transformative Charakter des arabischen Aufstands. Es stimmt, dass die fünf Jahre seit Beginn dieses historischen Aufbruchs enttäuschend waren für alle, die im Nahen Osten auf einen Wandel zum Besseren gehofft hatten. Es ist erst wenige Jahre her, dass die arabische Welt im Begriff schien, eine jahrzehntelange Ära autokratischer Missherrschaft und staatlicher Gewalt hinter sich zu lassen. Die Hoffnungen von Millionen arabischer Staatsbürger, die damals furchtlos auf die Straße gingen und einen Wandel forderten, sind heute verblasst.

Die gesamte Regionalordnung scheint sich im freien Fall zu befinden. Der demokratische Übergang in Ägypten endete mit einem Militärputsch, mit Massenverhaftungen und einem politischen Patt. Syrien, Libyen und Jemen stecken im Sumpf eines zermürbenden Bürgerkriegs. Millionen Flüchtlinge leben unter prekären Bedingungen, ihr Leben ist erschüttert, ihre Häuser sind zerstört, und es gibt kaum Aussicht auf eine Rückkehr zur Normalität. Der Islamische Staat hält sich zäh in seinen syrischen und irakischen Hochburgen, er breitet sich nach Libyen und in andere zerrüttete Staaten aus und inspiriert den globalen Terrorismus. In großen Teilen der arabischen Bevölkerung ist die Demokratie selbst in Misskredit geraten. Der größte kurzfristige Effekt der arabischen Aufstände bestand nicht in einer Demokratisierung, sondern im dramatischen Anstieg von Interventionen in der Region, in Stellvertreterkriegen und erneuter Repression.

Alle diese Probleme erfordern nüchterne Reflexion, aber wir dürfen nicht die falschen Schlüsse ziehen. Für das Fazit, die Aufstände seien gescheitert, ist es viel zu früh. Die eklatanten wirtschaftlichen, sozialen und politischen Missstände, die die Araber 2011 auf die Straßen trieben, sind seither noch schlimmer und die Enttäuschung der zunehmend selbstbewussten Jugend immer größer geworden. Politische Entscheidungsträger und Experten mögen den Gedanken einer Rückkehr zu stabilen und gefälligen autoritären Regimen tröstlich finden. Aber das ist ein Irrglaube.

Viele der heute kursierenden Schlussfolgerungen sind schlichtweg falsch. Das Scheitern der demokratischen Übergänge liefert nicht den Beweis dafür, dass die Araber nicht reif seien für die Demokratie. Obama hätte Mubarak nicht retten oder den arabischen Aufstand stoppen können, selbst wenn er es gewollt hätte. Keine einzige Monarchie am Golf ist gegen die Unzufriedenheit ihrer Bevölkerung geschützt. Der Auftrieb dschihadistischer Gruppen bedeutet nicht, dass diese Gruppen das wahre, bisher nur verborgene Gesicht des Aufstands sind. Und ein stärkerer Staat ist keine Lösung für die Übel in der Region. Die autokratischen Regime, deren einziges Bestreben das eigene Überleben ist, sind die Wurzel der Instabilität und haben den Extremismus und die Konflikte in der Region befeuert. Die Autokraten von Damaskus bis Riad sind das Problem und nicht die Lösung.

Es sind düstere Zeiten, aber es ist noch viel zu früh, um die Hoffnung aufzugeben. Der Islamische Staat wird in seiner derzeitigen Form kaum überleben. Die Bürgerkriege werden irgendwann zu Ende gehen. Das Atomabkommen zwischen Iran und den Vereinigten Staaten bietet eine historisch einmalige Chance, die Regionalordnung auf eine neue Grundlage zu stellen. Der derzeitige Sumpf wird wohl ebenso wenig der Endpunkt der politischen Entwicklung in der Region sein, wie es der revolutionäre Taumel im Februar 2011 oder die Wahlsiege der Muslimbrüder 2012 waren. 2016 ist nicht der Endpunkt einer fünfjährigen Entwicklung. Es ist nur eine Station auf dem Weg eines jahrzehntelangen Prozesses, der von tiefgreifenden strukturellen Veränderungen der Politik, Wirtschaft und Gesellschaft in dieser Region gekennzeichnet ist. Zu versuchen, im Interesse der Stabilität die alte Ordnung durch eine engere Zusammenarbeit zwischen den Vereinigten Staaten und den arabischen autokratischen Regimen wiederherzustellen, führt geradewegs in die Katastrophe. Autokraten mögen sich in den meisten arabischen Ländern die Macht zurückerkämpft haben. Aber keines der tiefer liegenden Probleme wurde gelöst, ja zumeist ist alles nur noch schlimmer geworden. Wir wissen nicht genau, wann und wo der nächste Massenprotest ausbricht, aber es wird mit großer Sicherheit eine neue Protestwelle anrollen.

In Washington ist man sich zunehmend einig, dass an diesen vielen Fehlern und Versäumnissen die Regierung Obama die Schuld trägt. Auch das ist ein Irrglaube. Die politischen Debatten in den USA neigen dazu, die Rolle der Vereinigten Staaten überzubewerten und die Ereignisse voreingenommen und einseitig zu betrachten. Mit der Realität des heutigen Nahen Ostens hat dies wenig zu tun. Der amerikanische Einfluss auf den arabischen Aufstand war sehr viel geringer, als die meisten Amerikaner und Araber glauben. Das war zum Teil gewollt. Obama versuchte, die arabischen Aufstände zu unterstützen, aber er war auch – zu Recht – davon überzeugt, dass der Erfolg der Aufstände größer sein werde, wenn sich Amerika möglichst wenig einmischt. Kaum einer der arabischen Demonstranten blickte nach

Washington, um sich Signale zu holen, und keiner von ihnen hätte den Tahrir-Platz in Kairo oder den Platz der Veränderung in Sanaa verlassen, wenn Obama ihn dazu aufgefordert hätte. Als Außenministerin Hillary Clinton Anfang 2011 nach Kairo reiste, wollten sich die Aktivisten nicht mit ihr treffen; in Alexandria 2012 wurde sie von ägyptischen Aktivisten mit Tomaten beworfen.

Dennoch war Obamas Nahost-Strategie ein Test für Amerikas Rolle in der Region. Entschlossen, den amerikanischen Fußabdruck im Nahen Osten zu verkleinern und sich auf Asien und auf globale Probleme zu konzentrieren, verfolgte Obama eine entschieden minimalistische Strategie. Er zog die amerikanischen Streitkräfte aus dem Irak ab, verzichtete auf eine direkte Militärintervention in Syrien und schloss ein Atomabkommen mit Iran, das in seiner Art ohne Beispiel ist. Am Ende seiner zweiten Amtszeit jedoch herrschte in Washington ein vernehmlicher Konsens darüber, dass diese Politik der Zurückhaltung für das Scheitern der Region verantwortlich sei und dass die Untätigkeit Amerikas der Region ebenso sehr geschadet habe wie der Übereifer der Regierung Bush. Amerikanische Soldaten waren nach Irak zurückgekehrt, und massive, von den Vereinigten Staaten geführte Luftangriffe trafen den Islamischen Staat in Irak und in Syrien. Wenn selbst Obama die amerikanische Militärpräsenz im Nahen Osten nicht dauerhaft hatte verringern können, wer sollte das sonst schaffen?

In meinem Buch *The Arab Uprising. The Unfinished Revolutions of the New Middle East* von 2012 schrieb ich, ein abschließendes Urteil über die Libyen-Intervention und den gesamten Prozess des Wandels könne nach wie vor nicht gefällt werden. Der arabische Aufstand markiere einen fundamentalen Bruch des Status quo und sei ein epochales Ereignis, dessen Folgen erst nach Jahren offenkundig würden. Die Veränderungen, die sich in diesen synchron verlaufenden, massiven Protesten zeigten, machten eine Rückkehr zu den alten Verhältnissen undenkbar. Die sich über Generationen hinweg vollziehenden Veränderungen könnten nicht anhand eines einzelnen Wahlausgangs, eines Verfassungsmanövers oder eines Militärputsches beurteilt werden. Sie müssten vielmehr an den neuen Einstellungen und Erwartungen sowie am Verhalten jener Millionen Araber gemessen werden, die plötzlich imstande seien, in einer bis dahin undenkbaren Weise politisch zu handeln.

Doch dies, so warnte ich, garantiere nicht, dass die neue Ordnung notwendigerweise besser sei. Jede Welle der Massenmobilisierung in der modernen arabischen Geschichte habe stets mit der Etablierung einer noch stärker repressiven Autokratie geendet. Die so machtvoll mobilisierte Öffentlichkeit sei über Generationen hinweg von Autokratie, Korruption und Vetternwirtschaft sowie von einem erdrückenden staatlichen Sicherheitsapparat geprägt worden. Alte Eliten blieben an ihrem Platz. Die Kultur der Öffentlichkeit sei von Jahrzehnten des islamistischen Aktivismus geprägt, mit dem sich neue Verhaltensweisen und Glaubenssysteme eingeschliffen hätten. Die Konflikte der vorausgehenden zehn Jahre, besonders in Irak, hätten erschreckende neue Formen des religiösen Hasses und eine ganze Generation von Flüchtlingen hervorgebracht. Die neue Öffentlichkeit, in den ruhmreichen Tagen der Aufstände so glorreich geeint und optimistisch gestimmt, berge in sich bereits den Keim des Populismus und der Spaltung. Der Aufstand, so schrieb ich, könne zu einer neuen Demokratie, aber ebenso gut auch zu einem neuen Despotismus führen.

Die Hoffnungen und Befürchtungen, wie sie in meinem Buch *The Arab Uprising* beschrieben wurden, haben sich weitgehend erfüllt. Der Generationenwandel war real. Junge Araber überall in der Region sind heute vernetzt, mobil, ungeduldig; und sie sind sich ihres Potenzials klar bewusst. Selbst die Regime, die überlebt haben, wurden von dem Prozess der Konfrontation und Einbindung von Gegnern tiefgreifend verändert. Die arabischen Medien und das durch die sozialen Medien geprägte informationelle Umfeld wird nie mehr dasselbe sein wie in den trostlosen 1970er und 1980er Jahren, als die Verbreitung von Informationen und Ideen staatlich kontrolliert wurde und die Menschen aus Angst vor Überwachung ihre politischen Ansichten für sich behielten. Die heutige arabische Politik ist grundlegend anders als damals, und arabische Staatsbürger haben völlig neue Erwartungen, Fähigkeiten und Erfahrungen.

Vorerst sind diese hoffnungsvollen langfristigen Tendenzen gegenüber der langen Liste von Schrecknissen, die über die Region hereingebrochen sind, in den Hintergrund getreten. Seit Ende 2012 ist fast alles schiefgelaufen. Die Aufstände haben zwar den Status quo erschüttert, aber keine besseren Alternativen aufgebaut. Libyen und Jemen, Syrien und Irak wurden im Zuge der Aufstände irreparabel zerrüttet. In Ägypten haben die Aufstände dazu geführt, dass aus einer brüchigen Autokratie eine neue, noch repressivere, in den Augen der Weltöffentlichkeit illegitime und politisch instabile Form der direkten und personenzentrierten Militärherrschaft wurde. Sie haben eine Welle der religiösen Spannungen und des Radikalismus ausgelöst, die die nationalen Identitäten tiefgreifend umgestaltet haben. Selbst der IS muss als eine Bewegung verstanden werden, die nicht die religiöse Frömmigkeit anspricht, sondern ihre Attraktivität aus der Entschlossenheit gewinnt, die alte Ordnung zu zerschlagen und durch eine neue Utopie zu ersetzen.

Wer die arabischen Aufstände optimistisch betrachtet, hat vergessen, wie weit die Autokraten der Region tatsächlich zu gehen bereit waren, um einen positiven Wandel zu verhindern. Baschar al-Assad hat Syrien in Brand gesteckt, um an der Macht zu bleiben. Mit ganz wenigen Ausnahmen haben die arabischen Führer bewiesen, dass sie bereit sind, für ihren Machterhalt alles zu tun. Sie haben die Volkserhebungen mit blutiger Gewalt, politischer und wirtschaftlicher Beteiligung und einer manipulativen Identitätspolitik zurückgedrängt. Sie haben die Schlachten um ihr politisches Überleben nicht nur im eigenen Land geschlagen, sondern auf den vielen neuen Schlachtfeldern der Region.

Deshalb erzählt dieses Buch die Geschichte der subversiven Kraft der arabischen Aufstände aus einer regionalen Perspektive. Es betont die Zusammenhänge zwischen den vielen komplizierten, lokalen politischen Schlachten und stellt sie in den Kontext eines großen politischen Kriegs um die Regionalordnung. Damit soll jedoch nicht die besondere Bedeutung der lokalen Politik oder die Verantwortung der politischen Akteure in den einzelnen Ländern kleingeredet werden.

Doch deren Entscheidungen und die Herausforderungen, die sie zu bewältigen hatten, bleiben unverständlich, wenn sie nicht im großen Zusammenhang der neuen Kriege in der arabischen Welt gesehen werden. Die lokale Politik konnte sich dem langen Kräftemessen zwischen Iran und Saudi-Arabien, den Auseinandersetzungen zwischen der Türkei, Katar und Saudi-Arabien um die sunnitische Führungsrolle, dem Konflikt zwischen den Vereinigten Arabischen Emiraten und der Muslimbruderschaft sowie der anhaltenden Infragestellung der Weltordnung durch kleine und gewaltbereite dschihadistische Gruppen nicht entziehen.

Wo immer möglich, beziehe ich mich in meiner Darstellung der Ereignisse auf arabische Quellen: auf eigene Gespräche, soziale Medien, die Fülle von Aufsätzen, Artikeln und Fernsehsendungen, die online zur Verfügung stehen. Ich versuche, lokale Akteure zu Wort kommen zu lassen, sie aber stets in ihrem extrem polarisierten und politisierten Kontext zu sehen. Man erweist der Debatte über die arabischen Aufstände einen schlechten Dienst, wenn man sich auf eine kleine Zahl von Gewährsleuten beschränkt, die komplizierte interne Debatten erklären sollen. Der Intensität der polarisierten politischen Debatten, die in fast allen Ländern des Übergangs geführt werden, sollte Rechnung getragen werden. Jede Beschwörung dessen, was »das Volk« will, sollte sofort als der politische Anspruch betrachtet werden, der sie ist. »*Die* Syrer«, »*die* Libyer« oder andere Bevölkerungsgruppen in den Bürgerkriegen dieser zerrissenen Länder haben nie gemeinsam irgendwelche Forderungen erhoben. Wenn man diese internen Debatten sichtbar macht, wird man die neue Politik in der Region sehr viel besser verstehen, als wenn man das Narrativ nur der einen Seite übernimmt – obwohl es natürlich sehr viel einfacher ist, mit diesem oder jenem zu sympathisieren.

Die sozialen Medien öffnen mir ein Fenster zu diesen Debatten. Soziale Internetplattformen, auf denen Millionen von Arabern tagtäglich ihre Gedanken mitteilen, bieten einen einzigartigen Einblick in diese internen Debatten, wenn man mit methodischer Strenge und analytischer Vorsicht herangeht und diese Mitteilungen durch Erfahrungen vor Ort und die historische Perspektive ergänzt. Die sozialen Medien bieten Wissenschaftlern einen wahren Fundus an Belegen und Einsichten, denn sie durchbrechen das von Regimen lange ausgeübte Informationsmonopol. Zu diesem Reichtum an Datenmaterial aus den sozialen Medien kommt in diesem Buch ein breites Spektrum an traditionellen Quellen hinzu: die konventionellen Medien, Umfrageergebnisse sowie zahlreiche persönliche Interviews und Gespräche mit politischen Entscheidungsträgern und Aktivisten in Washington, Europa und im gesamten Nahen Osten.

Dieses Buch stützt sich auch auf die Politikwissenschaft. Sie schärft den Blick für die strukturellen Triebkräfte von Ereignissen, für Vergleichsperspektiven und Differenzierungen. Lokal geführte Debatten und Argumente vermitteln essenzielle Erkenntnisse über gelebte Erfahrungen und die fundierten Entscheidungen der Menschen, die von den Ereignissen unmittelbar betroffen sind und diese Ereignisse voranbringen. Beide Quellen müssen einander ergänzen. Zieht man nur die Ansichten der Menschen in Betracht, die in die Geschehnisse involviert sind, wird die Analyse leicht von deren augenblicklichen Leidenschaften und Fehleinschätzungen verzerrt. Wir müssen immer den lokalen Kontext mitberücksichtigen, ohne die einseitige Perspektive unserer Gewährsleute vor Ort zu übernehmen. Viele Ägypter waren fest davon überzeugt, dass ihr Militärputsch einzigartig in der Geschichte der Militärputsche war. Viele Syrer erkannten nicht die unausweichliche Logik, die jedem Bürgerkrieg bei einer Intervention von außen zugrunde liegt. Beide irrten sich, mit verheerenden Folgen. Politikwissenschaftler andererseits laufen Gefahr, Theorien falsch anzuwenden, indem sie lokale Zusammenhänge oder Besonderheiten unberücksichtigt lassen oder die Erwartungen und Prioritäten lokaler Akteure verabsolutieren. Aus diesem Grund versuche ich, beide Seiten einzubeziehen, auch wenn eine solche Synthese keine Seite zufriedenstellt.

Dieses Buch bezieht den gesamten Nahen Osten ein, angefangen mit dem qualvollen Übergang in Ägypten und Tunesien bis zu den Kriegen in Syrien, Irak, Libyen und Jemen. Statt detailliert und ausführlich die Geschichte jedes einzelnen dieser Länder zu erzählen, möchte ich ein Grundgerüst für das Verständnis der neuen Politik in der Region bereitstellen. Ich möchte darlegen, was schiefgelaufen und was zu erwarten ist. Erfreulicherweise gibt es heute eine Fülle herausragender Untersuchungen zu den meisten dieser Länder, aus denen ich schöpfe und auf die ich alle Leser verweisen möchte, die diese Themen vertiefen möchten.

Praktisch jeder, der in jenen aufregenden Tagen der arabischen Aufstände über die Ereignisse schrieb, prognostizierte, der Wandel werde ein langer und schwieriger Prozess mit ungewissem Ausgang sein. Selbst in den aufregendsten Tagen der Tahrir-Proteste war klar, wie schwierig es sein würde, eine dauerhafte und substanzielle politische Demokratisierung zu erreichen. Die Aktivisten, die Anfang 2011 diese hoffnungsvollen Aufstände vorangetrieben haben, mussten schwere Niederlagen einstecken. Viele haben sich in eine kaum mehr wiedererkennbare Richtung weiterentwickelt: aus idealistischen Protodemokraten sind gewalttätige Radikale oder Apologeten des Regimes geworden. Doch die unterschwelligen Kräfte, die so viele arabische Bürger auf die Straße brachten, wirken in Gesellschaft, Wirtschaft und Politik weiter. Autokratische Regime geben vor, sie hätten alles wieder unter Kontrolle. Vielleicht glauben sie es tatsächlich. Aber es stimmt nicht. Ihre entschlossenen Anstrengungen, die Kräfte des Wandels zu unterdrücken, sie einzubinden oder umzulenken, haben lediglich dazu geführt, die Möglichkeiten für friedliche Reformen zu kappen. Aber friedliche Proteste mit Gewalt niederzuschlagen und demokratische Institutionen zu diskreditieren, ohne die eigentlichen Missstände zu beheben, wird nur den Weg zu noch gefährlicheren Ausbrüchen ebnen.

Der Appell, als Antwort auf diese Tragödie das alte System der arabischen Staaten wiederherzustellen, verkennt eklatant das Problem, mit dem heute der Nahe Osten konfrontiert ist. Wie der Islamische Staat, so schlagen auch die erneut herrschenden arabischen Autokraten die Rückkehr zu einer Vergangenheit vor, die es nie gegeben hat. Ihre Vision einer Restauration der Autokratie stellt dem Chaos von heute die angebliche Stabilität und Berechenbarkeit der jüngeren Vergangenheit entgegen. Autoritäre Regime entsprächen zwar nicht den westlichen Werten, so argumentieren sie, aber sie funktionierten. Um das Chaos beherrschbar zu machen, bedürfe es einer starken Hand, die nur eine arabische Führung im alten Stil und ein mit umfassenden Machtbefugnissen ausgestatteter Sicherheitsstaat gewährleisten könne. Eine absolutistische Monarchie wie die Vereinigten Arabischen Emirate oder Katar oder auch eine Militärdiktatur wie Ägypten nach dem Putsch mag verlockend erscheinen, wenn man sie mit den Schrecknissen eines zerfallenden Libyen oder der in den Untergang taumelnden Länder Syrien und Irak vergleicht.

Aber dieser Weg ist eine Illusion. Die arabischen Aufstände sind ja gerade deshalb ausgebrochen, weil die Autokraten das Versprechen eines annehmbaren Lebens nicht einlösen konnten. Das Jahrzehnt vor den arabischen Aufständen war keine Epoche der Stabilität, der Reformen und der wirtschaftlichen Verbesserungen. Die autokratische Vergangenheit war eine Zeit der gescheiterten Regierungsführung, der wachsenden konfessionellen Spannungen und der immer drängenderen Unzufriedenheit großer Teile der Bevölkerung. Die Aufstände sind nicht deshalb gescheitert, weil die Araber nicht reif gewesen wären für die Demokratie oder weil die Islamisten die Naivität hoffnungsvoller Liberaler geschickt ausnutzten. Der arabische Aufstand ist gescheitert, weil die Regime, die durch ihn herausgefordert wurden, ihn niederzwangen. Das vorliegende Buch handelt davon, wie dieses Verbrechen begangen wurde … und was als Nächstes geschieht.

Kapitel 1

Die neuen Kriege in der arabischen Welt

Am 30. September 2015, nach einem offiziellen Hilfsgesuch der Regierung Baschar al-Assad, schickten die Russen Jagdflugzeuge nach Syrien. Sie begannen sofort mit der Bombardierung insbesondere der das Assad-Regime bekämpfenden Rebellen. Ein Regionalkonflikt weitete sich zu einem noch stärker international geführten Krieg aus, da nun russische Kampfflugzeuge im selben Luftraum wie die Vereinigten Staaten und ihre Koalitionspartner operierten, die massive Bombenangriffe gegen den IS flogen.

Russlands Eingreifen diente der Entlastung von Assads Streitkräften. Diese waren unter Druck geraten durch ein neues und gut bewaffnetes Bündnis islamistischer Hardliner, das von Saudi-Arabien, Katar und der Türkei unterstützt wurde und im Norden gegen die erschöpften Truppen Assads schon weit vorgerückt war. Wenige Wochen zuvor hatten sich die Türkei und die Vereinigten Staaten über die Nutzung eines wichtigen türkischen Luftwaffenstützpunkts verständigt, der dazu genutzt werden konnte, Schutzzonen für Rebellen einzurichten. Die russische Intervention führte erwartungsgemäß zu einer verstärkten regionalen Unterstützung der Rebellen: Die arabischen Staaten beeilten sich, neue Waffen in das Kriegsgebiet zu schicken, und die mit ihnen verbündeten Rebellen versuchten mit vereinten Kräften, ihr Territorium zu halten. Am 24. November schoss die Türkei einen russischen Kampfjet ab, der ihrer Darstellung nach den türkischen Luftraum verletzt hatte. Als sich der Staub gelegt hatte, waren weder Assad noch die Rebellen einem Sieg näher gekommen. Binnen weniger Monate geriet der russische Einsatz ins Stocken, und ein Ende des zermürbenden syrischen Bürgerkriegs schien so weit entfernt wie eh und je.

Syrien war jedoch nur einer von drei Konfliktherden, die sich zu einem militärischen Sumpf ausweiteten und die gesamte Region erschütterten. Am 26. März 2015 begann eine saudisch geführte Koalition mit einer Militärintervention in Jemen, um die schiitische Huthi-Bewegung zurückzudrängen, die bereits Sanaa erobert hatte und auf Aden vorrückte. Die Saudis und ihre Partner, die Vereinigten Arabischen Emirate, wollten den abgesetzten Präsidenten Abd Rabbo Mansur al-Hadi an die Macht zurückbringen, der 2012 in einem Referendum als einziger Kandidat nach einem vom Golf-Kooperationsrat vorgelegten Übergangsplan gewählt worden war. Zu ihren Verbündeten in Jemen gehörten nach Unabhängigkeit strebende Kräfte im Süden, die mit der Muslimbruderschaft verbundene Islah-Bewegung und stillschweigend auch al-Qaida. Ihnen standen, von Iran unterstützt, nicht nur die Huthi gegenüber, sondern auch Kräfte des abgesetzten Präsidenten Ali Abdullah Saleh, eines langjährigen Verbündeten Saudi-Arabiens.

Die Architekten der saudischen Intervention betrachteten den politischen Zusammenbruch in Jemen hauptsächlich unter dem Aspekt der regionalen Ambitionen Irans. Sie propagierten die

Intervention in Jemen als neues Modell für ein gemeinsames militärisches Vorgehen der Golfstaaten gegen Iran, unabhängig von den Vereinigten Staaten. Doch viele Monate später hatte der Einsatz nur wenige seiner Ziele erreicht. Die monatelangen Bombardierungen hatten großes menschliches Leid, aber kaum politischen Fortschritt gebracht. Dasselbe galt für den Einsatz von Bodentruppen nicht nur aus Saudi-Arabien und den Vereinigten Arabischen Emiraten, sondern auch aus Ägypten, dem Sudan und sogar Kolumbien. Auch der Krieg in Jemen hatte sich zu einem zermürbenden militärischen Feldzug entwickelt, der zahlreiche Menschenleben forderte, aber keine politische Perspektive eröffnete.

Libyen steckte gleichfalls in einem Bürgerkrieg mit vielen verschiedenen Gruppierungen, einem hohen Maß an internationaler Intervention und wenig Aussicht auf ein siegreiches Ende. In diesem militärischen Sumpf tobte sich der regionale Machtkampf zwischen den Vereinigten Arabischen Emiraten und Katar, nicht Iran, aus. Gleich zwei Regierungen beanspruchten die Macht im nachrevolutionären Libyen. Zerrissen von politischer Polarisierung und hilflos gegen die gut bewaffneten Milizen, war der libysche Staat weitgehend zusammengebrochen. Die Vereinigten Arabischen Emirate und Ägypten stellten sich hinter General Khalifa Haftar, um die von der Türkei und Katar unterstützten islamistischen und regionalen Kräfte militärisch zu besiegen. Schon bald kam es zu Luftangriffen, weil trotz eines offiziellen UN-Embargos viele Waffen ins Land gelangten. Die zunehmende Präsenz von Dschihadisten des Islamischen Staats in Libyen verschärfte die Situation, während UN-Vermittler sich bemühten, eine akzeptable Koalitionsregierung auf die Beine zu stellen, um den Kämpfen ein Ende zu setzen.

Im Fortgang dieser Kriege legte sich der IS wie ein Schatten über die gesamte Region. Der Welt wurde damit in Erinnerung gerufen, dass der von der amerikanischen Invasion und Besetzung des Irak entfesselte irakische Bürgerkrieg nie wirklich ein Ende gefunden hatte. Mit der Einnahme Mossuls im Juni 2014 und der Ausrufung eines islamischen Kalifats durch Abu Bakr al-Baghdadi rückte dieses Problem erneut in den Fokus der weltweiten öffentlichen Aufmerksamkeit. Nur wenige Jahre zuvor hatte die globale dschihadistische Bewegung kurz vor dem Scheitern gestanden. Die Tötung Osama bin Ladens im Mai 2011 durch die Amerikaner war für al-Qaida ein schwerer Rückschlag gewesen, symbolisch wie operativ. Ende der 2000er Jahre hatten das Sunni Awakening, das sunnitische »Erwachen«, und die US-geführte Koalition dem Islamischen Staat in Irak schwere Verluste zugefügt. Das arabische Aufstandsmodell eines friedlichen Wandels hatte die ideologische Vision al-Qaidas zunächst massiv diskreditiert. 2015 jedoch hatten sich Ableger von al-Qaida und des IS in Syrien, Jemen und Libyen, auf dem Sinai und in ganz Nordafrika wichtige Positionen erobert und verübten regelmäßig Terroranschläge in der ganzen Welt.

Der Grund für den Wiederaufstieg der Dschihadisten lag im Scheitern der arabischen Aufstände und in den Möglichkeiten, welche die neuen Kriege in der Region geschaffen hatten. Der Militärputsch in Ägypten im Juli 2013 hatte die Muslimbrüder zerschlagen und damit die mächtigste Konkurrenz der extremistischen Organisationen massiv geschwächt. Der Putsch hatte die von der Muslimbruderschaft verfolgte Strategie einer friedlichen demokratischen Partizipation der Lächerlichkeit preisgegeben und die alten Argumente der Dschihadisten für einen gewaltsamen Kampf bestätigt. Der staatliche Zusammenbruch in Libyen, in Ägypten und in Jemen hatte dschihadistischen Gruppen Raum gegeben, sich neu zu organisieren, Waffen zu beschaffen und neue Hochburgen zu errichten. Auch der Krieg in Syrien hatte den einstmals verpönten dschihadistischen Bewegungen umfangreiche finanzielle und militärische Unterstützung verschafft und den sunnitischen Aufstand im Irak neu entfacht. Und schließlich hatte auch der libysche Bürgerkrieg dem wiedererstarkten Dschihadismus eine weitere neue Front eröffnet.

Weniger als drei Jahre nachdem Präsident Obama den Einzug der Demokratie in Ägypten verkündet und die US-Truppen triumphal aus Irak abgezogen hatte, fand er sich in der Situation, ein neues Militärregime in Ägypten anerkennen und schwere Bombenangriffe gegen den selbsterklärten Islamischen Staat im östlichen Syrien und im westlichen Irak führen zu müssen. Luftangriffe und militärische Hilfsmissionen, an denen sich mehr als ein Dutzend Länder beteiligten, konnten zwar verhindern, dass ISIS (Islamischer Staat in Irak und Syrien) weitere Territorien eroberte, nicht aber dass sich die Organisation trotz des immer stärkeren inneren und äußeren Drucks in der Region festsetzen konnte. Während ISIS den Kampf in Syrien und Irak fortsetzte, bildete dieses Modell eine wachsende regionale und globale Bedrohung. Jetzt verübten Terroristen blutige Anschläge in Tunesien und in Jemen, in Ägypten, Libyen, Somalia und Paris und beriefen sich dabei ideologisch oder organisatorisch auf den IS.

Im Nahen Osten hatte es kaum jemals zuvor gleichzeitig eine solche Vielzahl von Kriegen und Interventionen gegeben. Eine neue Form der Regionalpolitik ist entstanden, in der Netzwerke ihre politischen und militärischen Aktivitäten über Ländergrenzen hinweg entfalten und Staaten gegen ihren Zerfall kämpfen. In Jemen, Libyen, Irak und Syrien fanden lediglich die am stärksten international geführten heißen Kriege in einer Region statt, in der staatlicher Zusammenbruch, Terrorismus und Unruhen immer weiter um sich griffen. Ägypten war mit einem eskalierenden Aufstand auf der Sinai-Halbinsel und zunehmend auch in den Städten des Landes konfrontiert. Der Terrorismus zielte wiederholt ins Herz der tunesischen Tourismusbranche, aber auch auf schiitische Moscheen in Saudi-Arabien und Kuwait. Unter der Last der Flüchtlinge und der transnationalen Gewalt brachen Libanon und Jordanien fast zusammen. Bahrain war nach der gewaltsamen Niederschlagung religiös motivierter Proteste immer noch nicht zur Ruhe gekommen. Diese Auseinandersetzungen überschnitten sich: Dschihadisten des Islamischen Staats gingen von Syrien nach Libyen, um dort zu kämpfen; libysche Dschihadisten gingen nach Tunesien, um die Touristenorte anzugreifen; Staatsbürger aus Saudi-Arabien, Bahrain und Kuwait gingen nach Syrien, um für oder gegen den Islamischen Staat zu kämpfen.

Alle diese Kriege in der Region und alle diese inneren Unruhen sind Teil einer größeren Geschichte. Die gescheiterten demokratischen Übergänge des sogenannten Arabischen Frühlings, der Aufstieg des IS und die diversen Kriege im Nahen Osten werden oft als getrennte Ereignisse betrachtet. Das sind sie nicht. Der Übergang in Ägypten, der Bürgerkrieg in Syrien, der Zusammenbruch Libyens, der Aufstieg des IS und der Erfolg des Übergangs in Tunesien sind vielmehr Teil einer einzigen Geschichte. Der arabische Aufstand war ein einheitliches Geschehen, das die gesamte arabische Welt in einem gemeinsamen, enorm wirkmächtigen Narrativ der Hoffnung auf Wandel einte. Dessen Scheitern in den einzelnen Ländern wurde oft mit den jeweils dort herrschenden Bedingungen erklärt. Doch diese Kämpfe um die Zukunft der arabischen Welt waren und sind ihrem Wesen nach regionale Machtkämpfe. In Umfragen der letzten fünf Jahre waren fast 70 Prozent der Araber der Ansicht, die Einmischung von außen behindere die Reformen in ihrem Land.[1] Mit den einprägsamen Worten des maßgeblichen saudischen Experten Abd al-Rahman al-Rashed vom April 2015 ist »die Region ein einziges großes Spielfeld, ihre Kriege hängen alle zusammen«.[2] Er hat recht, auch wenn die Schlussfolgerungen, die er aus dieser Beobachtung zog, größtenteils falsch waren.

Der Aufstand in der arabischen Welt und sein Scheitern waren ein durch und durch internationales Phänomen. Er war geprägt von der Verschiebung globaler und regionaler Machtdynamiken, von schweren Erschütterungen einer brüchigen und stagnierenden regionalen Ordnung sowie einem rapiden und tiefgreifenden Wandel der Medien und der Informationstechnik. Die Akteure bewegten sich auf vielen Feldern, sie holten sich Anregungen und materielle Unterstützung von Befürwortern und Gegnern aus dem Ausland. Über Ländergrenzen hinwegreichende Netzwerke gleichgesinnter Bewegungen und Einzelpersonen – von Islamisten wie Antiislamisten, Sunniten wie Schiiten, Liberalen wie Monarchisten – traten an die Stelle nationaler Narrative. Ideen, Strategien, Hoffnungen und Ängste wanderten schnell und entschlossen von einer Protestbewegung zur anderen und von einer Regierung zur anderen. Bedrängte Regime lernten vom Erfolg und Scheitern benachbarter Regime. Protestbewegungen beurteilten die Aussichten friedlicher oder gewalttätiger Aktionen auch nach den Ergebnissen anderswo, genau wie ihre Unterstützer.

Internationale Kräfte mischten in jeder Phase der regionalen Unruhen mit – vom Beginn des Aufstands bis zu den Auseinandersetzungen um den Übergang und den Stellvertreterkriegen und -aufständen. Es lässt sich nicht erklären, warum in fast allen arabischen Ländern soziale Protestbewegungen entstanden, die ihre Wurzeln gleichzeitig in den Verhältnissen des jeweiligen Landes hatten. Und mit Ausnahme Tunesiens – und auch das nur mit Abstrichen – lässt sich das Ergebnis des Übergangs ohne externe Faktoren nicht erklären. Die Bürgerkriege in den arabischen Ländern wurden maßgeblich durch den Zustrom von Geld, Informationen, Menschen und Waffen aus anderen Ländern bestimmt. Alle Beteiligten sahen sich als Akteure in einer einzigen großen regionalen Arena – und diese Wahrnehmung gestaltete die politische Wirklichkeit. Die Rolle Saudi-Arabiens, Irans, Katars, der Türkei und der Vereinigten Arabischen Emirate in der regionalen Politik drängte zudem den oft polarisierenden Einfluss der Vereinigten Staaten in der Region zurück.

Diese neue politische Realität spiegelte sich in den arabischen Medien und in der Rhetorik der politischen Eliten. Viele Araber sahen es genauso. Im Frühjahr 2012 befragte das Meinungsforschungsinstitut Gallup Menschen in der gesamten Region, ob die Aufstände ihrer Ansicht nach eher dem Wunsch nach innenpolitischer Veränderung oder dem Einfluss aus dem Ausland geschuldet seien.[3] Das Ergebnis war überraschend: Die Öffentlichkeit in den revolutionären Ländern war generell der Ansicht, dass den Aufständen innenpolitische Motive zugrunde lagen. Die Rolle des Auslands wurde von nur 7 Prozent der Libyer, 9 Prozent der Tunesier, 11 Prozent der Ägypter und 19 Prozent der Jemeniten hervorgehoben. In den Ländern dagegen, in denen die Proteste weniger stark ausgeprägt waren, zeigten sich die Menschen eher geneigt, die Bedeutung externer Faktoren einzuräumen: 29 Prozent der Iraker, 37 Prozent der Algerier, 32 Prozent der Jordanier und 31 Prozent der Palästinenser. Rund 20 Prozent der

Öffentlichkeit in den revolutionären Ländern fanden, dass beide Faktoren eine Rolle spielten; in den Ländern, in denen es keinen Aufstand gab, waren es dagegen fast 50 Prozent.

Ein Jahr später, als in einigen dieser Länder der Übergangsprozess schon zu scheitern drohte, fragte das *Arab Barometer* in einem Dutzend arabischer Länder nach dem Einfluss der Nachbarstaaten auf die Entwicklung der Demokratie in ihrem Land.[4] Nur 34 Prozent der Befragten in der Region waren der Ansicht, die Nachbarstaaten hätten eine sehr positive oder eine überhaupt in irgendeiner Weise positive Rolle gespielt. In Tunesien, dem ersten arabischen Land, in dem ein Aufstand begann, sahen nur 21 Prozent der Befragten ihre Nachbarstaaten in einer positiven Rolle; 55,8 Prozent betrachteten Reformforderungen von außen als inakzeptabel. In Ägypten schätzten 34 Prozent der Befragten die Rolle ihrer Nachbarstaaten für die demokratische Entwicklung als positiv und 36 Prozent als negativ ein, und nur 16,6 Prozent beurteilten sie »weder positiv noch negativ«; dagegen betrachteten 45 Prozent der Ägypter Reformforderungen von außen als inakzeptabel. Für Tunesien und Ägypten, die beiden wichtigsten Staaten des arabischen Aufstands, war also eine Einmischung von außen nicht wünschenswert. In Jemen dagegen sahen 41,3 Prozent der Befragten ihre Nachbarländer positiv, und 48,2 Prozent erachteten den Druck von außen als legitim. Die Libyer, die durch eine ausländische Intervention befreit worden waren und eine tiefe Krise staatlicher Lähmung erlebten, waren sogar noch aufgeschlossener: 54,3 Prozent beurteilten die Rolle der Nachbarstaaten positiv und nur 17 Prozent negativ; 56,6 Prozent begrüßten den Reformdruck von außen.

Bei aller Bedeutung lokaler Faktoren überrascht es doch, wie ähnlich die Entwicklung an sehr unterschiedlichen lokalen

Schauplätzen verlief. Für die Menschen vor Ort, die die arabischen Aufstände miterlebten, war es offenkundig, dass alle diese Proteste eng miteinander verknüpft waren. Viele Ereignisse vollzogen sich gleichzeitig in der gesamten Region, sie begannen nicht in einem bestimmten Land oder blieben auf dieses Land begrenzt. Und auch der Verlauf der Aufstände selbst war ein länderübergreifendes Geschehen. Der politische Führungswechsel in einem Land – angefangen mit der Entmachtung Hosni Mubaraks und der Tötung Muammar Gaddafis bis zum ägyptischen Militärputsch – beeinflusste die politische Entwicklung in anderen Ländern, die sich in einer völlig anderen Situation befanden. Der Zerfall von Staaten oder auch Kriege wirkten sich stets auf die Nachbarstaaten aus. So erschütterten die Geschehnisse in Syrien die sunnitische Politik in Irak, und die Entwicklung Libyens hatte verheerende Folgen für Mali. Globale Ereignisse wirkten sich gleichzeitig auf vielen Schauplätzen aus: Die Proteste gegen den antiislamischen Film *Innocence of Muslims* im September 2012 zum Beispiel flammten gleichzeitig in Dutzenden arabischer Staaten auf; und eine so wichtige diplomatische Initiative wie die Bemühungen um eine Verhandlungslösung im Atomstreit mit Iran und das Scheitern der israelisch-palästinensischen Gespräche bestimmten die politische Dynamik der gesamten Region auf allen Ebenen.

Der Aufstand versprach anfangs einen Wandel in Gesellschaften, die nach Jahrzehnten das Joch despotischer Regime abgeschüttelt hatten. Beginnend in Tunesien, sich nach Ägypten ausbreitend und dann praktisch alle arabischen Staaten erfassend, brachten diese Aufstände Millionen Menschen mit der Forderung nach politischem, sozialem und wirtschaftlichem Wandel auf die Straße. Trotz ihrer lokalen Besonderheiten waren diese

Aufstände durch gemeinsame Themen, Slogans, Aktionen, Erwartungen und Hoffnungen eng miteinander verbunden. Die Proteste gingen quer durch alle ideologischen Lager, propagierten gewaltlosen Widerstand und setzten sich über traditionelle konfessionelle und religiöse Gräben hinweg. Keiner Regierung oder einzelnen Bewegung verpflichtet und gestärkt durch die weit verbreiteten Kommunikationstechniken, durchkreuzten diese Protestbewegungen alles, was man von der Politik in der arabischen Welt bis dahin kannte.

Die herrschenden Regime reagierten hart auf diese beispiellose Herausforderung, um sich vor Ansteckung zu schützen. Das war nicht anders zu erwarten. Die arabischen Regime kannten bis dahin nur eine einzige Maxime: Machterhalt um jeden Preis. Und bei der Niederschlagung der Massenproteste in der Region hatte diese Strategie auch jetzt Erfolg. Die einstmals stolze Revolution auf dem Tahrir-Platz in Ägypten endete mit einem Militärputsch, mit blutiger Gewalt, der Wiederherstellung der alten Ordnung und einer erstickenden Welle der Repression und des Neopopulismus. Jemen und Libyen versanken im Bürgerkrieg. Der Aufstand in Bahrain wurde von den Truppen der mit dem dortigen Regime verbündeten Golfstaaten niedergeschlagen. Das blutige Patt in Syrien wurde durch das Auftauchen des selbsternannten Islamischen Staats beendet, der sich mit seinen irakischen Vorläufern vereinigte, um Territorien zu erobern und ein absurdes Kalifat auszurufen. Die Araber, die sich, oft zu einem hohen persönlichen Preis, den Aufständen angeschlossen hatten, fühlten sich verraten.

Das heißt nicht, dass dem Aufstand oder dem, was ihm folgte, eine finstere Verschwörung zugrunde lag oder dass die Ereignisse einem ausgeklügelten Masterplan folgten. Die Bedeutung des nationalen, innenpolitischen Umfelds und die Rolle lokaler Akteure in der Region lassen sich nicht leugnen, ganz im Gegenteil. Die Rivalität zwischen Staaten, sozialen Gruppen und politischen Bewegungen entfesselte Kräfte, die bald unkontrollierbar wurden. Stellvertreter hielten nicht, was sie versprochen hatten, oder liefen aus dem Ruder. So ziemlich alle Pläne gingen schief. Keiner der Akteure besaß die Macht, die Ereignisse so zu gestalten, wie sie in den Königspalästen ersonnen oder in den staatlich kontrollierten Medien propagiert worden waren. Angesichts der extremen Unsicherheit und der schier unerschöpflichen Ressourcen, die ihren Ambitionen von außen zur Verfügung gestellt wurden, gerieten die lokalen Akteure reihenweise ins Schleudern. Unter derart instabilen Bedingungen führte der Zustrom von Waffen nicht zu mehr Einfluss, sondern zu Gewalt, Chaos und Radikalisierung. Den Revolutionären gelang es nicht, ihre mobilisierende Kraft für die Gründung stabiler politischer Parteien einzusetzen. Lokale Milizen rissen die Macht an sich, ohne Rücksicht auf das Wohl des Landes. Die Islamisten warfen alles in die Waagschale, um in den neu entstehenden Systemen das Sagen zu haben. Zu deren Abwehr suchten die Liberalen doch wieder den Schulterschluss mit dem Militär und den Monarchen am Golf – mit verheerenden Folgen. Das Scheitern des arabischen Aufstands liest sich wie ein Katalog unbeabsichtigter Folgen und falscher Strategien.

Die Bemühungen der Vereinigten Staaten und der Regionalmächte, die Ereignisse in diesen Ländern im Übergang zu kontrollieren, nahmen einen vorhersehbaren Verlauf. Fast alle Versuche der Regionalmächte, durch die Unterstützung einzelner Fraktionen von außen einzugreifen, verfehlten ihr Ziel und machten oft alles nur noch schlimmer. Die iranische Unterstützung schiitischer Milizen in Libanon, Syrien und Irak führte zwar zur militärischen Stärkung Irans, heizte aber die konfessionellen Konflikte weiter an. Die Aktivitäten der arabischen Regime und der Türkei hatten noch verheerendere Folgen. Zum Sturz Baschar al-Assads in Syrien führten sie nicht. Der von den Golfstaaten vorgelegte Übergangsplan für Jemen scheiterte kläglich. Nach der internationalen Intervention gegen Gaddafi wurde Libyen zu einem tief gespaltenen, gescheiterten Staat. Das ägyptische Militärregime, dessen Rückkehr an die Macht von externen Kräften gefördert wurde, schien auch mit Milliarden Dollar Finanzhilfen unfähig, die Stabilität des Landes wiederherzustellen und die am Boden liegende Wirtschaft aufzurichten. Und mit dem Aufstieg des Islamischen Staats gewann eine dschihadistische Bewegung neuen Zulauf, die man unter Kontrolle zu haben glaubte und die in der eigenen Bevölkerung zunehmend Sympathien gewann. Der Wiederaufstieg autokratischer Regime, die wachsende Militarisierung, Stellvertreterkriege, aber auch eine Vielzahl neuer, aggressiver dschihadistischer Bewegungen – all das entsprach nicht der von den Aufständischen in der arabischen Welt erhofften Entwicklung. Keiner von denen, die Anfang 2011 auf die Straße gingen, wollte die Monarchien stärken, eine Eskalation der Gewalt und Repressionen autokratischer Regime oder eine größere militärische Einmischung in die politischen Auseinandersetzungen in seinem Land. Keiner von ihnen rief zum Dschihad und zur Errichtung eines neuen Kalifats auf, zu konfessioneller Polarisierung oder zur brutalen Unterdrückung des islamistischen Mainstream. Doch die Ereignisse entzogen sich der Kontrolle derjenigen, die sie in Gang gesetzt hatten.

Aber nicht nur der arabische Aufstand veränderte das Ordnungsgefüge in der Region, sondern auch die internationalen

Bemühungen um ein Atomabkommen mit Iran. Iran an der Entwicklung von Atomwaffen zu hindern war seit mehr als einem Jahrzehnt vorrangiges Ziel der amerikanischen und internationalen Diplomatie. Insbesondere Israel warnte seit langem vor den verheerenden Folgen eines iranischen Nuklearарsenals. Doch für die meisten Akteure in der Region war das Problem der Atomwaffen nur Ausdruck eines größeren Ringens mit Iran um die Macht in der Region. Das iranische Atomprogramm diente zwar der Rechtfertigung eines breitgefächerten Systems von Sanktionen gegen Teheran und der Kämpfe gegen Irans Stellvertreter in der Region, aber es war nicht die Hauptsorge der arabischen Regime. Ihre Sorge war vielmehr, dass der Atomdeal (wie erfolgreich auch immer er die Verbreitung von Nuklearwaffen verhindern würde) einer regionalen Ordnung den Boden entzog, die auf die Bekämpfung des iranischen Einflusses gegründet war.

Die Verwerfungen der regionalen Ordnung infolge des Aufstands in der arabischen Welt und des Atomdeals mit Iran heizten die neuen Stellvertreterkriege im Nahen Osten kräftig an. Saudi-Arabien, die Vereinigten Arabischen Emirate und andere Regime am Golf demonstrierten ein Selbstvertrauen, das durch ihr reales Gefühl tiefer Verunsicherung Lügen gestraft wurde. 2015 rühmten sich die Machthaber am Golf eines neuen Modells des militärischen und politischen Handelns in der Region, das die jahrzehntelange Abhängigkeit vom Westen und die damit verbundene Zaghaftigkeit beenden sollte. Während sie ihre Muskeln spielen ließen, schienen sie zu glauben, sie hätten die Welle des Volksprotestes aufgehalten und bei der Neugestaltung der Region die Führung übernommen. Ihre militärischen Anstrengungen brachten jedoch weder in Syrien noch in Jemen den gewünschten Erfolg. Vielmehr konnte ihre Diplomatie das

Atomabkommen mit Iran nicht verhindern, ihre entscheidende Allianz mit Washington wurde schwer belastet, und der Sturzflug der Ölpreise bedrohte die Grundlage ihrer innenpolitischen Stabilität.

Angeheizt wurden die neuen Kriege in der arabischen Welt von dem fieberhaften Bemühen der alten Ordnung, sich gegen diese unaufhaltsamen Veränderungen zu behaupten. Die Folgen waren katastrophal. Der Putsch in Ägypten brachte ein instabiles, gewaltbereites und unberechenbares Militärregime an die Macht, das dem Land Jahre der inneren Unruhen zu bringen verspricht. Die Repressionen gegen die Muslimbrüder in der gesamten Region machten Strategien einer friedlichen Partizipation zunichte und ebneten extremen dschihadistischen Ideen und Organisationen den Weg. Die Einmischung ausländischer Mächte in die Kriege in Syrien, Libyen und Jemen hat diese Staaten zerstört, unfassbares menschliches Leid gebracht und den Aufstieg des Islamischen Staats in Syrien und in Irak befördert. Die saudisch-iranische Rivalität entfesselte aggressive neue Formen des Glaubenskampfes. Und die rigorose Weigerung der alten Eliten, einen schrittweisen Wandel zuzulassen, hat die Region zu einem weitaus schlimmeren Schicksal verurteilt: dem Aufstieg des Islamischen Staats, aber auch der Entfesselung anderer, noch viel bedeutsamerer Kräfte, die in seinem Fahrwasser in Erscheinung treten werden.

Die regionale Ordnung vor dem Aufstand

Der Aufstand in der arabischen Welt, der im Dezember 2010 in Tunesien begann, erfolgte in einem entscheidenden Augenblick der regionalen Geschichte. Als Präsident Obama im Januar 2009 sein Amt antrat, genoss er breiten nationalen und internationalen Rückhalt für sein Versprechen, ein Jahrzehnt des Krieges zu beenden. Obamas Hauptaugenmerk galt der Wiederaufnahme der israelisch-palästinensischen Friedensgespräche, dem Abzug der US-Truppen aus Irak und der Neugestaltung der Beziehungen zur muslimischen Welt.

Obamas Hoffnung auf Wandel stellte eine Regionalordnung in Frage, die sich nach der Invasion und der Besetzung des Irak unter der Bush-Regierung konsolidiert hatte. Die Regionalpolitik war in der Konfrontation zweier Blöcke festgefahren: eines »Widerstandsblocks« (auch »Achse des Widerstands« genannt) unter Führung Irans und eines »gemäßigten Blocks« sunnitischer Autokraten unter Führung Saudi-Arabiens. Diese beiden Blöcke führten ihre Stellvertreterkriege auf diversen Schauplätzen, auch im besetzten Irak, in Libanon, Jemen und Palästina. Die autokratischen Regime der Region, die vermeintlich die Zügel fest in der Hand hatten, kämpften in Wirklichkeit mit wachsenden wirtschaftlichen Problemen und neuen Formen des politischen Protests.

So unpopulär die Politik der Bush-Regierung auch war, sie definierte dennoch die regionale Ordnung des Nahen Ostens im ersten Jahrzehnt des 21. Jahrhunderts: Es war eine zutiefst amerikanische Ordnung. Mit ihren gewaltigen Ölreserven und aufgrund ihrer strategischen Lage war die Region für die Supermächte während des Kalten Kriegs von besonderem Interesse gewesen. Doch die Vereinigten Staaten waren auch aufgrund ihrer besonderen Beziehung zu Israel in der Region involviert. Die Rivalität der Supermächte, der Zugang zum Öl und der arabisch-israelische Konflikt bestimmten nach dem Zweiten Weltkrieg jahrzehntelang die Politik in der Region.

Das änderte sich mit dem Zusammenbruch der Sowjetunion Ende der 1980er Jahre. Nachdem die Sowjetunion als globaler Rivale ausgeschieden war, konnten die Vereinigten Staaten im Nahen Osten ein neues Ordnungsgefüge schaffen, in dem alle Wege nach Washington führten. Die Bildung einer arabischen Koalition zur Mithilfe bei der Befreiung Kuwaits von der irakischen Besatzung 1990 markierte den Übergang von der Ordnung des Kalten Kriegs zu einer amerikanisch dominierten regionalen Ordnung. Die Operation »Wüstensturm« einte traditionelle Verbündete der USA wie Ägypten und Saudi-Arabien und Gegner wie Syrien sowie (stillschweigend) auch Israel. Da es keine ernstzunehmende Alternative zu den Vereinigten Staaten gab, waren die regionalen Akteure gezwungen, sich zwischen der Einbindung in die amerikanisch dominierte Ordnung und der politischen Isolierung als »Schurkenstaaten« zu entscheiden. Eine große Öffentlichkeit sah diese amerikanisch dominierte Regionalordnung kritisch, was in Washington gelegentlich zu Kopfzerbrechen über einen »Antiamerikanismus« führte. Diese weit verbreitete Feindseligkeit gegenüber den Vereinigten Staaten hatte jedoch kaum Auswirkungen auf die Außenpolitik der autokratischen Regime, die sich sicher wähnten, diese feindselige Stimmung der Öffentlichkeit ignorieren zu können.

Die Führungsrolle der USA in dieser schwierigen Koalition bedeutete jedoch unablässige Wartung und Pflege. In den 1990er und 2000er Jahren führte Amerika endlos lange, wenngleich ergebnislose Friedensverhandlungen zwischen Israelis und Palästinensern sowie zwischen Israelis und Syrern; Washington stand damit im Zentrum fortwährender diplomatischer Aktivitäten. Gleichzeitig hielten die Vereinigten Staaten am Dual Containment fest, der »doppelten Eindämmung« als politischer Leitlinie gegenüber Irak und Iran, was eine Verstärkung ihrer militärischen Präsenz am Golf erforderlich machte. In den kleineren Golfstaaten entstanden dauerhafte amerikanische Militärstützpunkte, nachdem die antiamerikanische Stimmung in der saudi-arabischen Bevölkerung einen Abzug der Amerikaner aus dem Land notwendig gemacht hatte. Die Überwachung der Flugverbotszonen und der Sanktionen gegen Irak bedeutete ein beständiges militärisches Engagement und provozierte eine Vielzahl politischer Krisen innerhalb der Vereinten Nationen und in der gesamten Region. Die sich immer deutlicher abzeichnende humanitäre Katastrophe aufgrund der Wirtschaftssanktionen gegen Irak, für die man vorrangig die Vereinigten Staaten verantwortlich machte, wurde in weiten Teilen der arabischen Öffentlichkeit zu einem wichtigen Thema. Die wachsenden Feindseligkeiten gegenüber den USA halfen den arabischen Diktatoren nur, ihre repressiven Methoden zu rechtfertigen, über die Washington bereitwillig hinwegsah.

Der Umgang der USA mit ihrer dominanten Position veränderte sich um die Jahrtausendwende grundlegend. In den 1990er Jahren bemühten sie sich gemeinsam mit ihren autokratischen Verbündeten um den Erhalt des Status quo. Nach den Terroranschlägen vom 11. September 2001 auf Washington und New York schwenkte die Bush-Regierung auf eine aggressive neue, revisionistische Strategie in der Region um. Die autokratischen Regime – ein Status quo, der jahrzehntelang als akzeptabel gegolten hatte – wurden jetzt als Brutstätte von Extremismus und Gewalt betrachtet und erschienen nicht mehr hinnehmbar. Die US-Regierung und ihre Verbündeten betrachteten den Sturz Saddam Husseins als den entscheidenden Katalysator für die Umgestaltung der Region. In diesem Punkt immerhin sollten sie recht behalten – die Folgen allerdings hatten sie sich ganz anders vorgestellt.

Die Irak-Invasion, der auf allen Ebenen geführte massive Krieg gegen den Terror und die »Freiheits-Agenda« zur Förderung des demokratischen Wandels veränderten das Machtgleichgewicht in der Region auf tiefgreifende Weise – und die Vereinigten Staaten bezahlten dafür einen hohen Preis. Saddams Sturz führte zu einer enormen Stärkung der Macht Irans. Nachdem Irans wichtigster militärischer Rivale ausgeschaltet war, konnten von Teheran unterstützte Gruppen im neuen Irak politische Führungspositionen einnehmen. Die erschrockenen Golfstaaten verstärkten ihre Anstrengungen, den iranischen Einfluss zurückzudrängen, indem sie von Amerika immer größere Sicherheitsgarantien verlangten und sich immer enger an die Seite Israels stellten – der einzigen Macht, die ein Gegengewicht zu einem zunehmend erstarkenden Iran bilden konnte. Hunderttausende amerikanische Soldaten schlugen für scheinbar unabsehbare Zeit ihr Quartier in Irak und in Afghanistan auf, während Zahl und Aufgaben der Militärstützpunkte am gesamten Golf dramatisch anstiegen. Mit dem globalen Krieg gegen den Terror mischten sich die Vereinigten Staaten immer mehr in das Leben und die Politik, in Wirtschaft, Gesetzgebung und Rechtsprechung, in das Bildungssystem, die Medien und den offiziellen religiösen Sektor der arabischen Bevölkerung ein. Gleichzeitig hielten sie jedoch entschlossen an ihrer Unterstützung Israels fest, obwohl gar kein ernstzunehmender Friedensprozess im Gange war und obwohl Israel äußerst fragwürdige Kriege gegen die Palästinenser und die Hisbollah führte. Nicht zufällig war dies ein Jahrzehnt sowohl des radikal gesteigerten amerikanischen Interventionismus als auch eines dramatisch wachsenden Antiamerikanismus.

Diese neue Regionalordnung verfestigte sich im Laufe der Zeit. Arabische Regime gewöhnten sich an den massiven amerikanischen Interventionismus, nachdem sie festgestellt hatten, dass ihr persönliches Überleben dadurch nicht bedroht war. Sie befürworteten eine Bündnisstruktur, die hauptsächlich auf der Eindämmung Irans basierte und nicht Demokratie und Menschenrechte, sondern vorrangig die Terrorbekämpfung zum Ziel hatte. Sie konnten gut damit leben, dass es in der Beziehung zwischen Israelis und Palästinensern keine Fortschritte gab. 2010 standen nur noch Iran und Syrien außerhalb dieser amerikanisch dominierten Ordnung, und beide Staaten waren bestrebt, Teil dieses neuen Ordnungsgefüges zu werden. Syrien, das sich der US-geführten Koalition gegen Irak angeschlossen und in den 1990er Jahren an den Friedensgesprächen mit Israel beteiligt hatte, suchte die diplomatische Zusammenarbeit mit Washington. Und was noch viel wichtiger war: Auch Iran betrachtete Atomverhandlungen jetzt nicht mehr als Hindernis, sondern als einen Weg, seine Beziehungen zu den Vereinigten Staaten und der internationalen Gemeinschaft insgesamt neu zu gestalten.

Die Bewertung der Aufstände in der arabischen Welt und des Atomdeals mit Iran hängt weitgehend davon ab, wie man die Ordnung in der Region in den zehn Jahren davor sieht. Die 2000er Jahre werden heute seltsamerweise als eine Epoche der relativen Stabilität im Nahen Osten dargestellt – eine Zeit der engen Kooperation Washingtons mit seinen Verbündeten in der

Region, nicht als eine Zeit der Spannungen. In der Rückschau ist das jedoch eine reichlich bizarre Verfälschung. Tatsächlich war die erste Dekade des 21. Jahrhunderts zutiefst von Gewalt und Instabilität geprägt. Sie war gekennzeichnet von der Besetzung des Irak, von aufeinanderfolgenden Kriegen Israels gegen die Palästinenser und die Hisbollah sowie von eskalierenden konfessionellen Spannungen und dschihadistischer Gewalt. Irans Einfluss war keineswegs eingedämmt, sondern hatte sich weit nach Irak hinein ausgedehnt. Das Land kam dem Besitz von Atomwaffen immer näher. Der Aufstand in der arabischen Welt verdeutlichte, wie brüchig die vermeintliche Stabilität der autokratischen Regime tatsächlich war.

Ein genauerer Blick auf diese regionale Politik zeigt, wie falsch eine nostalgische Sicht dieser Ordnung vor Beginn der Aufstände ist. Es war der lange kalte Krieg zwischen den von Iran und Saudi-Arabien geführten Blöcken, der die Politik in der Region gestaltete. Und dabei spielten geopolitische ebenso wie konfessionelle Aspekte eine große Rolle. Gleichzeitig fanden tiefgreifende Auseinandersetzungen innerhalb des sunnitischen Lagers statt, die jeden auf bloß konfessionellen Differenzen beschränkten Erklärungsversuch der Konflikte zu simpel erscheinen lassen. Die Rivalität zwischen Katar und Saudi-Arabien sowie der Kampf zwischen Islamisten und den Regimen waren oft bedeutsamer als der Konflikt zwischen Sunniten und Schiiten. Darüber hinaus war dieses Jahrzehnt auch durch eine immer mächtiger werdende Welle der Opposition in der Bevölkerung und einen erstaunlich raschen Wandel des medialen Umfelds bestimmt, wodurch die autokratischen Regime von allen Seiten unter Druck gerieten.

Das regionale Machtgleichgewicht war in den 1990er Jahren einigermaßen stabil gewesen. Mit der US-geführten Irak-Invasion

2003, welche die »Achse des Bösen« brechen und amerikafreundliche, moderate Kräfte stärken sollte, kippte dieses Gleichgewicht zugunsten Irans. Der Sturz Saddam Husseins eliminierte den einzigen militärisch potenten arabischen Nachbarn Irans und ließ den Golfstaaten nur noch wenige gangbare Bündnisoptionen gegen Teheran offen. Die Vereinigten Staaten verstärkten ihr militärisches und politisches Engagement am Golf erheblich, gerieten jedoch in Irak und in Afghanistan zunehmend in den Sumpf einer endlosen Aufstandsbekämpfung. Da alle Ressourcen in diese Kampagnen flossen, verlor die Bush-Regierung die Lust an einer Ausweitung ihrer Kriege auf Syrien oder Iran. 2007/2008, auf dem Höhepunkt des Konflikts, waren mehr als 160 000 amerikanische Soldaten im Kampfeinsatz in Irak. Dieses massive militärische Engagement bildete zwar in gewisser Weise ein Gegengewicht zur Macht Irans, diente aber zugleich dem Schutz der irakischen Zentralregierung, die von schiitischen Politikern dominiert wurde. Demokratische Wahlen mit Regeln, die primär von Washington diktiert waren, stärkten die schiitische Mehrheit in Irak, was viele sunnitische Führer am Golf als einen unausweichlichen Schulterschluss Bagdads mit Teheran interpretierten. Saudi-Arabien und andere Golfstaaten verspürten die dringende Notwendigkeit, ein Gegengewicht gegen die wachsende Macht Irans zu schaffen.

Die arabische Welt polarisierte sich in zwei breiten Koalitionen: einem »gemäßigten Block« sunnitischer Diktatoren, die mit den Vereinigten Staaten (und indirekt auch mit Israel) verbündet waren; und einem »Widerstandsblock« mit Iran, Syrien, der Hisbollah und der Hamas. In diesem kalten Krieg bekämpften sich die Hauptakteure fast nie direkt. Vielmehr führten sie ihren Kampf um politischen Einfluss mittels Stellvertreterkriegen und rivalisierenden Interventionen in den schwachen Staaten der Region.[5] Der kalte Krieg wurde in den panarabischen Medien, in transnationalen Netzwerken und leicht zugänglichen arabischen politischen Systemen geführt. In Libanon kämpfte die von den Saudis unterstützte Allianz des 14. März gegen die von der Hisbollah und von Syrien dominierte Allianz des 8. März (auch Widerstands-Koalition genannt). In Irak unterstützten alle Nachbarn – angefangen mit Iran und Syrien bis hin zu Saudi-Arabien, Jordanien und der Türkei – bewaffnete Gruppen, Stämme, politische Parteien und einzelne Politiker. In Palästina demonstrierten die Regionalmächte ihre Macht durch Unterstützung der Hamas oder verschiedener Fraktionen der Palästinensischen Autonomiebehörde.

Nur selten stand die breitere Öffentlichkeit geschlossen hinter einem dieser Blöcke. Einigende Elemente wie die Feindschaft gegenüber Israel und das Drängen auf mehr Demokratie bildeten ein Gegengewicht zum vertikalen Druck einer Polarisierung entlang konfessioneller Bruchlinien. Der Krieg der Hisbollah gegen Israel 2006 zum Beispiel stieß in der arabischen Öffentlichkeit auf fast einhellige Zustimmung. Die Diskrepanz zwischen der offiziellen Position der meisten arabischen Regime und der Einstellung einer großen Mehrheit der arabischen Öffentlichkeit wurde in dieser Zeit offenkundig. Die arabischen Regime ließen Kritik in den Medien, ja sogar Protestkundgebungen gegen Israel und die Vereinigten Staaten zu, um ein Ventil zu schaffen, von innenpolitischen Problemen abzulenken und Washington zu beweisen, dass sie nicht noch mehr Zustimmung zu seiner Politik riskieren konnten.

Diese Bipolarität gab einer Vielzahl regionaler Allianzen, Initiativen und Strategien Sinn und Bedeutung. Die sich verschärfende iranisch-saudische Rivalität und das neue Bündnismuster folgten zwar primär realpolitischen Überlegungen, wurden aber von konfessionellen Konflikten bald immer stärker überlagert. Das Abgleiten des Irak in einen brutalen, konfessionell motivierten Bürgerkrieg trug die Feindseligkeiten zwischen Sunniten und Schiiten auch in Viertel, wo dieser Hass zuvor nie eine Rolle gespielt hatte. Saudi-Arabien konnte diese wachsenden konfessionellen Spannungen besonders gewinnbringend instrumentalisieren. Die Betonung der tiefen konfessionellen Kluft zwischen Sunniten und Schiiten konnte die Attraktivität des Iran für jene Araber schwächen, die ansonsten den Widerstand gegen Israel und gegen eine amerikanisch dominierte Regionalordnung befürworteten. Der konfessionelle Konflikt diente auch der Rechtfertigung von Repressionen gegen schiitische Staatsbürger in der Östlichen Provinz Saudi-Arabiens, die als potenzielle Handlanger einer iranischen Subversion dargestellt wurden. Dieses Bemühen, im öffentlichen Diskurs den schiitisch-sunnitischen Konflikt für den Kampf gegen Iran zu instrumentalisieren, dokumentierte der jordanische König Abdullah 2004 mit seiner Warnung vor einem »schiitischen Halbmond«, der den Nahen Osten bedrohe.

Eine regionale Ordnung, definiert von moderaten sunnitischen Autokraten, die gemeinsam gegen eine radikale schiitische Bedrohung kämpfen, verschleierte jedoch die großen internen Rivalitäten. Saudi-Arabien strebte nach der Führungsrolle in einer gegen Iran geeinten arabischen Welt, stieß dabei jedoch auf eine Vielzahl von Herausforderern. Einige der alten Mächte waren in den 2000er Jahren allerdings bereits aus dem Rennen. Irak war komplett zusammengebrochen und zu einem Schlachtfeld geworden, auf dem die tatsächlichen Mächte und keine stellvertretenden Akteure gegeneinander kämpften. Ägypten wurde – trotz seines Anspruchs auf die Führungsrolle in der arabischen Welt – von inneren Wirren um die Präsidentschaftswahl 2005 zerrissen und fügte sich weitgehend den politischen Präferenzen Saudi-Arabiens. Syrien, selbst eine Regionalmacht, war zum Zankapfel der anderen Mächte in der Region geworden. Im Jahr 2005 sah sich Syrien durch Massenproteste nach der Ermordung des ehemaligen libanesischen Ministerpräsidenten Rafik Hariri gezwungen, sich nach fünfzehn Jahren Besatzung aus Libanon zurückzuziehen. Die von den Saudis unterstützte Allianz des 14. März betrat jetzt die Bühne der libanesischen Politik, während Syrien Sanktionen und die Strafverfolgung vor einem Sondertribunal für Libanon drohten. Doch 2008 bemühten sich Saudi-Arabien, die Türkei und die Vereinigten Staaten nachdrücklich um engere Beziehung zu Syrien in der Hoffnung, Assad von Iran fernzuhalten.

Jetzt, da diese traditionellen arabischen Mächte beiseitegedrängt waren, traten neue Akteure in den Vordergrund. Katar, reich mit Erdgas gesegnet und die Popularität seines Satellitenfernsehsenders al-Jazeera nutzend, forderte mit diplomatischen Initiativen die saudische Vorherrschaft in Jemen, Afghanistan und Palästina heraus. Zugleich stellte Katar für eine Vielzahl von Bewegungen, Journalisten und Politikern weit über die Landesgrenzen hinaus eine alternative Finanzierungsquelle dar. Besonders enge Beziehungen unterhielt das Emirat zum Netzwerk der Muslimbrüder, es pflegte aber auch seine Kontakte zu einem breiten Spektrum liberaler und linksgerichteter Aktivisten. Die Rivalität zwischen Saudi-Arabien und Katar bildete eine zweite Ebene der regionalen Konfrontation, welche die dominierende saudisch-iranische durchkreuzte.

Auch die Türkei wetteiferte Ende der 2000er Jahre um Einfluss in der arabischen Welt. Recep Tayyip Erdoğan, damals noch Ministerpräsident, empfahl seine Regierung als ein Modell der demokratischen Partizipation gemäßigter Islamisten – eine indirekte Herausforderung für all jene arabischen Regime, die sich als Gegenmodell zu Bewegungen wie den Muslimbrüdern definierten. Die florierende türkische Wirtschaft, robuste demokratische Institutionen und die NATO-Mitgliedschaft, all dies waren attraktive Alternativen zu den dysfunktionalen arabischen Staaten. Selbst türkische Seifenopern waren in der arabischen Welt populärer als die einheimischen Fernsehshows. Erdoğans Türkei präsentierte sich – wie Katar – in der regionalen Diplomatie als dritter Weg neben Iran und Saudi-Arabien. Sie versuchte, eine Vereinbarung im Atomstreit mit Iran zu vermitteln, engagierte sich aktiv in Irak und pflegte enge Beziehungen zum syrischen Machthaber Baschar al-Assad. Auch mit seinen vehementen Angriffen gegen Israel fand Erdoğan Anklang in der arabischen Öffentlichkeit. Seine Denunzierungskampagne eskalierte im Mai 2010, als das türkische Schiff *Mavi Marmara*, das mit humanitären Hilfsgütern für den Gazastreifen unterwegs war, von israelischen Soldaten geentert wurde.

Israels Position hatte sich Ende der 2000er Jahre gleichfalls grundlegend verändert. Das Jahrzehnt der Friedensgespräche unter der Clinton-Regierung in den 1990er Jahren war mit einem gescheiterten Gipfeltreffen in Camp David zu Ende gegangen. Die nachfolgende exzessive Gewalt der Zweiten Intifada führte zu einem fundamentalen Wandel im politischen Denken und der öffentlichen Meinung Israels. Israels einseitiger Rückzug aus Gaza und die Folgen eines Wahlsiegs der Hamas vertieften die politische Spaltung innerhalb der Palästinenser, die von den Regionalmächten sofort ausgenutzt wurde. Israel arbeitete, wenngleich weiterhin insgeheim, jetzt noch enger mit den Golfstaaten und mit Ägypten zusammen – nicht nur gegen Iran, sondern auch gegen Hamas und Hisbollah, die dem »Widerstandsblock« angehörten, und unterstützte Salam Fayads Bemühen um den Aufbau von Institutionen der Palästinensischen Autonomiebehörde im Westjordanland. Israel war froh über eine Regionalordnung, in der eine stillschweigende Allianz mit den meisten arabischen Regimen gegen Iran möglich war, ohne dass spürbare Fortschritte in Richtung auf einen Palästinenserstaat gemacht wurden.

Aber diese Zufriedenheit Israels mit der Ordnung in der Region konnte man kaum mit Stabilität oder Sicherheit gleichsetzen. Israel führte in diesem Jahrzehnt viele Kriege, und der Preis dafür war hoch, politisch wie humanitär. Die Wiederbesetzung des Westjordanlandes während der Zweiten Intifada verlief extrem blutig und machte das zehn Jahre dauernde Bemühen um den Aufbau palästinensischer Institutionen mit einem Schlag zunichte. Der Libanonkrieg 2006 endete unentschieden und brachte de facto einen strategischen und politischen Sieg für die Hisbollah. Die erbarmungslosen Bombenangriffe auf den Gazastreifen 2008/2009 und erneut 2012 brachten Israel kaum strategische Vorteile, sondern nur vehemente internationale Verurteilung. Die Stagnation des Friedensprozesses und die Fortsetzung des Siedlungsbaus sowie die Bemühungen zur Verhinderung eines Atomabkommens mit Iran belasteten die Beziehungen zur Obama-Regierung schwer.

Kurzum, die regionale Ordnung zu Beginn des Aufstands in der arabischen Welt, so berechenbar sie auch war, konnte keinen Bestand haben. Auf Terrorbekämpfung und die Eindämmung Irans gegründet, war sie in sich selbst widersprüchlich und brachte keine wirkliche Stabilität und keine Sicherheit. Die arabischen Autokraten saßen zwar nach wie vor fest im Sattel, aber ihre Tage waren gezählt. Sie hatten mit massiven wirtschaftlichen Problemen zu kämpfen, unter anderem mit wachsender Ungleichheit, Korruption und Arbeitslosigkeit. Angesichts mangelnder Perspektiven und eines stagnierenden politischen Systems regte sich der Unmut einer jungen, gut ausgebildeten Generation. Die Informations- und Kommunikationstechnik begann bereits die staatliche Meinungs- und Informationskontrolle zu unterlaufen, die jene repressiven Systeme schon so lange ausübten. Die arabischen Regime hatten ihre Probleme jahrelang heruntergespielt und der Weltöffentlichkeit und ihren eigenen Ländern vorgegaukelt, sie hätten alles unter Kontrolle. Doch dem war nicht so.

Nach dem Aufstand

Der Aufstand in der arabischen Welt gestaltete das Terrain für alle diese Kriege neu. Er stellte Amerikas Position auf völlig neue Weise in Frage, indem er die Widersprüche der amerikanischen Politik und die Grenzen der Macht der USA offenlegte. Der Aufstand drängte die konfessionellen Differenzen und den saudisch-iranischen Konflikt zunächst in den Hintergrund, bevor er sie umso mehr verschärfte. Er weitete die innersunnitischen Machtkämpfe auf eine größere Zahl zerrütteter Staaten sowie potenzieller Verbündeter und Gegner aus. Und schließlich verstärkte er bei den arabischen Regimen das Gefühl der Bedrohung, indem er zeigte, dass sie durch Herausforderer aus der eigenen Bevölkerung gestürzt werden konnten.

Die Besetzung des Irak und die endlosen Kriege gegen den Terrorismus hatten die Vereinigten Staaten erschöpft, die Finanzkrise von 2008 hatte die wirtschaftlichen Grundlagen des Landes erschüttert. Auf diese strukturellen Bedingungen reagierte Obama mit einer pragmatischen Politik der »Redimensionierung« von Amerikas übermäßiger Präsenz im Nahen Osten. Obama hoffte, den militärischen und politischen Fußabdruck der USA in der Region zu verkleinern, um sich vom Nahen Osten abkehren und wichtigeren strategischen Herausforderungen in Asien zuwenden zu können. Das bedeutete jedoch keinen sofortigen diplomatischen Rückzug oder die völlige Preisgabe der Region. Vor einer Reduzierung der Präsenz in der Region mussten Probleme wie die Besetzung Iraks, der Krieg gegen den Terror, der Streit über das iranische Atomwaffenprogramm und der israelisch-palästinensische Friedensprozess gelöst (oder zumindest einer Lösung nähergebracht) werden. Obama investierte viel politisches und diplomatisches Kapital in das – letztlich erfolglose – Bemühen, den israelisch-palästinensischen Friedensprozess neu anzukurbeln, sowie in – erfolgreiche – Verhandlungen über einen Atomdeal mit Iran. All dies geschah jedoch im Blick auf die Gesamtstrategie, Amerikas Präsenz in der Region zu verringern.

Diese außen- und sicherheitspolitische Grand Strategy ging nicht zuletzt von der Tatsache aus, dass es auf globaler Ebene immer noch keinen ernstzunehmenden strategischen Konkurrenten gab. Die Vereinigten Staaten waren nach wie vor die dominierende Macht in der Region. Trotz Russlands Säbelrasseln und Chinas Wirtschaftswachstum gab es weiterhin keine Alternative zur amerikanischen Ordnung, auch wenn diese schwächer und brüchiger zu sein schien als jemals zuvor. Chinas dramatischer wirtschaftlicher Aufstieg und damit verbunden ein enormer

Energiebedarf sowie massive chinesische Interessen am Golf bedeuteten nicht automatisch eine auch nur entfernt ernstzunehmende politische oder militärische Präsenz im Nahen Osten. Trotz Wladimir Putins Bereitschaft zum Abenteuer blieb Russland eine immer schwächer werdende Wirtschaftsmacht mit wenigen Verbündeten oder Aktiva in der Region, die es zu verteidigen hatte. Europa kämpfte mit eigenen wirtschaftlichen und politischen Problemen und arbeitete auch weiterhin vorrangig innerhalb des US-geführten Bündnisses an der politischen Gestaltung. Kurzum: Trotz der abnehmenden amerikanischen Machtprojektion gab es im globalen Gleichgewicht der Kräfte noch keinen klaren strukturellen Wandel.

Der Aufstand in der arabischen Welt und seine Folgen offenbarten jedoch in aller Deutlichkeit die Grenzen der amerikanischen Macht. Die arabische Ordnung, gegen die Millionen Menschen jetzt rebellierten, war eingebettet in eine Architektur, die die Vereinigten Staaten geschaffen hatten und die weitgehend ihren eigenen Kerninteressen – dem Schutz Israels, der Versorgung mit Öl und der Bekämpfung des Terrorismus – diente. Die amerikanische Führung sprach zwar oft von einer Förderung der Demokratie, aber alle wussten, dass die USA kaum ein konkretes Interesse daran hatten, die Machtbefugnisse freundschaftlich gesinnter Autokraten zu unterminieren, die diese zentralen Interessen schützten. Differenzen gab es allenfalls zwischen denen, die der Ansicht waren, die herrschenden Autokratien dienten amerikanischen Interessen optimal, und denen, die diese Autokratien als viel zu instabil und unzureichend legitimiert betrachteten, um diesen Interessen zu dienen.

Der Aufstand in der arabischen Welt ging in eine völlig andere Richtung. Sein Ziel war die Zerschlagung des Systems und nicht eine Feinjustierung seiner Kontrollmechanismen. Und die wichtigste Folge dieses Aufstands war letztlich vielleicht die Demontage der amerikanischen Regionalordnung im Nahen Osten – eine erschreckende Aussicht für die von dieser Ordnung geschützten Regime, jedoch ein Ergebnis, das wohl fast alle begrüßten, die damals auf die Straße gingen: Säkulare ebenso wie Islamisten. Sie hoffen, dieses System zu verändern, bedachten aber nicht, was für ein traumatisch hoher Preis dafür zu bezahlen war. Waren die Barbarei in Syrien und die ägyptischen Gefängnisse eine unausweichliche Folge der Infragestellung des Status quo in der Region?

Obamas vorsichtige Diplomatie stand in irritierend scharfem Gegensatz zum selbstbewussten, militarisierten Auftreten seines Vorgängers. Die arabischen Regime und Israel hatten sich an Bushs Bereitschaft gewöhnt, unbegrenzte Ressourcen in den irakischen Sumpf zu pumpen. Sie hatten sich an seine Beflissenheit gewöhnt, auf allen erdenklichen Schauplätzen einen kalten Krieg gegen Iran zu führen, und an sein leeres Gerede über Demokratie. Trotz all ihrer Beschwerden gegen Bush kam den Regimen seine Bereitschaft zu militärischen Interventionen und zum Einsatz massiver finanzieller Mittel zu ihren Gunsten durchaus gelegen. Groß war daher ihr Misstrauen gegen einen neuen amerikanischen Präsidenten, der die Konfrontation mit Iran entschärfen, die US-Truppen aus Irak abziehen wollte und entschlossen war, der Einladung zum Eintritt in einen neuen militärischen Sumpf in Syrien zu widerstehen. Sie konnten kaum glauben, dass es die Vereinigten Staaten mit ihrer Unterstützung demokratischer, ja sogar islamistischer Bewegungen wirklich ernst meinten. »Freunde im Stich lassen und Feinde belohnen« wurde zu einem auf Obama gemünzten geflügelten Wort. So treffend der Satz diese

Wahrnehmungen widerspiegelt, mit der Realität hatte er wenig zu tun; denn Washington setzte seine enge diplomatische und militärische Abstimmung mit all diesen vermeintlich im Stich gelassenen Verbündeten fort und baute sie sogar weiter aus.

Die von Machthabern und Öffentlichkeit in der Region seit langem geforderte diplomatische Zurückhaltung der Amerikaner fand in der Praxis nur wenige Freunde. Schützlinge und Verbündete der Vereinigten Staaten schäumten, man habe sie während der Aufstände im Stich gelassen, und ärgerten sich darüber, dass die Amerikaner ihre Ambitionen in Syrien nicht unterstützten. Die Aktivisten und die Jugend, in die Washington so große Hoffnungen gesetzt hatte, waren zumeist voll Hohn und Spott oder argwöhnisch gegenüber dem in ihren Augen scheinheiligen Imperium. Demonstranten jeder Couleur, von den Demokraten des Tahrir-Platzes bis zu den finsteren IS-Dschihadisten, definierten daher ihre Rolle als Gegenposition zu den Vereinigten Staaten. Und auch Israel und die Golfstaaten bemühten sich offen und insgeheim um Einfluss auf die amerikanische Politik, waren sie sich doch im Klaren darüber, dass sie trotz ihrer vorgetäuschten Unabhängigkeit nicht wussten, an wen sie sich sonst wenden sollten. So unpopulär die amerikanische Politik über all die Jahre auch war, so war sie doch immerhin berechenbar gewesen; und damit hatten die lokalen Akteure eigene politische Pläne und Überlebensstrategien, ja sogar eine eigene Identität entwickeln können. Der Vorwurf einer unberechenbaren und katastrophalen Politik kann Obama nur insofern gemacht werden, als sie eine andere Politik von ihm erwartet hatten.

In einer so deutlich vom Erbe des US-amerikanischen Imperiums gezeichneten Region wird die Politik der USA natürlich immer eine Rolle spielen. Aber es gibt keinen Grund zu glauben, dass ein selbstbewussteres amerikanisches Auftreten den Verlauf der arabischen Aufstände positiv hätte beeinflussen können. Es ist einfacher, Obama anzukreiden, seine Schwäche sei für die syrische Katastrophe verantwortlich, als zu untersuchen, welchen Beitrag zur Radikalisierung und zum Scheitern eines von außen befeuerten, schlecht geplanten Aufstands die vielen anderen Akteure geleistet haben. Es ist einfacher, Obama vorzuwerfen, er habe Ägypten nicht unterstützt, als die internen und regionalen Triebkräfte der heiß umkämpften Kairoer Politik zu bewerten. Bereits das Scheitern der Irak-Besetzung 2003, das Obamas Haltung gegenüber einem militärischen Einsatz in der Region maßgeblich bestimmte, hatte die Grenzen der amerikanischen Macht eindrucksvoll demonstriert. In Washington hört man oft: »Es ist auch so alles eingetreten, vor dem die Gegner einer Intervention in Syrien gewarnt haben.« Wer das sagt, will nicht wahrhaben, dass das Leben Tausender amerikanischer Soldaten verschont wurde, die sonst bei ihren erfolglosen Patrouillen in den Straßen von Damaskus gestorben wären.

Die langjährige US-Politik eines Schulterschlusses mit unappetitlichen, aber kooperationswilligen Regimen wurde nach dem arabischen Aufstand zu einer lähmenden Bürde. Ein Hauptgrund für die Verwundbarkeit des amerikanischen Imperiums im Nahen Osten war das Fehlen eines wichtigen Verbündeten, der die grundlegenden Werte und Ziele Amerikas teilte. All die Könige, Generäle und Präsidenten auf Lebenszeit in den mit den USA verbündeten Regimen gaben sich noch nicht einmal Mühe, eine Wertschätzung für Demokratie, Menschen- und Freiheitsrechte vorzutäuschen. Für den Erhalt ihrer Macht stützten sie sich auf brutale Repression, Vetternwirtschaft mittels staatlicher und nichtstaatlicher Kanäle sowie in einigen Fällen auf Wahlinstitutionen, die nur dazu bestimmt waren, die Ressourcen unter den Eliten zu verteilen. Die meisten dieser Regime brauchten zur Legitimation ihrer Macht innere und äußere Feinde, die sie dämonisieren konnten: Israel, Iran, die Islamisten und die USA – eine Herausforderung, die umso größer wird, je gewalttätiger und repressiver Amerikas mutmaßliche Verbündete werden.

Die amerikanische Strategie der Redimensionierung im Nahen Osten verlieh den regionalen Mächten ein ungewohntes Maß an Eigenständigkeit. Nun, da die USA versuchten, ihr Engagement zu verringern und ihren lokalen Partnern mehr Verantwortung zu überlassen, war auch die Angst vor amerikanischer Bestrafung geringer. Nach landläufiger Ansicht gingen die Golfstaaten deshalb eigene Wege, weil sie an einem amerikanischen Engagement in der Region zunehmend zweifelten. Bedacht auf ihre Sicherheit und skeptisch gegenüber der Obama-Regierung, suchten die Golfstaaten nach neuen Wegen, sich abzusichern – so lautet die landläufige Ansicht. Tatsächlich hätten die reichen und sicheren Golfstaaten wohl auch ohne diese politischen Initiativen oder den arabischen Aufstand in den vergangenen Jahren mehr Selbstbewusstsein demonstriert – gerade weil sie nicht glaubten, für ihre Abtrünnigkeit einen hohen Preis zahlen zu müssen.

Angesichts der Willfährigkeit der arabischen Regime und der Feindseligkeit der arabischen Öffentlichkeit gegenüber den USA wirkte die amerikanische Unterstützung der Demokratie wie leere Rhetorik. Warum sollten die Vereinigten Staaten ihre Freunde schwächen und ihre Feinde stärken wollen? Vor den Aufständen in der arabischen Welt war die Lösung dieses Rätsels einfach, da die Regime ebenso wie die Öffentlichkeit genau wussten, dass die USA nicht wirklich einen politischen Wandel vorantreiben wollten. Bestenfalls, so war man überzeugt, würden sie ihre Freunde drängen, einige kosmetische Freiheitskorrekturen durchzuführen, um ein Ventil zu schaffen und damit die Stabilität der Regime zu stärken, nicht jedoch zu schwächen. Der Deal des amerikanischen Imperiums war es stets gewesen, dass Washington das innenpolitische Verhalten seiner Verbündeten in der Region tolerierte (egal wie schlimm oder peinlich es war), solange nur das Öl floss und solange diese Partner in Sachen Antikommunismus, Terrorbekämpfung, Eindämmung Irans oder Krieg in Irak zur Zusammenarbeit bereit waren. Die Regime wussten aus Erfahrung, dass sie die öffentlichen Belehrungen über Demokratie getrost ignorieren konnten.

Nun jedoch bot der arabische Aufstand die Chance zu einem genuinen Wandel und zwang Amerika, die mit ihm verbündeten Regime und die größere arabische Öffentlichkeit, Farbe zu bekennen. Obama bewältigte diese Herausforderung sehr viel besser als seine Vorgänger, stellte er doch – wenngleich zu einem hohen Preis – seine Bereitschaft unter Beweis, im Zuge des demokratischen Übergangs einen Sieg der Muslimbruderschaft in Ägypten oder der islamistischen Ennahda-Partei in Tunesien anzuerkennen. Dass Obama gegenüber Iran diplomatische Strategien verfolgte und eine Intervention in Syrien ablehnte, stellte den oben beschriebenen Deal in Frage. Dass er den arabischen Aufstand als historische Chance begrüßte, aber auch sein Einverständnis mit der Absetzung Mubaraks und seine Unterstützung der ägyptischen Demokratie selbst für den Fall, dass die Muslimbrüder die Wahlen gewinnen würden, traf genau jene Überlebensgarantien ins Mark, die die arabischen Regime von den Vereinigten Staaten verlangten. Wenn Obama dem Sturz Mubaraks zustimmte – so die Sorge der arabischen Eliten –, wer garantierte dann, dass der US-Präsident anderen, gleichfalls unpopulären und korrupten amerikanischen Verbündeten notfalls zu Hilfe eilen würde?

Wären diese Regime dem Rat der Obama-Regierung gefolgt, den Wandel zuzulassen und demokratische Reformen einzuleiten, wären sie zu besseren, moralisch weniger zweifelhaften Verbündeten geworden; gleichzeitig hätten sie ihre Stabilität und die regionale Ordnung gestärkt. Stattdessen aber verschärften sie die Repression und begannen mit einer Reihe eilig konzipierter und schlecht umgesetzter außenpolitischer Initiativen. Ihr wiedererstarkter Autoritarismus umfasste jetzt neue Formen der nationalistischen Herrschaft, mit denen sie der Herausforderung durch eine hochmotivierte und damit in ihren Augen gefährliche Bevölkerung entgegentreten wollten.[6] Das Militär und die Sicherheitskräfte übernahmen nun völlig neue Aufgaben im Bereich der Wirtschaft und der inneren Sicherheit, ja sogar in den Regierungsinstitutionen, während in Regierungskoalitionen der Spielraum für notwendige Veränderungen oftmals eingeschränkt blieb.[7] Und mehrere Schlüsselstaaten, darunter Saudi-Arabien und Katar, brachten es sogar fertig, inmitten all dieser Ereignisse einen brisanten Generationswechsel in der Führung ihres Landes zu vollziehen.

Dass eine derart verantwortungslose Politik amerikanischen Ratschlägen, wenn nicht sogar amerikanischen Grundeinstellungen, widersprach, vertiefte nur die Kluft zwischen den traditionellen Verbündeten. Aber diese Kluft war nicht Obamas Persönlichkeit oder seinem mangelnden Engagement geschuldet, sie war lediglich Ausdruck völlig unterschiedlicher Zielsetzungen. Es ging um das Aushandeln von Interessen, nicht bloß um Unterstützung der Partner. Die offiziellen Verlautbarungen und die Expertenäußerungen müssen als Werben für diesen oder jenen Standpunkt verstanden werden – zumeist den Standpunkt der Golfstaaten, der mit der Position der israelischen Regierung im Einklang war. Vereinfacht gesagt, befürwortete die Obama-Regierung einen demokratischen Wandel in Ägypten, ein Atomabkommen mit Iran, ernsthafte israelisch-palästinensische Friedensgespräche und eine politische Lösung in Syrien. Saudi-Arabien – und Israel – wollte genau das Gegenteil: die Wiederherstellung der Autokratie in Ägypten, die strikte Eindämmung und einen regionalen kalten Krieg mit Iran sowie eine Eskalation des Militäreinsatzes in Syrien. (Mit einem Lippenbekenntnis für die Sache der Palästinenser konnte Saudi-Arabien gut leben.)

In der Diplomatie des Arabischen Frühlings bemühte sich jede Seite, der anderen die eigene Denkweise aufzuzwingen: Die Vereinigten Staaten versuchten – erfolglos –, das saudische Abenteuer in Syrien zu bremsen und für ein Atomabkommen mit Iran zu werben; die Saudis wiederum taten alles, um den Deal mit Iran zu vereiteln und Amerika in den syrischen Sumpf hineinzuziehen. Obama wird gern als außenpolitisch schwach und kraftlos dargestellt, tatsächlich ist das Gegenteil der Fall: Die Regionalmächte und ihre politischen Verbündeten in den USA waren immer wieder überrascht und verärgert, dass sie ihn nicht herumkriegen konnten. Obama hielt an seinen Zielen fest, trotz des unerbittlichen Drucks auf Syrien und Iran. Gleichzeitig schloss er Kompromisse auf Schauplätzen, wo nicht ganz so vitale Interessen Amerikas auf dem Spiel standen und bessere Alternativen fehlten. Ich habe längst den Überblick verloren, wie oft Experten und Offizielle, die andere politische Ansichten vertraten, öffentlich oder privat prophezeiten, Obama werde bald auf ihre Linie umschwenken. Sie lagen fast immer falsch. Es war Obamas Stärke und nicht seine Schwäche, die sie zur Weißglut trieb.

Wenn arabische Regime Druck machten, hatten sie sich bei der politischen Elite in den USA bis dahin immer Gehör verschaffen können – die Obama-Regierung ließ sich davon nicht beeindrucken. Dieser Konflikt unter Bündnispartnern war auf Dauer freilich kontraproduktiv. Angefangen mit der Bewaffnung der syrischen Aufständischen über die Bombardierung des Jemen bis zum Sturz der ägyptischen Demokratie machten die Golfstaaten in den Augen Amerikas die Situation nur noch schlimmer. Im Oktober 2014 erklärte Vizepräsident Joseph Biden öffentlich: »Unsere Verbündeten in der Region waren unser größtes Problem … Sie waren fest entschlossen, den syrischen Präsidenten Baschar al-Assad zu stürzen und einen sunnitisch-schiitischen Stellvertreterkrieg zu führen. Sie haben Hunderte Millionen Dollar und Tausende Tonnen Waffen jedem in die Hand gegeben, der bereit war, gegen Assad zu kämpfen. Aber die Leute, die damit ausgerüstet wurden, waren Jabhat al-Nusra und al-Qaida und extremistische Dschihadisten aus anderen Teilen der Welt.«[8] Er hat recht.

Für Obamas Strategie behielt das Atomabkommen mit Iran oberste Priorität. Die Fortschritte der Iraner bei der Erzeugung von waffenfähigem Nuklearmaterial setzte die Diplomatie unter einen enormen Zeitdruck. Wenn die Verhandlungen nicht zum Erfolg führten, bevor Iran den kritischen Punkt erreicht hatte, wären die Vereinigten Staaten und/oder Israel zu einem Militärschlag gezwungen, um das iranische Atomprogramm zu stoppen – das glaubten (ja hofften) viele. Ein solcher Krieg hätte für die Region verheerende Folgen gehabt. Dennoch sahen 2010 viele in der politischen Welt des Nahen Ostens diesen Krieg als so gut wie unausweichlich. Obama vermied ihn durch die Unterzeichnung eines umfassenden Abkommens, das als Gegenleistung für den iranischen Verzicht auf Atomwaffen die Aufhebung von Sanktionen vorsah.

Die Folgen des Atomdeals gingen über den Bereich der Abrüstung weit hinaus. Für die meisten Akteure im Nahen Osten stand das Atomabkommen für eine potenzielle Umgestaltung der gesamten regionalen Ordnung, vergleichbar der Iranischen Revolution 1979 oder dem ägyptisch-israelischen Friedensabkommen. Ihre Sorge galt nicht der Verbreitung von Atomwaffen. Sie befürchteten vielmehr, dass das Atomabkommen ein Ende der Eindämmungspolitik gegenüber Iran sowie in letzter Konsequenz sogar den Abfall Amerikas von seinen arabischen Verbündeten am Golf und die Annäherung der USA an Teheran bringen könnte. Arabische Machthaber fürchteten eine solche strategische Neuorientierung mehr als iranische Atomwaffen.

Die Obama-Regierung veränderte – gegen den zähen Widerstand in der Region – die amerikanische Strategie in fundamentaler Weise. Amerikas Verbündete hatten nicht so sehr das Bedürfnis nach Rückendeckung; und auch ihre Angst vor einem amerikanischen Rückzug aus der Region war geringer als ihr Groll darüber, dass die Vereinigten Staaten neue Prioritäten setzten. Nach dem arabischen Aufstand hatten die Vereinigten Staaten kaum noch echte Verbündete im Nahen Osten, mit Ausnahme vielleicht das loyale und extrem abhängige Jordanien. Praktisch alle wichtigen Regime im amerikanischen Bündnissystem missbilligten die amerikanischen Strategien und Ziele, und die meisten arbeiteten diesen Zielen mit Nachdruck entgegen. Die landläufige Ansicht, am Chaos in der Region sei das nachlassende amerikanische Engagement schuld, ist daher nicht richtig.

Die politischen Auseinandersetzungen zwischen Washington und seinen traditionellen Verbündeten, nicht aber der amerikanische Rückzug aus der Region bilden den strukturellen Kontext für die neuen Kriege in der arabischen Welt.

Die neuen arabischen Stellvertreterkriege

Wie gestaltete sich nun aber die Machtpolitik in diesem neuen regionalen Gefüge? Nach dem arabischen Aufstand verschob sich das Kräftegleichgewicht in der Region auf dramatische Weise. Die Implosion der traditionellen Mächte begünstigte die kleineren Golfstaaten, die mit immensen Reichtümern und relativer innenpolitischer Stabilität gesegnet waren. Die traditionellen großen Mächte im Nahen Osten sind fast alle zerfallen. Sie haben ihre Führungsposition im regionalen Ordnungsgefüge verloren und sind ins Chaos, in wirtschaftliche Lethargie, Korruption und staatliches Versagen gestürzt. Ägypten mit einer Bevölkerung von 85 Millionen Menschen, das traditionell die kulturelle Führung in der Region hatte, wurde zu einem hoffnungslosen Fall und überlebt nur am Tropf seiner Geldgeber vom Golf. Irak und Syrien, die alten Mächte des arabischen Kernlands, haben nach einem jahrelangen brutalen Bürgerkrieg, Staatsversagen und massiver Bevölkerungsflucht praktisch aufgehört, als Staaten zu existieren. Ihre große Bevölkerungszahl, ein hohes Maß an Verstädterung, ihre strategische Lage und eine industrialisierte Wirtschaft erwiesen sich als Schwächen, nicht als Stärken.

Von den traditionellen arabischen Anwärtern auf die Führung in der Region war jetzt nur noch Saudi-Arabien übrig, das weiter von dem ungewöhnlich kleinen und reichen Katar herausgefordert wurde. Die Vereinigten Arabischen Emirate, in der Region so aktiv wie niemals zuvor in ihrer Geschichte, schlossen sich im Allgemeinen eng an Saudi-Arabien an, hatten aber andere Prioritäten und eine völlig andere Sicht auf die islamistischen Bewegungen. Nichtarabische Mächte an der Peripherie wie die Türkei, Iran und Israel wurden aus denselben Gründen in diese politischen Kriege der arabischen Welt hineingezogen wie ihre arabischen Nachbarn: Sie fühlten sich bedroht und witterten gleichzeitig Chancen.

Die arabischen Aufstände widersetzten sich zunächst der Logik des Stellvertreterkriegs. Gewiss, in den oppositionellen Koalitionen gab es Netzwerke, die mit externen Akteuren verbunden waren; doch die Demonstranten, die in Tunis oder Kairo auf die Straße gingen, wiesen die Versuche ausländischer Staaten, den Kampf für ihre eigenen Zwecke zu vereinnahmen, meist aggressiv zurück. Die unerschrockenen Demonstranten in Bahrain versuchten sich von Iran zu distanzieren, und die breit aufgestellte Koalition der Aktivisten in Jemen wappnete sich gegen eine Infiltration (insbesondere durch die Saudis), die in der Region eine lange Geschichte hat. Keiner dieser Aktivisten betrachtete sich als irgendjemandes Stellvertreter, und fast alle glaubten, Wege gefunden zu haben, wohlbekannte Taktiken ihrer Regime abzuwehren, die darauf abzielten, sie als gefährliche Umstürzler zu diffamieren.

Das konnte nicht lange gutgehen. Der Aufstand in Libyen war der erste, der zur Intervention externer Mächte einlud. Syrien folgte wenig später, mit verheerenden Folgen. Doch kein arabisches Land konnte sich der schnell aufkommenden Rivalität zwischen den Regionalmächten ganz entziehen. Die plötzliche Öffnung dieser Staaten war geradezu eine Einladung für Mächte, die erpicht darauf waren, ihre Interessen voranzubringen und ihre

Rivalen auszustechen. Selbst Regime, die sich anfangs hatten heraushalten wollen, konnten kaum zulassen, dass ihre Rivalen Einfluss gewannen, während sie selbst leer ausgingen. Und einige Regime, deren Motive noch sehr viel offensiver waren, sahen in dem Aufstand die einmalige Gelegenheit, die regionale Ordnung in ihrem Sinn zu verändern und neue Wege der Kontrolle zu beschreiten. Diese Regime entdeckten neue Chancen und Möglichkeiten, und sie wussten, dass ihre Rivalen diese Chancen gleichfalls erkannten.

Damit tat sich das klassische Sicherheitsdilemma auf, dem zufolge jede größere Intervention nur zu noch größerer Instabilität führt. Angesichts dieser vielfältigen Bedrohungen und Chancen gab es für Washington kaum eine Möglichkeit, seine mutmaßlichen Verbündeten zu bremsen oder zu beeinflussen und seine Gegner abzuschrecken. Es stand einfach zu viel auf dem Spiel. Die wahrgenommene Bedrohung war zu massiv, und die Chancen waren zu verlockend, als dass diese Kräfte amerikanischem Druck nachgegeben hätten.

Der Aufstand in der arabischen Welt schwächte die Schlüsselstaaten und stärkte nichtstaatliche Akteure, öffnete damit aber auch Tür und Tor für eine grundlegend neue Regionalpolitik der Stellvertreterkriege und der Konkurrenz durch Interventionen. Die Herrscher von Golfstaaten wie Katar, Saudi-Arabien und den Vereinigten Arabischen Emiraten, aber auch Regionalmächte wie die Türkei, Iran und mächtige nichtstaatliche Netzwerke wie das der Muslimbrüder reagierten aggressiv auf die soziale Mobilisierung. Es flossen Geld und Waffen, Institutionen brachen zusammen, es gab viele Tote, und der Hass wuchs. Die idealistischen, mutigen Demonstranten, die Anfang 2011 auf die Straße gegangen waren, wurden durch harte Männer mit Gewehren, extremen Ideologien und aus dem Ausland kommender Munition verdrängt.

Die Stellvertreterpolitik bediente sich sowohl formaler Organisationen als auch informeller Netzwerke. Ein konterrevolutionäres Netzwerk verbindet die Herrscher Saudi-Arabiens, der Vereinigten Arabischen Emirate und Kuwaits mit den alten Eliten, dem Militär, Geschäftsleuten und verängstigten Kosmopoliten in Ägypten, Nordafrika und der Levante. Katar und die Türkei wetteifern um die Führung und Instrumentalisierung islamistischer Netzwerke, an denen viele verschiedene nationale Organisationen der Muslimbruderschaft sowie auch islamistische Persönlichkeiten beteiligt sind. Die Dschihadisten des Islamischen Staats verfügen über eigene robuste kleine Netzwerke, die großen Schaden anrichten können, und haben Verbindungen zu Privatpersonen und islamistischen Bewegungen im gesamten Golf. Iran besitzt ein starkes Netzwerk schiitischer Milizen und Bewegungen, die sich Teherans Ambitionen in unterschiedlichem Maße unterordnen. Medien, Zugang zu modernsten Waffensystemen und effiziente lokale Stellvertreter sind zu einem weitaus zuverlässigeren Indikator der Macht geworden als herkömmliche Richtwerte wie die Bevölkerungszahl oder die Zahl der Soldaten.

Diese Interventionen haben vorerst fast jede Hoffnung auf einen demokratischen Wandel zunichtegemacht. Die Schuld am Scheitern der arabischen Aufstände tragen in erster Linie die Regionalmächte, die diese Aufstände niedergeschlagen oder für ihre Ziele instrumentalisiert haben – in der Regel in direkter Opposition zur amerikanischen Politik und zu den Bestrebungen der Demonstranten. Dazu bedurfte es einer intensiven Zusammenarbeit zwischen Regimen, deren Beziehungen bisher vor allem von Uneinigkeit, Rivalität und Misstrauen gekennzeichnet gewesen waren. Was der ägyptische Journalist Wael Qandil sarkastisch eine »internationale Organisation für die Konterrevolution« nannte, trifft die Sache ziemlich genau.[9] Die Regime am Golf kooperierten, um den demokratischen Wandel zu stoppen und die regionale Ordnung wiederherzustellen.

Ihre Interventionen waren jedoch nur selten besonders effizient koordiniert. Die arabischen Staaten fürchteten einander fast ebenso sehr wie Iran oder die mobilisierte Öffentlichkeit. Die Rivalität untereinander prägte den Verlauf des Übergangs in vielen arabischen Ländern. Es reichte ihnen nicht, Gaddafi loszuwerden – sie wollten das neue Libyen beherrschen. Auch wenn sich alle einig waren, Assad zu bekämpfen, so wollte doch jeder, dass die Rebellion durch die eigenen Verbündeten kontrolliert wurde. Sie ließen keine Gelegenheit aus, ihre finanziellen, politischen, medialen und militärischen Mittel zur Unterstützung der von ihnen favorisierten lokalen Stellvertreter in die Waagschale zu werfen. Dass diese Rivalität ganz offenkundig ihren eigenen Zielen schadete – wie im Fall des syrischen Aufstands, der sich zersplitterte und radikalisierte –, konnte sie nicht aufhalten.

Stellvertreterkriege haben im Nahen Osten eine lange Tradition. Die Regionalmächte führten schon immer Kriege um Einfluss in Libanon, in Jemen oder in den Institutionen der PLO.[10] Was sich geändert hat, ist die Vielzahl, aber auch die Staaten in zentraler Lage, auf deren Territorium diese Kriege geführt werden, und die neue Art und Weise, in der ausländische Mächte die Ereignisse zu beeinflussen imstande sind. Der Wettstreit um Einfluss in abseits gelegenen Staaten wie Jemen oder Libanon ist das eine. Etwas ganz anderes ist es, diese Kämpfe in so zentralen Staaten wie Syrien und Ägypten zu führen. Ägypten war jahrzehntelang eine große Regionalmacht und ein Hauptverbündeter Saudi-Arabiens. Die Revolution im Januar 2011, die zum Sturz Mubaraks führte, machte Kairo zu einem Spielball der regionalen Politik, wobei sich vor allem Katar durch seine finanzielle Hilfe und enge Unterstützung der Muslimbrüder hervortat, um das neue Ägypten in seine Einflusssphäre zu ziehen. Der Militärputsch im Juli 2013 dann entriss Ägypten dem Einfluss Katars und führte es zurück auf seinen angestammten Platz innerhalb der saudisch geführten Koalition.

Die Militärintervention in Jemen und in Libyen wurde jetzt zu einem politischen Instrument für arabische Staaten – in einem Maße wie nie zuvor. Die Zeit nach den Aufständen bot zudem neuartige Möglichkeiten der Gönnerschaft und indirekten Einflussnahme in sehr unterschiedlichen Bereichen. Dafür nutzten die Golfstaaten ihre eigenen Medien (al-Jazeera und al-Arabiya), finanzierten aber auch lokale Sender. Katar beispielsweise sponsert Libya TV, um den von ihm favorisierten Gruppen eine Stimme zu geben. Geld floss in Form von offiziellen staatlichen Hilfsleistungen, konnte aber auch über Privatpersonen, religiöse Stiftungen oder länderübergreifende Organisationen geleitet werden. Ungeheure Mengen Waffen wurden staatlicherseits an aufständische Gruppen geschickt, riesige Geldbeträge und nichtmilitärische Hilfe von nichtstaatlichen religiösen Netzwerken übermittelt. Auf YouTube gepostete Videos von militärischen Heldentaten dienten den Geldgebern zur Überwachung ihrer Klienten, aber auch den Gruppen vor Ort als Werbung für ihre Dienste, die sie potenziellen Gönnern anboten.

Schwächere Staaten und lokale Organisationen standen allerdings nie vollständig unter der Kontrolle dieser Geldgeber. Die ägyptische Politik gegenüber Syrien nach dem von Saudi-Arabien und den Vereinigten Arabischen Emiraten gesponserten Militärputsch stand in eklatantem Widerspruch zu den saudischen Zielen. Und auch die Wahlkampfunterstützung des tunesischen Präsidenten Beji Caid Essebsi durch die Vereinigten Arabischen Emirate konnte nicht verhindern, dass Essebsi nach seinem Amtsantritt eigene Wege ging. Die Geldempfänger erwiesen sich selten als willige Befehlsempfänger. Typischerweise suchen sich Geldgeber Verbündete, die ihre Interessen voranbringen. Die Verbündeten wiederum streben nach Unabhängigkeit, indem sie zu mehreren Geldgebern Beziehungen pflegen. Sie nutzen deren Abhängigkeit aus, um selbst lokalen Einfluss zu gewinnen. In den 1980er und 1990er Jahren wurden nichtstaatliche Akteure wie die Palästinensische Befreiungsorganisation, die Hamas und die Hisbollah sowie die Muslimbruderschaft in unterschiedlichem Maße von ausländischen – staatlichen wie privaten – Geldgebern unterstützt. Sie konnten sich jedoch ein hohes Maß an Unabhängigkeit bewahren und innenpolitisch wichtige Rollen übernehmen. Obwohl abhängig von Finanzmitteln aus den Golfstaaten, stellten sich Organisationen der Muslimbrüder 1990 gegen Saudi-Arabien auf die Seite Saddam Husseins und 2006 auf die Seite der Hisbollah. Wenn antiislamistische Kräfte in Ägypten oder Tunesien die Muslimbruderschaft und Ennahda als Stellvertreter Katars bezeichnen, überschätzen sie die vom Emirat ausgeübte Kontrolle. Auch wenn islamistische Bewegungen wichtige ideologische Zielsetzungen teilten, unterschieden sie sich dennoch ganz wesentlich in ihrer Organisationsstruktur, ihrer strategischen Ausrichtung und ihren taktischen Entscheidungen. Manche Organisationen wie Hamas und Hisbollah entwickelten sich zu De-facto-Regierungen mit Interessen, die denen ihrer Sponsoren aus dem Ausland bisweilen in eklatanter Weise widersprachen.

Besonders schiitische Bewegungen sahen sich dem Vorwurf ausgesetzt, Handlanger des Iran zu sein. Irans Beziehungen zu al-Wifaq in Bahrain, zur Huthi-Bewegung in Jemen oder zur Mahdi-Armee und den Hashd-Milizen in Irak waren in der von konfessionellen Spannungen geprägten Phase nach den Aufständen außerordentlich umstritten.[11] Anfang Januar 2016 wurde der saudisch-schiitische Geistliche und politische Führer Scheich Nimr al-Nimr in Saudi-Arabien zum Tod verurteilt, was einen Aufschrei der Empörung auslöste. Seine Hinrichtung demonstrierte die Macht konfessioneller Identitäten, zeigte aber auch, dass selbst eng miteinander verbundene Bewegungen weiterhin eigene lokale Interessen und Anliegen verfolgten. Al-Nimr hatte vorsichtig in einem ausschließlich saudischen Kontext operiert, ähnlich wie die Schiiten in Bahrain eine dezidiert nationale Politik verfolgten und Abstand zu Iran hielten.

Je dringlicher geboten eine Intervention der Hisbollah in Syrien wurde, desto wichtiger wurde es für die Organisation, sich zunächst um ihre libanesische Front zu kümmern, auch wenn dies iranischen Prioritäten zuwiderlief. Solche Beziehungen konnten sich freilich auch als Reaktion auf neue innenpolitische und regionale Bedingungen verändern. Je mehr die konfessionellen Auseinandersetzungen in der Region eskalierten und andere Optionen einer politischen Partizipation wegfielen, desto klarer wurde die Bedeutung des Iran in diesem Konflikt. Die für Assad in Syrien kämpfenden schiitischen Milizen zeigten oft keinen geringeren religiösen Fanatismus als ihre sunnitisch-dschihadistischen Gegenspieler.

Die Vereinigten Staaten hatten es in dieser neu vernetzten Region mit ganz eigenen Problemen zu tun. Die Obama-Regierung versuchte vergeblich, das Abgleiten des Konflikts in einen Stellvertreterkrieg zu verhindern. Doch selbst wenn Washington bereit gewesen wäre, einen Stellvertreterkrieg zu führen, hätte es nur wenige lokale Partner zur Verfügung gehabt, die eine solche Stellvertreterrolle übernehmen konnten. Die Gruppen des sunnitischen »Erwachens«, die sich 2007 dem amerikanischen Kampf gegen den Islamischen Staat in Irak angeschlossen hatten, lösten sich wenige Jahre später auf, als in Irak eine schiitisch dominierte Regierung an die Macht kam und diese Gruppen ins Abseits gerieten. Die Amerikaner waren misstrauisch gegenüber den bewaffneten syrischen Aufstandsgruppen, und das aus gutem Grund. In Ägypten und Tunesien versuchten sie, den demokratischen Prozess und nicht einzelne Parteien oder Bewegungen zu unterstützen – sehr zum Ärger dieser potenziellen Stellvertreter, die wütend waren, weil sich die USA nicht auf ihre Seite stellten. Trotz seiner faktischen Macht hatte Washington in diesem Spiel der Netzwerke überraschend wenige Trümpfe in der Hand.

Die amerikanische Außenpolitik war so unpopulär, dass Einzelnen oder Gruppen, die sich offen mit den Vereinigten Staaten identifizierten, die soziale und politische Ächtung, ja sogar staatliche Repressionen drohten. Da ein offenes Bündnis mit Amerika einem Todesstoß gleichkam, sah sich Washington gezwungen, seine Netzwerke entweder verdeckt zu pflegen oder nur sehr schwache, isolierte Gruppen zu unterstützen. Das war schon immer ein Problem gewesen, vor allem aufgrund des amerikanischen Rückhalts für Israel. Es spitzte sich jedoch in den 2000er Jahren in dem Augenblick zu, als die Netzwerke als Schlüsselakteure an die Stelle von Staaten traten. Bushs Unterstützung Israels in den blutigen Kriegen der Zweiten Intifada und Amerikas ohnehin enger Schulterschluss mit Israel bereiteten dafür den Boden. Doch es waren Amerikas Praktiken im Zusammenhang mit dem globalen Krieg gegen den Terror sowie die Irak-Invasion 2003, die das »Todesstoß«-Problem verschärften.

Das Bemühen der Bush-Regierung in den 2000er Jahren, die Entwicklung von Demokratie zu fördern, unter anderem mit so aggressiven neuen Maßnahmen wie der Middle East Partnership Initiative, rückte zivilgesellschaftliche Gruppen in den Brennpunkt der Aufmerksamkeit, die durch amerikanische Demokratie- und Governance-Programme offen oder verdeckt gefördert wurden. Repressive Regime – Assads Syrien ebenso wie Mubaraks Ägypten – nutzten diese Finanzierung als Vorwand, um hart gegen demokratiefreundliche und zivilgesellschaftliche NGOs vorzugehen, die amerikanische Gelder erhielten. Amerikas Bemühen um die Förderung von Demokratie hätte dazu beitragen können, Aktivisten zu organisieren und zu schulen, die sich an den Aufständen in der arabischen Welt beteiligten. In der Regel gelang es jedoch nicht, ein zuverlässiges proamerikanisches Netzwerk aufzubauen.

Das wichtigste Netzwerk der USA im Nahen Osten blieben stattdessen die staatlichen Sicherheitsapparate und die autokratischen Regime, gegen die das Volk ja gerade aufbegehrte. Das amerikanische Imperium stützte sich also nicht auf einen breiten Rückhalt in der Bevölkerung, sondern auf schwerfällige Allianzen mit jenen repressiven Regimen, deren Illegitimität und staatliches Versagen die Aufstände in der arabischen Welt befeuerten. Generationen arabischer Offiziere, die vom US-Militär ausgebildet worden waren, entwickelten berufliche Affinitäten und persönliche Bindungen zu den Vereinigten Staaten. Wie nützlich das war, zeigte sich ungewöhnlich deutlich im Februar 2011, als das Pentagon das ägyptische Militär zur Zurückhaltung gegenüber den Demonstranten auf dem Tahrir-Platz drängte. Diese militärischen und geheimdienstlichen Netzwerke standen jedoch meist im Widerspruch zu amerikanischen Werten und Worten. Enge Beziehungen zu den staatlichen Sicherheitsapparaten bildeten ein solides Fundament für das Imperium; doch im Augenblick der Revolution, als die Geschichte aufseiten des Volkes zu sein schien, das einen demokratischen Wandel forderte, war dies ein wenig peinlich.

Indem sich Amerika auf den Aufbau neutraler staatlicher Institutionen konzentrierte statt auf die Unterstützung einzelner Stellvertreter, konnte es das regionale Spiel der Kräfte zwar in Frage stellen, letztlich aber nicht verhindern. Von Ägypten und Tunesien bis nach Libyen unterstützten die Vereinigten Staaten offiziell den demokratischen Übergang – ungeachtet dessen, wer die Wahlen gewann: eine bewundernswerte und meiner Ansicht nach richtige Position, die jedoch nicht mit einer Netzwerkpolitik vereinbar war, bei der sämtliche Akteure einen zuverlässigen Sponsor und keinen neutralen Schiedsrichter wollten. Die USA waren am Ende in allen diesen Ländern verhasst und wurden von den Liberalen, den Islamisten und den Regimen gleichermaßen angegriffen. Jede Seite interpretierte die amerikanische Neutralität als Solidarität mit den eigenen Gegnern. Die Staaten der Region sahen in der Regel keine Notwendigkeit, Neutralität vorzutäuschen oder sich der Wahl ihrer Stellvertreter zu schämen; und damit konnten sie all jenen, die sie für nützlich erachteten, ihre Unterstützung zukommen lassen.

Im Unterschied zu anderen regionalen Akteuren legten die Vereinigten Staaten bei der Wahl ihrer potenziellen Stellvertreter relativ hohe Standards an. Manche US-Behörden waren in der Vergangenheit bezüglich ihrer Stellvertreter weniger pingelig gewesen: Man denke nur an General David Petraeus in Irak und seine militärische Zusammenarbeit mit bewaffneten sunnitischen Gruppen gegen al-Qaida zur Zeit des sunnitischen »Erwachens« 2006 bis 2008, als die Amerikaner nach einer Truppenaufstockung 2007 erneut gegen Aufständische in die Offensive gingen. Während sie in Syrien sehr genau aufpassten, welche oppositionellen Kämpfer und Organisationen sie unterstützten, waren Katar, die Türkei und Saudi-Arabien weniger wählerisch. Syrische Rebellen beklagten sich ständig über die Restriktionen, an die die amerikanische Finanzierung gebunden war. »Das Hauptproblem«, meinte der Rebellenführer Oberst Hassan Mustafa, »ist, dass sie nur einer Handvoll Rekruten Munition und Waffen geben. Ich habe 1200 Kämpfer. Aber wegen der strengen Sicherheitsüberprüfung haben sie nur 54 von ihnen bewaffnet.«[12]

Diese strenge Sicherheitsüberprüfung war notwendig, weil so viele Rebellengruppen eng mit Dschihadisten zusammenarbeiteten und einzelne Kämpfer oder sogar ganze Brigaden zwischen verschiedenen Gruppen hin und her wechselten. Die Obama-Regierung war – zu Recht – tief besorgt über die Gefahr, unwissentlich islamistischen Extremisten Waffen in die Hände zu geben, mit denen diese Amerika, Israel oder Verbündete der USA in der Region angreifen konnten. Kaum ein seriöser Mitarbeiter der US-Regierung wollte derjenige sein, der die Zuteilung von Flugabwehrraketen an syrische Rebellen genehmigt hatte, mit denen dann ein israelischer oder türkischer Kampfjet abgeschossen wurde. Auch wenn Saudi-Arabien seine Unterstützung des afghanischen Dschihad in den 1980er Jahren als Modell eines erfolgreichen Stellvertreterkriegs betrachtete, so erinnerten sich die Amerikaner noch allzu gut daran, dass das Endergebnis dieses Dschihad ein gescheiterter Staat war, der Aufstieg der Taliban und die Entstehung al-Qaidas.

Während die arabischen Staaten, Iran und die Türkei in diese Stellvertreterkriege eingriffen, trat Israel zunehmend in den Hintergrund. Bei den regelmäßigen Bombenangriffen Israels auf Gaza kochte die Feindseligkeit der arabischen Öffentlichkeit zwar jedes Mal wieder hoch, doch die Regime, die gegen öffentlichen Dissens bereits hart durchgriffen, kümmerten diese Bombardements nicht weiter. Israel konnte zwar kaum eigene Stellvertreter in die Kämpfe schicken, fand aber neue Wege einer stillschweigenden Zusammenarbeit mit arabischen Regimen. Das Bekanntwerden israelischer Hilfe für syrische Rebellen zum Beispiel vermochte den öffentlichen Rückhalt für deren Anliegen kaum zu schmälern. Die nunmehr allgegenwärtigen Dramen verdrängten – vielleicht zum ersten Mal seit bald einem Jahrhundert – die Palästinenserfrage von der Spitze der arabischen Tagesordnung. Nicht, dass den Arabern Palästina plötzlich egal geworden wäre. Bei jedem neuen israelischen Luftangriff auf Gaza gewann das Problem kurzzeitig wieder an Aktualität, und Araber aus dem gesamten politischen Spektrum bekundeten ihre Solidarität mit den Palästinensern. Aber sobald die akute Krise vorbei war, schwand die Aufmerksamkeit. Im September 2015 glaubten 80 Prozent der Palästinenser, dass ihr Anliegen nicht mehr die Hauptsorge der Araber war.[13]

Dore Gold, ein enger Vertrauter Netanjahus, artikulierte ein in Israel vorherrschendes Gefühl, als er sagte, Israels Beziehungen zu den Golfstaaten hätten sich infolge des Atomabkommens mit Iran fast zu einer Allianz entwickelt. Das war richtig und übertrieben zugleich. Beziehungen zu Israel galten im arabischen Raum nach wie vor als schändlich, so aktiv sie hinter verschlossenen Türen auch gepflegt wurden. Im April 2015 entfachte der führende saudische Kolumnist Khaled al-Dakhil unter der Schlagzeile

»Ist Israel oder der Iran der Feind?« eine heftige Debatte.[14] Sein Kollege Daoud Shriyan widersprach ihm und meinte, die arabische Öffentlichkeit würde immer am Feindbild Israel festhalten, selbst wenn geopolitische Erwägungen eine andere Position nahelegten. Doch schon allein dass Shriyan den »Teufelsstaat« Israel mit dem Erzfeind Iran auf eine Stufe stellte, kam einer positiven Umwertung der Rolle Israels gleich. Und dabei gab es weder einen Friedensprozess noch überhaupt eine realistische Hoffnung auf eine durch Verhandlungen erreichbare Zwei-Staaten-Lösung, was lange Zeit als der Schlüssel für eine Akzeptanz Israels in der Region gegolten hatte.

Obwohl also die Golfstaaten und Israel gegenüber Iran dieselben Interessen verfolgten, verhinderte der Palästinenserkonflikt eine offizielle Annäherung oder Beziehung zwischen ihnen. Doch in den Jahren vor 2015 standen so viele drängende Fragen auf der arabischen Agenda, dass das Palästinenserproblem ins Hintertreffen geriet. Syrien und nicht Palästina bildete jetzt die wichtigste Bruchlinie in der Region. Aus Libyen und Jemen kamen nun fast täglich Nachrichten über Krieg, staatlichen Zusammenbruch und menschliches Leid. Die dramatischen Ereignisse in Ägypten beherrschten die Schlagzeilen. Der IS forderte Aufmerksamkeit. Und so verschwand die Palästinenserfrage fast unmerklich aus dem Bewusstsein. Davon hatte Israel zwar lange geträumt, aber es war schlecht beraten, darüber allzu sehr erleichtert zu sein: Palästina besaß nach wie vor das Potenzial, im Moment der Krise auf der arabischen Agenda wieder nach oben zu schnellen, und nur wenige Araber wechselten ins Lager des international zunehmend isolierten Israel.

Die Politik der Regionalmächte entwickelte in den Jahren nach dem arabischen Aufstand neue Formen und neue Dynamiken.

In der zweiten Hälfte des Jahres 2015 übernahm Saudi-Arabien eine zunehmend aggressive Führungsrolle. Es söhnte sich mit Katar und der Türkei aus und führte gleichzeitig eine erbitterte Kampagne, um Iran erneut zu isolieren. Riad hatte eine Koalition für den Krieg in Jemen gebildet, jetzt kündigte es eine neue islamische Koalition gegen den Terror an und bekräftigte seine Führungsrolle bei der Organisation des Aufstands in Syrien, indem es ein Treffen von Oppositionsgruppen sponserte.

Baschar al-Assad ist in diesem regionalen Stellvertreterkrieg die vielleicht wichtigste Symbolfigur und sein Schicksal in der Endphase des Syrienkonflikts zum entscheidenden Faktor geworden. Syrien nach 2010 ist ein Lehrbuchbeispiel für die Logik eines Stellvertreterkriegs zwischen rivalisierenden Mächten: Sobald eine Seite in Syrien an Boden gewann, traten sofort die externen Unterstützer der Gegenseite auf den Plan und verstärkten ihre Hilfe, um das Gleichgewicht wiederherzustellen. Sobald das Assad-Regime zu wanken drohte, leisteten Russland, Iran oder die Hisbollah direkt oder indirekt Hilfe. Dasselbe geschah auf der Gegenseite. Sobald Assads Streitkräfte vorzurücken schienen, pumpten die externen Unterstützer des Aufstands – darunter Saudi-Arabien, Katar und die Türkei – neues Geld, neue Waffen und andere Hilfsleistungen ins Land, um eine Niederlage der Aufständischen zu verhindern. Gleichzeitig jedoch war der Argwohn, den die Aufständischen gegeneinander hegten, die Garantie dafür, dass ihre Kräfte zersplittert blieben.

Gesellschaften gegen Staaten

Die Autokraten der alten arabischen Ordnung waren aber nicht nur Rivalen im Kampf um die Macht in der Region. Sie kämpften auch um ihr eigenes politisches Überleben, mussten sie sich doch plötzlich vor einer erstarkten Öffentlichkeit fürchten. Die Hauptsorge der Herrscher in der arabischen Welt war es stets gewesen, ihre Macht gegen Bedrohungen aus dem In- und Ausland zu behaupten. Die Golfmonarchien, das Militär und die alten Eliten, sie alle kämpften für den Erhalt eines Status quo, den tiefgreifende Umwälzungen in Politik und Gesellschaft zu unterminieren drohten. Neue Technologien und wirtschaftliche Entwicklungen haben heute den Staaten viel von ihrer Macht genommen und ermöglichen vielen unterschiedlichen transnationalen Netzwerken eine Einflussnahme auf das politische Geschehen. Nur wenige Jahre nach dem Sturz Ben Alis und Mubaraks bekommen die Führer der arabischen Welt diese neuartige Bedrohung schmerzlich zu spüren. Ihre innen- und außenpolitischen Reaktionen sind von Angst geprägt, was langfristig zu noch größerer Instabilität führen könnte.

Eine durch einen dramatischen Machtzuwachs erstarkte Öffentlichkeit hat selbst die am stärksten autokratischen Regime gezwungen, die Wünsche ihrer Bevölkerung zumindest ein klein wenig ernster zu nehmen. Das Gleichgewicht zwischen gesellschaftlichen und staatlichen Kräften hat sich in den letzten zehn Jahren deutlich verschoben. Satellitenfernsehen und Internet haben die politische Kommunikation und die gesellschaftlichen Erwartungen revolutioniert. Es wird leicht übersehen, wie groß dieser politische und gesellschaftliche Wandel bereits innerhalb einer einzigen Generation sein kann. Die Aufstände in der arabischen Welt begannen in einem radikal neuen informationstechnischen Umfeld, und eine Rückkehr zu den alten Verhältnissen wird es nicht geben.

Die Ausbreitung neuer Kommunikationstechniken brachte also auch im Nahen Osten einen tiefgreifenden strukturellen politischen Wandel. Ich möchte nicht karikaturistisch zugespitzt von einer »Facebook-Revolution« am 25. Januar in Ägypten sprechen oder behaupten, Twitter habe den Aufstieg des IS bewirkt. Der springende Punkt ist, dass sich die politische Gemengelage insgesamt verändert hat. In den 1980er Jahren übte der Staat die Informationskontrolle aus und konnte die Verbreitung abweichender Meinungen unter schwere Strafe stellen. 2011 war das nicht mehr möglich. Und 2016 werden Staaten mit Sicherheit versuchen, die Kontrolle zurückzugewinnen. Es wird ihnen nicht gelingen.

Die heutigen Informationsströme besitzen eine völlig neue Qualität: eine neue Dimension, Geschwindigkeit und Intensität. Soziale Medien und Smartphones erzeugen eine Unmenge von benutzergenerierten Inhalten. So gut wie jedes irgendwie bedeutsame Ereignis in der arabischen Welt wird heute durch Hunderte oder Tausende Videos auf YouTube dokumentiert. Dadurch können auch weit entfernte Beobachter die Geschehnisse quasi aus nächster Nähe verfolgen. Wenn von einer Schlacht, einer Protestkundgebung oder einer Rede kein Videodokument existiert, gilt dies fast als Beleg dafür, dass das Ereignis nicht wirklich stattgefunden hat. Diese Videos und Bilder können eine enorme emotionale Wirkung entfalten und ferne Konflikte unmittelbar spürbar werden lassen. Die Allgegenwart und Potenz von Videos im Internet hat auch die politischen und medialen Strategien von Bewegungen wie dem Islamischen Staat und von autokratischen Regimen grundlegend verändert.

Die schiere Fülle von Inhalten verleiht denen, die diese Informationsflut sortieren und einer breiten Öffentlichkeit zur Verfügung stellen, eine beträchtliche Macht. Dazu zählen natürlich die traditionellen Massenmedien, die Videos zur Verbreitung oder Verknüpfung auswählen, aber auch viele Stars, Aktivisten, einzelne Journalisten etc. Informationen und Bilder der sozialen Medien fließen durch dichte Netzwerke gleichgesinnter Individuen. Das bedeutet, dass viele Araber (und Menschen auf der ganzen Welt) heute das politische Leben durch eine stark gefilterte Linse betrachten, die von den Vorurteilen und Interessen ihrer jeweiligen Identitätsgruppe geprägt ist. Muslimbrüder und säkulare Aktivisten in Ägypten, Mitglieder der einander bekämpfenden Koalitionen in Libyen sowie Gegner und Befürworter des Regimes in Syrien konsumieren völlig unterschiedliche Informationsströme – und das erklärt, warum sie in völlig unterschiedlichen Welten zu leben scheinen. Die Informationsfront ist eine der wichtigsten Fronten in den neuen Kriegen der arabischen Welt.

Nur wenige Regime reagierten auf die Forderungen ihrer Bevölkerung oder leiteten gar demokratische Reformen ein. Das Schlachtfeld des öffentlichen Raums hatte sich zwar in unumkehrbarer Weise verändert, aber in der rhetorischen Kriegführung war der Staat weiterhin ein mächtiger Akteur. Er manipulierte die öffentliche Meinung mit erstaunlichem Erfolg, brachte Kritiker zum Schweigen und setzte ausgeklügelte Medienkampagnen in Gang, um den Aufruhr in der Bevölkerung für sich nutzbar zu machen und umzulenken. Dass er damit Erfolg hatte, war nichts Neues. Schon in der Vergangenheit hatten Volksproteste in der arabischen Welt nicht zu Befreiung und Demokratie, sondern zu noch viel schlimmeren Formen der autoritären

Herrschaft geführt. 2015 genossen die verbliebenen Autokraten in Ländern wie Ägypten in der Öffentlichkeit einen stärkeren Rückhalt, als es sich greise Diktatoren wie Mubarak jemals hätten vorstellen können. Angesichts des tiefgreifenden Wandels der Einstellungen und Erwartungen einer jüngeren Generation und angesichts des Potenzials einer weiterhin unruhigen, unzufriedenen Öffentlichkeit wird dies jedoch nicht von Dauer sein.

Die unerbittliche Sogwirkung dieser Polarisierung ist eine Folge gezielter Strategien der alten Regime verbunden mit dem Fehlen gefestigter Institutionen in der Phase des Übergangs. In unbeschwerteren Tagen habe ich dieses Phänomen als »Calvinball« bezeichnet, ein Spiel, das Bill Watterson in seiner Comicserie *Calvin und Hobbes* erfunden hat und bei dem die Akteure die Regeln erst im Verlauf des Spiels aufstellen.[15] Was für einen kleinen Jungen und seinen Tiger gilt, funktionierte jedoch nicht in einer von Gewalt und Chaos bestimmten politischen Übergangszeit, als immer mehr auf dem Spiel stand und Blut zu fließen begann. Der Ennahda-Führer Rached Ghannouchi beschrieb es mit etwas anderen Worten: »In einer Übergangszeit muss es eine andere Strategie geben als in einer gefestigten Demokratie«, meinte er, denn die polarisierte Konfrontation zwischen einer regierenden Partei und einer Opposition sei »gefährlich, wenn es keine festen Regeln gibt. Ein Demokratisierungsprozess kann einem solchen Konflikt nicht standhalten.«[16]

Die arabischen Demonstranten erhoben sich nicht zuletzt deshalb gegen ihre Staaten, weil es ihnen an effizientem Regierungshandeln, wirtschaftlicher Sicherheit und Gerechtigkeit fehlte. Doch die Aufstände waren nicht imstande, korrupte autokratische Regime durch stabile Institutionen mit festen politischen Spielregeln zu ersetzen. Fehlendes Vertrauen in die staatlichen

Institutionen veranlasste Demonstranten und Rebellen zum Rückzug in die relative Sicherheit ihrer ursprünglichen Identitätsgruppe. So entstand eine gefährliche Polarisierung zwischen den Islamisten und ihren Gegnern in Tunesien und Ägypten, zwischen Sunniten und Schiiten in Irak und am Golf sowie zwischen Stammesgruppen und anderen lokalen Kräften in Jemen und in Libyen. Die Muslimbrüder ebenso wie die Liberalen in Kairo mussten sich in einem perfiden politischen Spiel ohne feste Regeln und Normen zurechtfinden. Der Grund dafür waren nicht ihre ideologischen, organisatorischen oder persönlichen Defizite, sondern das seit langem erschreckend niedrige Niveau dieses Spiels. Die tiefere Ursache der politischen Dysfunktionalität in der arabischen Welt ist das gierige Machtstreben von Regimen, die ihre Herrschaft um jeden Preis bewahren wollen.

Zu diesen Methoden des Machterhalts zählte lange Zeit die Manipulation konfessioneller und ethnischer Identitäten. Die konfessionellen Spannungen, eine der verheerendsten Ausdrucksformen der regionalen Identitätspolitik in den letzten Jahren, wurden mehr durch die Machtpolitik und den Überlebenswillen der Regime als durch tiefsitzenden Hass der Menschen angeheizt. Die amerikanische Besetzung des Irak stärkte Iran und entfesselte einen blutigen, religiös motivierten Bürgerkrieg, der über alle Ländergrenzen hinweg in den neuen sozialen Medien ausgetragen wurde. Die Regime nutzten religiöse Animositäten erfolgreich aus, um ihre Bevölkerung zu spalten, Massenaufstände zu verhindern und eine brüchige politische Ordnung zu legitimieren.[17] Saudi-Arabien machte Stimmung gegen den hauptsächlich schiitischen Iran, während es gleichzeitig seine eigenen schiitischen Staatsbürger systematisch diskriminierte. Proteste gegen Ungleichheit und staatliche Diskriminierung in der Östlichen Provinz des Landes hält das saudische Regime dadurch in Schach, dass es die Forderungen als »schiitisch« und somit der kulturellen Identität des Landes fremd zurückweist und als iranisch gesteuerte Subversion abstempelt.

Diese strategische Instrumentalisierung der konfessionellen Spannungen kann kurzfristig durchaus zum Erfolg führen; langfristig rächt sie sich und beschwört gefährliche neue Konflikte und Probleme herauf. Die entfachten Emotionen waren zwar auf zynische Weise von oben fabriziert, aber deswegen waren sie nicht weniger real. Eine konfessionalistische Rhetorik nützte den Saudis im Innern und nach außen, gewann jedoch angesichts sunnitisch-schiitischer Blutbäder und einer Lawine an Aufrufen zu Hass und Gewalt im Internet eine ganz neue Resonanz. Dschihadistische Gruppen, von den Regimen am Golf im Kampf gegen Assad für nützlich erachtet, wurden plötzlich zur Bedrohung, als ihre Ideologie bei unzufriedenen saudischen Staatsbürgern Anklang fand. Es erwies sich als weitaus schwieriger, diesen auf konfessioneller Identität basierenden Hass zu dämpfen, als ihn weiter anzufachen. Der gewaltbereite neue Konfessionalismus, der heute die Region zerreißt, ist eines der gefährlichsten Nebenprodukte der neuen Kriege in der arabischen Welt.

Die Islamisten inmitten des Chaos

Der Islamische Staat und die aggressiven neuen Formen des Dschihadismus sind Produkte dieser politischen Kämpfe und strukturellen Veränderungen. Der IS selbst ging aus den Trümmern des sunnitischen Aufstands in Irak hervor. Er beteiligte sich schon früh am syrischen Aufstand und gedieh in einem größeren dschihadistischen Milieu, das von den Golfstaaten, der Türkei und nichtstaatlichen islamistischen Netzwerken aufgeheizt wurde. Insbesondere aufgrund der Rückschläge des arabischen Aufstands gelang es dem IS, sich über Syrien und Irak hinaus auszubreiten. Der Zusammenbruch Libyens bot dem Islamischen Staat eine Gelegenheit zur Entfaltung. Mit dem Militärputsch in Ägypten und der Zerschlagung der Muslimbruderschaft wurde der stärkste Rivale des IS-Dschihadismus aus dem Verkehr gezogen. Der Islamische Staat gedeiht in einer von den sozialen Medien beherrschten Weltöffentlichkeit, der er seine Bilder, Deutungsmuster und Ideen übermittelt: sowohl breitenwirksam an ein Massenpublikum als auch tiefenwirksam an potenzielle Rekruten.

Die Aufstände wurden von der Entwicklung und dem Zusammenspiel divergenter Strömungen des politischen Islam entscheidend geprägt. Der Islamische Staat ist lediglich eine dieser Strömungen. Aktiv auf vielen verschiedenen regionalen Schauplätzen, haben islamistische Netzwerke die staatszentrierte Ordnung dadurch komplizierter gemacht, dass sie über viele Länder hinweg Solidaritäten und Identitäten stiften. Dabei sind sie stets flexibel: In Syrien und Jemen verbündeten sich Netzwerke der Muslimbruderschaft auch dann mit saudischen Interessen, wenn sie einander in Libyen und in Ägypten bekämpften. Islamistische Bewegungen wetteiferten erbittert miteinander um Ideologien, Strategien, Taktiken und (wo dies möglich war) um Wählerstimmen.

Die Islamisten bildeten in fast keinem arabischen Land die Mehrheit. Nicht alle Muslime teilten das Bestreben, den Islam zur Grundlage von Staat und Gesellschaft zu machen, und viele misstrauten den Motiven und Methoden der Islamisten. Doch seit den 1980er Jahren waren die Islamisten in der Regel die bestorganisierte und mächtigste Opposition mit einem starken Rückhalt in der Zivilgesellschaft. Die meisten arabischen Staaten schlossen mit diesen Gruppen politische Kompromisse und übertrugen ihnen im Tausch gegen politisches Stillhalten Aufgaben im Bildungs- und Kulturbereich. Nicht zuletzt aufgrund der erfolgreichen Propagandabemühungen der Islamisten wurde die öffentliche Kultur der arabischen Welt im Laufe der Jahre spürbar religiöser. Derweil führten gewaltbereite Extremisten vom Rand der Gesellschaft aus einen Dschihad, der nicht nur aus religiösen Gründen auf Zustimmung stieß, sondern auch all jenen attraktiv erschien, die sich von der Mehrheitsgesellschaft entfremdet hatten und in der Gewalt ein Ventil suchten.

Die Aufstände und die Kriege stellten praktisch alles auf den Kopf, was unser Verständnis dieser Bewegungen lange Zeit bestimmt hatte. Vor den Aufständen waren die islamistischen Bewegungen einigermaßen berechenbar. Gruppen der Mehrheitsgesellschaft wie die Muslimbruderschaft gründeten zivilgesellschaftliche und wohltätige Organisationen, verzichteten auf Gewalt und nahmen, wo es denn welche gab, an den Wahlen teil. Salafistische Bewegungen bauten religiöse Parallelgesellschaften auf und hielten sich von der Politik fern, während sie ihre strengen religiösen Ansichten über unterschiedliche Kanäle verbreiteten. Dschihadistische Organisationen kämpften vom Rand der Gesellschaft aus, organisierten ihre gewalttätigen Kampagnen länderübergreifend und pflegten ihre kleine, loyale Anhängerschaft.

Diese Gruppen blieben berechenbar, solange sie im Rahmen stabiler politischer Institutionen und Konfliktlinien agierten.[18]

Organisationen des islamistischen Mainstream wussten, dass sie durch Wahlen nicht an die Macht kommen konnten, und führten ihre Kampagnen dementsprechend. Die Aufstände in der arabischen Welt jedoch schufen eine tiefe Verunsicherung und setzten vieles außer Kraft, was bis dahin als selbstverständlich gegolten hatte. Die ägyptischen Muslimbrüder waren bei den ersten Wahlen erwartungsgemäß erfolgreich, zeigten sich aber anschließend der dynamischen und polarisierten Situation nicht gewachsen. Haltlos schlingerten sie von einem Lösungsversuch zum nächsten, brachen ihr Versprechen, keinen eigenen Präsidentschaftskandidaten ins Rennen zu schicken, und boxten eine umstrittene Verfassung durch. Dadurch verloren sie immer mehr Sympathien in der Bevölkerung und lieferten ihren Gegnern einen Anlass, gegen sie vorzugehen.

Die Islamisten begannen nicht erst 2011 über Demokratie nachzudenken. Bewegungen wie die Muslimbruderschaft hatten bereits in den Jahrzehnten zuvor mit einer langfristigen Strategie der sozialen und kulturellen Umgestaltung begonnen – Jahrzehnte, in denen fast alle Staaten der Region eine immer massiver werdende Welle der Islamisierung von Staat und Gesellschaft erlebten. Der dschihadistische Gewaltausbruch des Jahres 2001 stellte auch die Geduldstrategie der Muslimbrüder in Frage. In den zehn Jahren zwischen dem 11. September und den arabischen Aufständen kam es zu erbitterten Kämpfen um die Interpretation und politische Einordnung der Ereignisse – mit unklarem Frontverlauf. Während in der westlichen und offiziell arabischen Sicht die Muslimbrüder und al-Qaida unter dem Etikett des Islamismus subsumiert wurden, lieferten sich die Muslimbrüder und al-Qaida harte Gefechte, um sich voneinander abzugrenzen. Dass Präsidentschaftskandidaten im amerikanischen

Wahlkampf 2016 mit extremem Antiislamismus hervortraten, ist ein Beleg dafür, wie stark diese Debatten bis heute nachwirken.

Die Organisationen der Muslimbrüder inner- und außerhalb Ägyptens stellten sich auf die Seite der demokratischen Reformen.[19] Während Skeptiker im Demokratiebekenntnis der Muslimbrüder ein Feigenblatt autokratischer und fundamentalistischer Bestrebungen sahen, betonten die Muslimbrüder selbst bei jeder Gelegenheit, sich an die Spielregeln der Demokratie halten zu wollen. Dies hatte taktische Vorteile, unter anderem konnten sie sich damit der internationalen Ächtung autoritärer Regime anschließen und sich in dem – begründeten – Glauben wiegen, dass sie mit ihren populären Ideen und ihrer starken Organisation eine freie Wahl gewinnen konnten. Solche taktischen Überlegungen stellten freilich nicht nur die Muslimbrüder an. Liberale und säkulare Aktivisten lehnten die Demokratie in Ägypten aus ähnlichen Erwägungen ab und boykottierten Wahlen, die sie nach eigener Überzeugung kaum gewinnen konnten. Aber das Versprechen der Muslimbrüder, demokratische Verfahren einzuhalten, wurde in den nachfolgenden Auseinandersetzungen zum Prüfstein – und kam sie teuer zu stehen.

Die arabischen Aufstände spielten den Muslimbrüdern in die Hände und drängten al-Qaida zunächst an den Rand. Eine Ära der friedlichen Proteste und des demokratischen Übergangs schien den Diskurs der Muslimbrüder in jeder Hinsicht zu bestätigen. Al-Qaida blieb außen vor – nicht länger in der Lage, überzeugend darzustellen, dass der von einer Avantgarde geführte gewalttätige Dschihad der einzige Weg zur Veränderung sei. Die Organisation konnte allerdings die Aufstände dafür nutzen, sich neu zu formieren, da die staatlichen Sicherheitskräfte abgelenkt waren. Auch profitierten sie von der Freilassung von Gefangenen und dem unkontrollierten Waffenhandel, der in den gescheiterten Staaten florierte. Der Militärputsch im Juli 2013 in Ägypten und der Sturz der von der Muslimbruderschaft geführten Regierung brachten einen ideologischen Umschwung. Viele Islamisten sahen in dem Staatsstreich den Beweis dafür, dass al-Qaida mit der Ablehnung friedlicher politischer Partizipation doch recht gehabt hatte. Dies und die blutigen Kriege in Syrien und Libyen führten zu einem Kurswechsel, mit dem eine gefährliche neue Ära des Islamismus begann.

Salafistische Organisationen außerhalb des Golfs hatten sich bis dahin aus der Politik herausgehalten, ihre Anhängerschaft jedoch ausgebaut. In den Jahren vor den Aufständen trat die große salafistische Gemeinschaft Ägyptens immer nachdrücklicher öffentlich in Erscheinung – mit Hasspredigten im Fernsehen und einer zunehmend starken Internetpräsenz.[20] Nach Mubaraks Sturz 2011 gaben diese salafistischen Netzwerke ihren ideologischen Widerstand gegen die Demokratie plötzlich auf und beteiligten sich entschlossen am politischen Spiel. Es war ein Schock, als sie bei den ersten freien Parlamentswahlen 25 Prozent der Stimmen gewannen. Kuwaitische Salafisten traten nun als wichtiges Unterstützernetzwerk der bedeutenden salafistisch-dschihadistischen bewaffneten syrischen Gruppe Ahrar al-Sham in Erscheinung und betätigten sich als Beschaffer von Spenden – für humanitäre Zwecke ebenso wie für den bewaffneten Aufstand. Salafisten in Libanon forderten die Hisbollah und die sunnitischen Parteien heraus. Im September 2012 mobilisierten sie in der gesamten Region Proteste gegen den Film *Innocence of Muslims*, mit nachhaltigen Folgen insbesondere in Libyen. Salafistische Netzwerke drangen unmerklich in schnell wachsende dschihadistische Netzwerke wie Ansar al-Sharia in Tunesien und Libyen ein.[21]

Hinzu kam natürlich al-Qaida, der wichtigste nichtstaatliche Akteur der 2000er Jahre. Zu Beginn der arabischen Aufstände war al-Qaida nur noch ein Schatten seiner selbst, doch die Organisation zeigte sich widerstandsfähiger als erwartet. Mit der amerikanischen Invasion Afghanistans im Oktober 2001 formierte sich al-Quaida in Pakistan neu. Das Gedankengut der Gruppe wanderte rasch von den Rändern in den Mainstream des öffentlichen Diskurses. Ihre Ideologie fiel weltweit bei einer kleinen Zahl zu allem entschlossener Personen auf fruchtbaren Boden. Sie brauchten keine Massenbewegung, um Terrorakte zu verüben und ihre Ideen zu verbreiten. Stattdessen setzte al-Qaida auf unterschiedlich starke und einflussreiche Ableger in zahlreichen Ländern.[22]

Irak wurde für das Schicksal al-Qaidas zum Wendepunkt. Die Teilnahme von US-Bodentruppen an einem unpopulären Krieg bot ungeahnte Möglichkeiten für einen Krieg gegen die Amerikaner, in dem sich der Dschihad positiv darstellen konnte. 2003 schworen Abu Musab al-Zarqawi und die von ihm geführten irakischen Dschihadisten Osama bin Laden die Treue und schufen damit stellvertretend den stärksten und mächtigsten al-Qaida-Ableger. Zarqawi erwies sich jedoch als ein schwieriger Verbündeter. Er lehnte die Kontrolle seiner Organisation durch al-Qaida Central ab und verfolgte stattdessen seine eigene Vision eines lokal geführten Dschihad. Eine breite Öffentlichkeit in der arabischen Welt war entsetzt über seine skrupellosen Anschläge auf schiitische Zivilisten. Selbst die al-Qaida-Führung war besorgt, das sorgfältig gepflegte öffentliche Image der Bewegung könne Schaden nehmen. Aber Zarqawi verfolgte eine eigene Agenda. Er strebte nach territorialer Kontrolle und mobilisierte ausländische Kämpfer für einen Dschihad im großen Stil. Seine brutalen Methoden brachten ihn jedoch zumindest zeitweise in Schwierigkeiten, als weniger extreme Gruppen des sunnitischen Aufstands sich gegen den sogenannten Islamischen Staat in Irak (ISI) wandten. 2008 war Zarqawi längst tot und der ISI in den Untergrund gegangen. Doch die Organisation überlebte, wandelte sich und tauchte nach Ausbruch der Aufstände in der arabischen Welt in Irak und in Syrien wieder auf. Damit hatte sich Zarqawis Modell des Dschihad als richtig erwiesen, wenngleich ein hoher Preis dafür bezahlt wurde.

Gegenüber diesen neuen dschihadistischen Entwicklungstendenzen versuchte sich die Muslimbruderschaft als moderate, massentaugliche Alternative zum Dschihad al-Qaidas zu positionieren. Sie schwor öffentlich der Gewalt ab, befürwortete die demokratische Partizipation und öffnete damit die Tür zu einer Zusammenarbeit mit dem Westen. In Ägypten lernten Abgeordnete der Muslimbruderschaft den Umgang mit westlichen Diplomaten und Journalisten. In Irak unterstützten sie die Zusammenarbeit verschiedener Gruppen des sunnitischen »Erwachens« mit den Vereinigten Staaten und die irakische Regierung gegen al-Qaida und den IS in Irak. Dass die Muslimbrüder den so lange skeptischen Westen für sich einnehmen konnten, wurde wiederum von den alteingesessenen Eliten als Bedrohung wahrgenommen.

Al-Qaida und andere Dschihadisten hatten zunächst große Mühe, sich der komplexen Herausforderung der arabischen Aufstände anzupassen, aber sie gaben nicht einfach auf.[23] Die Organisation konnte sogar von dem Chaos und insbesondere von der Tatsache profitieren, dass die Sicherheitsdienste von anderen Aufgaben abgelenkt waren. Die endlosen Kampagnen der Geheimdienste in Jemen und in Tunesien, in Ägypten und Libyen gerieten im Zuge der politischen Wirren ins Stocken und verschafften damit den bedrängten Organisationen eine Atempause. Die Gefängnisse öffneten sich und entließen nicht nur politische Häftlinge, sondern auch dschihadistische Führer in die Freiheit, die sich jetzt erneut dem Kampf anschlossen. Diese Verschnaufpause und damit verbunden die Chance zur Reorganisation machte die politische Schlappe in den hoffnungsvollen ersten Tagen des arabischen Aufstands wieder wett. Als sich dann das politische Bild verdüsterte, korrigierte sich auch das Narrativ der Niederlage: Dschihadisten, die im Februar 2011 mit ihrer Verunglimpfung der Demokratie und ihrer Ablehnung friedlicher Proteste noch als dumm und hoffnungslos realitätsfremd gegolten hatten, wirkten jetzt weitblickend und prinzipienfest.

Um diese Zeit trat das Phänomen der Ansar al-Sharia auf den Plan.[24] In nun wieder zugänglichen Ländern wie Libyen und Tunesien versuchten jetzt al-Qaida-Ableger (unter neuem Namen) sowie lokale dschihadistische Zellen, Territorien zu besetzen, soziale Dienstleistungen anzubieten und den Rückhalt der Bevölkerung zu gewinnen – auf eine Weise, die al-Qaida wenige Jahre zuvor noch völlig fremd gewesen wäre. In der neuen politischen Situation konnten sie mit einer Offenheit agieren, die unter den alten autokratischen Regimen unmöglich gewesen wäre; sie wären sofort unterdrückt worden. Wie Aaron Zelin mit der sorgfältigen Auswertung ihrer zahlreichen Äußerungen in sozialen Medien dokumentiert hat, kultivierten die Ansar-al-Sharia-Gruppen ein Image, in dem sie zwar an ihrer dschihadistischen Ideologie festhielten, sich aber lange belächelte Strategien der Muslimbrüder wie Öffentlichkeitsarbeit und die Bereitstellung von Dienstleistungen zu eigen machten.

Mit der Ausrufung eines Kalifats im Juni 2014 und der Eroberung eines großen Territoriums in der Levante beschleunigten und verstärkten sich alle diese Entwicklungsmuster. Der IS bildete damit eine spektakuläre Alternative zur strategischen Vision sowohl der Muslimbrüder als auch al-Qaidas. Durch die geschickte Nutzung sozialer Medien, durch finstere Medienspektakel und die Neufassung der Ableger-Strategie erweckte al-Qaida den Eindruck einer Dynamik, die vielen im dschihadistischen Umfeld attraktiv erschien. Videos von der Enthauptung amerikanischer Journalisten oder der Verbrennung einer jordanischen Geisel bei lebendigem Leib erregten weltweit Aufsehen, während Terroranschläge in Paris im Westen Panik und eine islamfeindliche Stimmung entfachten, wie sie zuletzt nach dem 11. September 2001 geherrscht hatte. Im Jahr 2015 trugen al-Qaida und der IS den Richtungskampf innerhalb des Dschihadismus auch mit Waffen aus, während die Ideologen und Anführer das Verdienst für die schnell wachsende Bewegung jeweils für sich beanspruchten.

Die neuen Kriege in der arabischen Welt

Der arabische Aufstand entwickelte mindestens vier verschiedene, einander überschneidende Konfliktlinien. Der iranisch-saudische Konflikt, verschärft durch die Prioritäten Israels, bestimmte nach wie vor die meisten Bündnisse und Interventionen in der Region. Die Rivalität zwischen Saudi-Arabien, Katar, den Vereinigten Arabischen Emiraten und der Türkei um die Führung in der sunnitisch-arabischen Welt spielte bisweilen eine noch größere Rolle. Die Herausforderung durch islamistische Netzwerke, angefangen mit dem islamistischen Mainstream der Muslimbrüder und den salafistischen Bewegungen bis hin zu den gewalttätigen

Extremisten al-Qaidas und des Islamischen Staats bildeten eine dritte Ebene des Konflikts. Und schließlich ging auch der Kampf zwischen autokratischen Regimen und den in Aufruhr geratenen Gesellschaften in einem Rahmen weiter, der von den drei regionalen Kriegen abgesteckt wurde.

In diesen internationalen und regionalen Rahmen eingebettet war die lokale Politik. Die Politik der Muslimbrüder und des Militärs in Ägypten, die Mittlerrolle der tunesischen Zivilgesellschaft, die Ängste und Ambitionen der libyschen Milizen, die Brutalität Assads und die leidenschaftliche Entschlossenheit der syrischen Opposition, Assads Terrorherrschaft zu beenden – keiner dieser Aspekte kann einzig und allein auf die Machenschaften ausländischer Mächte reduziert werden. Dennoch, die regionale und internationale strukturelle Dynamik prägte alle diese lokalen Schlachtfelder, sämtlich eingebettet in umfassendere Narrative, die den dortigen Ereignissen erst Sinn und Bedeutung verliehen.

Alle vier oben genannten Konflikte wurden ihrerseits durch die sich verändernde Rolle der Vereinigten Staaten bestimmt. Ihre Weigerung, in Syrien zu intervenieren, sowie das Atomabkommen mit Iran deuteten auf einen grundlegenden Wandel hin. Dass die USA Israel und seine Verbündeten am Golf weiterhin unterstützten, den ägyptischen Militärputsch hinnahmen und in Irak und in Syrien eine zunehmend wichtige militärische Rolle spielten, lässt allerdings darauf schließen, dass sich de facto wenig geändert hat. Langjährige Bündnisse sind fragwürdig geworden, während alte Gegner die Bedingungen für eine Rolle in der regionalen Ordnung aushandeln.

In diesen brutalen Kriegen wurde für weite Teile der Region genau das Wirklichkeit, was man hatte bekämpfen wollen. Die mutigen, prinzipienfesten Aktivisten wurden von Hardlinern verdrängt. Die große Mehrheit dieser Aufrechten wurde getötet, verhaftet oder aus ihrer Heimat vertrieben. Einige gaben die Hoffnung auf, andere passten sich den veränderten Umständen an. Tawakkol Karman, Friedensnobelpreisträgerin aus Jemen, wurde von einer lauten Stimme für gewaltlosen Widerstand zu einer entschiedenen Befürworterin des saudischen Militäreinsatzes in ihrem Land. Führende ägyptische Aktivisten wie Alaa Abdel Fattah und Ahmed Maher verschwanden in den politischen Gefängnissen des Regimes; ihr Ruf wurde von staatstreuen Medien ruiniert. Die mutigen Bürgerrechtsaktivisten Syriens wurden vom Assad-Regime eingesperrt und gefoltert, ins Exil gezwungen oder im Kreuzfeuer der Rebellengruppen getötet.

Die Führer der arabischen Regime, ohnehin keine Muster an Moralität, griffen innen- und außenpolitisch immer mehr zur Gewalt, um im Sattel zu bleiben. Es war schwer, Respekt für die humanitären und moralischen Forderungen von Regimen aufzubringen, die auf eine Intervention in Syrien drängten, während sie die Dissidenten in ihrem eigenen Land ins Gefängnis sperrten, Soldaten entsandten, um die Volksproteste in Bahrain niederzuschlagen, den Militärputsch in Ägypten unterstützten oder monatelang Jemen bombardierten und dabei viele Menschen töteten. Es ist moralisch nicht verdienstvoll, einen Aufstand zu unterstützen, wenn dies zwangsläufig einen erbitterten, blutigen Kampf zur Folge hat.

Die arabischen Aufstände sind tragisch – nicht weil sie bisher immer zum Scheitern verurteilt gewesen waren, sondern weil sie nicht so enden mussten. Die hochfliegenden Hoffnungen in den ersten Tagen der Revolution waren Ausdruck eines Generationswechsels und versprachen die Aussicht auf eine völlig neue Zukunft der arabischen Welt. Doch was folgte, waren Enttäuschung und Schrecken. Trotz des Potenzials einer starken Öffentlichkeit gelang es den alten Eliten, den Wandel aufzuhalten. Die Regime, die dem ersten Ansturm standhielten, gewannen Zeit, ihre Machtressourcen erneut zur Entfaltung zu bringen. Der anfängliche Enthusiasmus konnte nicht von Dauer sein, und am Ende setzten sich die alten Kräfte auch unter den neuen, nachrevolutionären Bedingungen durch. Dabei wurden sie tatkräftig von anderen Regionalmächten unterstützt, die sich ebenfalls dem Wandel entgegenstellten. Staaten, die unter der Belastung zusammenbrachen – Libyen, Syrien, Jemen –, wurden zum Schauplatz der Kriege, die die Regionalmächte untereinander führten.

Wenden wir uns jetzt diesen Kriegen zu.

Kapitel 2

Der arabische Aufstand

Der arabische Aufstand hat den Nahen Osten in einer Weise verändert, die uns noch Jahrzehnte beschäftigen wird. Angesichts der heute dort herrschenden Düsternis, Gewalt und Unterdrückung kann man sich nur noch schwer vorstellen, welche Begeisterung die Protestbewegungen Anfang 2011 auslösten – und wie sehr sie die Ordnung in der gesamten Region erschütterten.

Während der arabische Aufstand allgemein als ein transnationales Phänomen gilt, wird das, was auf ihn folgte, als eine Reihe nur lose miteinander verknüpfter Ereignisse in einzelnen Staaten gesehen. Der Übergang vollzog sich in den betroffenen Ländern zwar gleichzeitig, sein Resultat wird aber zumeist mit rein innenpolitischen Faktoren erklärt. Das Scheitern des Übergangs in Ägypten wird den Exzessen der Muslimbruderschaft oder auch den Machenschaften des »tiefen Staats« zugeschrieben. Tunesien war dank seines Nationalen Dialogs, seiner starken und gut organisierten Linken, vielleicht auch wegen seiner klügeren islamistischen Führer Erfolg beschert. Die Intervention der Saudis und die religiösen Spannungen, die sich in die Proteste mischten, waren dafür verantwortlich, dass der Aufstand in Bahrain scheiterte. Jordanien und Marokko kamen als Monarchien um einen Regimewechsel herum, weil sie einen König hatten. All dies ist natürlich richtig. Politik ist immer auch lokal, und Politikwissenschaftler und politische Beobachter vor Ort haben die für das Ergebnis des Aufstands verantwortlichen komplizierten Kalküle und strukturellen Kräfte in den einzelnen Ländern in hervorragender Weise analysiert. Eine solche Analyse lässt jedoch außer Acht, wie eng alle diese Prozesse miteinander verflochten sind.

Heute, in einer verhärteten, sehr viel zynischeren Situation, vergisst man allzu leicht, wie radikal revolutionär der arabische Aufstand war. Es handelte sich um einen außergewöhnlichen Moment. Millionen Menschen in mehr als einem Dutzend Ländern gingen nahezu gleichzeitig auf die Straße. Der Protest überwand gesellschaftliche Klassen, religiöse und ethnische Differenzen und politische Ideologien. Die Demonstranten wollten ihren politischen Kampf ganz bewusst über Staatsgrenzen hinweg führen und die bestehenden politischen Regeln außer Kraft setzen. Die Politik einer ganzen Region folgte demselben Rhythmus und derselben Dynamik. Es gab einen intensiven Austausch, und was in dem einen Land geschah, hatte Vorbildfunktion für andere Länder. Twitternachrichten wie »Ungerechtigkeit ist Ungerechtigkeit, ob in Bahrain, Libyen oder Syrien« (@salmaeldaly, März 2011) oder »#daraa in #syrien ist #sidibouzid in #tunesien und #suez in #ägypten« (@drsonnet, März 2011) vermittelten das Gefühl eines gemeinsamen Kampfes und eines gemeinsamen Schicksals. Und es herrschte die Erwartung, dass sich die Verhältnisse ändern würden.

Die Tunesier waren die Einzigen, die ganz von sich aus auf die Straße gingen, ohne Vorbilder, ohne Erwartungen, ohne Vorläufer und mit nur wenig Intervention von außen. Alle anderen Aufstände spielten sich in einem stark vernetzten Umfeld ab, in dem Demonstranten wie Regime ständig die Ereignisse im Ausland im Blick hatten. In fast jedem entscheidenden Moment wirkten auswärtige Kräfte auf die Möglichkeiten und Strategien der politischen Akteure im Land selbst ein. Was anderswo geschah, beeinflusste die Erwartungen über Erfolg oder Misserfolg im eigenen Land. Die arabischen Aufstände, die sich von Anfang an über Ländergrenzen hinwegsetzten, endeten in länderübergreifender Unterdrückung und wurden Anlass für länderübergreifende Stellvertreterkriege.

Nachdem sich der Aufstand von Tunesien aus verbreitet hatte, entfaltete er sich auf einer großen, in bemerkenswerter Weise einheitlichen und gemeinsamen politischen Bühne. Die ägyptische Revolution löste eine gewaltige Protestwelle aus, die riesige Menschenmengen fast überall in der Region mobilisierte. Es ist üblich geworden, diese Proteste abzutun, weil sie am Ende scheiterten. Aber sie waren wirklich außergewöhnlich. Algerien geriet Anfang Januar 2011 durch Proteste in Aufruhr, noch bevor Ben Ali aus dem Land floh. Die Jordanier begannen am 14. Januar zu protestieren und zwangen sehr bald ihren König, die ungeliebte Regierung abzusetzen. Am 27. Januar kam es zu einer großen Demonstration in Sanaa, und innerhalb einer Woche sah sich der jemenitische Präsident Ali Abdullah Saleh gezwungen, auf seine Wiederwahl zu verzichten. In Oman begannen die Proteste ebenfalls bereits im Januar, und auch in Libyen und Syrien brodelte es zu diesem Zeitpunkt schon.

Der Erfolg des Aufstands in Ägypten, der Präsident Hosni Mubarak zum Rücktritt zwang, gab den Protesten eine ganz neue Dimension. Am 14. Februar ging auch die Bevölkerung von Bahrain auf die Straßen, und bald hatte das Land, gemessen an der

Einwohnerzahl, die größte Protestbewegung in der gesamten arabischen Welt. Am 15. Februar breiteten sich in Libyen die Proteste im ganzen Land aus. Am 20. Februar gingen in Marokko Demonstranten auf die Straße. Auch in Syrien regten sich Proteste, anfangs noch mit geringer Resonanz, doch schon Mitte März kam es im Süden des Landes zu schweren Unruhen. Die einzigen arabischen Staaten, in denen Massenproteste ausblieben, waren Katar und die Vereinigten Arabischen Emirate (zwei kleine, wohlhabende und sehr repressive Länder), Saudi-Arabien und die arg traumatisierten Quasi-Staaten Palästina, Libanon und Irak.

Jedes Land hatte seine speziellen Probleme, trotzdem hielt damals niemand die Proteste für isolierte Ereignisse. Al-Jazeera lieferte über seinen erfolgreichen Sender Al Jazeera English nicht nur der arabischsprachigen Welt, sondern auch dem Westen die Sprache, das Narrativ und die Bilder zum Aufstand. Die Gleichzeitigkeit der Proteste war wirklich verblüffend. In einem Land nach dem anderen skandierten die Demonstranten dieselben Slogans und wandten dieselben Taktiken an. Sie beobachteten, was in den anderen Ländern geschah, tauschten sich aus, lernten voneinander und entwickelten ihre Strategie auf der Grundlage dessen, was anderswo geschah. So fanden sie heraus, was funktionierte und was nicht. Erfolge der anderen waren beflügelnd, Fehlschläge ernüchternd.

Man kann gar nicht genug betonen, wie eng diese politischen Bühnen anfangs miteinander verzahnt waren. Ereignisse in einem Land lösten unmittelbare Reaktionen in einem anderen aus, während die Regime innen- und außenpolitisch um ihr Überleben kämpften. Alle Aufstände müssen im größeren regionalpolitischen Kontext gesehen werden. Das heißt keineswegs, dass die Aufstände ganz oder großteils von ausländischen Agitatoren entfacht wurden, wie die bedrohten Regime gerne behaupteten. Der Anstoß kam in aller Regel von innen, von wütenden und enttäuschten Bürgern, denen die Geschehnisse im Ausland Mut machten, auch in ihrem Land aktiv zu werden. Doch was am Ende dabei herauskam, war stets auch durch Einflussnahme anderer Staaten aus der Region bestimmt, auch wenn es eine Weile dauerte, ehe die arabischen Regime sich nach dem ersten Schreck neu formiert hatten. Die Anfänge des arabischen Aufstands jedoch lagen außerhalb jeglicher Kontrolle durch die Regionalmächte. Die Menschenmassen, die die Avenue Habib Bourguiba in Tunis oder den Tahrir-Platz in Kairo eroberten, interessierten sich nicht für Geld und Gewehre, die Schmiermittel der Stellvertreterkriege in der Region. Doch das sollte sich bald ändern.

Die Geschichte des arabischen Aufstands ist mittlerweile schon viele Male erzählt worden. Dieses Kapitel versucht nicht, sie detailliert nachzuzeichnen. Das habe ich schon 2012 in meinem Buch *The Arab Uprising* getan, und seitdem sind viele weitere ausgezeichnete Bücher zu diesem Thema erschienen. Hier soll es vielmehr darum gehen, die ersten Monate des Aufruhrs in der Region unter dem Blickwinkel der engen Verflechtungen der politischen Arena zu betrachten, in der Aktivisten und Regime gegeneinander antraten – und zu zeigen, wie sie dabei den Boden für die kommenden Konflikte bereiteten.

Tunesiens Vorreiterrolle

Kaum jemand rechnete damit, dass die Proteste, die im Süden Tunesiens aufflammten, sich auf die Hauptstadt Tunis oder gar auf die gesamte arabische Welt ausdehnen würden. Paradoxerweise trug gerade Tunesiens Randlage dazu bei, dass sich der Aufstand zu einem regionalen Flächenbrand ausweitete. Hätte er in einem so zentralen Staat wie Ägypten oder Jordanien begonnen, wäre er mit größter Wahrscheinlichkeit mit aller Macht erstickt worden, bevor die Welt ihm größere Aufmerksamkeit geschenkt hätte. Doch Tunesien lag abseits der großen arabischen Politik. Geographisch eher im Westen der nordafrikanischen Küste situiert, war es Südeuropa näher als den Konfliktzonen Palästina und Irak. Mit massiver Unterdrückung und einem Kleinkrieg mit al-Jazeera um eine kritische Berichterstattung hielt das Regime die sich formierende Öffentlichkeit auf Abstand. Tunesiens bedeutendste Intellektuelle wie der islamistische Politiker Rached Ghannouchi und der Menschenrechtsaktivist Moncef Marzouki waren ins Exil getrieben worden.

Schon seit Jahrzehnten war es in Städten wie Sidi Bouzid im vernachlässigten Süden immer wieder zu Protesten gekommen. Da diese seit jeher zu nichts geführt hatten, wiegten sich das Regime und seine arabischen Unterstützer in trügerischer Sicherheit, was dem Aufstand ein Überraschungsmoment bescherte, das es in keinem anderen Land gab. Die aufflammenden Proteste schienen weder den Tunesiern selbst noch ausländischen Beobachtern neu, sofern diese dem Land überhaupt Beachtung schenkten. Erst als sie plötzlich der behördlichen Kontrolle entglitten und das ganze Land erfassten, begann man zu ahnen, dass eine Revolution im Gang war.

Eine entscheidende Rolle spielten hierbei al-Jazeera und die neuen Medien. Wegen seines auf den ersten Blick unpolitischen Charakters war Facebook eines der wenigen weitgehend tolerierten sozialen Netzwerke. Doch Aktivisten, nicht wenige von ihnen im französischen Exil, verstanden die weit verbreitete Plattform zu nutzen, um Informationen über die Proteste rasch zu verbreiten und Aktionen weit über Sidi Bouzid hinaus zu organisieren. Al-Jazeera war zwar in Tunesien offiziell verboten, konnte aber mit Hilfe von Videos und Informationen, die von Aktivisten über soziale Medien verbreitet wurden, das faszinierende Bild eines vom Geist der Revolution erfassten Landes zeichnen. Der Sender ordnete den Aufstand in das Gesamtbild eines arabischen Kampfs für Demokratie und Freiheit ein, was großen Widerhall fand.

Das Überraschungsmoment glich anfangs den überwältigenden Machtvorteil des Regimes von Ben Ali aus. Die Proteste entwickelten sich derart schnell und nahmen ein solches Ausmaß an, dass dem Regime gar keine Zeit blieb, sein erhebliches Unterdrückungspotenzial und seine Machtressourcen zu aktivieren. Die Weigerung der Armee, die Proteste niederzuschlagen, ließ Ben Ali nur wenige Möglichkeiten. Als seine Unterstützer im Ausland begriffen, in welchen Schwierigkeiten er steckte, war es schon zu spät. Saudi-Arabien konnte ihm lediglich noch ein sicheres Exil anbieten. Ben Ali war durch Korruption und Führungsschwäche untragbar geworden, doch das bedeutete nicht, dass die Interessen, die er vertreten hatte, so einfach aufgaben. Ihr neuer Verteidigungsplan lautete: den Staat erhalten, die regimetreuen Eliten schützen, effizientere lokale Stellvertreter aufbauen und auch unter veränderten politischen Rahmenbedingungen einflussreiche Parteien gründen.

Von Tunesien in die arabische Welt

Zwischen Ben Alis Sturz am 14. Januar 2011 und dem Aufstand in Ägypten am 25. Januar diskutierte die arabische Welt, ob der Aufstand in Tunesien als singuläres Ereignis oder als Vorbote eines Trends in der gesamten Region zu werten sei. Dabei kamen die Eliten der Regime in der Region und die Aktivisten zu sehr unterschiedlichen Einschätzungen und Prognosen. Die von der Entwicklung überraschten Verteidiger des Status quo stellten Tunesien als einen Sonderfall dar: Was sich auf den Straßen von Tunis abspiele, sei nicht auf andere arabische Länder übertragbar und solle nicht als Riss im Fundament der arabischen Ordnung verstanden werden. Viele Politologen, skeptisch gegenüber allzu schnellen Vergleichen zwischen sehr unterschiedlichen Ländern, stimmten dieser Analyse zu.

Al-Jazeera hingegen sah im tunesischen Aufstand von Anfang an starke Ähnlichkeiten mit Vorgängen in anderen arabischen Ländern. Die Berichterstattung des Senders stellte die Unruhen nicht als Kuriosität in einem Land am Rande der arabischen Welt dar, sondern als zu einem sehr viel umfassenderen Narrativ einer Volkserhebung gehörig, was auf große Resonanz stieß. Ein Großteil der Aktivisten und der engagierten Öffentlichkeit, die Parallelen zwischen den Missständen in Tunesien und in ihrem eigenen Land sahen, prophezeiten, die Aufstände würden sich ausbreiten. Gebannt von den Bildern dieser so unerwartet friedlich und erfolgreich verlaufenden Revolution, übernahmen die meisten das Deutungsmuster von al-Jazeera – trotz der aggressiven Signale, die die regionalen und nationalen Eliten aussandten. Diese Zustimmung ist nicht zu unterschätzen, denn diese Menschen waren es, die bald Revolution machten.

Als dann am 25. Januar in Ägypten die Massen auf die Straßen gingen, hatte sich die Frage erledigt, ob sich die Proteste ausweiten würden.

Das Schicksal Ägyptens war für die weitere Entwicklung der Region von sehr viel größerer Bedeutung als das jedes anderen arabischen Landes. Mit dem ägyptischen Aufstand verlagerte sich das Problem von der Peripherie ins Zentrum der arabischen Welt und traf die von Amerikanern und Saudis dominierte Regionalordnung ins Mark. Im Jahr 2011 waren politische Proteste für Ägypten nichts Neues. Schon in den vorausgehenden zehn Jahren hatten unterschiedliche Bereiche der Gesellschaft die Machthaber herausgefordert. Zu Beginn des neuen Jahrtausends hatte die kleine Kifaya-Bewegung, zu der sich ideologisch unterschiedliche Aktivisten und Intellektuelle zusammengeschlossen hatten, dem Mubarak-Regime durch die einfallsreiche Nutzung der neuen Medien – mit Blogs und über Mobiltelefone zirkulierende Videoclips – immer wieder Nadelstiche versetzt. Ein von den Medien vielbeachteter Fall war ein Streik in der Stadt al-Mahalla al-Kubra, der von der Facebook-Gruppe »Jugendbewegung des 6. April« unterstützt wurde.[1] Studenten, Rechtsanwälte, Richter und viele andere Berufsgruppen mobilisierten sich gegen die unterschiedlichsten Missstände. Die Facebook-Kampagne »Wir alle sind Khaled Said«, die gegen den ungesühnten Tod eines jungen Mannes aus Alexandria protestierte, der in den Händen der Polizei gestorben war, konnte auf einem Jahrzehnt aktivistischer Organisations- und Mobilisierungserfahrung aufbauen. Diese Kampagne spielte für den Aufstand am 25. Januar eine zentrale Rolle.

Das Besondere an diesem Aufstand war also nicht die Tatsache, dass es überhaupt zu Protesten kam, sondern deren Ausmaß, rasche Ausbreitung und Intensität. Die ägyptischen Sicherheitskräfte waren gut vorbereitet und sicher auch für größere Proteste gerüstet. Die Organisatoren der Demonstrationen selbst rechneten nicht mit wesentlich größerem Zulauf als üblich. Doch die enorme Resonanz auf den Protestaufruf überraschte dann die Sicherheitskräfte nicht weniger als die Aktivisten. Seit vielen Jahren hatten sich die Ägypter lethargisch gezeigt, nie hatte sich ein Protest zu einer größeren Revolte ausgeweitet. Warum strömten nun zum ersten Mal ganz normale Staatsbürger auf die Straße und forderten politische Veränderungen? Ein Hauptgrund dafür war, dass Tunesien ihnen vor Augen geführt hatte, wie das einst Undenkbare doch möglich werden konnte. Die seit Jahren unzufriedenen Ägypter sahen auf einmal eine Erfolgschance, die das Wagnis lohnte, auf die Straße zu gehen. Mit den demonstrierenden Menschenmassen entwickelte der Aufstand eine Eigendynamik, die alle in das gemeinsame Narrativ einer Massenerhebung und einer nationalen Erneuerung einband.

Hier ist nicht der Ort, noch einmal die Geschichte der hoffnungsvollen achtzehn Tage der ägyptischen Revolution zu erzählen. Der Tahrir-Platz in Kairo wurde zum Brennpunkt der ägyptischen Politik und der regionalen wie internationalen Medien. Zu den Revolutionären, die ein Zeltlager auf dem Platz errichteten, zählten Säkulare und Islamisten, Linke und Liberale – es war ein Querschnitt der ägyptischen Gesellschaft. In den langen Tagen des politischen Tauziehens fand diese Koalition der Revolutionäre außer in ihrer Kernforderung nach dem Rücktritt von Mubarak zu wenig Einigkeit. Mit ihrer Beharrlichkeit und ihrem Anspruch, für das ägyptische Volk zu sprechen, konnten die Demonstranten einigen politischen Manövern der Gegenseite die Stirn bieten, aber das Endergebnis lag nicht in ihrer Hand.

Der Regierung Obama war rasch klar, dass Mubarak Proteste dieser Größenordnung nicht überstehen konnte, und konzentrierte sich darauf, einen vernünftigen Übergang in die Wege zu leiten. Der amerikanische Präsident stellte sich hinter die Demonstranten und mahnte Mubarak eindringlich, Gewalt zu vermeiden und rasch das Feld zu räumen, um einen geordneten Machtwechsel zu ermöglichen. Während der ersten Tage des Aufstands hatte Washington seinen Einfluss aufgeboten, um das ägyptische Militär von einer gewaltsamen Niederschlagung abzuhalten. Einer der Vorschläge, die die Amerikaner ins Spiel brachten, war die Ernennung des Geheimdienstchefs Omar Sulaiman zum Präsidenten. Die ägyptischen Demonstranten zeigten sich empört über Berichte, denen zufolge Frank Wisner, Obamas Sonderbotschafter in Ägypten, Mubarak in einem privaten Treffen Unterstützung zugesagt hatte. Tatsache ist, dass die Regierung Obama in ihren offiziellen Verlautbarungen den Aufständischen und ihrer Hauptforderung nach einem Regimewechsel den Rücken stärkte.

Mubaraks Unterstützer in der Region konnten es kaum fassen, dass Obama einen so langjährigen Verbündeten Amerikas einfach fallenließ. Sie hofften und erwarteten, dass Mubarak die Proteste überstehen würde. Jordaniens König Abdullah und Mahmoud Abbas, der Präsident der Palästinensischen Autonomiebehörde, boten Mubarak ihre Hilfe an. Der saudische König Abdullah schimpfte in einem Telefongespräch mit Mubarak über die Demonstranten, die »das ägyptische Brudervolk unterwandern, seine Sicherheit und Stabilität gefährden … ihren Hass durch Zerstörung, Einschüchterung, Brandstiftung und Plünderungen ausleben und zu einem zerstörerischen Aufruhr anstacheln«.[2] Am 8. Februar traf sich Mubarak mit Abdullah bin Zayed, dem Außenminister der Vereinigten Arabischen Emirate, der ihn Berichten zufolge drängte, vorerst die Zügel der Macht nicht aus der Hand zu geben und sich notfalls auf das Versprechen einzulassen, das Ergebnis der nächsten Präsidentenwahl nicht anzufechten. Die Regime am Golf schäumten vor Wut darüber, dass sie ihren langjährigen Freund nicht schützen konnten, dessen Schicksal ihnen sehr am Herzen lag. Auch die Gegenseite, die sich außer in der Forderung nach seinem Rücktritt in wenig einig war, konzentrierte sich ganz auf Mubaraks Person. Die Folge war, dass der Oberste Militärrat SCAF den Sorgen der Golfstaaten nicht Rechnung tragen konnte, ohne in der Zeit nach den Aufständen seine ohnehin brüchige Legitimität zu gefährden.

Dass sich Mubarak trotz der Unterstützung durch die Staaten der Region nicht an der Macht halten konnte, offenbarte die Schwäche dieser Regionalmächte angesichts einer so massiven Mobilisierung der Bevölkerung. Die üblichen Instrumente der Politik, von finanziellen Anreizen bis hin zu sorgfältig gepflegten persönlichen Beziehungen der Staatsführer untereinander, konnten diesmal wenig ausrichten. Mubaraks Unfähigkeit, für Ruhe auf den Straßen und politische Normalität zu sorgen, für die diese Regionalmächte nicht zuletzt Amerikas Appelle zum Gewaltverzicht und zum Regimewechsel verantwortlich machten, ließ ihre schlimmsten Albträume wahr werden. Der Sturz des ägyptischen Staatschefs zerstörte das Image der Alternativlosigkeit, das alle arabischen Regime kultivierten, und machte sie in einer Weise angreifbar, die bis dahin undenkbar gewesen war. Für Saudi-Arabien und die Vereinigten Arabischen Emirate kam erschwerend hinzu, dass Katar vom Sturz Mubaraks profitierte, stand doch al-Jazeera im Zentrum der revolutionären Bewegung und hatte Doha schon seit langem die Muslimbrüder und die jungen Aktivisten unterstützt. Diese Interpretation des ägyptischen Desasters blieb nicht ohne Einfluss darauf, wie die Saudis und die Emirate auf die wachsende Protestwelle anderswo reagierten.

Doch bei aller revolutionären Euphorie war es eindeutig verfrüht, Ägypten bereits für die alte regionale Ordnung verloren zu geben. Als am 11. Februar Mubaraks Rücktritt bekannt gegeben wurde, nahm der Oberste Militärrat den Übergang zur Demokratie in die Hand. Diese Lösung kam den Kerninteressen der meisten in- und ausländischen Akteure weit mehr entgegen, als ihre lautstarken Klagen vermuten ließen. Mubaraks Abgang erfüllte die Hauptforderung des Tahrir-Platzes, der sich alsbald leerte, trotz der Befürchtungen der Aktivisten vor einem zu schnellen Abflauen der Massenmobilisierung. Das Versprechen, einen Demokratisierungsprozess einzuleiten, stellte das Weiße Haus zufrieden, das in der Demokratisierung die größte Chance für ein stabiles Ägypten sah. Doha freute sich über die gewachsene Bedeutung der Muslimbrüder und die weltweite Anerkennung der Rolle Katars. Dass der Oberste Militärrat die Führung übernommen hatte, gab den Golfstaaten, Israel und vielen in den Vereinigten Staaten die beruhigende Gewissheit, dass die Außenpolitik des neuen Ägypten im Wesentlichen unverändert blieb. Das war ein entscheidender Punkt. Zwar hätten Saudi-Arabien und die Vereinigten Arabischen Emirate Mubarak vorgezogen, aber auch für sie war der Oberste Militärrat ein Bollwerk gegen ernsthafte politische Veränderungen.

Die Rolle der Vereinigten Staaten im ägyptischen Übergangsprozess weckte in der arabischen Führungsklasse ein Gefühl der existenziellen Bedrohung. In einer anderen Welt – der Welt, in der viele von uns in Washington zu leben hofften – wären sofort eine Vielzahl von Reformen und demokratischen Maßnahmen eingeleitet worden, um die Ordnung in der Region Amerikas neuen Präferenzen anzunähern. Stattdessen verstärkten die Führer der arabischen Staaten nur ihre Bemühungen zur Abwehr des demokratischen Wandels – in ihren eigenen Ländern ebenso wie in der gesamten Region –, und ihr Antagonismus gegen die Vereinigten Staaten wuchs.

»Überleben und weiterkommen«

Mitte Februar schienen Ägypten und Tunesien zumindest einstweilen für die Golfmächte verloren, und sie konzentrierten sich nun darauf, die Proteste einzudämmen, die an allen Ecken der arabischen Welt aufflackerten. In den Tagen nach Mubaraks Rücktritt strömten in fast allen arabischen Ländern die Massen auf die Straßen und forderten einen Regimewechsel. Mit kühler und rationaler Analyse der Protestverläufe allein ist die überschwängliche Begeisterung jener Tage nicht zu erklären. Nach dem friedlichen Sturz Ben Alis und Mubaraks hielten zahlreiche Araber nun auch in ihren Ländern Veränderungen nicht nur für möglich, sondern für unvermeidlich. Viele waren überzeugt, dass die alten Regeln nicht länger galten und der Wandel nur noch eine Frage der Zeit sei. Der Enthusiasmus war groß, nichts schien die mobilisierte Öffentlichkeit aufhalten zu können, der Aufstand für Demokratie schien das Gebot der Stunde. Für die einst gefürchteten Regime hatte man nur noch Verachtung und Mitleid übrig.

Der Aufstand in Jemen ist ein gutes Beispiel dafür, wie eng Ägypten mit den anderen arabischen Ländern verbunden war.

Jemen und Ägypten haben politisch, kulturell, ökonomisch und geographisch wenig gemeinsam. Dennoch hatten die Demonstranten, die den »Platz der Veränderung« in Sanaa besetzten, große Ähnlichkeit mit dem bunt gemischten Kairoer Bündnis weltanschaulicher und politischer Gruppierungen der Jugend auf dem Tahrir-Platz. Die schiitischen Huthi und die mit den Muslimbrüdern assoziierte Partei al-Islah, die in den kommenden Jahren zu erbitterten Feinden werden sollten, arbeiteten in dieser außergewöhnlichen Zeit so einträchtig zusammen wie in Ägypten während der achtzehn Tage des Tahrir-Platzes Säkulare und Islamisten. Jemenitische Aktivisten übernahmen ägyptische Slogans und Taktiken und fügten sich ganz bewusst in das von al-Jazeera verbreitete Narrativ eines gemeinsamen arabischen Aufstands ein. Die Journalistin Tawakkol Karman, Mitglied von al-Islah, die bei der friedlichen Ausrichtung des jemenitischen Aufstands eine wichtige Rolle spielte, wurde dafür 2011 zu Recht mit dem Friedensnobelpreis ausgezeichnet.

Die Aufbruchsstimmung war bis in die letzten Winkel der arabischen Welt spürbar. Warum sonst hätten die Libyer oder die Syrer auf die Straßen gehen sollen, nachdem jahrzehntelange Erfahrung sie gelehrt hatte, dass politische Opposition den sicheren Tod bedeutet? Die jordanischen Proteste brachten junge Stammesangehörige, palästinensische Jugendliche sowie die traditionellen Oppositionsparteien zusammen. Zwar verhinderten die jordanischen Sicherheitskräfte mit Gewalt die Errichtung eines Protestcamps nach dem Vorbild des Tahrir-Platzes, doch die Protestbewegung fasste bei den Stämmen Fuß und entwickelte sich zu einer dauerhaften Organisation namens Herak.[3] Die jugendlichen Aktivisten in Marokko, wo die Proteste am 20. Februar begannen, erwiesen sich als erstaunlich widerstandsfähig, auch nachdem die Islamisten nach den Parlamentswahlen an der Macht beteiligt wurden.[4] Aktivisten in Kuwait setzten das Regime mit bis dahin unbekannten Massenprotesten unter Druck.[5] In Oman brachten Aktivisten die größte Anzahl von Menschen seit Jahrzehnten auf die Beine, die für Wirtschaftsreformen und politische Partizipation demonstrierten.[6] Auch in Saudi-Arabiens Östlicher Provinz war es schon seit Jahren immer wieder zu Protesten gekommen.

Den Regimen, die sich bislang gehalten hatten, war das Ausmaß der Gefahr klar. Wenn die Demonstranten Mubarak zu Fall bringen konnten, war niemand mehr sicher. Sie hatten gesehen, mit welcher Geschwindigkeit sich die Protestwelle ausgebreitet hatte und wie schwierig es war, einmal entstandene Protestcamps aufzulösen. Und so wandten sie die Lehren, die sie aus Ben Alis und Mubaraks Scheitern gezogen hatten, umgehend an.[7] Schließlich war es für diese Regime viele Jahre lang hauptsächlich darum gegangen, sich an der Macht zu halten, und sie hatten nicht die Absicht, sie so schnell wieder abzugeben.

Die Wahrnehmung der Ereignisse und die sich an sie knüpfenden Narrative spielten ebenfalls eine Rolle. Ben Alis überstürzte Flucht aus Tunesien und die Absetzung Mubaraks durch den Obersten Militärrat erschreckten die anderen Regime, untergruben sie doch den Glauben, die politischen Führer würden ihre Macht bis zum bitteren Ende verteidigen. Solche Schwäche war geradezu eine Einladung an die Gegner, den Kampf aufzunehmen. Es galt daher, den Eindruck unerbittlicher Stärke zu vermitteln. Der damalige Chefredakteur der in London erscheinenden palästinensischen Tageszeitung *al-Quds al-Arabi*, Abd al-Bari Atwan, schrieb schon zu Beginn des Aufstands: »Das libysche Regime hat von den Erfahrungen des westlich gelegenen Tunis und des östlich gelegenen Kairo gelernt, dass der Verzicht auf den Einsatz blutiger Gewalt gegen Demonstranten den eigenen Sturz herbeiführt.«[8]

Die Handlungslogik der Regime in diesen ersten Monaten war recht simpel. Sie entsprach der Parole, die der inzwischen verstorbene Basketball-Trainer der Hochschulmannschaft der North Carolina State University, Jimmy Valvano, ausgegeben hatte, als er mit seinem Team gegen bedeutend stärkere Mannschaften die Meisterschaft errang: »Überleben und weiterkommen.« Um zu überleben, mobilisierten die Regime alles, was sie aufbieten konnten, von finanziellen Versprechungen und Propaganda bis zu Regierungsumbildungen und der Einladung zum politischen Dialog. Und wenn sie die Anwendung von Gewalt für erforderlich hielten, schreckten sie auch davor nicht zurück. Über den Preis, der für ein solches Verhalten zu bezahlen war, würden sie nachdenken, wenn das revolutionäre Fieber nachgelassen hatte. Um weiterzukommen, intervenierten sie massiv in den Staaten des Übergangs und in gescheiterten Staaten und versuchten, die sich neu herausbildende politische Ordnung nach ihren Vorstellungen zu formen. Sie pflegten die Kontakte zu Verbündeten vor Ort, schnürten finanzielle Hilfspakete und lieferten Waffen und militärische Ausbildung, wenn es opportun erschien.

Die Gegenoffensive der arabischen Ordnung hatte für die Staaten innerhalb und außerhalb des saudisch geführten Lagers sehr unterschiedliche Folgen. Die überlebenden Regime der arabischen Ordnung schlossen die Reihen. Bei allen Differenzen ging es ihnen in der Hauptsache ums Überleben. Tunesien hatte ihnen vor Augen geführt, wie rasch sich ein Störfall auf ein anderes Land ausbreiten konnte. Das machte den Regime-Erhalt zu einem Gemeinschaftsprojekt. Die reichen Monarchien stellten den unter Druck geratenen Führungen in Jordanien, Marokko und Oman dringend benötigte Gelder zur Verfügung. Das ermöglichte es diesen stets klammen Regimen, Herausforderer einzubinden und sich beim Volk mit Wohltaten beliebt zu machen. Die Golfstaaten boten außerdem politische Rückendeckung und wehrten die Forderungen der Amerikaner nach Zugeständnissen ab. Ihre Medien verbreiteten antirevolutionäre Deutungsmuster, plädierten für begrenzte Reformen, warnten vor Chaos und Bürgerkrieg und dämonisierten die Kritiker. Wenn nötig, gingen diese Regime noch einen Schritt weiter. Saudi-Arabien übernahm die Führung bei Jemens Übergang und stützte die bedrängte Monarchie in Bahrain durch eine militärische Intervention.

Die Regime verfolgten das gemeinsame Ziel des Selbsterhalts mit den Mitteln, die sich im jeweiligen lokalen Kontext anboten. Einige versuchten es mit politischen Zugeständnissen, die ihre Macht jedoch im Kern unangetastet ließen. Die Verfassungsreform in Marokko liefert hierfür ein glänzendes Beispiel. Tunesien vor Augen, begriff König Mohammed VI. schnell, dass er handeln musste, um der Protestbewegung vom 20. Februar zuvorzukommen. Mit beträchtlicher finanzieller Unterstützung Saudi-Arabiens versprach er, ernsthafte Reformen in Richtung einer konstitutionellen Monarchie einzuleiten. Er lud Oppositionsparteien ein, sich politisch zu beteiligen, darunter auch die führende islamistische Partei für Gerechtigkeit und Entwicklung (PJD), und suchte den Dialog mit jugendlichen Aktivisten.

Jordaniens König Abdullah machte ebenfalls eiligst politische Zugeständnisse. Zwar bot er nicht gleich eine so dramatische Verfassungsänderung an, aber er entließ seinen Premierminister und versprach ein politisches Großreinemachen. Die Medien der Golfstaaten überboten sich in positiver Berichterstattung über diese minimalen Reformen, die sie als Antwort auf die revolutionäre Mobilisierung des Volkes oder sogar als Alternative dazu darstellten. Jordanien und Marokko wurde sogar die Mitgliedschaft im Golf-Kooperationsrat in Aussicht gestellt – eine symbolische Geste mit geringer Chance, verwirklicht zu werden. Die Botschaft war klar: Reform ohne Revolution war möglich und zahlte sich für Staaten aus, die innerhalb des von Saudi-Arabien geführten Blocks blieben. Solche Maßnahmen genügten in der Regel, um der Welle des Protests die Spitze zu nehmen, Gruppierungen einzubinden und die Politik wieder ins normale Fahrwasser zurückzusteuern.

Geld spielte dabei eine große Rolle. Angesichts des hohen Ölpreises fiel es den Golfstaaten nicht schwer, sich aus der Krise freizukaufen. Die reichsten Länder zeigten sich ihren Bürgern gegenüber spendabel, um jeder Opposition zuvorzukommen. Staatsbedienstete erhielten großzügige Sonderzahlungen. Subventionen für Konsumgüter und Energie wurden beibehalten oder sogar ausgeweitet, Bauprogramme aufgelegt, um dem Wohnungsmangel zu begegnen. Mit großzügigen Stipendien versuchte man die Jugendlichen von den Protestbewegungen fernzuhalten. Geld wurde aber nicht nur im Inland ausgegeben. Saudi-Arabien und die Vereinigten Arabischen Emirate verteilten Milliarden Dollar an weniger vermögende Staaten des Golf-Kooperationsrats sowie an Jordanien und Marokko.

Doch die Golfmächte waren noch dabei, den Schock des ägyptischen Aufstands zu verdauen. Ihre alten Freunde und Verbündeten, unter ihnen Mubarak und sein Umfeld, waren im Gefängnis, im Exil oder in Ungnade gefallen. Sie schienen denkbar schlecht aufgestellt, um im neuen Spiel der demokratischen Politik mitzumischen oder die nationalistische, revolutionäre Welle einzubinden. Ihr Trumpf war der Oberste Militärrat Ägyptens, die Generäle, die nach Mubarak das Ruder übernahmen und versprachen, das Land in Richtung Demokratie zu steuern. Das war ein gewisser Schutzwall für die Interessen des Golf-Kooperationsrats, wenn auch kein sonderlich stabiler. Die Golfstaaten boten den alten, regimetreuen Eliten, abschätzig *feloul* (Überbleibsel) genannt, eine sichere Zuflucht, um sich neu zu formieren und ihre Rückkehr vorzubereiten.

Externe Akteure mischten über verschiedene Netzwerke mit. Die Muslimbrüder waren das Einfallstor für Katar und die Türkei, die beide schon lange Verbindungen mit dieser Gruppe unterhielten und somit auf bestehende transnationale Finanz-, Medien- und Organisationsnetzwerke zurückgreifen konnten.[9] Ähnliches galt, mit lokalen Variationen, für ganz Nordafrika und die Levante. Katar und die Türkei konkurrierten jedoch miteinander um Einfluss bei diesen Netzwerken der Muslimbrüder, was zu Spannungen und einer unklaren Strategie führte. Die Vereinigten Arabischen Emirate, erbitterte Feinde der Islamisten, machten ihren Einfluss vor allem gegenüber denjenigen geltend, die den Aufstieg der Muslimbrüder verhindern wollten. Zu diesem Zweck pflegten sie ihre Beziehungen zu den alten Wirtschaftseliten, zu Christen und anderen antiislamistischen, säkularen Kräften aus Mubaraks Nationaldemokratischer Partei wie Ahmed Shafik. Die Vereinigten Arabischen Emirate entwickelten im Kontext der aufflammenden Regionalkriege großes Interesse an Ägypten, um den Einfluss Katars zurückzudrängen und eine säkulare, auf der Linie des Golf-Kooperationsrats liegende Regierung in Ägypten zu etablieren.

Für Saudi-Arabien war die Lage schwieriger. Riad teilte zwar die Furcht der Emirate vor dem wachsenden Einfluss der Muslimbrüder, konnte aber nicht glaubhaft einen antiislamistischen Block mobilisieren. Die saudischen Medien unterstützten weitgehend dieselben politischen Blöcke wie die Vereinigten Arabischen Emirate, auch wenn diese nicht ihre idealen Partner waren. Langjährige und sehr enge Beziehungen unterhielt Saudi-Arabien zu den ägyptischen Salafisten. Nachdem sie ihren über viele Jahre propagierten ideologischen Positionen abrupt abgeschworen und ihre demokratiefeindliche Haltung abgelegt hatten, errangen die Salafisten zur Überraschung und zum Schrecken vieler einen großen Wahlerfolg. Das eröffnete den Saudis zwar einen Weg der Einflussnahme, doch die salafistischen Netzwerke wollten sich nicht so recht in die Gesamtstrategie der Golfstaaten fügen, durch Unterstützung antiislamistischer, säkularer Eliten die alte Ordnung wiederherzustellen. Es ist daher kein Zufall, dass Saudi-Arabien, zumindest offiziell, den Vereinigten Arabischen Emiraten die Führung an der ägyptischen Front überließ.

Keines dieser Netzwerke darf einfach als Handlanger äußerer Kräfte abgetan werden. Zwar spielten sie erfolgreich den Sachwalter fremder Interessen und verschafften sich dadurch dringend benötigtes Geld und Medienunterstützung, gleichzeitig aber bewahrten sie sich weitgehend ihre Unabhängigkeit. Die selbstbewusst gewordene, mobilisierte Öffentlichkeit ließ sich nicht so leicht von außen manipulieren, schon gar nicht nach Revolutionen unter dem Banner der nationalen Identität und des Patriotismus. Auch wenn Katar, Saudi-Arabien und die Vereinigten Arabischen Emirate ihnen halfen, ihre verhassten Führer zu stürzen, so wollte doch kein Ägypter, Libyer und Tunesier, der sein Land liebte, an seine Abhängigkeit erinnert werden. Das Ansehen Katars stieg mit jeder neuen Erhebung, verlor aber gewaltig, als sich der Golfstaat zu sehr einzumischen begann und versuchte, die Muslimbrüder in Ägypten an die Macht zu bringen. Ähnliches, wenn auch etwas weniger ausgeprägt, widerfuhr den Vereinigten Arabischen Emiraten.

Wo sich die Unterstützung politischer Parteien und der Aufbau einer lokalen Klientel als schwierig erwiesen, gab es immer noch die Option, durch Gewalt oder einen Militärputsch in das politische Geschehen einzugreifen. Mit großem Erfolg redeten die Befürworter der Restauration autoritärer Regime den demokratischen Übergang schlecht. Sie versuchten, den Demokratisierungsprozess zum Scheitern zu bringen, um den Ruf nach einem starken Mann als einzigen Ausweg erscheinen zu lassen. Angesichts der um sich greifenden Unsicherheit, der politischen Stagnation und ungelöster wirtschaftlicher Probleme verloren die einst optimistischen Bürger all ihre Illusionen. Dieselben Medien, die Anfang 2011 Hoffnungen auf eine neue Zukunft verbreitet hatten, konnten genauso gut Bilder des Schreckens und der Gewalt, des Hasses und der Verzweiflung liefern. In der von Unsicherheit und Spaltung geprägten Region war es nicht schwer, stetig Ängste und Hass zu schüren. Die Kombination aus Wut, Polarisierung und Enttäuschung erstickte die Demokratiebegeisterung sehr erfolgreich. Das schwächte die neuen Regime, während gleichzeitig unberechenbare neue Bewegungen auf den Plan traten.

Vor allem lernten die arabischen Regime aufs Neue den Wert von Gewalt zu schätzen. Auch wenn ein Militäreinsatz die Proteste nicht gleich zum Verstummen brachte – ein Blutvergießen änderte schlagartig das gesamte Narrativ. Ein friedlicher Aufstand normaler Bürger, die Hand in Hand Protestlieder anstimmen, inspiriert andere, sich ihnen anzuschließen. Chaos, Panik und blutige Leichen zeigen, mit welchen Risiken und Kosten offener

Widerstand verbunden ist, und wirken abschreckend. Der Bevölkerung vor Augen zu führen, welche Brutalität ein Regime entfalten kann, lässt den Traum von einer Revolution schnell platzen. Die Menschen, die eben noch begeistert für den politischen Wandel demonstriert hatten, wurden angesichts der negativen Entwicklungen in den revolutionären Ländern skeptisch. Die Jordanier regen sich nach wie vor über Korruption und die trostlose Wirtschaftslage ihres Landes auf, aber sie gehen nicht mehr auf die Straße, weil sie fürchten, ihr Land könne Syrien in den Abgrund folgen. So hatten sogar die Schrecken Syriens für die arabischen Führer ihren Nutzen, zeigten sie doch ihrer eigenen Bevölkerung, wohin Proteste führen können.

Dieser strategische Einsatz von Gewalt zur Eindämmung der Proteste war natürlich riskant. Zu viel durch Videos dokumentierte Gewalt konnte zu unerwünschtem Druck aus dem Ausland führen. Blut auf den Straßen stärkte womöglich die Protestbewegung und stachelte ihren Zorn und Rachedurst an, wie man es in Syrien gesehen hatte. Jene Regime, die sich durch dieses neue und komplexe innen- und außenpolitische Umfeld hindurchmanövrieren mussten, waren daher darauf bedacht, den Einsatz von Gewalt sorgsam zu dosieren.

Begleitet wurden die blutigen Exzesse von einer Rhetorik der Gewalt. Die Regime verteufelten die Demonstranten und verunglimpften sie als vom Ausland gesteuerte Saboteure. Gaddafi und Assad trieben diesen verbalen Extremismus auf die Spitze, indem sie die Demonstranten als »Ratten« und »Bazillen« bezeichneten. Nicht selten von saudischen Medien unterstützt, versuchten die Regime, die Proteste als unpatriotisch darzustellen, wozu ihnen jedes Mittel recht war. Bahrain, Kuwait und Saudi-Arabien mit ihrem großen schiitischen Bevölkerungsanteil nutzten auch religiöse Spannungen aus. Die islamistischen Bewegungen stellten sie entsprechend eingewurzelter Klischees als Hort von Extremisten und Fanatikern dar, die sich eher ausländischen Organisationen als ihrem eigenen Land verpflichtet fühlten. Und obwohl alle diese Regime Verbündete der Amerikaner waren, diffamierten sie regelmäßig Liberale und Bürgerrechtsgruppen als Handlanger der Vereinigten Staaten.

Mit einer solchen Dämonisierung versuchte man ganz gezielt, die Gesellschaft zu polarisieren. Die arabischen Aufstände bezogen einen Großteil ihrer Energie aus der Fähigkeit, temporäre Bündnisse über traditionelle Gräben hinweg zu schmieden. In den Menschenmassen, die den Tahrir-Platz in Kairo oder die Avenue Habib Bourguiba in Tunis füllten, waren sämtliche Schichten der Gesellschaft vertreten. Islamisten protestierten gemeinsam mit Säkularen und Vertretern fast aller politischen Parteien und Richtungen. Auf dem »Platz der Veränderung« in Sanaa standen Zelte der Huthi einträchtig neben denen der Anhänger der Islah-Partei. Die Befürworter einer Abspaltung Südjemens vertrugen sich mit den Liberalen und den sozialistischen Revolutionären. Eine bevorzugte Taktik der Aufstandsgegner war es daher, die einzelnen Fraktionen aufgrund ihrer schiitischen oder sunnitischen Zugehörigkeit gegeneinander aufzuhetzen.[10] Alles, was die Öffentlichkeit spalten und verhindern konnte, dass die Menschen über alle Gegensätze hinweg zur Einigkeit fanden, spielte dem Status quo in die Hände. Die Logik des Hasses funktionierte auf allen Ebenen. In Ägypten konnte man Christen gegen Muslime ausspielen, in Jordanien die Jordanier gegen die Palästinenser und überall und immer wieder Sunniten gegen Schiiten.

Diese Methoden und Mechanismen hatten großenteils Erfolg. Keines der seit langem drängenden Probleme war so gelöst worden, aber die Regime hatten den Augenblick revolutionärer Begeisterung überlebt. Zur Wiederherstellung der Ordnung in der Region war das genug.

Staaten außerhalb der »Achse der Gemäßigten« wie Libyen und Syrien wurden von den Golfstaaten nicht unterstützt. In diesen Ländern verschärften die Medien und die Gelder vom Golf nur die Konflikte, halfen den Rebellen und Protestbewegungen und erhöhten den Druck auf die bereits angeschlagenen Regime.[11] In den Monaten nach den Aufständen wurde jedes Land im Übergang in die regionalen politischen Kriege hineingezogen. Die Golfstaaten verteidigten ihre Verbündeten und förderten den Sturz ihnen unliebsamer Regime. Sie suchten internationale Unterstützung im Kampf gegen ihre Feinde, indem sie deren Gewaltanwendung herausstrichen, während sie ihre eigene Repression herunterspielten. Sie versuchten aggressiv, den Verlauf der Massenproteste zu beeinflussen. Doch ihre Interventionen waren häufig eher von Konkurrenz als von Kooperation gekennzeichnet. Im Fall Libyen arbeiteten Katar, Saudi-Arabien, die Vereinigten Arabischen Emirate und die Türkei Hand in Hand, aber sie hatten stets ihre eigenen Interessen für die Zeit nach Gaddafi im Blick. Die Chance, den iranischen Einfluss in Syrien zu stoppen, veranlasste sie zu offensiven Vorstößen in sich plötzlich auftuende Leerräume, hielt sie aber nicht genügend zusammen, um eine gemeinsame Strategie zu verfolgen.

Wenn alles andere fehlschlägt

In den Schlüsselstaaten Jemen und Bahrain übernahm Saudi-Arabien von Anfang an eine direktere Rolle. Beide Nachbarländer gehörten schon lange zur Einflusssphäre Riads, das hinter den dortigen Unruhen die Iraner am Werk sah. Schon wiederholt hatten sich die Saudis intensiv in die inneren Angelegenheiten Jemens und Bahrains eingemischt, diesmal allerdings wichen ihre Interventionen vom gewohnten Muster ab und bereiteten den Boden für ernste Probleme in der Zukunft.

Jemens gelenkter Übergang …

Die Politik in Jemen wurde schon seit Langem von regionalen, insbesondere saudischen Netzwerken mitbestimmt, die jetzt auch die Protestbewegung und den nachfolgenden Bürgerkrieg prägten. Aufgrund des notorisch schwachen jemenitischen Staats und der Spaltungen in der Region konnte reale Macht nur auf lokaler Ebene ausgeübt werden.[12] Ali Abdullah Saleh und seine regierende Partei unterhielten bereits seit langer Zeit enge Verbindungen zu Saudi-Arabien. Eine Vielzahl islamistischer Netzwerke hatte in dem Land das Sagen und erhielt erhebliche Unterstützung aus dem Ausland, unter ihnen die Salafisten und die mit den Muslimbrüdern verbündete Islah-Partei.

Die auch unter dem Namen Ansar Allah bekannte Bewegung der Huthi pflegte vorsichtige, von manchen bestrittene Beziehungen zu Iran, die von Saleh und seinen saudischen Unterstützern hochgespielt wurden. Die lockere Koalition aus jugendlichen

Demonstranten, die sich Anfang 2011 bildete, identifizierte sich stark mit anderen Aufständischen in der Region und übernahm weitgehend deren Aktionsformen und Methoden. Das breite Spektrum der Koalitionäre, zu Beginn ein Grund für ihre Stärke, brachte viele verschiedene Unterstützer von außen ins Spiel, was später zur Spaltung des Bündnisses beitrug.

Saudi-Arabien übte durch intensive Kontakte mit den Stämmen und einer Allianz mit dem langjährigen Präsidenten Ali Abdullah Saleh längst großen Einfluss auf seinen Nachbarn im Süden aus. Die auf lokaler Ebene herrschenden Stämme dienten den Saudis als Vehikel für ihre Interessen und die Verteilung von Geld. Hinzu kam eine beeindruckende Zahl islamistischer Gruppierungen. Zur Islah-Bewegung zählten Ableger der Muslimbrüder, während die salafistischen Bewegungen enge Beziehungen zur saudischen Geistlichkeit unterhielten, die sie auch mit Geld unterstützte. Saleh verstand es meisterhaft, im Ränkespiel der regionalen und lokalen Machthaber die Oberhand zu behalten.

Mit großem Geschick verkaufte er sich auch dem Westen gegenüber als Partner im Kampf gegen den Terrorismus al-Qaidas. Viele Jemeniten warfen ihm vor, das Bedrohungspotenzial der Gruppe zu übertreiben, um mehr Unterstützung zu bekommen. Al-Qaida auf der Arabischen Halbinsel (AQAP) hatte sich in Jemen stark ausgebreitet, nachdem sich 2003 die Schlüsselfiguren der Organisation vor der Verfolgung durch saudische Sicherheitskräfte dorthin abgesetzt hatten.[13] Nach einem gescheiterten Anschlag auf den saudischen Innenminister Mohammed bin Nayif im Jahr 2009 verstärkte das Königreich seinen Kampf gegen AQAP in Jemen. Die Amerikaner dehnten ihre Luftangriffe aus, nachdem Weihnachten 2009 ein von Anwar al-Awlaki organisierter AQAP-Anschlag auf ein amerikanisches Passagierflugzeug durch den sogenannten Unterhosenbomber, fehlgeschlagen war. Die amerikanischen Luftangriffe waren jedoch stark von jemenitischen Geheimdienstinformationen abhängig, was Saleh großen Spielraum gab, die Angriffe auf seine politischen Gegner zu lenken.

Für Saudi-Arabien war Jemen ein Schlachtfeld im Kampf mit Iran um die Vorherrschaft in der Region. Riad hatte dabei vor allem Ansar Allah im Blick, eine in Nordjemen aktive schiitische Bewegung, bekannter unter dem Namen Huthi, wie sie nach ihrem charismatischen Gründer hieß. Im Unterschied zur amerikanischen Botschaft und den meisten unabhängigen Beobachtern hielten die Saudis die Huthi für einen Stellvertreter Irans. 2009 unternahm Saudi-Arabien eine kurze und desaströse Militärkampagne gegen die Huthi und drängte Saleh, gegen die Bewegung vorzugehen.

Die Protestbewegung in Jemen formierte sich etwa zur selben Zeit wie in Ägypten und übernahm von dieser zahlreiche Aktionsformen und Forderungen. Dabei brach sie mit vielen traditionellen Formen der Lokalpolitik. Am 27. Januar besetzte ein breites Bündnis junger Aktivisten den »Platz der Veränderung« in Sanaa. Ihr Vorbild war die Besetzung des Tahrir-Platzes in Kairo, von wo sie auch ihren Slogan übernahmen: »Das Volk fordert den Sturz des Regimes«. Binnen einer Woche hatten die Proteste Präsident Ali Abdullah Saleh das Versprechen abgerungen, bei der nächsten Wahl auf eine Kandidatur zu verzichten. Dergleichen hatte er allerdings schon vorher zugesichert, und nur wenige Demonstranten schenkten ihm Glauben.

Der von Demonstranten besetzte Platz der Veränderung wurde zum Brennpunkt einer Vielzahl von Protestaktionen im ganzen Land. Es beteiligten sich Vertreter fast aller politischen Richtungen, Islamisten wie Säkulare, Bewohner des Nordens und des Südens. Anfangs schien es, als würde der Protest sämtliche Gräben überwinden. Die Studenten und Jugendlichen, die Protestcamps auf dem Platz der Veränderung errichteten, repräsentierten ein breites Spektrum von Interessen, Identitäten und Netzwerken. Was sie zusammenhielt, war die schlichte Forderung nach dem Sturz des Regimes, die auch anderswo so großen Widerhall gefunden hatte. Mehr als in anderen Ländern ließen sich die Demonstranten in Jemen von den Bildern und Slogans anderer Aufstände leiten. Die Saudis waren besonders von der Beteiligung der Huthi alarmiert, die sie, wie nicht anders zu erwarten, als iranischen Infiltrationsversuch werteten.

Der narrative Rahmen, der die Aufständischen verband, erhielt kräftige Unterstützung durch al-Jazeera aus Katar. Der Fernsehsender erkannte die Gelegenheit, die traditionelle saudische Vorherrschaft in Jemen zurückzudrängen. Seit Jahren schon diente sich auch Katar als Vermittler im jemenitischen Dauerkonflikt an. Der Ausbruch der Aufstände bot Doha eine einmalige Chance, die Mechanismen und altgedienten Netzwerke der saudischen Kontrolle zu durchbrechen. Mit den islamistischen Strömungen innerhalb der Islah-Bewegung konnte Katar ein eigenes Netzwerk aktivieren, das als Basis eines sehr viel weiter gespannten Netzwerks von Aktivisten diente, von denen sich viele sicherlich nicht als Stellvertreter Katars sahen. Diese Art der Koalitionsbildung war in den Anfangstagen der Aufstände ein Schlüsselelement der Soft Power Katars. In den folgenden Jahren bemühten sich die Saudis und die Vereinigten Arabischen Emirate, diese Grundelemente dadurch zu zerschlagen, dass sie religiöse Konflikte und Feindseligkeiten gegen den Islamismus schürten.

In den ersten beiden Monaten verliefen die Proteste weitgehend friedlich, auch wenn Salehs Streitkräfte zunehmend zur

Gewalt griffen. Die Konfrontation verschärfte sich Mitte März, fast genau zur selben Zeit, als die Truppen des Golf-Kooperationsrats in Bahrain einmarschierten, die NATO Libyen bombardierte und sich in Syrien nach dem brutalen Vorgehen der Regierung in Deraa die Proteste ausweiteten. Scharfschützen des Regimes töteten Dutzende Demonstranten vor der Universität Sanaa. Es waren erschütternde Bilder im Vergleich zu dem, was man in den Monaten zuvor gesehen hatte. Die Gewalt veränderte das gesamte Umfeld der Proteste. Im Chaos der Ereignisse lief General Ali Mohsen al-Ahmar mit wichtigen Teilen der Armee zur Opposition über. Die anfängliche Einheit der Aufständischen ging bald im Machtkampf der Eliten und in einem gefährlichen Kräftemessen verschiedener Militäreinheiten verloren. Die Protestcamps auf dem Platz der Veränderung blieben zwar bestehen, aber die Autorität der Regierung und die Sicherheit im Land verfielen rapide.

Die Eskalation der Gewalt und die Spaltung innerhalb der Streitkräfte führten in Riad und Washington zu der Überzeugung, dass Saleh – wie zuvor Mubarak – als Präsident nicht mehr zu halten war. Man befürchtete, dass die grassierende Gewalt und der Zusammenbruch der staatlichen Ordnung al-Qaida Tür und Tor öffnen und zu einer humanitären Katastrophe führen würde. Die Saudis mussten ihre Rolle in Jemen nun rasch überdenken. Saleh hatte sich während seiner dreißigjährigen Herrschaft viele Feinde gemacht. Dennoch war er den Amerikanern durch seine Billigung von Drohnenangriffen auf AQAP im Krieg gegen den Terror unentbehrlich geworden. Allerdings gab es auch Kritiker, die ihm vorwarfen, mit den Extremisten ein doppeltes Spiel zu treiben, um sich die Hilfe des Westens zu bewahren. Amerikaner und Saudis wollten das Regime halten, aber nicht unbedingt Saleh – das wusste der Präsident natürlich, und er war nicht bereit, sich so einfach abservieren zu lassen.

Die regionale Politik spielte auch in anderer Hinsicht eine Rolle. Es wurde darüber spekuliert, ab welchem Ausmaß von Gewalt gegen Aufständische mit einer internationalen Intervention zu rechnen war. Das Eingreifen der NATO in Libyen, an dem sich auch der Golf-Kooperationsrat beteiligte, und in der Folge die Hoffnung auf einen raschen Regimewechsel veränderte auch das Kalkül vieler Jemeniten. Der Gewalteinsatz eines Regimes bedeutete also nicht unbedingt das Ende der Massenproteste, er konnte auch Anlass einer internationalen Intervention gegen den Unterdrücker sein. So hatte der überraschende Seitenwechsel General Ali Mohsens wohl weniger mit plötzlichen Skrupeln gegenüber der Anwendung von Gewalt zu tun als mit der Erwartung eines unmittelbar bevorstehenden Regimewechsels, von dem er zu profitieren hoffte. Dass er sich der Koalition anschloss, die den von den Saudis dominierten Status quo in Frage stellte, lässt ahnen, wie er sich die weitere Entwicklung vorstellte.

Saudi-Arabien übernahm im Namen des Golf-Kooperationsrats und in enger Zusammenarbeit mit den USA die Führung bei der Aushandlung eines politischen Übergangs, der Riads Einfluss wahren und zugleich den Forderungen der Protestbewegung so weit entgegenkommen sollte, dass die instabile Lage im Land beendet wurde. Der Übergangsplan des Golf-Kooperationsrats versuchte die saudischen Interessen innerhalb der bestehenden Machtstruktur zu bewahren, auch wenn das hieß, Saleh zu opfern. Der Plan sah eine Machtübergabe an Salehs Vizepräsidenten und einen Nationalen Dialog über eine neue Verfassung vor. Die Zusicherung strafrechtlicher Immunität sollte Saleh zur Zustimmung bewegen.

Natürlich ging es nicht um einen wirklichen Übergang zur Demokratie. Weder in Jemen noch anderswo hatte Riad Interesse an Demokratisierung und breiter politischer Partizipation und arbeitete daher mit dem Militär und dem Staatsapparat zusammen. Katar, das im Augenblick seines größten Machtzuwachses in der Region Jemen nicht einfach Saudi-Arabien überlassen wollte, widersetzte sich indirekt dem Übergangsplan des Golf-Kooperationsrats, indem es kritische Stimmen aus Jemen an die Öffentlichkeit brachte und einen anderen, rivalisierenden Dialog unterstützte. Washington, in der eigenwilligen Anfangszeit des arabischen Aufstands geneigt, Demokratiebestrebungen zu unterstützen, hatte ein starkes Interesse daran, dass Salehs Nachfolger, wer auch immer das Rennen machte, die Zusammenarbeit im Kampf gegen al-Qaida auf der Arabischen Halbinsel fortsetzte.

Salehs Schicksal war der Knackpunkt in den folgenden langen Verhandlungsmonaten. Der Präsident klammerte sich an die Macht und stellte sich als die einzige Alternative zur totalen Anarchie in Jemen dar. Wie sich herausstellte, war es gar nicht so einfach, ihn loszuwerden, gerade weil der jemenitische Staat so schwach war. Im April wurde er bei einem Attentat schwer verletzt und zur Behandlung nach Riad ausgeflogen. Doch selbst in diesem geschwächten Zustand war Saleh nicht zum Rücktritt zu bewegen, ein beredtes Zeichen für seine starke Stellung in der jemenitischen Politik und für die Grenzen des saudischen Einflusses.

Im November 2011 rang der Golf-Kooperationsrat Saleh schließlich die Zustimmung zu einem Übergangsplan ab, der ihm strafrechtliche Immunität zusicherte. Das sogenannte Jemen-Modell sah den Rückzug des Präsidenten und seines inneren Zirkels sowie den Fortbestand des Staates und einen sorgfältig arrangierten politischen Übergang vor. Der Weiterbestand des Staates wurde als wesentliche Voraussetzung zur Aufrechterhaltung der Grundversorgung und zur Vermeidung eines Sicherheitsvakuums betrachtet. Andererseits blieben damit auch Korruption und Vetternwirtschaft unangetastet, die mit ein Grund für den Ausbruch der Proteste gewesen waren.[14] Ein solcher Übergang »änderte[e] alles … und nichts«, so die Einschätzung vieler Jemeniten.[15] Salehs Vize Abd Rabbo Mansour al-Hadi übernahm das Amt und wurde im Februar ohne Gegenkandidat zum Präsidenten gewählt. Auf diese Scheinwahl, für Aktivisten und ausländische Beobachter ein unvermeidliches Übel, stützte Mansour später, als der Übergangsprozess scheiterte, seinen Machtanspruch.

Der umstrittenste Teil des Jemen-Modells war die Saleh zugesicherte Immunität. Die Aktivisten, deren Proteste sich an den Verfehlungen Salehs entzündet hatten, waren empört und warnten, diese Nachsicht werde Jemen noch teuer zu stehen kommen – zu Recht, wie sich herausstellte. In den Jahren nach 2011 war dieses Modell auch für andere Staaten, beispielsweise Syrien, im Gespräch. Als Saleh dann nach dem Scheitern des Übergangs erheblich dazu beitrug, Jemen erneut in den Bürgerkrieg zu stürzen, verlor dieses Modell an Attraktivität. Salehs Bündniswechsel war jedoch bemerkenswert. Nachdem er sich über Jahrzehnte eng an die Saudis und Amerikaner gehalten hatte, verbündete er sich nun mit den Huthi gegen die Saudis – selbst für ein Land wie Jemen eine beachtliche Volte.

Der Nationale Dialog versprach zumindest einige Kernforderungen der verschiedenen Strömungen der Protestkoalition aufzugreifen. Die Konzentration auf Fragen der politischen Repräsentation und der Rolle der Regionen, mit denen sich die alten und neuen politischen Eliten hauptsächlich beschäftigten, drängten Forderungen nach tiefer gehenden Reformen der staatlichen Institutionen und der Regierungsführung sowie die Bekämpfung der Korruption in den Hintergrund. Die Aussicht auf Veränderungen in der föderalen Struktur des Landes gab der Unabhängigkeitsbewegung in Südjemen neuen Auftrieb und beunruhigte die Huthi, die noch unter den Folgen ihres langjährigen Konflikts mit Saudi-Arabien und der Zentralregierung Jemens litten. Die Diskussionen um Dezentralisierung und Föderalismus waren letztlich für das Scheitern des Übergangsprozesses verantwortlich. Doch noch bis weit ins Jahr 2014 hinein wurde das Jemen-Modell eines von außen vermittelten Übergangsprozesses, der die staatlichen Strukturen unangetastet ließ, von vielen auch als Fahrplan für Syrien und andere Dauerkonflikte in der Region angepriesen.

Bahrains Tragödie

In Bahrain intervenierten die Saudis noch sehr viel direkter. Aktivisten diskutierten in Internetforen lebhaft darüber, wie sie es den Tunesiern und Ägyptern gleichtun könnten, während die staatlichen Medien darauf hinwiesen, dass die Verhältnisse in Bahrain ganz andere seien. Für den 14. Februar riefen die Aktivisten online und offline zu einer friedlichen Demonstration anlässlich des Gedenktags eines zehn Jahre zurückliegenden nationalen Referendums auf. Eine große Bandbreite politischer Gruppen und zivilgesellschaftlicher Organisationen schloss sich dem Aufruf an. Scheich Ali Salman, Generalsekretär von al-Wefaq, erklärte am 4. Februar in einer Predigt, die Bevölkerung

Bahrains teile den Wunsch Ägyptens und Tunesiens nach einem friedlichen Wandel. Eine Woche später wiederholten Salman und der führende schiitische Geistliche Scheich Issa Qassim den Protestaufruf für den 14. Februar. »Der Wind der Veränderung in der arabischen Welt ist nicht aufzuhalten«, sagte Qassim bei dieser Gelegenheit.[16]

Die politische Führung der Protestbewegung konnte sich auf zwei wichtige politische Parteien, eine gut organisierte Zivilgesellschaft und auf junge Aktivisten stützen.[17] Innerhalb weniger Wochen schloss sich mehr als die Hälfte der Bevölkerung den Protesten an. Viele Demonstranten waren – wie die Mehrheit der Bevölkerung – Schiiten, doch in ihren Slogans ging es um Demokratie und Menschenrechte und nicht um Religion. Al-Wefaq und der harte Kern der Aktivisten forderten nicht gleich den Umsturz, sondern bloß Reformen. Diese gemäßigte Haltung fand nicht überall Anklang, vor allem nicht bei der ungeduldigen Jugend. So gerieten al-Wefaq und die gemäßigten Aktivisten unter den Druck ihrer radikaleren Flügel, der zunahm, je stärker das Regime zu Unterdrückungsmaßnahmen griff und je länger sich die Proteste erfolglos hinzogen.

Die Protestbewegung organisierte nach ägyptischem Vorbild Sternmärsche, die am Perlenplatz im Stadtzentrum zusammenliefen. Die harte Reaktion des Regimes brachte sie jedoch nicht vom Prinzip der Gewaltlosigkeit ab. In ihren Forderungen konzentrierte sie sich auf erreichbare politische Ziele und Menschenrechtsverstöße. Ebenfalls nach Kairoer Vorbild entstand ein Protestcamp auf dem Perlenplatz. Die Resonanz der Protestaufrufe übertraf alle Erwartungen. Trotz der starken Präsenz von Sicherheitskräften strömten die Menschen in großer Zahl auf die Straßen. Der Tod zweier Demonstranten heizte den Volkszorn an, die

Trauerzüge brachten noch mehr Menschen auf die Straßen. Am 17. Februar räumte die Polizei den Perlenplatz, vertrieb 12 000 Demonstranten und sorgte dafür, dass der Verkehr wieder ungehindert fließen konnte. Dabei wurden mehrere Demonstranten getötet und Dutzende verletzt. Die Auseinandersetzungen zwischen aufgebrachten Bürgern und der Polizei entwickelten sich zu einer gefährlichen Spirale der Gewalt. Am 20. Februar rief die Opposition zum Generalstreik auf, dem mehr als 80 Prozent der Arbeitnehmer Bahrains folgten.[18] Über 150 000 Menschen – fast 30 Prozent der Bevölkerung – nahmen an den Demonstrationen am 22. Februar teil.

Das Regime von Bahrain war gespalten in der Frage, wie es auf diese Proteste reagieren sollte. Der Kronprinz hatte sich schon zu Anfang mit der Führung von al-Wefaq und anderen gemäßigten Vertretern der Opposition getroffen. Ein politischer Deal über eine Verfassungsreform hätte Bahrain auf den Weg Jordaniens und Marokkos bringen können. Der Dialog sollte im darauffolgenden Monat mit amerikanischer Unterstützung fortgesetzt werden. Doch Saudi-Arabien und der langjährige Premierminister von Bahrain fürchteten, die vorgeschlagenen Änderungen würden der Zivilgesellschaft zu großen Einfluss einräumen. Im Ergebnis sandte das Regime widersprüchliche Signale seiner Reformbereitschaft aus. Unterdessen gingen die Sicherheitskräfte nicht gerade zimperlich mit den Demonstranten um, und die Oppositionsführer hatten Mühe, die aufgebrachten jungen Leute im Zaum zu halten. Die Gewaltspirale stärkte die Hardliner auf beiden Seiten.

Die regimetreuen Medien stellten die Demonstrationen unermüdlich als eine von Iran gesteuerte Umsturzkampagne dar, was von der Opposition zwar vehement zurückgewiesen wurde, beim

Zielpublikum dieser Propaganda jedoch offene Ohren fand.[19] Bahrains Sunniten sammelten sich hinter dem Regime, und in der breiteren Öffentlichkeit wuchs das Misstrauen gegen die Protestbewegung, die ursprünglich als Teil eines gemeinsamen arabischen Aufstands begrüßt worden war. Mit der Darstellung der Schiiten als Marionetten Irans gewann man die breite Unterstützung der Sunniten für eine Niederschlagung der Proteste. Al-Wefaq und andere Oppositionsgruppen wussten nur zu gut, dass das Regime religiöse Gegensätze auszuspielen versuchte, und bemühten sich, in ihren eigenen Reihen religiöser Spaltung und Gewalt entgegenzuwirken. Angesichts der zunehmenden Repressionen des Regimes und der religiösen Propaganda war das keine leichte Aufgabe. Das Regime konnte weder die Bevölkerung mit ihren Forderungen zum Schweigen bringen noch die Menschen von der Straße fernhalten. Doch die Gewalt radikalisierte die politische Auseinandersetzung und schwächte die Reformwilligen innerhalb des Regimes und in der Opposition.

Das Sicherheitsregime Bahrains war bereits stark international geprägt. Der Inselstaat beherbergte drei große ausländische Militärbasen, die wichtigste davon ein amerikanischer Flottenstützpunkt. Britische Berater hatten den staatlichen Sicherheitsapparat aufgebaut – Sicherheits- und Geheimdienstchef war jahrzehntelang ein Brite gewesen, Colonel Ian Henderson. In jüngerer Zeit hatte die Monarchie teilweise Sunniten aus dem Ausland als Sicherheitspersonal rekrutiert, um den Einfluss der schiitischen Mehrheit zu begrenzen. Mittlerweile dienen Tausende Jordanier und Pakistaner im Sicherheitsapparat Bahrains, und eine unbekannte, aber zweifellos große Zahl von Sunniten hat in den vergangenen Jahren die bahrainische Staatsbürgerschaft erworben. Die westliche Militärpräsenz schützte die Monarchie vor Bedrohungen von außen, hatte aber in der Vergangenheit den Geheimdienst auch oft von brutaleren Aktionen abgehalten. 2011, als das Regime um sein Überleben kämpfte, fielen diese Hemmungen weg.

Die Intervention in Bahrain wurde vom Golf-Kooperationsrat mit einer Einhelligkeit wie bei keinem anderen Aufstand unterstützt. Aus den Führungsriegen der Golfstaaten war nur wenig Kritik am saudischen Einmarsch in Bahrain zu hören. Auch das ansonsten den Aufständischen wohlgesinnte Katar reihte sich in die konterrevolutionäre Achse ein, die von Saudi-Arabien und den Vereinigten Arabischen Emiraten geführt wurde. Al-Jazeera schwieg sich über die saudische Intervention weitgehend aus, wenn es nicht positiv über sie berichtete, auch wenn der Sender einen derartigen Coup in fast jedem anderen Fall vehement verurteilt hätte. Kuwait und Oman hielten sich vorsichtig bedeckt und stimmten der Aktion im Namen ihrer Solidarität mit dem Golf-Kooperationsrat zu. Bahrain wurde mehr oder weniger ein Satellitenstaat der Saudis, sein Regime ein neues rotes Tuch in dem schon lange währenden kalten Krieg zwischen Saudis und Iranern. Katars Befürwortung der Intervention untergrub seine Bemühungen, sich als Verteidiger der regionalen Protestbewegung darzustellen. Noch mehr litt das Ansehen der Vereinigten Staaten, stand ihre Zustimmung zur saudischen Intervention doch in direktem Widerspruch zu ihrer erklärten Position gegenüber Ägypten und dem gesamten Arabischen Frühling. Trotzdem erkannten die meisten Beobachter die Bedeutung der Realpolitik in diesem Spiel; und kaum jemand konnte glaubhaft behaupten, von den Unterdrückungsmaßnahmen der Saudis, der Unterstützung des Golf-Kooperationsrats oder dem amerikanischen Stillhalten überrascht worden zu sein.

Am 14. März, als eine Einigung mit der Protestbewegung in greifbarer Nähe schien, führte Saudi-Arabien nach einem Hilfsgesuch des Königs eine Streitmacht des Golf-Kooperationsrats über die Grenze, um den unter Druck geratenen Sicherheitskräften Bahrains beizustehen. Die Soldaten räumten die Straßen, Demonstranten und ganz normale Bürger wurden verhaftet und eine breite Unterdrückungskampagne gestartet. Für viele arabische Anhänger der Aufstände war die offensichtliche Heuchelei schwer zu schlucken, auch wenn es die Schiiten traf. Doch unter der Dauerpropaganda der Medien vom Golf, die die religiösen Spannungen anheizten, veränderte sich die öffentliche Meinung über Bahrain, das bald aus einigen der gängigen Aufstandsnarrative herausfiel.

Bahrains abgebrochene Verhandlungen, die außerordentlich gewaltsamen Repressionen, die vom Regime betriebene religiöse Spaltung und der Rückgriff auf Hilfe von außen waren ein Musterfall für die Niederschlagung des arabischen Aufstands. Die Mitgliedschaft Bahrains im Golf-Kooperationsrat und die feste Verankerung des Landes in der saudischen Schutzzone ließen die Intervention als einen normalen Vorgang erscheinen. Die Darstellung des Aufstands als schiitisch und die Schuldzuweisung an Iran für letztlich innenpolitische Probleme fand genügend Widerhall, um die transnationale Identifikation aufzubrechen, die die Aufstände in der ganzen Region miteinander verband. Die meisten Medien in den Staaten des Golf-Kooperationsrats, auch al-Jazeera, spielten die Intervention entweder herunter oder unterstützten aktiv die religiöse Stimmungsmache des Regimes. Das diplomatische Gewicht der Saudis und das Interesse der Amerikaner an ihrer Flottenbasis schützten das Regime in Bahrain vor schwerwiegenderen internationalen Reaktionen.

Befürworter von Interventionen gegen die Regime in Libyen und Syrien, die sich gleichzeitig für eine Intervention zugunsten des Regimes in Bahrain aussprachen, kamen in Erklärungsnot. Im Juni warf beispielsweise Tareq al-Homayed, einer der führenden saudischen Journalisten, allen, die Syrien mit Bahrain verglichen, vor, dem Assad-Regime in die Hände zu spielen.[20] Doch als er die Gesprächsangebote des bahrainischen Königs an die Opposition Assads militärischer Unterdrückung gegenüberstellte, saßen in Bahrain bereits Tausende Aktivisten im Gefängnis, wurden gefoltert und misshandelt, und der Konfessionskonflikt wurde geschürt.

Das eigentliche Motiv für die Maßnahmen der Saudis mag Iran gewesen sein, aber in der öffentlichen Diskussion standen zu diesem Zeitpunkt hauptsächlich die zunehmenden Gewaltexzesse des libyschen Regimes im Vordergrund. Die Gleichgültigkeit gegenüber den Repressionen in Bahrain allerdings untergrub diese Deutung.

Die Härte und die religiöse Spannungen verstärkende Stoßrichtung der nachfolgenden Unterdrückung war vor der Öffentlichkeit kaum noch zu verbergen, nachdem Ende 2011 die Unabhängige Untersuchungskommission von Bahrain, auch Bassiouni-Kommission genannt, ihren Bericht vorgelegt hatte, der die Menschenrechtsverletzungen genauestens dokumentierte. Die gewaltsame Beendigung der Massenmobilisierung hatte einen horrenden Preis: Die Mehrheit der Bevölkerung wurde womöglich für eine ganze Generation dem Regime entfremdet, seine ohnehin auf tönernen Füßen stehende Legitimität weiter geschwächt. Die gnadenlose Unterdrückung machte Bahrain über Jahre zum Außenseiter der internationalen Gemeinschaft. Aber es dauerte nur wenige Jahre, bis sich auch internationale

Stars wie Kim Kardashian wieder in Bahrain zeigten und in Manama internationale Konferenzen mit Politprominenz abgehalten wurden. Bahrains Monarchie hatte überlebt, vorerst zumindest.

Kapitel 3

Intervention und Militarisierung

Mit der Niederschlagung der Proteste in Bahrain machte die internationale Gemeinschaft schnell ihren Frieden. Auf die Gewalt, die fast zur selben Zeit in Libyen ausgeübt wurde, reagierte sie komplett anders. Die arabischen Medien ignorierten das scharfe Vorgehen gegen die Demonstranten in Bahrain, der in Libyen rasch eskalierenden Gewalt hingegen widmeten sie eine Sensationsberichterstattung. Während die libysche Rebellion ins Zentrum der arabischen Aufstandserzählung gerückt wurde, benutzte man den konfessionellen Konflikt erfolgreich dazu, Bahrain aus diesem Narrativ herauszuhalten. Die Arabische Liga und die Vereinten Nationen machten in Windeseile mobil, um auf die Krise in Libyen zu reagieren; die Krise in Bahrain ignorierten sie geflissentlich. Die NATO intervenierte, um die libysche Opposition vor Gewalt und Repression zu schützen, während ihre Koalitionspartner am Golf intervenierten, um die Opposition in Bahrain gewaltsam niederzuschlagen. Dies illustriert deutlich die Tatsache, dass Schutz erhielt, wer Teil der von den Saudis gestützten regionalen Ordnung war, aber noch stärker unter Druck geriet, wer außerhalb dieser Ordnung stand.

Es war aber nicht allein die Gewalt, die den Unterschied zwischen Libyen und den anderen Staaten ausmachte. Fast alle arabischen Regime gingen gegen ihre Herausforderer mit Gewalt in irgendeiner Form vor, und keines dieser Regime konnte glaubhaft behaupten, dass es in seinem Land keine lange Geschichte der Repression gab. Auch verlief keiner der Proteste völlig friedlich, nicht einmal in einem Musterfall wie Ägypten. Zwar stimmt es (und es war enorm wichtig), dass das ägyptische Militär darauf verzichtete, auf die Demonstranten zu schießen. Dennoch gingen die Einsatzkommandos der ägyptischen Polizei mit Tränengas, Wasserwerfern, Gummigeschossen und Schlagstöcken gegen sie vor. Die protestierenden Massen wiederum gebrauchten zwar keine Schusswaffen, kämpften aber dennoch erbittert gegen die Polizei. Sie besetzten öffentliche Plätze und zündeten Polizeidienststellen im ganzen Land an. Gewalt prägte die Schlüsselmomente in den achtzehn Tagen der Tahrir-Proteste, besonders den 2. Februar, als in der sogenannten Kamelschlacht vom Regime unterstützte Schlägertrupps Hunderte Demonstranten verletzten.

Und doch: Als am Abend des 17. Februar die Erhebung in Libyen begann, galt Gewaltlosigkeit als ein Wesenszug des arabischen Aufstands. In fast allen Ländern, in denen es Proteste gab, betonten die Demonstranten ihre Entschlossenheit zum friedlichen Widerstand *(silmiyya)*. Dieser Gewaltverzicht verschaffte ihnen den moralischen Rückhalt des Westens, der es für die Regime kostspieliger werden ließ, zu exzessiver Gewalt zu greifen. Für Tunesien und Ägypten war entscheidend, dass das Militär öffentlich versprochen hatte, nicht auf die Demonstranten zu schießen. Viele betrachteten diesen Gewaltverzicht auf beiden Seiten als Schlüssel für den Erfolg eines Wandels, der sich bereits zwei

Mal vollzogen hatte und sich, so die Hoffnung vieler arabischer Aktivisten und westlicher Beobachter, schon bald wiederholen würde.

Dass Libyen kaum eine Woche nach Mubaraks erzwungenem Rücktritt die alten militärischen Kräfte gegen friedliche Demonstranten einsetzte, war also ein Novum. Ein paar Wochen später hätte eine solche Reaktion wohl sehr viel weniger Aufsehen erregt. Dass Gaddafi so rasch zu Gewalt griff, war nur die logische Konsequenz seiner Interpretation dessen, was sich in den Wochen zuvor ereignet hatte. Er beabsichtigte nicht, Ben Ali und Mubarak ins Gefängnis oder ins Exil zu folgen, nur weil er die ihm zur Verfügung stehende militärische Macht nicht einsetzte. Und er hatte wenig Grund zu der Befürchtung, dass er für militärische Vergeltungsmaßnahmen, wie blutig auch immer, einen hohen Preis würde bezahlen müssen. Wäre es Gaddafi – nach dem Gewaltverzicht Mubaraks und Ben Alis, der ihnen ihren Job gekostet hatte – gelungen, seine Herausforderer mit brutaler Gewalt zurückzudrängen, hätte er anderen Diktatoren ein deutliches Beispiel gegeben.

Das ungewöhnlich große Medieninteresse an Libyen war vorrangig durch das Narrativ der Aufstände in der arabischen Welt gefiltert. Ohne die sozialen Medien, die Zeitungen und das Fernsehen, deren Berichte sich wie ein Lauffeuer verbreiteten, wäre Gaddafis gewaltsame Antwort wohl folgenlos geblieben. Al-Jazeera berichtete von Anfang an ausführlich über die Repression in Libyen, insbesondere über die Brutalität des Regimes, und verankerte Gaddafis Vorgehen fest im Deutungsmuster eines überall sonst friedlich verlaufenden arabischen Aufstands. Der Sender stützte sich dabei vor allem auf Videos von Nutzern und auf Reporter, die die aufständischen Kämpfer begleiteten. Auch das Ökosystem der sozialen Medien, die sich dem »arabischen Aufstand« widmeten, nahm sich der libyschen Sache an, und westliche Medien stellten Libyen gleichfalls in diesen Gesamtzusammenhang.

Heute sind die meisten von uns gegenüber Szenen brutaler Gewalt abgestumpft. Mitte Februar 2011 jedoch wirkten die Bilder, die von al-Jazeera und den sozialen Medien verbreitet wurden, absolut schockierend und erschreckend. Die Erinnerungen an die glückselig jubelnden Massen in Tunis und Kairo waren noch frisch, und deshalb konnten Araber und Amerikaner die kriegsähnlichen Bilder kaum fassen, die jetzt über ihre Fernsehschirme flackerten und die Twitterfeeds beherrschten. Viele arabische Aktivisten argumentierten (und ich stimmte ihnen zu), dass die Hoffnungen auf einen friedlichen Wandel in der arabischen Welt zerstört würden, wenn der staatlichen Gewalt in Libyen nicht Einhalt geboten würde. Ein Erfolg Gaddafis hätte allen anderen Despoten grünes Licht gegeben, ihre Kettenhunde loszulassen. Die Folge wäre entweder das Ende oder die Militarisierung der immer noch sehr lebendigen und dynamischen Protestbewegungen gewesen. Wie sich zeigen sollte, blieb der Region diese harte Lektion nicht lange erspart.

In krassem Gegensatz zu Bahrain hatte Libyen keine internationalen Gönner, die es gegen Kritik in Schutz nahmen. Wegen seiner Unterstützung des Terrorismus, seiner innenpolitischen Repressionen und seiner eigenwilligen Politik im Nahen Osten und in Afrika war Libyen schon seit langem international geächtet. 2003 erklärte sich Gaddafi bereit, sein ohnehin zum Scheitern verurteiltes Programm zur Entwicklung von Massenvernichtungswaffen abzubrechen und die Verantwortung für den Lockerbie-Anschlag von 1988 zu übernehmen. Er kooperierte effizient mit westlichen Geheimdiensten bei der Bekämpfung dschihadistischer Gruppen und initiierte mit großem öffentlichem Tamtam ein Programm zur Entlassung und sozialen Wiedereingliederung von Gefangenen der Libyschen Islamischen Kampfgruppe LIFG. Die Aussicht auf Lockerung der Sanktionen und auf Ölverkäufe öffnete das Land für ausländische Investoren und brachte dem Regime neue finanzielle Mittel und diplomatische Möglichkeiten, ohne dass es Gefahr lief, die Kontrolle zu verlieren. Mit der Teilnahme an wissenschaftlichen Kongressen und Medienauftritten bemühte sich Gaddafis Sohn Saif al-Islam darum, das Image des Regimes im Westen zu verbessern. Im August 2009 twitterte Senator John McCain, er habe sich mit Gaddafi auf dessen »Ranch« in Libyen getroffen, und nannte es ein »interessantes Treffen mit einem interessanten Mann«.[1]

Trotz all dieser Bemühungen hatte Gaddafis Libyen nur wenige wirkliche strategische Freunde. Die arabischen Regime, die sich dem großen arabischen Aufstand mit aller Kraft entgegenstemmten, stellten sich sofort auf die Seite des libyschen Aufstands. Gaddafi hatte in den zurückliegenden Jahren bei Gipfeltreffen arabischer Staaten den Emir von Katar und den saudischen König mit seinen selbstherrlichen Auftritten vor den Kopf gestoßen und angeblich sogar einen Attentatsversuch auf König Abdullah unterstützt. Wenn die Volksbewegung schon nicht gestoppt werden konnte, konnte man aus saudischer Sicht kaum etwas Besseres tun, als ihre Energie Richtung Libyen zu lenken.

Viele Aktivisten und Teilnehmer an Aufständen in anderen arabischen Ländern begrüßten die libysche Rebellion als etwas, das mit ihren eigenen Bestrebungen im Einklang stand. Gaddafi selbst genoss keine Wertschätzung, und sein Regime galt allgemein als eine besonders grausame Variante der diktatorischen

Herrschaft. Demonstranten überall in der Region waren schockiert von der Brutalität Gaddafis und konnten sich unschwer vorstellen, dass ihnen ein ähnliches Schicksal drohte. Eine NATO-Intervention dagegen stieß auf wenig Zustimmung. Während die Arabische Liga und die Medien in den Golfstaaten eine Intervention befürworteten, gab es in bestimmten Teilen der arabischen Öffentlichkeit eine starke Tendenz zu deren Ablehnung. Ungeachtet ihrer Ansichten über Gaddafi waren viele Linke und viele, die dem »Widerstand« nahestanden, instinktiv misstrauisch gegenüber den Motiven der NATO. Die Erinnerung an die amerikanische Irak-Invasion war noch lebendig, und deshalb warnten sie vor zivilen Opfern, vor einer westlichen Okkupation und dem Griff nach dem libyschen Öl. Derart kritische Töne wurden in den Medien des Westens und der Golfstaaten weitgehend ignoriert; hier stellte man die Intervention als Antwort auf die einmütigen Forderungen der arabischen Bevölkerung dar. Diese Divergenzen waren bereits ein Vorgeschmack auf die noch sehr viel heftigeren Unstimmigkeiten, die sich im Fall Syrien zeigen sollten.

Manchen Aktivisten war nicht wohl dabei, dass die Libyer zu den Waffen griffen und nach einer Intervention riefen. Die Regime am Golf dagegen waren froh, dass sich ein friedlicher Aufstand zu einem bewaffneten Konflikt entwickelte, stellte doch eine friedliche Mobilisierung der Massen mit dem Ruf nach demokratischen Reformen ihre autokratische Herrschaft in ungewohnter und kompromittierender Weise in Frage. Für Stellvertreterkriege galt dies nicht. Die Regime, die sich schwertaten, auf die friedlichen Forderungen ihrer Bürger einzugehen, waren gut gerüstet, Geld und Waffen an von ihnen favorisierte aufständische Gruppen zu leiten und ihre Medienimperien dafür zu nutzen, die Sache der Rebellen zu propagieren.

Doch die westliche Intervention hatte eine Vorbildfunktion, und es spielten auch noch andere Interessen eine Rolle. Das von Katar unterstützte und von der Arabischen Liga legitimierte Eingreifen der NATO in Libyen schuf einen Präzedenzfall für künftige militärische Interventionen, die unter dem Deckmantel humanitärer Hilfeleistung geführt wurden. Den Golfstaaten half die Zusammenarbeit mit dem Westen bei der Militärkampagne in Libyen, jeden noch so geringen Widerspruch gegen ihr militärisches Vorgehen in Bahrain zum Verstummen zu bringen.[2] Somit bereitete die Militärintervention in Libyen das Terrain für jene Stellvertreterkriege, die letztlich das Schicksal der arabischen Aufstände besiegelten. Diese Gemengelage bestimmte die Erwartungen und Verhaltensweisen der bedrohten Regime, der Regionalmächte und der Protestbewegungen in der gesamten Region – ganz besonders in Syrien, wo das libysche Modell das Gefälle der Gewalt und der Diplomatie prägte.

Der libysche Aufstand

Der Aufstand in Libyen begann ähnlich wie in den anderen arabischen Staaten. Gaddafi zeichnete ein verzerrtes Bild seiner Gegner als Islamisten, die von al-Qaida inspiriert seien. Tatsächlich jedoch war der Aufstand von einer breiten zivilgesellschaftlichen Basis getragen. Mutige, vom Umbruch in Tunesien und Ägypten beflügelte Aktivisten organisierten gewaltlose Proteste und nutzten für die Mobilisierung den bereits bekannten Mix aus Internet und traditionellen Kanälen. Sie erklärten den 17. Februar zum offiziellen Beginn ihrer Revolution und präsentierten sich als organischer Teil eines größeren arabischen Aufstands, was sich in das Narrativ einer revolutionären Welle in der gesamten Region einfügte.

Die Proteste schlugen fast sofort in einen Krieg um, ohne dass sich die Aufständischen in langwierigen internen Kämpfen zerfleischten, wie es schon bald in Syrien der Fall sein sollte. Die ersten Tage des Kriegs boten das verwirrende, aber erheiternde Bild einer Rebellion mit selbstgebastelten Waffen. Der Schwenk von den fröhlich jubelnden Menschenmengen auf dem Tahrir-Platz zu den Kriegsbildern in den arabischen Medien war jäh und schrill. Beflügelt von dem für unmöglich gehaltenen Sieg über Ben Ali und Hosni Mubarak, erwartete die mobilisierte arabische Öffentlichkeit das einstmals Undenkbare. Aufnahmen von Rebellen am Steuer von Pick-ups, die Blitzüberfälle auf Gaddafis Streitkräfte führten, euphorisierten libysche und nichtlibysche Zuschauer gleichermaßen. Aber diese Bilder waren irreführend. Gaddafis Militär war ihnen hoffnungslos überlegen, und der Diktator schickte seine Soldaten schnell in die aufständischen Regionen. Die anfänglichen Geländegewinne der Rebellen wurden durch Gaddafis vorrückende Panzerfahrzeuge rasch zunichtegemacht. Anfang März waren seine Truppen bis in die Außenbezirke Bengasis vorgedrungen.

Am 22. Februar erklärte Gaddafi, er werde die Demonstranten notfalls mit Panzern niederwalzen lassen. Mit dieser extremen Drohung an die Bevölkerung seines eigenen Landes verspielte er jeden Kredit im Ausland. Er wollte Angst und Schrecken verbreiten und ein Gefühl der Unausweichlichkeit seines Regimes wiederherstellen – damit war er jahrzehntelang bestens gefahren. Solche Drohgebärden entfalteten jedoch eine ganz eigene Dynamik. Wenn Bengasi gefallen wäre, hätten Gaddafis Streitkräfte wohl zumindest ein paar Massaker angerichtet, und sei es nur, um die Herausforderer zu bestrafen und die niedergerissene Barriere der Angst wiederaufzurichten. Für die internationale Gemeinschaft, der die Erinnerung an Ruanda und Srebrenica noch in den Knochen steckte und die unter dem Einfluss der alles andere als unparteiischen arabischen Medien stand, signalisierten solche Äußerungen eine bevorstehende Katastrophe. Gaddafis Rhetorik der Apokalypse und Vernichtung spielte somit der libyschen Opposition und ihren arabischen Unterstützern in die Hände und half ihnen dabei, den militärischen Rückhalt der Amerikaner und letztlich auch der Vereinten Nationen und der NATO zu gewinnen. Die Obama-Administration erschrak über die Aussicht auf ein »Srebrenica auf Steroiden«, vor dem ein hoher Regierungsbeamter eindringlich warnte.[3]

Das arabische Drängen auf eine Intervention in Libyen zählt zu den bemerkenswertesten Momenten in der jüngeren Regionalgeschichte. Seit Gründung der Arabischen Liga beruhte die regionale Ordnung auf dem Prinzip der staatlichen Souveränität.[4] Doch wie die Geschichte des arabischen kalten Kriegs der 1950er Jahre überdeutlich belegt, wurden damit Interventionen rivalisierender Mächte keineswegs verhindert. Invasionen in andere Staaten oder offene militärische Interventionen waren im politischen Geschehen der arabischen Welt allerdings extrem selten. Die ägyptische Intervention im Jemen in den 1960er Jahren und Syriens sehr kurzer Einmarsch in Jordanien 1970 waren Ausnahmen von dieser Regel – bis zu Saddam Husseins schockierender Kuwait-Invasion im August 1990. Saddams Verstoß gegen diese fundamentale Norm der arabischen Politik wurde wiederholt ins Feld geführt, um die arabische Unterstützung für die Koalition zur Befreiung Kuwaits und für den nachfolgenden Krieg zu mobilisieren. Diese Norm wurde in den Jahren danach etwas aufgeweicht, besonders durch die episodenhaften saudischen Militäraktionen gegen die Huthi im Jemen Mitte der 2000er Jahre. Im Allgemeinen jedoch hatte diese Norm Bestand. Indirekte subversive Aktionen blieben die Regel, direkte Interventionen waren selten und umstritten.

Der Ruf nach einer Intervention in Libyen verstieß gegen eine weitere Grundregel der arabischen Politik: die Opposition gegen jede westliche Intervention. Zwar hatten viele arabische Staaten die Operation Wüstensturm unterstützt, um die kuwaitische Königsfamilie auf den Thron zurückzubringen, aber in der arabischen Öffentlichkeit außerhalb des Golfs war selbst dies unpopulär gewesen. Die arabische Feindseligkeit gegenüber westlichen Militäraktionen und den Vereinigten Staaten allgemein war im Verlauf des letzten Jahrzehnts eskaliert. Die Araber verurteilten lautstark die amerikanische Besetzung Iraks 2003, die amerikanische Unterstützung von Israels Krieg gegen Libanon 2006 und gegen Gaza 2009 sowie Amerikas Krieg gegen den Terror. Dass die Arabische Liga nun die NATO aufforderte, gegen ein arabisches Land militärisch vorzugehen, war also geradezu revolutionär. Nicht minder revolutionär war die breite (wenngleich nicht universelle) Zustimmung der arabischen Öffentlichkeit zu diesem Krieg. Doch wie kam es dazu, dass Katar und die Arabische Liga nach Jahrzehnten fast einhelliger Verurteilung der amerikanischen Intervention einen Luftangriff der NATO so laut und vernehmlich befürworteten?

Die gängige Erklärung dafür war Gaddafis äußerste Brutalität gegen sein eigenes Volk. Wie jedoch die gewaltsame Niederschlagung der Proteste in Bahrain belegt, waren die arabischen Regime kaum in der Position, sich über eine derart repressive Vorgehensweise zu beschweren. Saddam Husseins Genozid an den Kurden Ende der 1980er Jahre oder Hafiz al-Assads Massaker in Hama 1982 hatte die arabischen Staaten wenig bekümmert. Alle arabischen Regime stützten sich auf einen großen Sicherheitsapparat, der mal mehr, mal weniger Brutalität gegen die eigene Bevölkerung richtete. Rundheraus gesagt: Der Verzicht auf die Anwendung von Gewalt gegen das eigene Volk stand in der politischen Ordnung der arabischen Welt nie besonders hoch im Kurs.

Innerhalb der Arabischen Liga erhob am lautesten Katar seine Stimme zugunsten einer Intervention. Das Emirat war die treibende Kraft hinter dem ungewöhnlichen Aktivismus des Golf-Kooperationsrats im Fall Libyen und war bemüht, die Intervention als Unterstützung und nicht als Bekämpfung des Aufstands in der Region darzustellen. Die offiziellen diplomatischen Verlautbarungen Katars, aber auch die Berichterstattung des Fernsehsenders al-Jazeera verknüpften die Proteste mit Demonstrationen, die anderswo in der Region stattfanden.[5] Das passte gut zur allgemeinen Begeisterung der Bevölkerung Katars für die Aufstände, einmalig unter den Golfstaaten.

Überraschender ist vielleicht, dass die Intervention in Libyen den Golf-Kooperationsrat anfangs zur Zusammenarbeit und nicht zur Rivalität seiner Mitgliedsstaaten bewog. Katar, die Vereinigten Arabischen Emirate und Saudi-Arabien standen zunächst alle auf derselben Seite und mobilisierten ihre Ressourcen gegen Gaddafi und für die Rebellen. Diese Einigkeit war allerdings nicht von langer Dauer. Wie im Jemen, in Ägypten und in Tunesien buhlten sie von Anfang an um die Gunst einflussreicher Strippenzieher in einem erwarteten neuen Libyen. Der Wettstreit um Rebellen, die in Libyen eine Stellvertreterrolle für sie übernehmen konnten, beschleunigte das Scheitern des Übergangs in diesem Land und ebnete den Weg für die noch viel verheerendere Entwicklung in Syrien.

Für die meisten externen Akteure war die Wahl ihrer Stellvertreter in erster Linie eine Frage der Verfügbarkeit und der Zweckmäßigkeit. Katar und die Vereinigten Arabischen Emirate stützten sich vor allem auf Netzwerke ausländischer Staatsbürger, die schon seit längerem als politische Emigranten oder als Geschäftsleute in ihren Ländern lebten.[6] Der libysche Journalist Mahmoud Shammam, der in den Jahren zuvor mit al-Jazeera und anderen Medienkonzernen Katars gearbeitet hatte, konnte Doha überzeugen, einen prorevolutionären Fernsehkanal zu finanzieren, der schon bald auf Sendung ging.[7] Arif Ali Nayid, ein sufistischer Geistlicher und Telekommunikations-Magnat, spielte in Abu Dhabi eine ähnliche Rolle. Er war der wichtigste Kontaktmann für Mahmud Dschibril und dessen Aktivitäten zur Gründung eines Netzwerks, mit dessen Hilfe die Vereinigten Arabischen Emirate im Wettstreit mit Katar Geld und Waffen an die Rebellen lieferten.[8] Die Türkei wiederum operierte vorwiegend über die libyschen Muslimbrüder, obwohl sie auch mit radikaleren Leuten aus dem Umfeld der Libyschen Islamischen Kampfgruppe zusammenarbeitete.[9]

Dank der seit jeher starken Präsenz hochrangiger Muslimbrüder in Katar stand in Libyen und in anderen Ländern der Region bereits ein Netzwerk zur Verfügung, auf das man jetzt zurückgreifen konnte.[10] Die Muslimbrüder, die in den 1950er und 1960er Jahren vor Nassers Repression aus Ägypten geflohen waren, hatten beim Aufbau der staatlichen Institutionen und der Bildungseinrichtungen Katars eine Schlüsselrolle gespielt. Yusuf al-Qaradawi erreichte mit seinen Auftritten bei al-Jazeera ein großes Publikum. Doch die Muslimbrüder waren nicht die Einzigen.

Als Katar in den 1990er und 2000er Jahren seine diplomatische Präsenz in der Region rapide erweiterte, positionierte es sich als Brücke zwischen den rivalisierenden Lagern: als Land, das imstande war, Gespräche mit allen Seiten zu erleichtern. Hierbei spielte al-Jazeera eine nützliche Rolle, indem es katarischen Regierungsvertretern in seinen Programmen ein Forum bot, um mit Politikern, Intellektuellen und Aktivisten in Kontakt zu treten. Ali al-Sallabi, Katars wichtigster Verbindungsmann nach Libyen, war ein Islamist, der Saif al-Islam al-Gaddafis umstrittenes Deradikalisierungsprogramm durchgeführt hatte und mit al-Qaradawi freundschaftlich verbunden war.[11] Seine regelmäßigen Auftritte bei al-Jazeera machten ihn unter katarischen Diplomaten bekannt und sicherten ihm eine Schlüsselrolle bei der Interpretation der Ereignisse in Libyen für die gesamte Region.

Katar und die Arabische Liga machten sowohl öffentlich als auch hinter den Kulissen mobil. Nach außen präsentierten die Golfstaaten ihre Bemühungen über die Arabische Liga und die Vereinten Nationen, später durch die Beteiligung ihrer Kampfflugzeuge an der Militärkoalition. Am 21. Februar trat Ibrahim Dabashi, der stellvertretende libysche Botschafter bei den Vereinten Nationen, unter großer medialer Aufmerksamkeit von seinem Posten zurück und warf dem Gaddafi-Regime die Planung eines Völkermords vor. Die Präsenz der internationalen Medien vor Ort war sehr gering, und daher bestimmten seine Forderung nach einer Flugverbotszone und seine Warnungen vor einem drohenden Massaker die internationale Berichterstattung über Libyen. Al-Jazeera beeilte sich, diese Lücke zu füllen. Der Sender schickte ein eigenes Kamerateam (einer der Journalisten wurde Mitte März getötet) nach Libyen und mobilisierte ein innovatives Netzwerk von Bürgerjournalisten, Videos zu veröffentlichen.

Ein al-Jazeera-Bericht über die Beschießung von Demonstranten durch Kampfhubschrauber, der sich auf einen mutmaßlichen Augenzeugen stützte, machte besonders Furore, obwohl sich diese Behauptungen später kaum erhärten ließen.[12]

Die libyschen Rebellen brauchten dringend eine politische Vertretung im Ausland. Erneut übernahm Katar die Führung und sponserte die Gründung des Nationalen Übergangsrats (NTC). Er wurde am 5. März in Bengasi in aller Eile gebildet. Mustafa Abd al-Jalil wurde zum Vorsitzenden ernannt, und alle Regionen Libyens sollten vertreten sein. Die Führung des Übergangsrats wurde von einer kleinen Gruppe im Westen ausgebildeter Technokraten und abtrünniger Funktionäre des Regimes dominiert, von denen viele an Saif al-Islams Reforminitiative von 2000 beteiligt gewesen waren. Sie genossen bei westlichen Regierungen ein gewisses Vertrauen. Der Übergangsrat wurde von der internationalen Gemeinschaft schnell als legitimer Gesprächspartner für die Militärkampagne und als Empfänger von Hilfslieferungen über die Allianz der »Freunde Libyens« anerkannt. Seine Hauptaufgabe war zunächst die Zusammenarbeit mit der internationalen Gemeinschaft, um finanzielle und politische Unterstützung zu erhalten und einen stetigen Zustrom von ausländischen Waffen zu sichern.

Die Geschwindigkeit und Neuartigkeit des internationalen Vorgehens im Fall Libyen war wirklich bemerkenswert. Am 26. Februar zitierte der UN-Sicherheitsrat Libyen vor den Internationalen Strafgerichtshof. Dies war in der Geschichte der Vereinten Nationen erst ein einziges Mal geschehen, und es war die erste einstimmige Entscheidung dieser Art. Der bekanntermaßen vorsichtige Internationale Strafgerichtshof begann erst fünf Tage später mit den Ermittlungen und erließ am 16. Mai Haftbefehl gegen Gaddafi, dessen Sohn Saif und den libyschen Geheimdienstchef Abdullah Senussi wegen Verbrechen gegen die Menschlichkeit. Am 10. März, zwei Wochen nach seiner Gründung, erkannte Frankreich den Nationalen Übergangsrat als rechtmäßige Vertretung des libyschen Volkes an. Katar vollzog diesen Schritt am 28. März mit stillschweigender Billigung durch die anderen Mitgliedsstaaten des Golf-Kooperationsrats. Die Arabische Liga hob schon bald Libyens Mitgliedschaft auf. Die internationale Anerkennung erfolgte blitzschnell, wenn man bedenkt, dass Gaddafis Regierung weiterhin mehr als die Hälfte des Landes unter ihrer Kontrolle hatte.

Die internationale Reaktion bewegte sich rasant auf eine Militärintervention zu. Während Gaddafis Truppen immer weiter vorrückten, Adschdabiya einnahmen und zügig auf Bengasi zumarschierten, forderte die Arabische Liga am 12. März die Vereinten Nationen auf, eine Flugverbotszone zu errichten. Am 17. März erklärte Saif al-Islam im Rundfunk: »In 48 Stunden ist alles vorbei.« Es folgte Gaddafis schicksalhafte Rundfunkansprache, in der er ankündigte, am nächsten Tag würden seine Truppen »Bengasi säubern … Wir werden sie aufspüren, wir durchkämmen Gasse für Gasse, Straße für Straße.« Für die Unterstützer der Rebellen kam diese Erklärung eines geplanten Genozids genau zum richtigen Zeitpunkt, erstrebten sie doch fieberhaft die Zustimmung des UN-Sicherheitsrats zu einer Intervention.

Am 17. März votierte der UN-Sicherheitsrat für die Resolution 1973 und ermächtigte die Mitgliedsstaaten, »alle notwendigen Maßnahmen« zum Schutz der libyschen Zivilbevölkerung zu ergreifen. Gaddafi hielt mit seinem Vorstoß inne, um zu sehen, was genau das bedeutete, und kündigte an, er werde einer Feuerpause zustimmen. Es besteht wenig Grund zu der Annahme, dass an diesem Punkt eine Vereinbarung möglich war oder dass eine Feuerpause länger als ein paar Tage gehalten hätte.[13]

Am 19. März begann die NATO mit ihren Bombardements. Die ersten Luftangriffe hatten einen starken psychologischen Effekt – auf das Regime ebenso wie auf die Rebellengruppen. Bengasi feierte begeistert, sehr zur Freude der Hauptstädte am Golf und im Westen, die auf Anerkennung ihres riskanten Militäreinsatzes erpicht waren. Nachdem NATO-Streitkräfte in den Konflikt eingegriffen hatten, erwarteten viele einen raschen Sieg der Rebellen. Aber natürlich gab Gaddafi nicht klein bei. Seine Streitkräfte reagierten schnell auf die Androhung von Luftangriffen, vermieden Konvois, die ein leichtes Ziel waren, und führten breiter gestreute Einsätze. Dadurch verlangsamte sich das Tempo der Schlacht: Die Streitkräfte des Regimes versuchten, den NATO-Luftangriffen auszuweichen, während die Rebellen aus ihrem Ärger über die restriktiven NATO-Einsatzregeln keinen Hehl machten.

Allerdings konnten die Lufteinsätze nicht viel mehr ausrichten, als die Frontlinien zu stabilisieren und die Truppen am Boden zu unterstützen. Die Vereinigten Staaten hatten erklärt, sie würden nur eine unterstützende Rolle spielen und keine Bodentruppen schicken.[14] Bald hatten die Koalitionsstreitkräfte keine Ziele mehr, die sie angreifen konnten. Zu Russlands unverhohlener Bestürzung erweiterten sie ihre Interpretation des UN-Mandats (die Durchführung rein defensiver Operationen zur Verhinderung von Massakern) auf die Unterstützung offensiver Operationen und letztlich einen Regimewechsel. In Misrata unterstützte die NATO die Rebellen mit »gezielten Luftschlägen und Militärberatern vor Ort, die mit den Verteidigern der Stadt zusammenarbeiteten«.[15] Da die Zielauswahl der NATO durch das UN-Mandat zum Schutz der libyschen Zivilbevölkerung sehr eng gefasst war, kam es immer wieder zum Streit mit den Rebellen, die eine aktivere und aggressivere Unterstützung für Angriffsoperationen verlangten. Obama seinerseits wachte mit Argusaugen darüber, dass sich der Kampfeinsatz nicht schleichend ausweitete. Diese Selbstbeschränkung betraf jedoch nicht den von Anfang an gefassten Entschluss, mit dem Kampfeinsatz nicht nur die Zivilbevölkerung in Bengasi zu schützen, sondern auch den Aufstand zum gewaltsamen Sturz Gaddafis zu unterstützen.

Schon früh engagierten sich Spezialeinsatzkräfte aus Katar, den Vereinigten Arabischen Emiraten und der NATO aktiv an der Seite von Rebelleneinheiten, um Schulungen durchzuführen und Luftangriffe anzufordern. Die Präsenz britischer und französischer Spezialeinheiten in Bengasi und Misrata war ein offenes Geheimnis, ebenso die Flugzeugladungen mit Waffen aus Katar, die Anfang April eintrafen.[16] Diese kleine Zahl von Spezialkräften vor Ort hatte immensen Einfluss. Wie Frederic Wehrey in einer umfassenden Untersuchung zur Bedeutung der Luftangriffe für diesen Krieg darlegte, veränderte »die Präsenz ausländischer Berater am Boden, die mit den libyschen Oppositionskräften zusammenarbeiteten, den Luftkrieg in grundlegender Weise. Libysche Gesprächspartner beschrieben, wie diese Berater in den Operationszentralen in Misrata, Zintan und Bengasi das Vertrauen zwischen westlichen Streitkräften und der Opposition aufbauten und – noch viel wichtiger – die Luftangriffe koordinierten«. Der Nationale Übergangsrat und die Rebellenführer trafen sich regelmäßig mit hohen Offizieren der Vereinigten Arabischen Emirate, Großbritanniens, Frankreichs und der USA, um Strategien zu entwerfen, offizielle Verlautbarungen abzustimmen und zusätzliche Unterstützung anzufordern. Diese militärischen Operationszentralen und gemeinsamen Lagezentren wurden zum Vorbild für die Koordination indirekter militärischer Unterstützungseinsätze in Syrien und späterer begrenzter Interventionen.

Der dezentrale und indirekte Charakter der Intervention in Libyen führte zu einem Wildwuchs von Milizen, die zu einem Hindernis für den Übergang wurden. Viele dieser Milizen waren im Grunde genommen lokale Verteidigungskräfte in Städten wie Misrata, das zur wichtigsten Anlaufstelle externer Unterstützung wurde. Andere entstanden im Zuge weiter gefasster politischer oder ideologischer Tendenzen und waren islamistisch geprägt oder von Stammesloyalitäten beeinflusst. Das Gewicht solcher Gruppen war in hohem Maße vom Zugang zu Waffen und Geld aus dem Ausland abhängig. Islamisten, die den Muslimbrüdern oder der Libyschen Islamischen Kampfgruppe nahestanden, verfügten über große unabhängige Quellen für Geld und Waffen aus Katar und anderen Golfstaaten, die kontinuierlich mit Flugzeugen aus Tunesien nach Libyen gebracht wurden. Die Rebellen klagten oft über die Begrenztheit der NATO-Luftangriffe, über unzureichenden Nachschub und andere Mängel.

Als sich der Nationale Übergangsrat von einem Koordinierungsgremium für die internationale Gemeinschaft zu einer Quasi-Regierung im Wartezustand entwickelte, gewann die Repräsentation in diesem Gremium und dessen Beziehung zu den bewaffneten Milizen immer größere Bedeutung. Die externen Mächte kämpften darum, die Führungspositionen mit ihren eigenen Leuten zu besetzen, was die innenpolitische Handlungsfähigkeit des Gremiums ausgerechnet in einer Zeit der akuten militärischen Bedrohung schwächte. Wie der Übergangsrat seine Entscheidungen traf, war angesichts der permanenten Krisenstimmung und der Konzentration auf die Gewinnung internationaler Geldgeber eher undurchsichtig. Die Mitglieder des Nationalen Übergangsrats, viele von ihnen ehrlich bemüht und kompetent, verfügten kaum über eine lokale Anhängerschaft oder Unterstützung vor Ort. Liberalere Libyer bezweifelten die demokratische Legitimation dieses selbsternannten und vom Westen unterstützten Gremiums, während jede Fraktion und jede Region, die sich unterrepräsentiert fühlte, eine größere Zahl von Vertretern forderte. Derweil wurde in den von niemandem kontrollierten neuen Medien über die wahre Loyalität von Überläufern wild spekuliert und Korruptionsgerüchte verbreitet.

Geldmittel waren entscheidend für die Handlungsfähigkeit und Legitimität des Nationalen Übergangsrats, und dafür waren die internationalen Akteure von zentraler Bedeutung. Mit Rückendeckung der Vereinigten Staaten und Großbritanniens übernahm am 29. März Katar die Führungsrolle bei der Vermarktung des libyschen Öls für den Nationalen Übergangsrat und verschaffte damit dem Gremium Zugang zu Krediten, um ihm die Zahlungsfähigkeit zu sichern. Ende Juni begann Katar mit Geldtransfers. Im Juni schickte die Türkei dem Nationalen Übergangsrat 100 Millionen Dollar in bar und humanitäre Hilfsgüter für einen ähnlich hohen Betrag. Es folgten Bargeldtransfers aus Kuwait und Bahrain. Am 15. Juli schließlich erkannten auch die Vereinigten Staaten das Gremium an und gaben rund 400 Millionen Dollar eingefrorener libyscher Vermögenswerte frei.

Auch Waffen waren ein wichtiger Faktor. Am 22. März erklärte sich Katar bei einem Treffen in Doha damit einverstanden, den Libyern Waffen zu liefern. Diese Zusicherung wurde der Öffentlichkeit am 13. April bei einem Treffen der Kontaktgruppe in Doha bekannt gegeben, und in der Woche darauf wurden Waffen aus Doha an den Oberbefehlshaber der libyschen Rebellenarmee,

Abd al-Fattah al-Younis, überstellt. Im April jedoch gingen diese Waffenlieferungen über Sallabis islamistische Netzwerke direkt nach Tobruk, unter Umgehung der Institutionen des Nationalen Übergangsrats und zu Younis' großem Verdruss.[17] Katar operierte auch mittels lokaler Netzwerke in Misrata; die Waffen wurden oft direkt an die Frontlinie geflogen und an Personen mit persönlichen Kontakten nach Katar übergeben. Dschibril und Nayid wiederum stützten sich immer stärker auf Waffen, die aus den Arabischen Emiraten eingeflogen wurden. Dieselbe Rivalität zeigte sich bei den gemeinsamen Einsatzzentralen und der Koordinierung des Luftkriegs: Einsatzkräfte aus Katar waren in wichtige islamistische Bataillone eingebettet, während die Berater aus den Vereinigten Arabischen Emiraten General Abd el-Salam al-Hasi und später Mahmud Dschibrils Gruppe unterstützten.[18]

Im Juli bedrohte dieser Konkurrenzkampf das Überleben der Rebellion selbst. Younis war am 22. Februar 2011 von allen seinen Ämtern in der Gaddafi-Regierung zurückgetreten und spielte als Oberbefehlshaber der neuen Rebellenarmee für deren Organisation sowie bei der Schaffung der materiellen Basis des Aufstands eine Schlüsselrolle. Am 28. Juli wurde er unter ungeklärten Umständen erschossen, wodurch die Rebellion in innere Turbulenzen geriet. Der Nationale Übergangsrat verdankte seinen Fortbestand nicht zuletzt dem erfolgreichen Vorstoß der Rebellen nach Tripolis. Doch in der Zwischenzeit war der gesamte Exekutivrat des Übergangsrats aufgelöst und ein Übergangsfahrplan angenommen worden, in dem die Bedingungen für eine Auflösung des Rats nach der Befreiung Libyens festgelegt waren.

Noch während der Krieg gegen Gaddafi in vollem Gange war, kämpften die mit verschiedenen externen Schutzherren verbundenen Milizen um ihre Position im Libyen nach Gaddafi. Mit dem

Eintritt der NATO in die Auseinandersetzung wurde Gaddafis endgültige Niederlage allgemein erwartet. Und damit schwand die Notwendigkeit einer Zusammenarbeit der verschiedenen Rebellengruppen, und in den Vordergrund trat das politische Ziel, sich im Übergangsrat Mitspracherechte zu sichern und den Zugang zu Waffen und anderen Ressourcen zu kontrollieren. Dieses interne Gerangel, verbunden mit dem zähen Widerstand von Gaddafis Truppen und dem beschränkten Mandat des NATO-Einsatzes, führte zu einer gefährlichen Verlängerung des Konflikts. Die Regierungen der NATO-Staaten kannten die Propagandawirkung ziviler Opfer sehr genau und sahen sich im Sommer mit dem wachsenden politischen Druck konfrontiert, den Einsatz entweder zu verstärken oder zu beenden. Der Luftkrieg geriet ins Stocken, Enttäuschung machte sich breit. Je länger die Bombardierung andauerte, desto größer wurde das Risiko, dass bei einem Beschuss eine große Zahl von Zivilisten getroffen wurde, was der internationalen Unterstützung der Mission einen schweren Schlag versetzen konnte.[19]

Mit der Einnahme von Tripolis am 20. August, die Gaddafis Regime zu Fall brachte, traten diese Probleme vorübergehend in den Hintergrund. Der Militäreinsatz war genau geplant und mit Beteiligung vor allem Katars, Großbritanniens und der NATO erfolgt. Die Nachricht von der Besetzung des Präsidentenpalastes durch die Rebellen wurde mit Jubel und Begeisterung aufgenommen. Fotos von Rebellen, die die Flagge Katars hissten, stießen auf weniger Begeisterung, gab es doch parallel einen anderen, von den Vereinigten Arabischen Emiraten und von Mahmud Dschibril Anfang Juli erarbeiteten Plan zur Befreiung der Hauptstadt. Beide Pläne sahen eine Beteiligung der NATO vor, beide wollten den Erfolg der Gegenseite verhindern, und beide wurden bis zu einem gewissen Grad in der chaotischen Phase der Befreiung umgesetzt.[20] Nicht zum letzten Mal überschattete die Rivalität zwischen Katar und den Vereinigten Arabischen Emiraten entscheidende Momente in Libyen.

Unmittelbar nach der Einnahme von Tripolis lieferten sich die von Katar einerseits und den Vereinigten Arabischen Emiraten andererseits unterstützten Netzwerke einen Showdown um die Kontrolle der Stadt. Libysche Führer pendelten zwischen Doha, Abu Dhabi und der NATO hin und her, während die lokalen Kräfte vor Ort einander mit Misstrauen begegneten. Im September wurden erste Schritte unternommen, um die Zuflüsse militärischer und finanzieller Hilfe staatlich zu überwachen und eine zentrale politische Kontrolle zu errichten. General Khalifa Haftar erklärte: »Wenn Unterstützung durch den Vordereingang kommt, ist Katar willkommen. Aber wenn sie durchs Fenster kommt und nur an bestimmte Leute [und] unter Umgehung offizieller Kanäle geleistet wird, wollen wir Katar nicht.«[21]

Solche Klagen hörte man umso häufiger, je mehr die politische Polarisierung zunahm und je mehr die Milizen im befreiten Libyen eigenständig zu agieren begannen. Die Netzwerke, Verbindungen zum Ausland und Kanäle der Einflussnahme, die sich im Laufe des Kriegs entwickelt hatten, bestimmten auch jetzt den Gang der Politik. Die Feierlaune nach der Eroberung von Tripolis, wo man Katars Flagge bejubelt hatte, schwand zusehends, als sich die Aufmerksamkeit auf die politischen Institutionen und die Machtverteilung in Libyen nach Gaddafis Sturz richtete. Die Verteilung der Macht unter den Milizen und innerhalb der regierenden Räte war das Ergebnis dieser Netzwerke und Verbindungen, sie war kein natürliches Spiegelbild der Kräfteverhältnisse im Land. In dem institutionellen Vakuum nach Gaddafis Sturz besaßen diejenigen reale Macht, die über Zugang zu Waffen und Geld verfügten. Und die verspürten nicht den Wunsch, ihre Macht an die sich erst langsam entwickelnden staatlichen Institutionen abzutreten.

Die Weigerung dieser Kräfte, ihre Waffen niederzulegen, war nicht nur eine Frage des Eigeninteresses oder der Ambitionen. In der von Gewalt geprägten Übergangszeit war der Staat nicht in der Lage, ihnen das Überleben zu sichern oder glaubwürdige Garantien zu geben, dass die Macht nicht erneut zentralisiert oder missbraucht werden würde. Die Bedeutung der in der Kriegsphase errichteten Netzwerke wuchs in der Wiederaufbauphase nicht zuletzt aufgrund der relativen Zurückhaltung der internationalen Mächte. Die Vereinigten Staaten hatten amerikanische Friedenstruppen wohlweislich ausgeschlossen, und ihre Verbündeten Großbritannien und Frankreich hatten, anders als erwartet, diese Aufgabe nicht übernommen. Vor allem aber lehnte Libyens neue Führung internationale Friedenstruppen jeder Art in ihrem Land kategorisch ab. Aufgrund dieser Vorbehalte sahen sich die Vereinten Nationen gezwungen, auch den beschränkten Plan vom August 2011 zur Entsendung von ein paar hundert bewaffneten internationalen Militärbeobachtern zurückzufahren.[22]

Damit fiel es den siegreichen Rebellen und deren externen Unterstützern zu, nach Jahrzehnten des Gaddafi-Regimes und nach sechs Monaten Krieg ein neues Libyen aufzubauen. Dass es der neuen Übergangsregierung nicht gelang, die Milizen zu entwaffnen oder einzugliedern, wird heute von vielen als Hauptursache für das Scheitern des Übergangs betrachtet. Tatsächlich jedoch ist es schwer vorstellbar, wie dies angesichts der Machtverhältnisse vor Ort hätte gelingen können.[23] Die Revolutionsbrigaden hatten beim Sturz Gaddafis eine ebenso große Rolle gespielt wie die neue Regierung. Sie genossen große lokale Popularität und waren schwer bewaffnet. Im Vergleich zu ihnen verfügte der libysche Staat über eine nur geringfügig bewaffnete Armee und hatte sehr viel begrenzteren Zugang zu militärischer Unterstützung aus dem Ausland.

Heute sagen viele, die Probleme hätten vermieden werden können, wenn die Vereinigten Staaten bereit gewesen wären, Streitkräfte zur Stabilisierung der Lage einzusetzen, entweder eigene oder die ihrer Koalitionspartner. Aber nur wenige Befürworter der Libyen-Intervention forderten damals solche Friedenstruppen, wussten sie doch, dass dies politisch den Todesstoß für die Operation bedeutet hätte. Das nachträgliche Plädoyer für eine solche Streitmacht scheint eher die Suche nach einer Entschuldigung für das Scheitern der Intervention zu sein, um künftige derartige Unternehmungen nicht zu gefährden. Aber selbst wenn eine solche internationale Truppe möglich gewesen wäre, ist nicht gesagt, dass sie etwas hätte bewirken können: Es gab viele Unwägbarkeiten, die ein Scheitern begünstigten, ohne dass die eigentlichen Probleme gelöst worden wären. Eine internationale Streitmacht wäre mit einer Vielzahl schwer bewaffneter Milizen konfrontiert gewesen und hätte sehr behutsam agieren müssen. Ihre Präsenz hätte die Schaffung nationaler Sicherheitskräfte womöglich nicht erleichtert, sondern verhindert. Die internationalen Truppe hätte leicht zum Ziel islamistischer Angriffe und nationalistischer Mobilisierung werden können. Und wenn sie erst einmal zum unabdingbaren Garanten der Stabilität im Land geworden wäre, wäre ihr Abzug unmöglich geworden.

Die begrenzte internationale Präsenz in der Zeit nach dem Krieg entsprach den politischen Forderungen der neuen libyschen Führung und stand auch im Einklang mit den Präferenzen der Obama-Regierung. Wie es der ehemalige Koordinator des Weißen Hauses, Ben Fishman, emphatisch formulierte: »Libyen muss sich seine Zukunft selber aufbauen.«[24] Tatsächlich jedoch gab es nie einen Zeitpunkt, an dem die Libyer die Möglichkeit hatten, sich frei von ausländischem Einfluss eine Zukunft aufzubauen. Die Interventionen regionaler Mächte, die das politische Geschehen unmittelbar nach dem Krieg bestimmt hatten, setzten sich fort – mit verheerenden Folgen.

Die Bedeutung Libyens für den Übergang in der arabischen Welt

Die Entwicklung in Libyen hatte direkte und indirekte Auswirkungen auf die gesamte Region, die sehr viel größer waren, als man ursprünglich erwartet hatte. Die Intervention gab den Demonstranten in anderen arabischen Ländern wohl tatsächlich einen gewaltigen Energieschub und brachte die Regime dazu, sich den Einsatz von Gewalt lieber zweimal zu überlegen. Man schrieb der NATO ein gewisses Verdienst zu, Bengasi vor einem bitteren Schicksal gerettet zu haben, auch wenn die Intervention immer wieder als zu schwach und zu spät kritisiert wurde. Die positiven Effekte hielten nicht lange vor, da die Notwendigkeit, lokale Probleme zu lösen, zunehmend dringlicher wurde. Doch in der Anfangsphase waren diese Effekte deutlich zu spüren.

Als sich die Erwartung eines schnellen Siegs der libyschen Rebellen nach der NATO-Intervention nicht erfüllte, stand der Krieg bis zum Ende des Sommers im Mittelpunkt der Aufmerksamkeit des Westens. Die Koordination des internationalen Bündnisses (an dem auch Golfstaaten beteiligt waren), die Förderung der sich jetzt formierenden libyschen Opposition und die Kriegführung ließen kaum mehr Zeit für die politischen Komplikationen in anderen Teilen der Region wie Bahrain und Jemen. Die sich überstürzenden politischen Krisen überforderten die diplomatische Agenda.

Auf die Nachbarstaaten Libyens wirkte sich der Krieg ganz unmittelbar aus. Die nach Ägypten, Algerien und Tunesien strömenden Flüchtlinge prägten die Wirtschaft dieser Länder, im positiven wie im negativen Sinn. Libyens Nachbarn entwickelten sich zu einem Drehkreuz für die Organisation und den Transit der Rebellen. Libyen wurde mit Waffen überflutet, von denen große Mengen ihren Weg nicht nur in die Nachbarstaaten fanden, sondern auch in weiter entfernte Konfliktgebiete wie den Sinai und Syrien.

Libyen war im Sommer 2011 jedoch nicht die einzige Bühne für die Aktionen der regionalen Spieler. Die wichtigen Übergangsstaaten Tunesien, Ägypten und der Jemen übten in der gesamten Region einen immer größeren Einfluss aus und erlebten Interventionen, die den Verlauf des Übergangs in ihrem eigenen Land bestimmten, in der Regel als negativ.

Tunesien

Tunesien, das Land mit dem ersten und von besonders großen Hoffnungen erfüllten demokratischen Übergang, wurde von der Weltgemeinschaft mit immensem Wohlwollen bedacht. Die neue Regierung wusste sehr genau, dass ihre Legitimität von einem Aufschwung der desolaten Wirtschaft des Landes abhing. Zur Konsolidierung des demokratischen Übergangs brauchte das Land dringend wirtschaftliche Hilfe, und von der internationalen Gemeinschaft erhielt es großzügige Zusagen. Es flossen beträchtliche Geldströme, und Tunesien wurde fachkundige Unterstützung zur Ausarbeitung einer neuen Verfassung zuteil.

Für die Regionalmächte jedoch besaß Tunesien nur selten eine hohe Priorität, und ihre Unterstützung war nur selten neutral. Die Golfstaaten und die Türkei investierten in den Aufbau der Ressourcen ihrer Verbündeten vor Ort.[25] Im Verlauf des Übergangs wurde die Finanzierung aus dem Ausland zu einem wichtigen Faktor der Politik. Das Hauptaugenmerk und der Zorn der Öffentlichkeit richteten sich auf die mutmaßliche finanzielle Unterstützung der Ennahda-Partei durch Katar und die Türkei. Linke und säkulare Kräfte wiederum wurden von den Vereinigten Arabischen Emiraten unterstützt. Diese externe Hilfe war jedoch an politische Bedingungen geknüpft, welche eine Polarisierung verstärkten, die Tunesien 2013 an den Rand des Abgrunds brachte.

Das politische Drama Tunesiens muss im Kontext sowohl transnationaler Katalysatoreffekte als auch des direkten Eingreifens rivalisierender Regionalmächte gesehen werden. Externe Akteure versuchten auf vielfältige Weise zu intervenieren, während die Vorbildfunktion (insbesondere Ägyptens) für die gesamte Region Geschwindigkeit und Art des Wandels maßgeblich bestimmten. Diese Polarisierung hatte jedoch noch gar nicht begonnen, als am 23. Oktober 2011 die ersten postrevolutionären Wahlen stattfanden. Die Ennahda-Partei errang einen überwältigenden Sieg und gewann 37 Prozent der Stimmen und 89 Sitze in der Verfassunggebenden Versammlung, fast dreimal so viel wie ihr schärfster Konkurrent.

Obwohl man durchaus von einem Vorsprung der Islamisten ausgehen konnte, kam der Erfolg von Ennahda überraschend. Zwar war die Partei seit jeher fest im Land verwurzelt, dennoch hatten ihre Strukturen und ihre Mitgliederzahl unter der jahrzehntelangen Repression schwer gelitten. Sofern ihre Führer nicht im Gefängnis gelandet waren, hatten sie viele Jahre im Ausland gelebt. Die Muslimbrüder und die Salafisten in Ägypten konnten auf einen großen islamistischen Bevölkerungsanteil zurückgreifen, Ennahda dagegen musste bei null anfangen. Die Partei hatte sich nach Ben Alis Flucht aus Tunesien auf einer sehr dünnen Basis neu gegründet und musste sich daher ihre Finanzquellen erst erschließen. Ghannouchis regionales wie internationales Renommee war bei den Wiederaufbaubemühungen der Partei ein großes Plus, aber auch ein ständiger Stein des Anstoßes. Während Ghannouchi Tunesiens Unabhängigkeit eifersüchtig zu schützen suchte und die volle Autonomie gegenüber der breiter aufgestellten Muslimbruderschaft wahrte, nutzte er die Ressourcen ihres Netzwerks. Durch seine regelmäßigen Auftritte bei al-Jazeera stand er in engem Kontakt mit Katar und konnte sein Profil in der Region schärfen. Auch im Westen genoss er große Glaubwürdigkeit. Mit seiner politischen Klugheit, seiner Versöhnlichkeit und seinem moderaten Diskurs setzte er sich wohltuend von den ägyptischen Muslimbrüdern ab.

Die Ennahda-Partei ging bedächtig und beharrlich vor. Statt aus ihrem ersten Wahlsieg einen Vorteil zu schlagen, bemühte sie sich um den Aufbau eines breiten Konsenses. Sie nominierte den säkularen linken Menschenrechtsaktivisten Moncef Marzouki zum Präsidenten und regierte mit einer Drei-Parteien-Koalition, der sogenannten Troika. Mit dieser Strategie gewann die neue Regierung größere Legitimität und vermied die Konflikte, wie sie nach den Wahlen in anderen Staaten des demokratischen Übergangs ausbrachen. Die Koalition tat jedoch wenig, um die Befürworter von Regionalkriegen zu besänftigen. Marzouki war zwar kein Islamist, pflegte aber, wie Ennahda, enge Beziehungen zu Katar. Dass nun an die Stelle des stramm prosaudischen Ben Ali die Ennahda-Partei und Marzouki traten, wurde als ein regionaler Sieg für Katar betrachtet.

Die Partei Nidaa Tounès (»Ruf Tunesiens«) formierte sich 2012 mit einer antiislamistischen Botschaft, die ein genaues Spiegelbild der regionalen Kampagne der Vereinigten Arabischen Emirate gegen die ägyptischen Muslimbrüder darstellte.[26] Dieser Antiislamismus stieß auf fruchtbaren Boden in einem aggressiv säkularisierenden Staat, dessen Präsident jahrzehntelang Ben Ali gewesen war, und bedeutete für Ennahda einen vernichtenden Schlag. Das von Nidaa Tounès geschmiedete schwierige Bündnis einte lediglich die Angst vor den Islamisten und große finanzielle Ressourcen – ein Dach, unter dem sich treue Anhänger des alten Regimes, das Big Business und verängstigte Säkulare zusammenfanden.

Tunesien, obwohl abseits des regionalpolitischen Zentrums gelegen, konnte sich der neuen Rivalität in der arabischen Welt dennoch nicht entziehen. Katar warf sein ganzes Gewicht in die Waagschale der Ennahda-Partei, Nidaa Tounès wiederum genoss die Unterstützung der Vereinigten Arabischen Emirate und Saudi-Arabiens. Die von Saudi-Arabien favorisierte Wiedereinsetzung der alten Eliten passte gut zur antiislamistischen Kampagne der Vereinigten Arabischen Emirate; und beide hofften, dabei Katar auszubooten. Diese Rivalität manifestierte sich in der starken Polarisierung, die die Politik in Tunis schon bald erfasste und die von einer Sensationsberichterstattung in den regionalen Medien sowie von Gerüchten über eine externe Unterstützung der rivalisierenden Tendenzen geschürt wurde. Tunesische Politiker wandten sich um Hilfe an die Golfstaaten, denen es nur darum ging, ihr taktisches Geschick als Regionalmacht auch in dieser Phase des demokratischen Übergangs auszuspielen.

Ägypten

Ägypten war für die Ordnung in der Region so zentral, wie Tunesien marginal gewesen war. Obwohl in der Endphase von Mubaraks Herrschaft ein hinfälliger, brüchiger Staat, war Ägypten doch weiterhin ein bedeutender regionaler Akteur und ein wichtiges Mitglied der von den Saudis geführten regionalen Achse. Israel pflegte enge Beziehungen zu Mubarak und baute darauf, dass Kairo den Sinai weiter unter Kontrolle behielt, an der Gaza-Blockade festhielt und die innerpalästinensische Politik deichselte. Mit der Revolution wurde Ägypten von einem mächtigen Akteur im Kampf um die Führung in der Region zu einer begehrten Beute im regionalen Machtkampf: ein gewaltiger Abstieg für ein so großes, nationalistisches Land, das sich als das Zentrum der arabischen Politik betrachtete. Vor 2011 hätte man Mühe gehabt, sich Ägypten als einen zweiten Jemen oder ein zweites Libyen vorzustellen, ohnmächtig der Einmischung von außen ausgeliefert.

Bei der Revolution ging es zwar nicht primär um regionale Machtpolitik, aber Ägypten konnte sich aus diesem Machtspiel auch nicht heraushalten. Mubaraks Sturz und der Aufstieg der Muslimbrüder verschaffte Katar die einmalige Chance, Ägypten seiner Koalition einzuverleiben – auf Kosten Saudi-Arabiens und der Vereinigten Arabischen Emirate. Eine erfolgreiche Konsolidierung dieser Strategie würde das Kräftegleichgewicht in der Region grundlegend verändern. Mit Hilfe von al-Jazeera positionierte sich Katar als Verfechter nicht nur der Muslimbruderschaft, sondern auch der Tahrir-Demonstrationen. Wahlen und Straßenproteste waren Faktoren der Stärke, die der immer noch beträchtlichen Machtfülle des Militärs und des ägyptischen Staates entgegengesetzt werden konnten. Katar pflegte einen Diskurs der Demokratie und der Menschenrechte, mit dem Washington zufrieden war, verlor dabei aber seinen wichtigsten Verbündeten auf der Straße, die Muslimbruderschaft, nicht aus den Augen.

Für Saudi-Arabien und seine Verbündeten war Mubaraks Sturz ein Schock – nicht nur weil sie eine Ausbreitung des revolutionären Geistes in der Region befürchteten, sondern auch wegen Ägyptens Annäherung an Katar. Sie betrachteten Ägypten nicht nur als ihre »strategische Tiefe« gegen Iran, sondern auch als integralen Bestandteil der Regionalordnung. Sie hatten mächtige lokale Verbündete in Ägypten, auch wenn die Revolution deren Stellung vorübergehend geschwächt hatte. Mubarak und sein Geheimdienstchef Omar Suleiman konnten ersetzt werden. Auf lange Sicht mehr Kopfzerbrechen bereitete den Saudis der drohende Verlust ihrer ägyptischen Netzwerke, sei es aufgrund der Korruptionsvorwürfe und Strafprozesse gegen reiche Geschäftsleute mit engen Verbindungen zum Golf, sei es aufgrund eines möglicherweise langfristigen Ausschlusses der *feloul* (das ägyptische Wort für die Männer des alten Regimes) von der politischen Partizipation im Zuge der Übergangsjustiz. Der Aufstieg der Muslimbrüder bedrohte den Primat dieser Netzwerke stärker als die Gründung eines Islamischen Staats.

Erstaunlicherweise änderte die Revolution nicht den Kurs der ägyptischen Außenpolitik. Saudi-Arabien, die Vereinigten Arabischen Emirate und Israel konnten über die nach wie vor führende Rolle des Obersten Militärrats (SCAF) und die Beharrungskraft der starken staatlichen Institutionen Ägyptens erleichtert sein. Der Militärrat, der den Übergangsprozess kontrollierte, war darauf bedacht, seine Privilegien und seine Macht zu wahren. Und mit der Ablösung der neoliberalen Wirtschaftsreformer um Gamal Mubarak war der Weg frei für einen dramatischen Zuwachs der wirtschaftlichen Kontrolle durch das Militär.[27] Der Militärrat bildete eine Brandmauer nicht nur gegen die Revolution, sondern auch gegen Katar. Doch es war ein wackeliger Schutz. Angesichts nicht enden wollender Proteste, der Mobilisierung der Muslimbrüder und des Drucks aus dem Westen rang das Militär darum, seine unangefochtene Herrschaft wiederherzustellen und demokratische Wahlen auf unabsehbare Zeit zu verzögern.

In der ersten Phase des Übergangs ging es um die Definition der neuen Spielregeln. Der erste große Test für die Macht der verschiedenen Kräfte war das in aller Eile vorbereitete Verfassungsreferendum. Es war für den 19. März 2011 angesetzt, nur wenige Tage nach der Intervention des Golf-Kooperationsrats in Bahrain und für denselben Tag, an dem NATO-Kampfflugzeuge mit der Bombardierung Libyens begannen und sich die jemenitische Armee spaltete. Es sah eine Erweiterung der bestehenden Verfassung um relativ begrenzte, aber wichtige Zusätze vor. Darüber hinaus beinhaltete es einen Plan für Parlaments- und Präsidentschaftswahlen sowie die Ausarbeitung einer neuen Verfassung unter Wahrung der Führungsrolle des Militärs während der Übergangszeit. Damit waren die Kerninteressen der meisten Hauptakteure gesichert. Der Militärrat blieb an der Macht, was

Israel, Saudi-Arabien und die Vereinigten Arabischen Emirate beruhigte. Doch er versprach auch Freiheitsrechte und baldige Wahlen, was wiederum die Muslimbruderschaft und einige ägyptische Liberale sowie die Vereinigten Staaten und Katar zufriedenstellte.

Viele Aktivisten witterten jedoch eine Falle und meinten, man könne den Übergang zu wirklicher Demokratie nicht dem Militär anvertrauen. Nachdem der Tahrir-Platz geräumt und die ersten Forderungen der Revolution erfüllt waren, hatten sie jedoch Mühe, eine breite Öffentlichkeit hinter sich zu bringen und den Verlauf des Übergangs maßgeblich mitzubestimmen. Aktivisten, die zum Boykott der Wahlen oder zu einem Nein aufriefen, fanden kein Gehör: Ihre Botschaften waren zu verwirrend, ihre internen Differenzen zu groß. Das Referendum hätte den revolutionären Impuls beschwichtigen und den grundsätzlichen Status quo erhalten sollen, wie es in Marokko und Jordanien der Fall war. Aber das blieb schwierig im turbulenten Ägypten, wo eine politische Öffentlichkeit einen sehr viel radikaleren Wandel erwartete, das alte Regime sich auflöste und die Macht dem gehörte, der sie an sich riss.

Das Referendum wurde angenommen, mit einer hohen Wahlbeteiligung. Damit gab es zumindest provisorische Spielregeln, die allerdings keinen Konsens fanden, was in den nachfolgenden Monaten zu endlosen Problemen führte. Die Aktivisten gingen weiter auf die Straße und protestierten gegen die Konsolidierung des Status quo. Und das Militär ergriff noch aggressivere Maßnahmen, um die Straßen zu räumen und eine neue politische Ordnung zu etablieren, die ihnen dauerhaft die Macht sichern sollte. Die Justiz hielt sich nicht an Recht und Gesetz, sondern vollzog überraschende Kehrtwenden und fällte unverhohlen politische

Urteile, die das Vertrauen in die Gerichte unterminierten.[28] Die Muslimbrüder, bekannt für ihre Geduld und Ausdauer, drängten jetzt auf baldige Wahlen und schlugen die Beschwichtigungen ihrer tunesischen Schwesterpartei Ennahda in den Wind. Ein fataler Fehler. Die auf dem Tahrir-Platz geschmiedete revolutionäre Koalition zerbrach, was zu Geringschätzung und tiefem gegenseitigem Misstrauen führte, von denen die nachfolgenden Jahre geprägt waren.

Die Politik der Straße nahm jetzt andere Formen an als im Kampf gegen Mubaraks autoritäres Regime. Proteste, die zuvor die Diktatur destabilisiert hatten, erschwerten nun die Konsolidierung eines neuen Regimes. Während des gesamten Jahres 2011, in dem der Militärrat regierte, konnten die Straßenproteste den Druck aufrechterhalten, der einen Rückfall in die Autokratie verhinderte und es dem Militär nicht allzu einfach machte. Nicht alle jedoch waren mit dieser anhaltenden Mobilisierung einverstanden.

Der Tahrir-Platz, häufig von Aktivistengruppen besetzt, war schon bald kein Symbol der Einheit mehr, sondern ein Ort, an dem man Kontroversen austrug und Stärke demonstrierte. Kundgebungen der Aktivisten fanden immer weniger Zulauf. Die Aktivisten rangen um ihre politischen Ziele, während sich die Repressionen der Sicherheitskräfte verstärkten. Ende Juli gingen die Islamisten, unter ihnen die Muslimbrüder und die Salafisten, auf den Tahrir-Platz, um ihrerseits Stärke zu demonstrieren und ihre Ansprüche auf diesen symbolischen Ort zu bekräftigen. An jenem Tag massiver Proteste wurden die Aktivisten vertrieben, die versucht hatten, den Tahrir-Platz erneut in Besitz zu nehmen. Die eindrucksvolle Botschaft lautete, dass auch Islamisten die Straße mobilisieren können.

Die Proteste wurden immer anarchischer und gewaltsamer. Bei einem besonders brutalen Angriff der Sicherheitskräfte und lokaler Schlägertrupps auf christliche Demonstranten vor dem Fernsehgebäude Maspero wurden im Oktober Dutzende getötet. Am Vorabend der ersten Parlamentswahlen schlugen augenscheinlich sinnlose Proteste in der zum Tahrir-Platz führenden Mohamed-Mahmoud-Straße in blutige Gewalt um. Paradoxerweise zeigten die Zusammenstöße im Ausland größere Wirkung als im Inland. Der Oberste Militärrat sah wenig Grund zu Konzessionen an das – in seinen Augen – demonstrierende Gesindel, das bereits nach den Tahrir-Protesten erfolgreich an den Rand gedrängt worden war. Die Muslimbrüder fürchteten, die Proteste und die Gewalt könnten einen Vorwand zur Verschiebung der Parlamentswahlen auf unbestimmte Zeit liefern – Wahlen, die sie aller Wahrscheinlichkeit nach gewinnen würden.

Aber Washington schaute nicht tatenlos zu. Erschrocken über den Gewaltexzess von Militär und Polizei, setzte die Obama-Regierung den Militärrat unter enormen Druck, seinen Zeitplan für die Übergabe der Macht an die Exekutive zu beschleunigen. Die Szenen gewaltsamer Unruhen im Zentrum von Kairo spielten sich im selben Augenblick ab, als auch Syrien in Gewalt versank und die Brutalität gegen Demonstranten in Libyen eine Intervention rechtfertigte.

Szenen eines von Amerika finanzierten ägyptischen Militärs, das aggressiv gegen die friedlich protestierenden Massen vorging, empörten das Weiße Haus. Wie konnten die Vereinigten Staaten glaubwürdig auf neue, dem Gewaltverzicht verpflichtende Standards der Legitimität in Libyen und Syrien pochen, wenn sich ihr wichtigster Verbündeter in dieser Weise verhielt, ohne dass dies Konsequenzen hatte?[29] Der Militärrat gab diesem internationalen

Druck schließlich nach. Er setzte ein Datum für Präsidentschaftswahlen und die Machtübergabe fest – und vermied damit eine Dauerherrschaft des Militärs und eine Verschiebung von Wahlen auf unbestimmte Zeit, was damals viele befürchteten. Es besagt viel, dass dieser Druck hauptsächlich von außen kam, nicht von Kräften im Innern Ägyptens. Das erfolgreiche Bemühen um eine Mäßigung der Gewalt gegen Demonstranten, die Durchführung von Parlamentswahlen und ein Datum für Präsidentschaftswahlen zählen zu den wenigen greifbaren Erfolgen der US-Diplomatie in Ägypten in der Phase nach den Tahrir-Protesten.

Zeitpunkt und Art der Wahlen waren im Verlauf des Übergangsprozesses Gegenstand heftiger Kontroversen. Die Vereinigten Staaten sahen die Wahlen als entscheidenden Schritt in Richtung eines wirklichen Übergangs zur Demokratie und als wesentlich zur Verhinderung einer Rekonsolidierung der Militärherrschaft. Eine Verzögerung der Wahlen erschien vielen im Westen, aber auch vielen Muslimbrüdern als erster Schritt zur Verschiebung der Demokratie auf unabsehbare Zeit.

Gegner baldiger Wahlen brachten unterschiedliche Argumente vor. Für viele Aktivisten waren Wahlen zu einem so frühen Zeitpunkt nur Augenwischerei, um die autoritären Machtstrukturen aufrechtzuerhalten, die mit Beginn der Massenproteste am 25. Januar erschüttert worden waren. Sie kritisierten die Muslimbrüder, die Wahlen nachdrücklich befürworteten, und warfen ihnen vor, die Revolution zu opfern. Vielen ging es allerdings weniger ums Prinzip: Sie befürchteten vielmehr ihre eigene Niederlage. Angesichts des weitgespannten Netzwerks der Muslimbrüder und der immensen finanziellen Ressourcen, mit denen sie Wähler mobilisieren konnten, plädierten sie für eine Verschiebung der Wahlen, um neuen politischen Kräften mehr Zeit zu geben, sich zu organisieren und mit den Muslimbrüdern zu konkurrieren. Das überzeugendste Argument kam von Oppositionsführer Mohammed el-Baradei, der sich dafür aussprach, zuerst eine neue Verfassung zu erarbeiten. Man kann jedoch nicht wissen, ob damit Ägypten die dramatischen Kämpfe um die Verfassung Ende 2012 erspart geblieben wären.

Die mit den Tahrir-Protesten verbundenen Aktivisten befanden sich in einem besonderen Dilemma. Im Kreuzfeuer der Medien, die ihnen vorwarfen, von Amerika bezahlte Agenten zu sein, konnten sie es sich kaum leisten, Hilfe vom Westen anzunehmen, geschweige denn aktiv zu suchen. Ihre Zurückhaltung half ihnen jedoch nicht viel, da dem Regime nahestehende Leute in den Medien provokativ Mitschnitte von Telefongesprächen veröffentlichten, die solche Beziehungen insinuierten. Obwohl es den Aktivisten immer wieder gelang, viele Ägypter für bestimmte Anliegen auf die Straße zu bringen, verfügten sie nicht über die nötigen Kanäle, um Finanzquellen zu erschließen, Wahlkampfbüros einzurichten oder Wähler zu mobilisieren.

Schließlich fanden die Parlamentswahlen wie geplant statt. Die Muslimbrüder errangen 45 Prozent der Sitze, ein erstaunlicher Sieg, der ihre Führungsposition in der politischen Arena und Katars Aufstieg als Regionalmacht konsolidierte. Die Wahlen riefen einen anderen Rivalen der Muslimbrüder auf den Plan: die salafistische Partei Hizb al-Nour, die 25 Prozent der Stimmen gewann. Die Reste der alten Nationaldemokratischen Partei schnitten ziemlich schlecht ab. Einige nichtislamistische Parteien wie die Freie Ägyptische Partei von Naguib Sawiri errangen gleichfalls Wählerstimmen, blieben aber eine labile Minderheit. Bereit zum Kampf gegen die säkulare Opposition, musste sich die Muslimbruderschaft jetzt gegen eine neue islamistische Kraft abgrenzen – obwohl die eigentliche Macht weiter in den Händen des Obersten Militärrats blieb. Die für Sommer 2012 angesetzten Präsidentschaftswahlen wurden zum Prüfstein für diese Machtprobe.

Jemen

Der Aufstand in Jemen führte zu einem Übergang, der vorsichtiger vollzogen wurde als in Tunesien oder Ägypten. Saudi-Arabien und die Vereinigten Staaten steuerten behutsam den Wechsel der Macht von Saleh auf seinen Vizepräsidenten Abd Rabbo Mansour al-Hadi. Es war kein Übergang zur Demokratie, sondern der Versuch, ein Regime zu erhalten und zu erneuern, das unter großem Druck stand. Der jemenitische Staat, der nie besonders stark gewesen war, verfiel in rasantem Tempo, als die Proteste zunahmen und externe Akteure das Vakuum füllten. Ihnen ging es zwar auch um Einflussnahme auf die Strukturen des neuen jemenitischen Staates, sehr viel wichtiger aber war ihnen die Pflege der Kontakte zu ihren Klienten und Einfluss auf lokaler Ebene, stets mit Blick auf eine künftige Dezentralisierung.[30]

Formell übernahm der Golf-Kooperationsrat die Führungsrolle bei diesem Übergang, auch wenn in der Praxis Saudi-Arabien die Zügel fest in der Hand hatte. Die »Freunde Jemens«, zu denen neben den Golfstaaten auch die USA und Großbritannien gehörten, waren der wichtigste Kanal für offizielle internationale Wirtschaftshilfe. Gegründet 2009 im Rahmen einer größeren Initiative zur Stärkung des jemenitischen Staats gegen die Bedrohung durch al-Qaida, richtete die Gruppe jetzt ihre Bemühungen darauf, den Kollaps der jemenitischen Wirtschaft zu verhindern und die Legitimität der Regierung Hadi zu festigen. Doch Ressourcen aus vielen anderen Quellen überschwemmten das weitgehend regierungslose Territorium Jemens.

Das »jemenitische Modell« wurde propagiert, um Forderungen der Bevölkerung nach einem Wandel Rechnung zu tragen, ohne der Gefahr des staatlichen Zusammenbruchs und der Anarchie zu erliegen. Nicht so offen ausgesprochen, aber gleichermaßen augenscheinlich war, dass dieser Weg politische Kontinuität garantierte und dem Schutz saudischer und amerikanischer Interessen diente. Der jemenitische Übergang versprach ein gewisses Maß an Reformen und umfasste weitreichende Pläne der politischen Einbindung, verfolgte aber keinerlei demokratische Absichten. Vizepräsident Hadi ging im Februar 2012 als einziger Präsidentschaftskandidat ins Rennen, was keinen Zweifel am Ausgang der Abstimmung ließ. Wahlen dienten als Ausweis der »Legitimität«, und wenn die Wähler ihr Kreuzchen machten, dann zum Nutzen der internationalen Gemeinschaft. Doch es bestand keine Absicht, die Bevölkerung tatsächlich über die Macht im Land entscheiden zu lassen.

Die Mängel dieser Vorgehensweise wurden damals weithin zur Kenntnis genommen. Mit dem Übergangsplan wurde Saleh abgesetzt, wenngleich man ihm im Gegenzug für seinen Rücktritt (eine fragwürdige) Immunität zusicherte. Doch kein einziges der Probleme, die dem Aufstand von 2011 zugrunde lagen, wurde in Angriff genommen. Saleh selbst übte von außen weiter politischen Einfluss aus – wie es die Aktivisten befürchtet hatten, die der vom Golf-Kooperationsrat entworfenen Übergangsvereinbarung kritisch gegenüberstanden. Er klammerte sich an seinen Posten als Vorsitzender der alten Regierungspartei Allgemeiner

Volkskongress und hielt ein weitverzweigtes Netzwerk mit Kontakten zur staatlichen Bürokratie, zu den Stammesverbänden und zum Militär aufrecht.[31] Seine Beziehung zu Saudi-Arabien wurde zur Kernfrage für die Zukunft des jemenitischen Übergangs. Die meisten Jemeniten nahmen an, Saleh sei – wie in den vergangenen fast dreißig Jahren – immer noch ein wichtiger Verbündeter der Saudis. Doch seine Weigerung, das sorgfältig ausgehandelte Machtverzichtsabkommen zu erfüllen, gab den Saudis Anlass zur Sorge. Riads Ansehen hing wesentlich vom Erfolg von Hadis neuer Regierung ab, weshalb es Salehs Aktivitäten zunehmend als Bedrohung empfand. Dass die Saudis mit ihm brachen, wurde 2014 für Jemen zum Problem, als sich Saleh mit den Huthi verbündete, um den neuen Favoriten der Saudis zu stürzen.

Hadi brauchte Zeit, um seine Autorität gegen die Reste von Salehs langjährigem Regime zu festigen. Die Kontrolle über das Militär gewann er erst im April 2012, als Salehs Halbbruder Mohammed Saleh al-Ahmar als Kommandeur der Luftwaffe endlich abtrat, nachdem er sich fast drei Wochen lang geweigert hatte. Im Dezember löste Hadi die von Salehs Sohn Ahmed Ali Saleh befehligten Republikanischen Garden auf und verdrängte Salehs Neffen von der Spitze der finanziell gut ausgestatteten Antiterror-Spezialeinheiten. Diese Maßnahmen sowie weitere Schritte zur Ablösung von Salehs Verbündeten stärkten Hadis Position in den Regierungsinstitutionen. Das zähe Ringen um die Kontrolle der Militärführung lenkte ihn jedoch von anderen Aufgaben ab – eine gefährliche Situation. Die Sicherheit im Land ließ immer mehr zu wünschen übrig, die Auseinandersetzungen zwischen lokalen Akteuren und der Armee eskalierten.

Der im März 2013 begonnene Nationale Dialog war das wichtigste Instrument zur Erörterung so strittiger Fragen wie Föderalismus, regionale Ungleichheit, Korruption und Ungerechtigkeit. Den ganzen Winter 2012/13 wurde um die Liste mit den Delegierten der Nationalen-Dialog-Konferenz gerungen, wobei sich mehrere bedeutende Persönlichkeiten aus Protest gegen die Tagesordnung wieder zurückzogen. Die Aktivisten kritisierten vor allem, die Jugend sei unterrepräsentiert und es fehle etwa das Thema der Menschenrechtsverstöße während und nach der Revolution.[32] Revolutionäre Gruppen warnten, es handle sich nur um einen Dialog zwischen den politischen Eliten, was nur die Dysfunktionalität verstärken werde, von der die jemenitische Politik schon so lange geprägt sei. Übereilte Entscheidungen vor dem Hintergrund des dominierenden Diskurses eines scheiternden Staates, drohender Gewalt und des nationalen Notstands werde nur Salehs zentralistische, gewalttätige Herrschaft fortsetzen.[33]

Wie die Beziehung zwischen der Zentralregierung und den Provinzen gestaltet werden sollte, wurde bei den Bemühungen um einen neuen politischen Konsens im Jemen zu einer zentralen Frage. Ein seit vielen Jahren schwelender Konflikt waren die separatistischen Bestrebungen des Südens, besonders nach dem Aufstieg der südjemenitischen Bewegung al-Hirak im Jahr 2007. Al-Hirak hatte gegen eine Vielzahl von Problemen protestiert, die den Süden des Landes bedrängten, und dafür harte militärische Vergeltungsschläge von Salehs Zentralregierung hinnehmen müssen. Salehs Unvermögen, in den Fragen der Verteilung und der Repräsentation Fortschritte zu erzielen, sowie sein Rückgriff auf Gewalt machten aus al-Hirak eine offen separatistische Bewegung. Der Aufstand 2011 und der Nationale Dialog eröffneten ganz neue Möglichkeiten, sich in der Hauptstadt Sanaa Gehör zu verschaffen und mangels einer starken Zentralmacht mehr Autonomie zu erhalten.

Auch sunnitisch-dschihadistische Gruppen bildeten eine permanente Bedrohung des jemenitischen Übergangs. Al-Qaida auf der Arabischen Halbinsel (AQAP) spielte innerhalb der al-Qaida-Ableger eine Sonderrolle. Anders als die meisten anderen versuchte AQAP wiederholt, eine effiziente Lokalverwaltung zu etablieren und mit lokalen Stämmen und Familienverbänden konstruktiv zusammenzuarbeiten. Mit mehreren spektakulären Terroraktionen, unter anderem einem (gescheiterten) Selbstmordanschlag auf den Chef der saudischen Terrorismusbekämpfung, Prinz Mohammed bin Nayef, im August 2009 und dem (gleichfalls gescheiterten) Versuch des »Unterhosenbombers«, an Weihnachten 2009 ein amerikanisches Passagierflugzeug in die Luft zu sprengen, geriet die Organisation ins Visier der Vereinigten Staaten und Saudi-Arabiens. Der populäre englischsprachige Prediger Anwar al-Awlaki galt aufgrund der ihm zugesprochenen Fähigkeit, US-amerikanische Muslime so zu radikalisieren, dass sie Terroranschläge verübten, als besonders gefährlich. In der Folge führten die Vereinigten Staaten permanent Drohnenangriffe gegen al-Qaida auf der Arabischen Halbinsel, manchmal in Zusammenarbeit mit der Regierung Saleh.

Im Nordjemen hatte Ansar Allah, die Organisation der Huthi, Präsident Saleh und den Zentralstaat schon in den vergangenen zehn Jahren herausgefordert. Die Huthi gewannen 2009 einen kurzen Krieg gegen Saudi-Arabien und führten zwischen 2004 und dem Sturz des damaligen Präsidenten Saleh 2011 einen bewaffneten Kampf gegen dessen Streitkräfte. Saleh und die Saudis ließen keine Gelegenheit aus, sie als bloße Stellvertreter Irans hinzustellen. Fast alle unabhängigen Jemen-Experten und insbesondere die US-amerikanische Botschaft lehnten dies jedoch ab. Katar nutzte den endemischen Konflikt, um sich als »neutraler«

Vermittler zwischen den Huthi und Saleh einzuschalten: eine der emblematischen Initiativen des Regimes in Katar in seiner Dekade als »Vermittler«. Die Huthi waren seit jeher ein regionaler, kein nationaler Akteur, 2011 jedoch schlossen sie sich den Protesten auf dem »Platz der Veränderung« in Sanaa an und wurden in der Übergangszeit zu einem wichtigen neuen politischen Akteur.

Und schließlich war da noch die Islah-Bewegung, eine den Muslimbrüdern nahestehende islamistische Gruppierung, die während des Aufstands auf dem Platz der Veränderung eine zentrale Rolle gespielt hatte. Ihre Stellung in den regionalen islamistischen Netzwerken erleichterte ihr den regelmäßigen Kontakt mit Katar und sicherte ihr in dem einflussreichen al-Jazeera-Medienimperium, und nicht nur dort, eine herausragende Stellung. Wie die meisten jemenitischen Bewegungen pflegte auch Islah seit langem recht gute Beziehungen zu Saudi-Arabien, sah sich aber schon bald in den durch die Muslimbrüder entstandenen Strudel der regionalen Polarisierung hineingezogen. Islah war nur eine von mehreren wichtigen islamistischen Bewegungen im Jemen. Dort gab es eine Vielzahl salafistischer Gruppen mit unterschiedlichen Verbindungen nach Saudi-Arabien und natürlich die gefährlich widerstandsfähige Organisation al-Qaida auf der Arabischen Halbinsel, AQAP.[34]

Im Herbst 2012 machte sich im jemenitischen Übergang ein Gefühl der Unsicherheit und Enttäuschung breit. Hadi nutzte jede Gelegenheit, um die Gewalt als Argument für eine stärkere internationale Unterstützung ins Feld zu führen, und warnte, wenn er scheitere, werde es zu einem Bürgerkrieg kommen, der Jemen zu einem Land schlimmer als Somalia oder Afghanistan machen würde. Doch die Probleme warfen kein gutes Licht auf seine Führung. Hadis Machtantritt hatte Jemen weder einen neuen politischen Konsens noch wirtschaftlichen Aufschwung gebracht, weder die Sicherheit erhöht noch Flüchtlingen und Vertriebenen die gefahrlose Rückkehr ermöglicht. Bewaffnete Zusammenstöße und Terroranschläge im Verlauf des Jahres verstärkten diese Instabilität und belegten Hadis Ineffizienz und die nach wie vor bestehenden großen Missstände, an denen der Staat krankte.[35] Aufgrund schwerer Sicherheitsbedenken konnte Hadi monatelang seinen Amtssitz nicht betreten.

Die Gründe für diese grassierende Gewalt in dem lokal stark zersplitterten und von externen Kräften infiltrierten Jemen wurden nie ganz klar. War ein Überfall auf einen militärischen Kontrollposten nun Ausdruck lokaler Unzufriedenheit oder des Revierkampfs zwischen Banden, Zeichen für den Einfall dschihadistischer Gruppen oder ein Schachzug Salehs oder eines anderen Politikers, um Instabilität zu schüren und das Vertrauen in die politischen Rivalen zu untergraben? Staatliches Versagen lud nur noch mehr zu Interventionen der vielen externen Mächte ein, die in Jemen ihre eigenen Interessen verfolgten, während die jugendlichen Aktivisten und die Koalitionen der Bevölkerung, die die Revolution in Gang gesetzt hatten, von dem sich herauskristallisierenden politischen Ordnungsgefüge immer weiter abdrifteten.

Die letzten hoffnungsvollen Tage

Heute scheinen alle immer schon gewusst zu haben, dass die arabischen Aufstände von Anfang an zum Scheitern verurteilt waren. Tatsächlich jedoch befanden sich die meisten Länder des arabischen Übergangs nach dem ersten Jahr immer noch auf einem guten Weg in Richtung Demokratie. In Tunesien und Ägypten waren erfolgreich Wahlen für neue parlamentarische Institutionen abgehalten worden; in Libyen sollten sie bald stattfinden. Der Jemen hatte gemäß dem Übergangsplan des Golf-Kooperationsrats Präsidentenwahlen angesetzt. Auch in Marokko wurden im November Parlamentswahlen durchgeführt, die der siegreichen islamistischen Partei für Gerechtigkeit und Demokratie die Regierungsbildung erlaubten.

Alle diese Übergangsprozesse waren fragil und bekanntermaßen voller Probleme. Niemand hegte die Illusion, dass die Konsolidierung der Demokratie in diesen Ländern eine leichte Aufgabe sein würde. Die meisten politischen Analysten wiesen eindringlich auf das Sicherheitsvakuum hin, auf wirtschaftliches Scheitern, politische Polarisierung und Einmischung von außen, die den demokratischen Übergang gefährden könnten. Doch nach einem Jahr erschien es immer noch möglich, ja sogar wahrscheinlich, dass die revolutionäre Begeisterung und die internationale Unterstützung den Übergang beförderten. Übertragungseffekte auf Nachbarstaaten schienen besonders in Nordafrika vielversprechend, wo sich die Fortschritte in Ägypten, Libyen und Tunesien wechselseitig verstärkten, was die durchaus verlockende Aussicht auf ein weitgehend demokratisches Nordafrika eröffnete.

Aus der Perspektive der regionalen Machtkämpfe dagegen kam

es weniger darauf an, ob die Demokratie überlebte, sondern ob Katar gewann. Die Verbündeten des Emirats hatten bis dahin jede Wahl gewonnen und in Ägypten, Tunesien und Marokko eindrucksvolle Mehrheiten hinter sich versammelt. Katars Stellvertreter waren im libyschen Nationalen Übergangsrat und im neuen syrischen Nationalrat gut vertreten. Saudi-Arabien und die Vereinigten Arabischen Emirate konnten das nicht hinnehmen.

Kapitel 4

Der Aufstand in Syrien

Syriens dramatischer Sturz in die Katastrophe lässt das Land auf den ersten Blick als Sonderfall erscheinen. Tatsache aber ist, dass er sich voll und ganz in das Gesamtbild des arabischen Aufstands fügt. Er wurde von denselben Kräften bestimmt und offenbarte dieselben Übel wie die gesamte Region. Die Demonstranten in Syrien waren von jenen in Ägypten und Tunesien inspiriert. Der Verlauf der Ereignisse war eindeutig durch den Krieg in Libyen und die Interventionen rivalisierender Regionalmächte geprägt. So schrecklich dieser Bürgerkrieg inzwischen auch geworden ist, es trägt nicht zum Verständnis bei, Syrien als Ausnahmefall des regionalen Narrativs zu sehen.

Syrien nahm in der arabischen Ordnung einen besonderen Platz ein. Vor dem Aufstand war das Land der einzige arabische Verbündete Irans und der Kern des »Widerstandsblocks« gewesen. Geriet Assad ins Wanken, wirkte sich das auch denkbar negativ auf Iran aus. Syriens mutige Aktivisten konnten sich den Realitäten der Region nicht entziehen. Die Gegner Assads und Irans nutzten alle ihnen zur Verfügung stehenden Mittel, um den Aufstand in Syrien anzuheizen. Sie schürten ihn, bis er sich zu einer bewaffneten Revolte auswuchs, mit verheerenden Folgen. Iran wiederum ließ nichts in seiner Macht Stehende unversucht, um Assads Sturz zu verhindern – mit dem Ergebnis, dass der Aufstand in Syrien voll und ganz in den neuen Krieg der Region hineingezogen wurde.

Syriens Beziehungen zu den anderen Ländern der arabischen Ordnung waren im Verlauf der Jahre sehr wechselhaft gewesen. Assads Vater und Vorgänger, Hafiz al-Assad, hatte Syrien als Bastion des arabischen Nationalismus und als Zentrum des Widerstands gegen Israel begriffen. Im Jahr 1990 hatten syrische Truppen im Rahmen einer saudischen Initiative Libanon besetzt, um den dort seit acht Jahren wütenden Bürgerkrieg zu beenden. Zu Iran unterhielt Syrien über all die Jahre gute Beziehungen. Im Jahr 1980 gehörte Syrien zu den wenigen arabischen Staaten, die den revolutionären Iran im Krieg gegen Irak unter Saddam Hussein unterstützten. Syrien vermittelte die Kontakte Irans mit der libanesischen Hisbollah, dem wichtigsten regionalen Verbündeten Teherans in der Region. Als die konfessionelle Polarisierung der Region in den 2000er Jahren zunahm und Iran Israel als Problem Nummer eins der Golfstaaten ablöste, wandelte sich Syriens Bündnis mit Iran vom Trumpf zum großen Problem.

Diese Veränderung der regionalen Ordnung führte zu konzertierten Aktionen gegen Baschar al-Assad. Nach der Ermordung des ehemaligen libanesischen Ministerpräsidenten Rafik Hariri im Jahr 2005 unterstützte Saudi-Arabien die Allianz des 14. März, die den Abzug syrischer Truppen aus Libanon erzwang und die Bildung eines Sondertribunals für Libanon vorantrieb, um den Druck auf den syrischen Präsidenten zu erhöhen. Die USA waren ziemlich ungehalten darüber, dass Syrien ungehindert Waffen und Kämpfer über die Grenze nach Irak sickern ließ, wo der sunnitische Aufstand tobte. Im Jahr 2007 hatte Israel ohne viel Aufhebens die Anlagen eines angeblichen syrischen Nuklearwaffenprogramms bombardiert.[1]

Damaskus präsentierte sich als das Zentrum des arabischen Widerstands gegen Israel und die amerikanische Hegemonie in der Region. Dies stellte zu einer Zeit, als der Antiamerikanismus hohe Wellen schlug, eine populäre Position dar, beunruhigte aber die zahlreichen Regime, die den Vereinigten Staaten eng verbunden blieben. Mit seiner Politik erwarb sich Syrien bei der Bevölkerung der Region große Sympathien – trotz der vereinten Bemühungen, das Land zu isolieren und unter Druck zu setzen. Nichts hätte den kalten Krieg zwischen Iran und den Saudis stärker beeinflussen können als ein Bruch der syrisch-iranischen Allianz.

In den Jahren vor dem arabischen Aufstand hatten zahlreiche arabische Mächte versucht, einen Keil zwischen Syrien und Iran zu treiben. Saudi-Arabien wagte nach intensiver Rivalität Mitte des Jahrzehnts erneut einen Brückenschlag zu Damaskus. Die Türkei und Katar investierten massiv in die syrische Wirtschaft, der Emir von Katar und der türkische Ministerpräsident pflegten enge persönliche Beziehungen zu Assad. Die Regierung Obama sondierte Möglichkeiten einer Zusammenarbeit mit Syrien in Irak und prüfte beispielsweise, inwieweit Damaskus in der Lage und willens war, gegen den sunnitischen Aufstand vorzugehen, während sich führende Kongressabgeordnete mit Assad trafen, um über die Beziehungen zwischen ihren beiden Ländern zu sprechen.

Noch am Vorabend des Aufstands schien Syriens Eingliederung in die Regionalordnung bevorzustehen. Doch nur wenige Monate später setzten sich dieselben Staatsführer, die eben noch Assad umworben hatten, an die Spitze internationaler Bemühungen, ihn aus dem Amt zu drängen.

Das soll nicht heißen, dass der syrische Aufstand von ausländischen Mächten angezettelt wurde, wie es Assad und seine Unterstützer behaupten. Vielmehr machten sich ausländische Mächte den Aufstand zunutze, unterstützten und verstärkten ihn und betrieben seine Militarisierung. Die Protestbewegung war echt und wurde von denselben Motiven und Hoffnungen getragen, wie man sie auch anderswo in der Region fand.

Ohne das Vorbild der arabischen Aufstände hätten sich die Syrer nicht zum Protest entschlossen. Sie hätten noch über Generationen hinweg mehr oder weniger klaglos die politische Unterdrückung, Polizeiwillkür und eine stagnierende Wirtschaft ertragen. Zehn Jahre zuvor war eine vorsichtige politische Öffnung rasch erstickt worden, als sie dem Regime gefährlich zu werden drohte. Der massive Druck auf das Assad-Regime in den Jahren nach der Ermordung von Rafik Hariri 2005 hatte die Öffentlichkeit kaum mobilisiert, auch nicht als Massenproteste im nahegelegenen Beirut die syrische Besatzungsmacht nach fünfzehn Jahren zum Abzug aus Libanon zwangen. Nicht die Bedingungen im eigenen Land, sondern vielmehr das Beispiel des arabischen Aufstands und die Intervention in Libyen veränderten die Sicht vieler Syrer, die auf einmal einen Erfolg für möglich hielten, von dem sie bisher noch nicht einmal zu träumen gewagt hatten.

Der Aufstand

Zu Beginn des Aufstands zeigte das Volk geradezu heldenhaften Mut, wenn man die extreme staatliche Gewalt und jahrzehntelange Erfahrung der brutalen Niederschlagung jeglichen Protestes bedenkt. Auch die Syrer beobachteten die Entwicklung der arabischen Aufstände und hofften, das irgendwie auch zu schaffen. Die ersten syrischen Demonstranten gingen gewaltige Risiken ein. Die Anfänge der syrischen Protestbewegung ähnelten der Erfahrung vieler anderer Länder in der Region. Inspiriert vom Beispiel Tunesiens und Ägyptens und der zahlreichen Missstände in ihrem Land überdrüssig, eiferten kleine Gruppen junger, kosmopolitischer Aktivisten den sich entwickelnden Protestmodellen nach.[2] Sie versuchten, in Damaskus Flashmobs zu organisieren und bei YouTube einzustellen, sich über die Moscheen abzustimmen und den syrischen Aktivismus mit der größeren Protestwelle der Region zu verknüpfen. Den Protesten war allerdings anfangs wenig Erfolg beschieden, was zum großen Teil an den Repressionen des Regimes und der Allgegenwart des staatlichen Sicherheitsapparats lag.

Anfangs glaubte kaum einer der Beteiligten, weder in Syrien selbst noch im Ausland, dass Assad ernsthaft gefährdet sei. Diese Einschätzung änderte sich, als die Gewalt und das Ausmaß der Proteste zunahmen. Syrien schien für die einen zur Zufallsbeute, für die anderen zu einer sich am Horizont abzeichnenden humanitären Katastrophe zu werden. Assad war fest überzeugt, die oft unter Beweis gestellte Widerstandsfähigkeit seines Regimes würde es vor dem arabischen Aufstand schützen.[3] Er versuchte Zuversicht zu verbreiten, doch sein Regime war sich durchaus bewusst, dass ihm ernste Gefahr drohte.[4] Hamas-Führer Chalid

Maschal hatte den allzu selbstsicheren Assad schon im Februar 2011 gewarnt, dass »Syrien vom Arabischen Frühling nicht verschont bleiben« werde.[5] Assads Methoden unterschieden sich anfangs nicht allzu sehr von jenen der anderen arabischen Regime. Er verfolgte eine gemischte Strategie und griff mal zu politischen Alibi-Reformen, mal zur Gewalt.[6] Zwar verfügte er nicht – wie die Golfstaaten – über die Mittel, Geld unter seinen unzufriedenen Staatsbürgern zu verteilen, aber er experimentierte nach dem Vorbild Jordaniens und Marokkos mit präventiven Reformen. Seine politischen Reformmaßnahmen gingen weit über alles hinaus, was Mubarak oder Ben Ali boten. Sie glichen in Inhalt und Zeitablauf eher der effizienten Strategie des »Teile und herrsche«, wie sie der marokkanische König Mohammed VI. und der jordanische König Abdullah betrieben. In der Anfangsphase des Aufstands entließ Assad politische Gefangene und beendete nach fast fünf Jahren den Ausnahmezustand. Am 27. Februar 2012 revidierte er die Verfassung, und im Mai hielt er Neuwahlen zum Parlament ab.

Diese politischen Reformen waren jedoch kaum ernst zu nehmen, denn gleichzeitig übte der Staat eine Gewalt aus, die weit brutaler war als in den anderen Ländern. Es wurden nicht nur Demonstranten angegriffen, auch Verhaftungen, Folter, Überwachung und persönliche Einschüchterungen nahmen überhand.[7] Auch hier lernte das Regime von den anderen Ländern. Die Politik der Zurückhaltung in Ägypten und Tunesien war ganz offensichtlich gescheitert, ebenso Gaddafis ungehemmter Einsatz der regulären Streitkräfte, der nur den Anlass zur Intervention gegeben hatte. Die syrischen Sicherheitskräfte gingen mit harter Hand gegen Kundgebungen vor, infiltrierten Treffpunkte von Demonstranten wie Moscheen und öffentliche Plätze. Die ohnehin allgegenwärtige Überwachung wurde verschärft; mutmaßliche Aktivisten wurden verhaftet, geschlagen und gefoltert, Versammlungen, auf denen man Subversion vermutete, mit Gewalt aufgelöst. Die Sicherheitsdienste der meisten anderen arabischen Staaten verhielten sich zu dieser Zeit genauso. Die vom Assad-Regime ausgeübte Gewalt jedoch war so bemessen, dass die Weltöffentlichkeit keine große Notiz von ihr nahm. In dieser Zeit zählten die Toten noch nach Dutzenden, nicht nach Tausenden. Oft überließ das Regime die Ausübung der Gewalt der Shabiha, einer zwielichtigen Miliz, die in Zivil aktiv wurde, was es ihm leichtmachte, seine Beteiligung zu leugnen.

Verglichen mit anderen arabischen Ländern blieben die syrischen Proteste in den ersten beiden Monaten relativ schwach und vereinzelt. Das änderte sich im März, fast zur selben Zeit, als die Truppen des Golf-Kooperationsrats in Bahrain einmarschierten, die Protestcamps in Jemen mit Waffengewalt aufgelöst wurden und NATO-Kampfflugzeuge Libyen zu bombardieren begannen. Der Funke, der das Pulverfass zur Explosion brachte, war die Brutalität eines Polizeichefs in Deraa. Ein von ihm misshandelter Jugendlicher, der assadfeindliche Parolen an eine Mauer gesprüht hatte, wurde zur Symbolfigur des Aufstands. Proteste gegen diesen Übergriff wurden blutig niedergeschlagen. Die Ermordung friedlicher Demonstranten hatte einen mobilisierenden Effekt. Die Syrer sind sich verblüffend einig darüber, dass es diese frühen Übergriffe und Willkürakte waren, die den Protest befeuerten.[8]

Die Grausamkeit des Regimes ließ die Proteste eskalieren und sorgte dafür, dass sie sich rasch in andere Regionen und Städte Syriens ausbreiteten. Assad ließ der bislang sorgfältig dosierten Gewalt die Zügel schießen, als die Proteste eskalierten. Das Beispiel Libyen, wo die staatlichen Gewaltexzesse zum internationalen Eingreifen geführt hatten, beeinflusste das Kalkül zumindest einiger syrischer Oppositioneller.

Online-Aktivismus und Bürgerjournalismus prägten das Bild der Gewalt. Die Aktivitäten in sozialen Medien hatten einen ganz anderen Charakter als in Ägypten oder in Jemen.[9] Da vor Ort nur wenige Journalisten den Wahrheitsgehalt der Berichte überprüfen konnten, wurden mit Mobiltelefonen aufgenommene Videos ins Internet gestellt oder von Aktivistennetzwerken, die sich zur Unterstützung der Rebellion um die Verbreitung des Bildmaterials kümmerten, außer Landes geschmuggelt. Diese Aktivisten bedienten sich der verbreiteten Plattformen Facebook, YouTube und Twitter. Sie arbeiteten Hand in Hand mit arabischen Fernsehsendern wie al-Jazeera und al-Arabiya, die regelmäßig Videomaterial sendeten, das entweder aus diesen sozialen Netzwerken stammte oder direkt auf eigens dafür eingerichtete Seiten hochgeladen worden war. Die westlichen Medien waren für ihre Informationsbeschaffung und den Zugang zu Quellen auf Aktivisten angewiesen, denen sie vertrauen konnten, und wurden so zum Sprachrohr einer Partei in einem komplizierten Krieg.

Einander überschneidende Netzwerke von Aktivisten und staatlichen Sponsoren bedienten sich ebenfalls der Medien. Aktivisten der Muslimbrüder, euphorisiert durch die Ereignisse in Ägypten und von Katar großzügig unterstützt, spielten eine bedeutende, wenn auch weitgehend unbeachtete Rolle dabei, die Proteste ins öffentliche Bewusstsein zu rücken.[10] Sie taten dies mit Hilfe eines wachsenden Netzwerks von Online-Aktivisten, die sich auf neuen Wegen mit al-Jazeera zu verknüpfen verstanden. Schon Ende März 2011 nutzte der Fernsehprediger Yusuf al-Qaradawi, eine zentrale Figur der Muslimbrüder, von Doha aus seine medialen Plattformen, um die Unterdrückung des Aufstands durch Assad zu verurteilen.[11] Die syrischen Muslimbrüder, die sich nie von dem Massaker erholt hatten, das Hafiz al-Assad 1982 an ihnen in Hama begangen hatte, waren in der Diaspora stärker als zu Hause in Syrien. Paradoxerweise befähigte sie gerade das, in der sich im Ausland formierenden Opposition eine Führungsrolle einzunehmen. Mit Unterstützung Katars errangen sie überproportionale Bedeutung im Syrischen Nationalrat und in der internationalen Krisendiplomatie – was die Türkei und Saudi-Arabien auf den Plan rief, die ihre eigenen Stellvertreter in wichtige Positionen zu bringen versuchten.

Doch die Unterstützung für den syrischen Aufstand beschränkte sich nicht auf die Muslimbrüder. Die meisten Aktivisten des arabischen Aufstands begrüßten die syrische Erhebung.[12] Am 25. März 2011 twitterte Wael Ghonim, ein führender ägyptischer Aktivist: »Die syrische Flagge hat zwei Sterne, einen für Syrien und einen für Ägypten.« Häufig konnte man Tweets lesen wie: »[D]ie Führer in Libyen, Syrien und dem Jemen haben nichts gelernt: Wenn das Blut eures Volkes fließt, ist euer Ende nah!«, gesendet im April 2011 auf Englisch vom ägyptischen Geschäftsmann @naguibsawiri, oder, auf Arabisch: »Libyen, Jemen, Syrien … alle verdienen Gerechtigkeit und Sicherheit … wie alle muslimischen Länder«, geschrieben gleichfalls im April 2011 von dem bekannten saudi-arabischen Medienaktivisten @ahmadalshugairi. In diesen Anfangstagen machten nur wenige Aktivisten des arabischen Aufstands einen Unterschied zwischen der Sache Syriens und ihrer eigenen.

Unterstützung für den syrischen Aufstand kam außer von den Muslimbrüdern auch von zahlreichen anderen miteinander verbundenen islamistischen Netzwerken am Golf. Prominente Islamisten in Saudi-Arabien, Katar und Kuwait räumten in ihren Predigten, Wohltätigkeitskampagnen und Accounts bei sozialen Medien dem Thema Syrien breiten Raum ein. Personen wie der salafistische Islamist Nabil al-Awadhy aus Kuwait wurden zu Schlüsselfiguren einer Kampagne, die die Aufmerksamkeit auf die Leiden des syrischen Volks zu lenken und Unterstützung zu mobilisieren suchte. Viele dieser bekannten Islamisten machten sich auch für Gleichgesinnte in Ländern des Übergangs wie Ägypten stark. Damit lagen sie auf einer Linie mit der katarischen und türkischen Sicht des arabischen Aufstands, entfernten sich aber zusehends vom Lager der Saudis und der Vereinigten Arabischen Emirate.

Trotz alledem entwickelte sich die Unterstützung einer Intervention in der Region schleppender als zuvor in Libyen. Anfangs hielten sich die Golfstaaten und die Arabische Liga auffallend bedeckt, wenn es um Syrien ging, während Gerüchte zirkulierten, man schnüre ein Geldpaket zur Rettung Assads, wie man es für Jordanien, Marokko und die weniger reichen Staaten des Golf-Kooperationsrats getan hatte.[13] Die Türkei und die anderen Golfstaaten hatten viele Gründe, mit der Forderung nach einem Regimewechsel in Syrien vorsichtig zu sein. Es gab am Golf keinen klaren und raschen Konsens zu Syrien. Viele Geschäftsleute, vor allem aus Dubai und Katar, hatten ein breites Spektrum von Interessen in Syrien, andere hatten aufgrund politischer Differenzen von Investitionen Abstand genommen. Noch im Sommer 2011 konnten prominente Journalisten wie Khaled Hroub die Frage stellen, warum die arabischen Regime zu Syrien schwiegen, während sich der Rest der Welt, von den USA über die Vereinten Nationen bis hin zur Türkei und zu Iran, aktiv in die Krise einmischte.[14]

Das sollte nicht lange so bleiben. Als die Gewalt eskalierte und das Assad-Regime den Golfstaaten vorwarf, die Aufstände anzustacheln, gab man am Golf die Zurückhaltung auf. Eine Serie blutiger Massaker, die in Bildern und Videos über die sozialen Medien verbreitet wurden, entsetzte Syrer und außenstehende Beobachter gleichermaßen. Bald wurde die Unterstützung des syrischen Aufstands ein gemeinsames Anliegen ansonsten stark miteinander konkurrierender Regime, sozialer Bewegungen und ideologischer Lager. Nicht alle verfolgten dabei allerdings dasselbe Ziel. Aus den Bemühungen zum Schutz syrischer Zivilisten vor staatlicher Repression konnten, wie in Libyen, schnell Bestrebungen zum Sturz des Regimes werden.

Saudi-Arabien und Bahrain fiel es nicht schwer, sich gegen Assad zu wenden. Riad versuchte seit langem, Syriens Bündnis mit Iran aufzubrechen, und sah nun eine Gelegenheit gekommen, noch einen Schritt weiter zu gehen. Bahrain hoffte wohl zudem darauf, sich nach seiner weithin kritisierten, konfessionell motivierten Unterdrückungskampagne wieder in die arabische Ordnung einzugliedern. Gleichzeitig spiegelte die bahrainische Position die extrem konfrontativen und sich deutlich artikulierenden Ansichten des sunnitischen Bevölkerungsanteils des Landes, der als Teil der Kampagne gegen die heimische Protestbewegung an Selbstbewusstsein gewonnen hatte. Saudi-Arabien wie Bahrain stellten in öffentlichen Verlautbarungen immer mehr die konfessionellen Aspekte der Krise in den Vordergrund und forderten mit Vehemenz die Unterstützung der syrischen Sunniten gegen das alawitische (sprich: schiitische) Assad-Regime.

Schwieriger war es für den türkischen Ministerpräsidenten Erdoğan und den Emir von Katar, sich gegen Assad zu stellen, hatten sie doch bislang gute persönliche Beziehungen zum syrischen Herrscher gepflegt. Beide Länder hatten als Vermittler besserer Beziehungen Syriens zur westlichen Allianz beträchtliches finanzielles und politisches Kapital investiert. Die Aufstände sollten all das verändern. Der entscheidende Moment für die Türkei war der syrische Angriff auf Jisr al-Shughur nahe der Grenze. Jetzt strömten Flüchtlinge ins Land, trotzdem hielt die Türkei die Grenze weitgehend offen, was es der syrischen Opposition ermöglichte, Güter und Menschen in die von ihr kontrollierten Gebiete zu bringen – und mit der Zeit auch Waffen und Dschihadisten.

Katar, noch ganz berauscht von seiner tragenden Rolle beim internationalen Militäreinsatz in Libyen und der Anerkennung, die es für den arabischen Aufstand erhielt, sah eine weitere Gelegenheit, die Führung zu übernehmen. Die Türkei und Katar versuchten anfangs ihre Verbindungen zu Assad zu nutzen, um ihn zu politischen Reformen zu bewegen. Als diese Bemühungen fehlschlugen, wurden die beiden Staaten zu den stärksten Befürwortern der Rebellion. Katar traf Vorbereitungen, das libysche Modell auch auf Syrien anzuwenden, indem es die Gründung eines politischen Oppositionsgremiums im Exil finanzierte, der Berichterstattung über Syrien bei al-Jazeera breiten Raum gab und bei der Arabischen Liga und den Vereinten Nationen Lobbyarbeit betrieb. Als einer der ersten Staaten brach Katar die diplomatischen Beziehungen zu Syrien ab und verhängte Sanktionen gegen das Land.

Die Berichterstattung von al-Jazeera über Syrien unterstützte bald aktiv die Rebellion. Die feurigen Auftritte des populären Islamisten Yusuf al-Qaradawi und die kämpferischen Beiträge des aus Syrien stammenden Talkshowmoderators Faisal al-Qassem fanden dabei besonderen Anklang. Bald schon traten wegen der Syrien-Berichterstattung innerhalb des Senders Differenzen zutage, wie sie sich bei keinem der anderen Aufstände gezeigt hatten. Streitpunkt war die Abkehr vom »Widerstandsblock«, mit dem der Sender lange sympathisiert hatte. Im ersten Jahr nach dem Aufstand verließen einige bekannte Moderatoren al-Jazeera. Im Sommer ging dann auch der ebenso dynamische wie umstrittene Nachrichtenchef Wadhah al-Khanfar, und der Sender wurde von der katarischen Regierung stärker und direkter an die Kandare genommen.

Dann kam Homs, wo sich trotz massiver Einschüchterungsversuche des Regimes große Menschenmengen versammelt hatten. Anfang Juli gingen dort mehr als vierhunderttausend Demonstranten gegen Assad auf die Straße. Robert Ford, der amerikanische Botschafter in Syrien, und mehrere andere westliche Diplomaten reisten nach Hama unweit von Homs, um die Demonstranten zu unterstützen. Sie wurden mit Begeisterung und Jubel empfangen.[15] Assad beschwerte sich bitter über Fords Besuch und bestrafte alsbald die Stadt durch eine Reihe militärischer Attacken. Die Proteste schwollen weiter an, bis Assad Ende Juli eine massive Militäraktion startete, bei der Hunderte Zivilisten getötet wurden. Das war der bis dahin blutigste Tag in der Geschichte des Aufstands. Eine Verurteilung des Massakers durch den Sicherheitsrat der Vereinten Nationen scheiterte am Veto Russlands, das fürchtete, eine derartige Resolution könnte wie im Fall Libyens als Vorwand für eine Militärintervention dienen.

Die Regierung Obama stand zu diesem Zeitpunkt unter enormem innen- und außenpolitischem Druck, sich deutlich gegen Assad zu positionieren. Die Golfstaaten hatten sich zur Unterstützung des Aufstands gegen Assad zusammengerauft, stritten sich aber hinter den Kulissen erbittert um die Kontrolle über die immer stärker hervortretende Opposition. Die Massaker von Hama im Anschluss an den Besuch von Ford stellten die amerikanische Glaubwürdigkeit direkt in Frage. Das Ausmaß und die Stärke der Volksproteste, die allmählich sich herausbildende gemeinsame Haltung der Golfstaaten und die wachsende internationale Empörung über die Gewalt des Regimes führten zunehmend zu der Einschätzung, dass Assad sich nicht an der Macht halten könne. Die syrische Opposition, die arabischen und ein großer Teil der westlichen Medien betonten dies bei jeder Gelegenheit.

Doch der entscheidende Punkt war, dass in der Frage einer militärischen Intervention immer noch kein Konsens herrschte – nicht in Washington, nicht in der Region und nicht unter den Syrern. Zwar wuchs das Gefühl, man müsse etwas tun, um das Gemetzel zu stoppen, es zeichnete sich aber kein klarer Lösungsweg ab. Weiterhin setzte man hauptsächlich auf Diplomatie, und der Westen versuchte die Unterstützung der Staaten der Region zu gewinnen, um den Druck auf Assad zu erhöhen und die Spirale der Gewalt zu durchbrechen. Diese Bemühungen zeigten Mitte August Erfolg. Der Golf-Kooperationsrat forderte das syrische Regime auf, das Blutvergießen zu beenden. Saudi-Arabien, Bahrain und Kuwait riefen ihre Botschafter aus Damaskus zurück.

Am 18. August 2011 erklärte Obama nach Rücksprache mit seinen europäischen und arabischen Verbündeten, dass »die Zukunft Syriens von seinem Volk bestimmt werden muss, doch Präsident Baschar al-Assad steht ihm dabei im Weg … um des syrischen Volkes willen ist die Zeit gekommen, dass Präsident Assad abtritt.« Dies setzte zumindest eine politische Orientierungsmarke für die weitere Entwicklung des Konflikts. Die Golfstaaten und die syrische Opposition waren überzeugt, sie hätten nun die

Zusicherung der Amerikaner für Aktionen zur Absetzung Assads, auch wenn das Weiße Haus nichts dergleichen beschlossen hatte.

Die Debatte über die Intervention

Obamas Rücktrittsaufforderung an Assad verstärkte die Erwartung eines unmittelbar bevorstehenden Durchbruchs. Kundige Beobachter des syrischen Regimes machten sich jedoch zumeist keine Illusionen darüber, dass es so einfach aufgeben würde. Dass Obama das »Zauberwort« Rücktritt benutzt hatte, wurde zwar mit großer Aufmerksamkeit wahrgenommen und stärkte der Opposition des Regimes den Rücken, doch wie nicht anders zu erwarten, bewegte es den syrischen Präsidenten nicht zur Amtsaufgabe. Kenner der Geschichte Assads und der Beschaffenheit des Regimes warnten, dass er als Reaktion wahrscheinlich nur noch weiter an der Gewaltschraube drehen und den Syrern irgendwann nichts anderes übrigbleiben werde, als zu ihrer Selbstverteidigung die Waffen zu ergreifen. Doch die Aussicht auf mehr Gewalt schreckte nicht mehr so sehr wie noch wenige Monate zuvor. Inzwischen war die NATO der Protestbewegung in Libyen zu Hilfe gekommen, und in jenem Monat, im August 2011, war Gaddafi aus Tripolis vertrieben worden. Sosehr sich Obama bemühte, die Erwartung einer amerikanischen Intervention zu dämpfen, waren viele dennoch überzeugt, er hätte am Ende keine andere Wahl. Seine Regierung blieb in dieser Frage gespalten, viele sympathisierten mit dem instinktiven Interventionismus der politischen Klasse. Die Folge war, dass die Akteure aller Seiten des Konflikts unklare Signale zur Wahrscheinlichkeit eines amerikanischen Eingreifens erhielten.

Über der Forderung nach einer Intervention trat oft in den Hintergrund, dass kein arabischer Konsens zu Syrien bestand. Mehr noch als im Fall Libyen tobte ein heftiger und mit Erbitterung geführter öffentlicher Streit darüber, wie man Syrien in das Gesamtbild der arabischen Aufstände einordnen solle. Wer über Jahre dem »Widerstandsnarrativ« gefolgt war, neigte dazu, den Aufstand als Stellvertreterkrieg gegen das Assad-Regime anzusehen. Die weitgespannten Netzwerke der Panarabisten, der Linken und des größeren »Widerstandsblocks«, in den Jahren zuvor einer der Fixpunkte in der zerklüfteten Politiklandschaft der Region, hatten allen Grund, misstrauisch zu sein. Die Rolle der Golfstaaten und der Muslimbrüder bei der Förderung des Aufstands weckten Besorgnis. Dasselbe galt für die positive Haltung der Vereinigten Staaten und Europas gegenüber dem Aufstand, ebenso für die ausgesprochene Unterstützung durch proisraelische Stimmen in Washington. Pausenlos hämmerten die »Widerstandsmedien« darauf ein, dass der Aufstand von externen Geldgebern abhängig sei.

Nicht einmal in Syrien selbst herrschte Einigkeit. Und das war der Grund für den Bürgerkrieg. Assad konnte sich nach wie vor beträchtlicher Unterstützung weiter Teile der syrischen Bevölkerung sicher sein, nicht nur der Minderheiten, sondern auch großer Teile der sunnitischen Eliten, die von seiner Herrschaft profitiert hatten und Veränderungen fürchteten. Die offiziellen Medien, später unterstützt durch die in Libanon erscheinende Zeitung *al-Akhbar* und den Fernsehsender al-Mayadeen, zeichneten geschickt ein Bild ausländischer Subversion, bewaffneter Banden und einer propagandistisch überzogenen Darstellung der Proteste und der Reaktion des Regimes. Die Anhänger beider Narrative stritten erbittert miteinander – der Informationskrieg wurde eine wichtige Front in dem sich rasant entwickelnden Konflikt.

Der von zahlreichen Staaten und den USA geforderte Rücktritt Assads löste in der Region und innerhalb der syrischen Opposition zunehmend heftige Debatten darüber aus, inwiefern dazu eine externe Beteiligung wünschenswert und möglich sei. Solange Assad noch fest im Sattel gesessen hatte, war jede Unterstützung der Rebellen riskant gewesen, doch angesichts einer unaufhaltsam heranrückenden Nach-Assad-Ära schien sie nun das Gebot der Stunde. »[D]as syrische Regime kann nicht so weitermachen wie bisher. Entweder es ändert sich von selbst, oder das syrische Volk sorgt dafür, dass es sich ändert«, formulierte es Azmi Bishara auf al-Jazeera.[16]

Es blieb allerdings schwierig abzuschätzen, wie sich eine Bewaffnung des Aufstands auswirken würde. Viele Unterstützer des syrischen Aufstands sahen ihre größte Erfolgschance darin, die bislang unentschlossenen Sunniten, religiöse und ethnische Minderheiten und die Geschäftsleute in Städten wie Aleppo auf ihre Seite zu ziehen. Sie setzten darauf, sich als die moralisch bessere Alternative zu präsentieren und eine Mehrheit der Syrer zur Abkehr von Assad zu bewegen. Dazu mussten sie den Alawiten, Christen und Sunniten, die von Assads Regime profitiert hatten, zusichern, dass ihre Interessen, ja ihre Existenz auch in einem Syrien nach Assad geschützt seien. Je mehr Protestierende die Waffen erhoben, desto einfacher wurde es allerdings für das Regime, unter seinen Anhängern Angst zu schüren. Der Griff zu den Waffen, der das Regime unter Druck setzen sollte, spielte Assad in die Hände, weil ein bewaffneter Aufstand das Narrativ des friedlichen Protests untergrub und dazu führte, dass sich seine verängstigten Anhänger um ihn scharten.

Noch umstrittener als die eigene Bewaffnung war in der syrischen Opposition die Möglichkeit einer Intervention des Westens. Sosehr die im Exil lebenden Oppositionellen in den westlichen Hauptstädten für ein militärisches Eingreifen warben, in den Reihen der syrischen Opposition wurde man sich in dieser Frage nicht einig. Die Ablehnung einer Intervention beruhte auf tief verwurzelten syrischen und gesamtarabischen Grundsätzen. Syriens Außenpolitik und seine nationale Identität gründeten auf dem Widerstand gegen und der Konfrontation mit Israel und den Vereinigten Staaten. Diese Haltung traf in der syrischen Bevölkerung auf breite Zustimmung und deckte sich mit der Mehrheitsmeinung der arabischen Öffentlichkeit. Für die Opposition war das eine echte Herausforderung: Wie konnten die Befürworter von Assads Sturz Hilfe beim verhassten westlichen Bündnis suchen, ohne ihre gesamte Glaubwürdigkeit in der syrischen Öffentlichkeit zu verspielen?

Auch ein großer Teil der mit dem Aufstand sympathisierenden Syrer stand Amerika sehr skeptisch gegenüber und fürchtete die Folgen einer militärischen Eskalation. Sie wollten bei einer rein syrischen und gewaltfreien Bewegung bleiben. Syrer, die sich in den Lokalen Koordinationskomitees engagierten, waren weit weniger offen für eine von den Amerikanern geführte Intervention als die Politiker und Aktivisten im Exil, die ihren Anspruch auf Führerschaft vor allem auf ihre Fähigkeit gründeten, internationale Unterstützung einzuwerben. Während die meisten Syrer einfach nur noch Schutz gleich welcher Art vor den Angriffen des Regimes herbeisehnten, sahen andere bereits die Folgen eines ungezügelten Stellvertreterkriegs auf heimischem Boden voraus. Keine Gewalt, keine Intervention, lautete weiterhin ihre Devise – es sollte anders kommen.

Ihre Skepsis gegenüber bewaffneter Rebellion und begrenzter internationaler Intervention stützte sich auf ihre prekäre Lage vor Ort. Sie wussten nur zu gut, dass sie militärisch hoffnungslos unterlegen waren und wie wenig sie den bewaffneten Gruppen, die sich einzumischen begannen, trauen konnten. Und sie wussten auch, zu welchen Grausamkeiten das syrische Regime in der Lage war, wenn es sich in die Enge getrieben fühlte. Viele zweifelten an den ehrlichen Absichten von außen kommender Akteure, die sie zu einer bewaffneten Konfrontation treiben wollten. Der palästinensisch-jordanische Kolumnist Oraib al-Rentawi prophezeite sehr richtig: »[M]ilitarisierung kann durch vielerlei gerechtfertigt werden, darunter die Gräueltaten des Regimes, aber sie ist nur ein Weg der Zerstörung und beschwört eine noch zerstörerischere Intervention von außen herauf.«[17]

Das brutale Vorgehen des syrischen Regimes löste erbitterte Debatten aus. Wie sollte man den Widerstand gegen Israel und die brutale Unterdrückung einer Volkserhebung unter einen Hut bringen? Stellte die Konfrontation mit Israel etwa Syrien oder der Hisbollah einen Freibrief aus, ihre eigenen Landsleute ungestraft zu ermorden? Andererseits, diente die Unterstützung des Aufstands nicht israelischen Interessen, weil damit seine wichtigsten Gegner geschwächt wurden? Die Hamas räumte schließlich ihre Büros in Damaskus und brach mit Iran, um nicht in den erbitterten Krieg der Worte hineingezogen zu werden.[18] Die Hisbollah hingegen verstrickte sich immer tiefer in die Kämpfe. Die Feinheiten dieser zum größten Teil auf Arabisch geführten Debatte gingen im Diskurs des Westens weitgehend unter, hier beschränkte man sich auf die einfachere Geschichte eines geeinten syrischen Volks, das sich gegen einen verhassten Diktator erhob.

Die Ablehnung von Gewalt stützte sich auf moralische wie strategische Bedenken. Viele Aktivisten sahen, dass der Griff zu den Waffen der Regimepropaganda reichlich Munition bot, ausländische Sympathien kostete und noch unentschlossene Syrer verschreckte. Ihre Befürchtungen, dass der Einsatz von Gewalt sie teuer zu stehen kommen könnte, ließen sich durch die wissenschaftliche Literatur gut begründen, allerdings waren wenige Syrer geneigt, sich Vorträge über vergleichende Revolutionswissenschaft anzuhören.[19]

Peter Harling und Sarah Birke von der International Crisis Group haben die Logik, der zufolge ein Waffeneinsatz dem Aufstand nur schaden kann, sehr gut erfasst: »Indem es [das Regime] die enttäuschten Demonstranten dazu bringt, zu den Waffen zu greifen, und die internationale Gemeinschaft dazu, ihnen dabei Hilfe anzubieten, rückt es erfolgreich die größte Bedrohung seiner Herrschaft in ein schlechtes Licht: die weitgehend friedliche Graswurzel- und Protestbewegung, die tiefgreifende Veränderungen forderte.«[20]

Burhan Ghalioun, der Vorsitzende des Syrischen Nationalrats, beharrte darauf, der Aufstand sei eine »friedliche und zivile Revolution«, deren Ziel es sei, einen demokratischen Staat zu schaffen.[21] Doch der Griff zu den Waffen erschien zunehmend unvermeidlich. Schon am 2. Oktober 2011 erklärte der führende saudische Kolumnist und enge Vertraute seiner Regierung Abd al-Rahman al-Rashed: »[D]ie bewaffnete Revolution in Syrien hat begonnen.«[22] Der syrische Intellektuelle Yasin al-Haj Saleh wollte wissen, was die Gegner einer Militarisierung denn für Vorschläge hinsichtlich der bereits gegen Assad kämpfenden Gruppierungen hätten.[23] Was sollten die Syrer tun, denen die Militärmaschinerie Assads tagtäglich Tod und Zerstörung brachte?

Im weiteren Verlauf des Jahres 2011 wurden die Meinungsverschiedenheiten über den Einsatz von Gewalt und eine Intervention immer größer. Bassam Haddad, Hochschullehrer in Washington, bemerkte Anfang 2012: »Im privaten Gespräch geben die meisten syrischen Regimekritiker zu, dass solche Taktiken [des bewaffneten Kampfes] nicht der ›Revolution‹ dienen. Real sind sie viel mehr mit dem Kampf und damit beschäftigt, sich der Unterdrückung zu entziehen.«[24] Doch ihre privaten Bedenken gingen im Getöse der von den arabischen Medien geforderten Militarisierung und den lauten Kampagnen in den sozialen Medien unter. Für viele Syrer in der Konfliktzone, die unter den stetig härter werdenden Maßnahmen des Regimes litten, bemaß sich der Wert des Syrischen Nationalrats inzwischen nur noch daran, ob er für internationalen Schutz sorgen konnte.

Am Ende war es das Scheitern der Diplomatie, das die syrische Opposition zu den Waffen greifen ließ. Der Westen und seine Partner in der Region bemühten sich weiterhin um eine Resolution des UN-Sicherheitsrats, um Druck auf Assad auszuüben und eine wie immer geartete Aktion zu legitimieren. Im November 2011 verkündete Katars Außenminister Hamed bin Jassem Syriens Ausschluss aus der Arabischen Liga, ein ebenso bedeutsamer wie ungewöhnlicher diplomatischer Vorgang. Im Januar versuchte er die Unterstützung der Arabischen Liga für eine Intervention in ein Mandat des UN-Sicherheitsrats umzumünzen. In einer wichtigen Sitzung des Sicherheitsrats legte er die arabische Position dar.

Die Debatte im Sicherheitsrat über Syrien Ende Januar 2012 erwies sich als von noch größerer Bedeutung als erwartet und wurde zum entscheidenden Wendepunkt. In der Regierung Obama hielten viele die Verabschiedung einer Resolution für eine reale Möglichkeit, doch sie scheiterte am Veto Russlands und Chinas. Die Russen erklärten ihre ablehnende Haltung mit den Lehren, die sie aus Libyen gezogen hatten, wo die NATO ihrer Darstellung nach die Bedingungen des Mandats sträflich überzogen und einen begrenzten humanitären Einsatz als Freibrief zum Regimewechsel ausgelegt hatte. Die Vertreter Katars reisten tief enttäuscht von den Vereinten Nationen ab, waren aber entschlossen, andere Möglichkeiten für eine Intervention gegen Assad zu finden.

Nach diesem Fehlschlag bei den Vereinten Nationen gaben viele Syrer und ihre Unterstützer in der Region die Hoffnung auf diplomatische Optionen auf und wandten sich der Gewalt zu. Trotz der Debatte im Sicherheitsrat ging die Brutalität vor Ort weiter. Im Februar 2012 kam es zu einer weiteren Eskalation in der Gewaltspirale des Bürgerkriegs. Während der Sicherheitsrat noch tagte, wurde der Stadtteil Bab Amr von Homs zerstört, direkt unter den Augen der internationalen Medien, die auch vom Tod der Kriegsreporterin Marie Calvin geschockt wurden. Der massive Angriff auf eine große syrische Stadt mit schweren Waffen, der zahlreiche Opfer unter der Zivilbevölkerung forderte, trieb die Militarisierung des Konflikts an einen Punkt, an dem es kein Zurück mehr gab. Er zeigte, wie weit Assads Soldaten zu gehen bereit waren, aber auch die Grenzen dessen, was die bewaffnete syrische Opposition zu leisten vermochte.[25] Von da an ging es nicht mehr darum, ob man zu den Waffen greifen sollte, sondern nur noch darum, wie man dies am besten bewerkstelligte.

Die Organisation des Aufstands

Als klarwurde, dass der syrische Aufstand nicht so schnell enden würde, trat die Entwicklung politischer und funktionaler Institutionen in den Vordergrund. Der Aufbau einer solchen Oppositionsstruktur erforderte allerdings Geld, was die neuen syrischen Organisationen in Abhängigkeit von externen Mächten – mit all ihren endlosen Rivalitäten und einander widerstreitenden Zielen – brachte. Vier große organisatorische Entwicklungen prägten das nächste Stadium der syrischen Krise: Die Gründung Lokaler Koordinationskomitees und des Nationalen Koordinationskomitees im Juni, die Ausrufung einer Freien Syrischen Armee am 29. Juli und die Schaffung des Syrischen Nationalrats am 23. August. Diese vier Säulen der Rebellion waren sich über Strategie und Prioritäten oft uneins.

Als im Juli die Gewalt eskalierte und das Leben zusehends schwierig wurde, begannen sich die Syrer auf lokaler Ebene zur Organisation von Sicherheit und zur Lebensmittelversorgung in Lokalen Koordinationskomitees zusammenzuschließen. Diese lockeren und informellen Netzwerke entwickelten sich mit der Zeit zu Kanälen für humanitäre Hilfe und politische Repräsentation. Sie wurden Ansprechpartner für internationale Organisationen und für die Medien, denen sie detaillierte Informationen über die Kämpfe und Lebensbedingungen der Menschen vor Ort lieferten. Sie vertraten auch die politischen Ansichten und taktischen Prioritäten der Syrer im Land selbst, was den Vertretungsanspruch der zur selben Zeit entstehenden politischen Exilorganisationen in Frage stellte. Diese Lokalen Koordinationskomitees bildeten in vielfacher Hinsicht das Herz des Aufstands, in ihnen war der ursprüngliche Impuls zum zivilen Widerstand und zur

Schaffung eines besseren Syrien lebendig. Sie hatten grundsätzlich andere Prioritäten und Bedürfnisse als die Politiker im Exil und waren weit skeptischer gegenüber dem bewaffneten Kampf und einer Intervention des Auslands. Es war nicht einfach für sie, ihre Stimme bemerkbar zu machen, als sich der Aufstand militarisierte und die politischen Organisationen im Ausland die diplomatische Führung übernahmen.

Im Juli riefen sieben Überläufer der syrischen Armee unter Führung von Riad al-Asaad die Gründung der Freien Syrischen Armee aus. An der Front war die FSA zwar kaum präsent, aber sie wurde ein wichtiger Faktor in der Debatte über die Zukunft der syrischen Revolution. Ihr Bestreben war es, einen organisatorischen Rahmen für die zahlreichen bewaffneten lokalen Gruppen zu errichten, die Zentralstelle zu bilden, an der die Kämpfer Waffen und Ausbildung erhielten, und zum Anlaufpunkt für die erwartete Welle von Überläufern der syrischen Armee zu werden. Die Aktivitäten der Freien Syrischen Armee wurden zu diesem Zeitpunkt als Antwort auf die staatliche Gewalt dargestellt. Ihre Aufgabe sollte es sein, Demonstranten und Zivilisten der im Kern immer noch als friedlich betrachteten Revolution zu beschützen.[26] Syrer, die sich weiter einer Strategie der Gewaltfreiheit verbunden fühlten, lehnten die Freie Syrische Armee und alles, wofür sie stand, aus tiefstem Herzen ab. Andere Syrer, die unter den eskalierenden Angriffen des Regimes litten, sehnten sich nach einer wirksamen militärischen Option zu ihrem Schutz. Der erbitterte Streit über die Frage der Militarisierung der Revolution zog sich über viele Monate hin.

Es dauerte einige Zeit, bis Wege einer auch nur lockeren Zusammenarbeit der Freien Syrische Armee mit den international unterstützten politischen Institutionen des Syrischen Nationalrats gefunden waren. Der Syrische Nationalrat war hoffnungslos in einzelne Fraktionen zerfallen, ständiger Schauplatz regionaler Machtkämpfe und viel zu sehr auf eine Militärintervention des Westens fixiert. Von den Realitäten vor Ort war er weitgehend abgeschnitten. Sämtliche Mächte der Region, die am syrischen Drama beteiligt waren, hegten die Hoffnung, Washington zum Sturz von Assad zu bewegen, aber alle wünschten auch, dass diese Intervention vor allem ihren Stellvertretern vor Ort zugutekam. Die Zersplitterung lag nicht allein an den Persönlichkeiten, die im Syrischen Nationalrat saßen, auch nicht an der Komplexität der internen syrischen Debatte; es waren die Machtkämpfe in der Region, die zur Fragmentierung und damit zur Ohnmacht des Syrischen Nationalrats führten.

Die Freie Syrische Armee schien einen Ausweg aus diesen Problemen zu bieten, indem sie sich als militärischer Stellvertreter mit wirklichem Gewicht vor Ort anbot, der als Empfänger internationaler Hilfe allgemeine Akzeptanz finden konnte. Allerdings war die FSA in gewissem Sinn immer noch eine Fiktion, denn ihre Medienpräsenz übertraf ihre tatsächliche Organisationsfähigkeit bei weitem. Sie setzte sich aus zahlreichen, sehr heterogenen Elementen zusammen, teils lokalen Verteidigungskräften, teils ideologischen Strömungen, teils rein egoistischen Warlords. In der Realität übte sie nur wenig Befehlsgewalt und Kontrolle aus und verfügte über nur geringe Möglichkeiten, eine schlüssige militärische Strategie zu formulieren oder gar umzusetzen. Trotzdem war es der FSA im November gelungen, sich als tragfähiges Vehikel für einen von außen unterstützten Aufstand zu empfehlen.[27]

Im Frühjahr 2012 hatte sich die Freie Syrische Armee als zuverlässigster Kanal für eine militärische Unterstützung von außen positioniert, und von da an flossen über sie Geld und Waffen an die Rebellen.[28]

Der Syrische Nationalrat SNC, Ende August in Istanbul gegründet, orientierte sich am Modell des libyschen Nationalen Übergangsrats und suchte internationale Unterstützung und Anerkennung. Am libyschen Vorbild orientierte sich auch der Vorschlag, der SNC könne sich in einer mit Bengasi vergleichbaren Art in einem »befreiten« Teil Syriens als Alternativregierung etablieren, die dann internationale Anerkennung bekommen würde. Von Anfang an gehörte der Syrische Nationalrat zu den Einrichtungen, in denen die politischen Kämpfe der Region besonders deutlich zutage traten. Alle Regionalmächte wandten ihr Geld, ihre Medienmacht und ihren politischen Einfluss auf, um Stellvertreter in diesen Rat zu entsenden. Die syrischen Muslimbrüder, gestützt durch Geld aus Katar und dank der Türkei nahe der Heimat, spielten eine überproportional große Rolle in diesem Gremium. Diese wurde ihnen allerdings bald von den Saudis und anderen streitig gemacht.

Das Nationale Koordinationskomitee, im Juni in Damaskus gegründet, stellte eine große Herausforderung für den Syrischen Nationalrat dar. Unter dem Vorsitz von Haytham al-Manaa, der in Paris im Exil lebte, brachte das Nationale Koordinationskomitee die wichtigsten säkularen und linken Bewegungen Syriens und drei kurdische politische Parteien an einen Tisch. Für die Opposition im Ausland, die hauptsächlich auf bewaffneten Kampf und Intervention setzte, war problematisch, dass das Nationale Koordinationskomitee eine Strategie der kleinen Schritte favorisierte, für politische Lösungen und einen Dialog mit Assad offenblieb sowie Gewalt und Intervention ablehnte.

Im Dezember 2011 scheiterten Gespräche zwischen dem Syrischen Nationalrat und dem Nationalen Koordinationskomitee (NCC) an diesen zentralen strategischen Fragen, da Letzteres weiterhin mit dem Assad-Regime Gespräche führte und es ablehnte, die Freie Syrische Armee oder andere Formen des bewaffneten Kampfes zu unterstützen. Vertreter des Nationalrats warfen dem NCC eine allzu große Nähe zu Assad vor oder sprachen ihm sogar grundsätzlich ab, eine Oppositionsgruppierung zu sein. Aus dem NCC heraus wurde wiederum dem Nationalrat vorgehalten, ausländischen und nicht syrischen Interessen zu dienen. Solche Konflikte um die politische Strategie waren der Alltag der syrischen Oppositionspolitik.

Diplomaten hatten bei ihren Verhandlungen mit der hoffnungslos zerstrittenen syrischen Opposition einiges zu leiden. Deren Handlungsunfähigkeit lag nicht einfach in der politischen Kultur Syriens oder in besonders schwierigen Persönlichkeiten begründet, dennoch war ihr chaotischer Zustand ein entscheidendes Hindernis für ihre breitere Anerkennung und Unterstützung.[29] Die einzige reale Macht des Syrischen Nationalrats bestand darin, Hilfsmittel von der internationalen Gemeinschaft einzuwerben und zu verteilen, was ihn extrem abhängig machte. Damit wurde er zum Spielball widerstreitender Einmischungen und Stellvertreterkämpfe. Was wie Unentschlossenheit wirkte, war oft das Ergebnis intensiven Drucks, den die Türkei, Saudi-Arabien und Katar auf seine Mitglieder ausübten. Wären sich die »Freunde Syriens« über ihre Interessen einig gewesen, dann hätte sich auch der Syrische Nationalrat zu einem effektiven und anerkannten Gremium entwickeln können. So wurde er lediglich zu einer Bühne für die Kämpfe seiner Unterstützer.

Eine im Dezember 2011 in Kairo abgehaltene Konferenz der syrischen Opposition offenbarte unüberbrückbare Gegensätze in den Punkten ausländische Intervention und Militarisierung des Konflikts. Der Syrische Nationalrat äußerte gleich zu Beginn ein »dreifaches Nein: Nein zur konfessionellen Konfrontation, Nein zur Gewalt, Nein zur internationalen Intervention.« In den letzten beiden Punkten wurde seine Haltung, im Einklang mit seinen Unterstützern in der Region, nach und nach etwas offener. Am 28. Dezember erklärte das Nationale Koordinationskomitee, es habe mit dem Syrischen Nationalrat ein Abkommen getroffen, zu dem auch »die Ablehnung einer ausländischen Intervention« gehöre.[30] Diese Ankündigung löste unter den Mitgliedern, die unablässig für eine solche Intervention eingetreten waren, eine Revolte gegen Burhan Ghalioun aus, den Präsidenten des Nationalrats. Solche internen Streitereien, verbunden mit einem Geschacher um Macht, Geld und Status, beschädigten den Nationalrat weiter.

Das war die Situation, als der UN-Sicherheitsrat zu keiner Einigung finden konnte und sich die Bemühungen verstärkt auf eine Militarisierung des Aufstands richteten. Zu den obersten Prioritäten zählte nun, Verbindungen zwischen der politischen und der bewaffneten Opposition herzustellen. Am 1. März kündigte der Syrische Nationalrat die Einrichtung eines gemeinsamen militärischen Büros mit der Freien Syrischen Armee an. Diese neue Institution übte in der Realität wenig Autorität über die neu aufgestellten bewaffneten Gruppen aus, bedeutete aber eine Zäsur für die Bewaffnung des bis dahin zumindest offiziell gewaltfreien Kampfes. Burhan Ghalioun erklärte dazu auf einer Pressekonferenz, der syrische Aufstand möge gewaltfrei begonnen haben, doch nun bleibe ihm keine andere Wahl, als »seine Verantwortlichkeiten im Licht einer neuen Realität zu schultern«.[31] Katar unterstützte die Fraktion, die eine Militarisierung vorantrieb.

Dieser Schritt war innerhalb des Syrischen Nationalrats heftig umstritten, und wie nicht anders zu erwarten, löste er auch Kritik von Führern der Freien Syrischen Armee wie Riad al-Asaad aus, die sich nicht der politischen Kontrolle des Syrischen Nationalrats unterordnen wollten. Widerstand kam auch von der Gegenseite. Kritische Stimmen wie Abd al-Bari Atwan warnten: »[E]s liegt auf der Hand, dass es unmöglich ist, die syrische Krise militärisch zu lösen ... die Sicherheitspolitik des Regimes ist fehlgeschlagen, die Hoffnung der Opposition auf eine militärische Intervention steht in den Sternen, und eine Bewaffnung der Opposition würde nur zu noch mehr Tod und Verderben führen.«[32]

Da der Weg über die Vereinten Nationen blockiert war und Obama keine Neigung zeigte, sich in den Krieg hineinziehen zu lassen, versuchten Katar und andere interventionsbereite Golfstaaten, die Arabische Liga für dieses Anliegen einzuspannen. Die hatte sich zwar auf einen Ausschluss Syriens einigen können, war aber viel tiefer gespalten, als es die lauten Rufe vom Golf nach einer Intervention vermuten ließen. Eine Beobachtermission der Arabischen Liga, die am 26. Dezember 2011 auf Einladung der syrischen Regierung begonnen hatte, litt unter inneren Spannungen und einem unrealistischen Mandat. Ihr Scheitern war vorprogrammiert.

Im Februar 2012 forderte Katars Premierminister Hamed bin Jassem als erster arabischer Führer öffentlich eine bewaffnete Intervention in Syrien. Bezeichnenderweise gelang es ihm nicht, einen arabischen Konsens zur Unterstützung einer solchen Eskalation zustande zu bringen. Zwar waren sich alle wichtigen Beteiligten darüber einig, dass man dringend etwas gegen Assad unternehmen müsse, aber alle fürchteten, dass ihre Rivalen von einer solchen Aktion profitieren könnten.

Die Differenzen über die Regionalpolitik und Syrien traten auch bei der Konferenz der »Freunde Syriens« in Tunis im Februar 2012 zutage. Schon in der Einladung brachte der tunesische Außenminister Rafik Abdessalam die Erwartung zum Ausdruck, dass weder die Araber noch der Westen eine militärische Intervention in Syrien unterstützen würden: »Wir wollen keinen zweiten Irak ... Wir müssen die Integrität Syriens erhalten.«[33] Doch da auf der von den USA bestimmten Agenda nichts von einer Militäraktion stand, zog sich Saudi-Arabien demonstrativ zurück. Der saudische Außenminister Saud al-Faisal bezeichnete es als »ausgezeichnete Idee«, die Opposition zu bewaffnen.[34] Als Gastgeber unterstützte Tunesiens Präsident Moncef Marzouki den katarischen Vorschlag einer »arabischen Intervention im Rahmen der Liga, eine arabische Streitmacht zur Aufrechterhaltung von Frieden und Sicherheit und zur Unterstützung diplomatischer Bemühungen, Baschar zum Rücktritt zu bewegen«.

Aber auch die Arabische Liga konnte sich nicht auf eine Intervention verständigen. Als sie im März in Bagdad zusammentraf, widersetzte sich der irakische Ministerpräsident Nuri al-Maliki entschieden einer solchen Intervention. Seine Einwände ergaben sich nicht einfach aus seiner Glaubensrichtung oder seiner Abhängigkeit von Iran, wie seine Kritiker ihm vorwarfen. Bagdad hatte für Araber gleich welcher konfessionellen Strömung und ethnischen Herkunft, die über eine US-geführte Intervention nachdachten, Lektionen aus erster Hand bereit. Viele andere, die sich noch gut an die Schrecken der Intervention des Westens in Irak erinnern konnten, pflichteten Maliki im Stillen bei.

Die Unterstützer der Rebellion konzentrierten sich nun darauf, die syrische Opposition zu stärken. Zu diesem Zeitpunkt führte Libyen der Welt bereits vor Augen, wie gefährlich es war, wenn die staatlichen Institutionen nach dem Übergang schwach blieben. Vor diesem Hintergrund wurde alsbald die Schaffung einer Sicherheitszone innerhalb Syriens, in der sich eine von der Opposition geführte Regierung etablieren konnte, zum Argument für eine militärische Intervention. Am 1. April wurden den Rebellen auf einer Konferenz der Freunde Syriens in Istanbul erhebliche Finanzhilfen zugesagt. Dieses Geld wurde nicht bloß für administrative Unterstützung und humanitäre Hilfe ausgegeben. Die Grundidee war, dass sämtliche internationalen Mittel – einschließlich militärischer Hilfe – durch diese neuen Institutionen geschleust werden sollten.

Im Grunde war dies der richtige Weg. Doch er war auch zum Scheitern verurteilt, wie die Libyer aufgrund ihrer Erfahrungen leicht hätten voraussagen können. Die miteinander konkurrierenden Golfstaaten und die Türkei hatten andere Interessen und wenig Anreiz, die organisatorische Führung den Amerikanern zu überlassen. Berichten zufolge flossen erhebliche Mittel der arabischen Länder an die Freie Syrische Armee oder wurden als Prämien eingesetzt, um syrische Offiziere und Funktionsträger zum Desertieren zu bewegen. Man konnte die syrische Opposition nicht daran hindern, mit internationalen Hilfsgeldern Waffen zu kaufen, und im Kampf um Einfluss in der Region war viel zu gewinnen, wenn man seine Stellvertreter in Syrien bewaffnete.

Die Amerikaner übten erheblichen Druck auf die Golfstaaten aus, um sie von Plänen einer groß angelegten verdeckten Operation zur Bewaffnung der Rebellen abzubringen, doch die Sache hatte sich bereits zu einem Selbstläufer entwickelt. Wie Mustafa Alani, ein in den Vereinigten Arabischen Emiraten ansässiger Politikbeobachter, gegenüber dem *Guardian* äußerte: »Die Entscheidung zur Bewaffnung der Rebellen ist im Grundsatz gefallen, sie ist bloß noch nicht umgesetzt worden.«[35] Doch das sollte nicht mehr lange auf sich warten lassen.

Im Westen fanden unterdessen jene politischen Exilgruppen am meisten Gehör, die einen bewaffneten Aufstand und eine Intervention des Westens forderten. Ein erheblicher Teil ihrer politischen Aktivität bestand darin, durch Lobbyarbeit in Washington die Haltung der Vereinigten Staaten in der Syrienfrage zu beeinflussen. So brachten sie viel Zeit auf internationalen Konferenzen und in Luxushotels zu, die dem Aufbau politischer Institutionen vor Ort abging. Bereits im November 2011 war der Tenor der Debatte ein Ja zur Bewaffnung. Allerdings hatten die Bemühungen um eine Intervention des Westens weder Unterstützung für die Einrichtung einer Flugverbotszone noch für andere direkte militärische Operationen erreichen können.

Angesichts der gescheiterten Diplomatie und der regionalen Unterstützung zur Bewaffnung des Aufstands schienen die Bedenken gegenüber einer Militarisierung obsolet geworden. Die Debatten, die in Washington über eine Intervention geführt wurden, rückten in den Mittelpunkt. Die Fraktion der Interventionsbefürworter war groß und drängte auf ein amerikanisches Eingreifen, obwohl die amerikanische Öffentlichkeit erhebliche Vorbehalte hegte. Eine ganze Reihe von Optionen einer internationalen Intervention wurden öffentlich gehandelt: Flugverbotszonen, Schutzzonen, Luftangriffe, Bewaffnung der Rebellen, »No-Kill-Zones« und anderes.[36]

Die Debatten darüber bezogen sich stark auf Libyen als Beispielfall, trotz der erheblichen Unterschiede. Syrien war schon rein geographisch mit Libyen überhaupt nicht zu vergleichen. Militärkonvois, die auf offenen Straßen durch die Wüsten fuhren, gab es in Syrien ebenso wenig wie eine langgezogene Küste, von der aus die Marine Unterstützung leisten konnte. Die Syrer verfügten über eine deutlich stärkere Luftverteidigung, dafür zerfiel ihr Land nicht wie Libyen in einen Ost- und einen Westteil. Libyen lag nicht im Herzen der Levante, eingekeilt von Regionalmächten und in einem Luftraum, der zu den am stärksten militarisierten und spannungsreichsten der Welt gehörte. Hinter der Intervention in Libyen hatten sowohl die Arabische Liga als auch der Sicherheitsrat der Vereinten Nationen gestanden, womit im weitaus kontroverseren Fall Syrien nicht zu rechnen war.

Keiner dieser Vorschläge enthielt für sich genommen irgendeine realistische Chance auf Erfolg. Wie ein hoher Regierungsvertreter mir gegenüber einmal mit beißendem Spott bemerkte, war man in Washington nicht um Ideen verlegen, wie man Militär nach Syrien hineinschaffen, wohl aber, wie man es wieder herausbekommen konnte. Flugverbotszonen, Schutzzonen, No-Kill-Zones, all das musste durchgesetzt werden und verlangte nach Eskalation, falls das Regime sie verletzte, wie es mit schrecklichen Folgen in Bosnien geschehen war. Wenige der Vorschläge stellten die Möglichkeit in Rechnung, dass die Unterstützer Assads ihrerseits an der Eskalationsschraube drehen könnten, um jeden errungenen Vorteil der Gegenseite sogleich wieder zunichtezumachen. Vertretern der Obama-Regierung stand klar vor Augen, dass jede noch so begrenzte Aktion die Gefahr in sich trug, sich zu einer direkten Intervention auszuweiten. In seltener Offenheit gab im Juni 2013 ein entschiedener Interventionsbefürworter zu: »›Mission creep‹ [die schleichende Ausweitung einer Operation] gibt eher Hoffnung auf einen erfolgreichen Ausgang, als dass es eine Abschreckung für eine außenpolitische Initiative wäre.«[37] Wenigstens war dies ehrlich.

Militärische Eskalation

Das Assad-Regime begegnete dieser wachsenden militärischen Herausforderung mit immer mehr Gewalt durch seine regulären Streitkräfte und die dubiosen, in Zivil operierenden Shabiha-Milizen.[38] Am 25. Mai 2012 begingen Soldaten des Regimes ein besonders abscheuliches Massaker in Hula nordöstlich von Homs. Bilder der mehr als hundert hingemetzelten syrischen Zivilisten erreichten über die sozialen Medien regional und international ein breites Publikum. Das Massaker von Hula führte zu einer einstimmigen Resolution des UN-Sicherheitsrats, in der das Assad-Regime verurteilt wurde, zu einem scharf formulierten Bericht des UN-Menschenrechtsrats und einer ganzen Reihe minutiös recherchierter Berichte internationaler NGOs über die Verbrechen des syrischen Regimes gegen die Menschlichkeit.[39] Diese internationale Verurteilung zeigte ebenso wenig Wirkung wie die weltweite Empörung über die Belagerung von Hama Ende Juli oder, etwas später, das Massaker an Hunderten Zivilisten durch Regimetruppen in Darayya, einem Vorort von Damaskus.

Der Krieg der Narrative, die sich um dieses Massaker entwickelten, wurde ebenfalls mit großer Heftigkeit geführt. Internationale Medien und Beobachter, die sich über die Gewalt entsetzten und mit dem Aufstand sympathisierten, taten die Propaganda des Regimes gerne als lächerlich ab, unterschätzten dabei aber völlig ihren Einfluss. Die syrische Regierung lastete die Toten den Rebellenkämpfern an oder wiegelte ab, es habe sich bloß um kleine Scharmützel gehandelt, die von den Aktivisten der Opposition und den voreingenommenen internationalen Medien verzerrt dargestellt würden. Westliche Beobachter fanden solche Behauptungen grotesk, doch das Narrativ traf bei den Anhängern des Regimes einen Nerv. Sie fürchteten den Vormarsch von Gruppen, die ihnen die Propaganda des Regimes als gewaltbereite Dschihadisten dargestellt hatte. Die eifrigen Befürworter eines bewaffneten Aufstands begingen den folgenschweren Fehler, nicht mit einzukalkulieren, dass die Bewaffnung der Opposition das von der Realität abgekoppelte, aber in sich schlüssige Narrativ der Regimebefürworter stärkte und die Unterstützung für Assad eher festigte als untergrub.

Mit der sich immer mehr verschlechternden Lage wurden schwere Massaker der Regimetruppen zunehmend Alltag, und der Aufstand verwandelte sich endgültig in einen bewaffneten Kampf. Im Frühjahr 2012 hatte Syrien den Punkt erreicht, an dem man von einem ausgewachsenen Bürgerkrieg sprechen konnte, der zunehmend von ausländischen Kräften geschürt wurde, die schwerlich durch Verhandlungen oder eine begrenzte Intervention aufzuhalten waren. Mit jeder neuen Eskalation schraubte sich die Situation in eine noch brutalere und zerstörerische Ausweglosigkeit hinauf.

Der Annan-Plan

Assads Politik der verbrannten Erde und der Massaker entzog jedem friedlichen Protest den Boden. Die meisten regimekritischen Syrer sahen kaum eine andere Wahl, als zur Selbstverteidigung die Waffen zu ergreifen. Bei der strategischen Bedeutung Syriens konnte es nicht ausbleiben, dass sich die Regionalmächte immer stärker einmischten, zumal sie selbst von den realen Kosten weitgehend verschont blieben. Im Mai 2012 bemerkte der syrische Moderator Faisal al-Qassem von al-Jazeera dazu: »Syrien stellt keinen inneren Konflikt mehr dar, der durch eine Übereinkunft zwischen dem Regime und der Opposition gelöst werden könnte. Die Angelegenheit liegt nun in den Händen der Mächte, welche die Konfliktparteien unterstützen. Eine Lösung der Syrienkrise erfordert eine Vereinbarung zwischen den rivalisierenden Mächten.«[40]

Diese Erkenntnis war das Leitprinzip der Mission des UN-Sonderbeauftragten. Seine diplomatische Initiative, die wichtigsten Mächte zusammenzurufen, um einen Weg zu einem politischen Übergang zu finden, war die letzte ernsthafte Möglichkeit, Syriens Abstieg in die Hölle aufzuhalten. Alle Bemühungen Annans waren vergebens, weil keine Seite eine solche Lösung wünschte. Die Rebellen und ihre Unterstützer wollten Assad mit Gewalt stürzen. Sie waren empört über seine brutalen Aktionen und glaubten nicht daran, dass er sich an irgendein diplomatisches Abkommen halten würde. Assad und seine Unterstützer hingegen waren überzeugt, sie könnten am Ende gewinnen. Sie bezweifelten, dass die zersplitterten Rebellen ein Abkommen einhalten konnten, und befürchteten, dass eine Niederlage ihnen den Tod oder die Anklage vor einem Kriegsverbrechertribunal bringen würde. Im Sommer 2012 bestand kaum noch eine Chance zu verhindern, dass Syrien im Bürgerkrieg versank. Beide Seiten jubelten über Annans Scheitern und steuerten weiter auf den Abgrund zu.

Dass die syrische Opposition zu den Waffen griff, obwohl dies aller Voraussicht nach in eine Katastrophe münden musste, bleibt eine der größten ungelösten und wahrscheinlich unlösbaren Fragen des syrischen Kriegs. Ich gehörte zu der Minderheit der Analysten, die sich entschieden gegen eine Militarisierung der Opposition wandten, weil ich exakt das Desaster befürchtete, das dann auch eintrat. Die Wendung zum bewaffneten Aufstand erschien mir damals und erscheint mir heute als eine fatale Fehlentscheidung, von der man die Beteiligten hätte abbringen sollen, anstatt sie darin zu bestärken. Das Hauptargument der Befürworter einer Militarisierung war nie gewesen, dass ein bewaffneter Aufstand Erfolg haben könne oder dass der Griff zu den Waffen strategisch sinnvoll oder moralisch geboten sei. Es bestand darin, dass man schlicht keine andere Wahl habe. Einer Bevölkerung, die einem so brutalen Regime ausgeliefert sei, bleibe einfach nichts anderes übrig, als sich auf irgendeine Weise, egal wie, zu schützen und zurückzuschlagen. Viele Beobachter wollten verzweifelt etwas tun, einfach irgendetwas, um die Syrer vor den Gräueln des Regimes zu schützen. Bei all den Schrecken, die auf diese fatale Entscheidung folgen, sollten wir niemals die grundlegende Tatsache aus den Augen verlieren, dass es Assads menschenverachtende Brutalität war, die Syrien in den Krieg zwang und dem kommenden Gemetzel den Boden bereitete.

Am 10. April 2012 trat der Friedensplan nach langen Monaten diplomatischer Bemühungen unter Leitung des UN-Sonderbeauftragten Kofi Annan in Kraft.[41] Er sah eine sofortige Waffenruhe und Verhandlungen zur Einleitung eines politischen Übergangs vor. Diese Gelegenheit, den Krieg auf dem Verhandlungsweg zu beenden, nicht zu ergreifen, warnte Annan, würde für Syrien wie für die gesamte Region auf eine Katastrophe hinauslaufen. Sein Plan stellte die plausibelste und realistischste Lösungsmöglichkeit für ein Land am Rande eines unkontrollierbaren Bürgerkriegs dar. Natürlich taten Kritiker von allen Seiten seine Bemühungen als hoffnungslos ab. Die rapide Eskalation der Gewalt und das bereits ungeheure Ausmaß an Tod und Zerstörung machten es den meisten unmöglich, sich ein weiteres Zusammenleben mit jenen vorzustellen, die in ihren Augen für diese Schrecken verantwortlich waren. Die Zerstörung von Homs im Februar 2012 und die Enthüllung einer Reihe brutaler Massaker hatten sich allen, die einst für eine Verhandlungslösung offen gewesen sein mochten, unauslöschlich eingebrannt. Im März 2012 legte eine Serie von Bombenanschlägen auf Regierungseinrichtungen in Damaskus die trügerische Sicherheit bloß, in der sich die Regimebefürworter wiegten, und gab den Fürsprechern eines bewaffneten Aufstands in den Reihen der Opposition Auftrieb.

Sowohl Annan als auch seine Kritiker hatten recht. Ein Ende des Kriegs auf dem Verhandlungsweg war tatsächlich die letzte und einzige Hoffnung für Syrien – und doch unmöglich zu erreichen, weder für Annan noch für sonst jemanden. Das Regime glaubte immer noch daran, dass es den Sieg davontragen würde und dass Zugeständnisse seine Aussichten auf ein Überleben nur schwächen konnten. Dass es den gut bewaffneten libyschen Revolutionären in sechs langen Monaten nicht gelungen war, den deutlich schwächeren und isolierten Gaddafi zu besiegen, nicht einmal mit Unterstützung einer direkten NATO-Intervention, dürfte manchem bereits nervös gewordenen syrischen Regimevertreter neue Zuversicht eingeflößt haben.[42] Auf jeden Fall glaubten Assads Getreue nicht an die Kompromissbereitschaft ihrer inneren und äußeren Feinde, die sich vor aller Welt auf einen Regimewechsel festgelegt hatten. Die Aufständischen hingegen, durch erste Waffenlieferungen von externen Unterstützern gut versorgt, träumten vom großen Sieg. Mit den Bildern ermordeter Zivilisten im Kopf, zu denen täglich neue kamen, glaubten wenige auch nur für einen Moment, dass man dem Regime irgendein Versöhnungsversprechen abnehmen könne. Alle rüsteten für den Kampf, und niemand sah den Wert eines Kompromisses. Sie wären weit besser gefahren, wenn sie auf Annans Rat gehört hätten. Mit seinem Scheitern verlor Syrien seine beste und letzte Chance, den Sturz in einen richtigen Krieg zu vermeiden.

Die Bewaffnung eines Aufstands

Als sich das Frühjahr 2012 dem Ende zuneigte, wurde Syriens Aufstand bereits von der unerbittlichen Logik eines Stellvertreterkriegs konkurrierender Mächte überschattet. Wird in einer solchen Situation zugunsten einer Seite an der Eskalationsschraube gedreht, löst dies stets eine Reaktion der Unterstützer der Gegenseite aus – nie genug für einen Sieg, aber immer genug, um den Krieg am Laufen zu halten. Die politikwissenschaftliche Literatur zu dieser Art Krieg ließ wenig Zweifel, was zu erwarten war. Eine Bewaffnung von Rebellengruppen durch externe Mächte tendiert dazu, Bürgerkriege zu verlängern, macht sie blutiger und erschwert eine Lösungsfindung. Diese Probleme vergrößern sich typischerweise dramatisch, wenn die Finanzierung der Rebellengruppen durch eine Vielzahl konkurrierender Mächte erfolgt und nicht aus einer einzigen Quelle stammt.[43] Noch schlimmer wird es, wenn auch die andere Seite von externen Kräften unterstützt wird.

Genau das geschah in Syrien. Als die Rebellengruppen in Reaktion auf die Brutalität des Assad-Regimes ihrerseits zu Gewalt griffen, fanden sie im Ausland großzügige Quellen für Geld und Waffen. Wurden ihre Erfolge zu groß, verstärkten Assads Unterstützer ihre Hilfe für das Regime. Statt bloß Geld erhielten beide

Seiten bald Waffenlieferungen. Indirekte Unterstützung machte direkter Intervention durch die Hisbollah und Iran Platz. Als auch ISIS auf der Bildfläche auftauchte, starteten die USA und ihre Verbündeten massive Luftangriffe gegen den Islamischen Staat und gelegentlich auch gegen andere Dschihadistengruppen in der zersplitterten Rebellenallianz. Dann brachte Russland seine eigenen Soldaten und seine Luftstreitmacht auf Assads Seite ins Spiel. Jeder Zug löste einen Gegenzug aus. Das internationale Gleichgewicht der Mächte überlagerte das lokale Kräftegleichgewicht und sorgte für eine andauernde und sich zunehmend zerstörerisch auswirkende Pattsituation. All dies konnte man bereits Anfang 2012 mit Leichtigkeit vorhersehen.[44]

Viele Befürworter einer Bewaffnung der syrischen Rebellen gaben zu, dass man durch solche Unterstützung keinen militärischen Sieg über Assad erringen konnte. Sie argumentierten stattdessen damit, dass eine Bewaffnung ihre Verhandlungsposition stärke. Assad sei nur an den Verhandlungstisch zu bringen, so ihr Kalkül, wenn er sich in seiner Existenz bedroht fühle. Dies war ein fataler Fehlschluss. Wie der Politologe James Fearon aus Stanford schnell begriff, war es nahezu unmöglich, ein Kräftegleichgewicht herzustellen, das eine Verhandlungslösung ermöglichte.[45] »Keine Seite konnte der anderen eine entscheidende Niederlage zufügen«, so seine Analyse, »was daran lag, dass dies auch ein Stellvertreterkrieg geworden war, in dem die internationalen Kräfte ihre Unterstützung stets so anpassen, dass eine totale militärische Niederlage ihrer Schützlinge verhindert wird.« Aber auch Verhandlungen konnten zu nichts führen. Jedes Mal, wenn eine Seite sich im Vorteil sah, schraubte sie ihre Ziele höher. Und keine Seite nahm der anderen ab, dass sie sich an eine Abmachung halten würde. War Assad stark, sah er keine Notwendigkeit zum Kompromiss; wenn er schwach war, fühlte er sich zu sehr bedroht, um eine Abmachung zu treffen. Waren die Rebellengruppen stark, wollten sie die Sache gleich ganz durchziehen und den verhassten Assad stürzen; wenn sie schwach waren, wagten sie es nicht, die Waffen niederzulegen.

Die Zersplitterung der Rebellentruppen war eines der größten Hindernisse für einen Sieg ebenso wie für eine Verhandlungslösung.[46] Die Freie Syrische Armee war im Grunde eher eine nützliche Fiktion als eine wirkungsvolle und hierarchisch gegliederte Militärorganisation. Es waren Hunderte Kampfgruppen aktiv, die sich mehr aufgrund lokaler Erfordernisse als aufgrund gemeinsamer Vorstellungen zu kurzfristigen Bündnissen zusammenschlossen. Die meisten dieser Gruppen operierten in einem eng begrenzten Gebiet, weshalb ihre eindrucksvoll scheinende Zahl an Kämpfern sich nur bedingt in militärische Schlagkraft umsetzte. Der Syrische Nationalrat konnte sich der Loyalität dieser zahlreichen Rebellengruppen nicht sicher sein, was ihm Verhandlungen erschwerte, und er konnte auch nicht glaubwürdig garantieren, dass er in der Lage sein werde, ein Abkommen durchzusetzen. Und dann waren da noch die Dschihadistengruppen, die natürlich weiterkämpfen würden, ungeachtet von Verhandlungen zwischen Assad und den vom Westen gestützten Rebellen. Es war so, wie es der Politologe David Cunningham von der University of Maryland beschrieb: »Bürgerkriege dauern länger und sperren sich umso stärker gegen Verhandlungslösungen, je mehr Akteure es gibt, die eine Einigung blockieren können.«[47]

Der unkoordinierte Strom massiver Unterstützung für die Rebellen, der Mitte 2012 erst so richtig einsetzte, sorgte dafür, dass diese lähmende Zersplitterung weiter fortdauerte. Bei der Bereitstellung von Mitteln taten sich besonders islamistische

Netzwerke der Golfregion hervor, was den Charakter des Aufstands unvermeidlich zugunsten von Gruppen verschob, die ihre Ansichten teilten (oder dies zumindest vorgaben). Wenn es genügte, sich einen Bart wachsen zu lassen, um ausländische Geldquellen zum Sprudeln zu bringen, waren viele bereit, auf eine Rasur zu verzichten. Das hieß allerdings nicht, dass sie sich den Bart gleich wieder abrasierten, wenn ihnen amerikanisches Geld angeboten wurde. Je länger der Kampf dauerte, desto mehr verinnerlichten die Kämpfer die Ideen, für die sie fochten, und desto mehr entwickelte sich alles zu den Extremen. Sich lange hinziehende, von Gewalt geprägte Aufstände bieten gemäßigten Stimmen keinen Platz.

Mit der Internationalisierung des Konflikts mischten sich immer mehr Kräfte von außen ein, die alle ihre eigenen Interessen verfolgten und ihre eigenen Stellvertreter aufbauten. Eine dauerhafte Lösung war nur denkbar, wenn man sämtliche Beteiligten an einen Tisch bekam, nicht bloß die syrischen Gruppen, sondern auch Saudi-Arabien, Katar, die Türkei, Iran und Russland. Unterdessen hatte die unkoordinierte Bewaffnung von Rebellengruppen zur Folge, dass alle diese Gruppen einen Anreiz hatten, den Zugang zu diesen Machtquellen zu schützen und sich im erforderlichen Maß der Ideologie und den Zielen ihres Geldgebers anzupassen. Der Zustrom von Waffen beschleunigte, wie nicht anders zu erwarten, die Zerstörungskraft und die Intensität des Kriegs, der in jeder Phase eine weitere Stufe der Eskalation erklomm. Syrien war zum Stillstand gekommen, allerdings zu einem dynamischen Stillstand, der Tod und Zerstörung brachte, anstatt zu relativ stabilen Frontlinien zu gerinnen.[48]

Auf Kofi Annan folgte eine Reihe weiterer UN-Sondergesandter, darunter Lakhdar Brahimi und Staffan de Mistura. Sie alle versuchten einen integrativen diplomatischen Prozess in Gang zu setzen, für die Einhaltung einer lokal begrenzten Waffenruhe zu sorgen und Einfluss auf die bewaffneten aufständischen Kräfte zu nehmen. Viel richteten sie allerdings nicht aus, da nur wenige der externen Akteure ein echtes Interesse an der Suche nach einer Verhandlungslösung hatten. Die Unterstützung ihrer Stellvertreter in diesem Krieg kostete sie nicht viel, und sie sahen wenig Grund, eine Verhandlungslösung zu akzeptieren, die unterhalb ihrer Zielvorstellungen lag. Die Rolle von Baschar al-Assad wurde zur großen, weit über ihre tatsächliche Bedeutung hinausgehenden symbolischen Streitfrage: Die Golfstaaten wollten keinen Plan akzeptieren, der ihn an der Macht beließ, während es Iran und Russland ablehnten, seine Absetzung zu einer Vorbedingung zu machen. Und so trat die Diplomatie jahrelang auf der Stelle.

Obama erhielt unablässig harsche Kritik dafür, die syrischen Rebellen nicht zu bewaffnen, auch noch als diese Gruppen reichlich mit Waffen beliefert wurden. An den Tatsachen ging dies allerdings vorbei. Die Vereinigten Staaten zeigten öffentlich Zurückhaltung in der Frage des bewaffneten Aufstands, entwickelten aber rasch ein verdecktes Programm zur Bewaffnung und Unterstützung streng ausgewählter Rebellengruppen. Sondereinsatzkräfte aus Katar und Saudi-Arabien arbeiteten in Trainingslagern für Rebellen in Jordanien und der Türkei eng zusammen. Katar, die Türkei und Saudi-Arabien überschütteten ihre Klientel mit Unterstützung, dasselbe taten nichtstaatliche islamistische Netzwerke und Gruppen von Syrern im Ausland. Zehntausende Rebellenkämpfer wurden Berichten zufolge über die Jahre in diesen Lagern ausgebildet.

Die Rebellengruppen bemühten sich aktiv um Hilfsquellen und wechselten auf der Suche nach dem besten Deal durchaus auch den Partner. Diese externen Akteure wählten ihre Stellvertreter nur bedingt nach ideologischer Affinität aus, ein Phänomen, das sich bereits in Libyen gezeigt hatte. Verfügbarkeit und Nutzen spielten im Wettstreit um die Sicherung von lokalen Vorteilen eine fast ebenso große Rolle. Angebot wie Nachfrage nach Waffen waren groß, was es für externe Unterstützer schwierig machte, echte Kontrolle über die von ihnen finanzierten Gruppen oder die gelieferten Waffen auszuüben.

In Washington herrschte annähernd Konsens über eine Bewaffnung der syrischen Rebellen, trotz aller logistischen und strategischen Probleme, die das mit sich brachte. Einige der besten Nahostexperten drängten zu einer »kontrollierten Militarisierung«.[49] Da bereits eine großangelegte Intervention externer Mächte mittels Stellvertretern vor Ort im Gange war, könne Washington nur noch darauf hoffen, so ihre Ansicht, sich mit genügend Gewicht einzubringen, um den Aufstand in eine gemäßigtere Richtung zu lenken und den amerikanischen Einfluss über seinen Verlauf zu behalten. In einem Umfeld, in dem die Geldquellen für Rebellengruppen nur so sprudelten und die Golfstaaten ihre Mittel schneller und mit weniger strengen Auflagen vergaben, hatte diese Taktik allerdings wenig Aussicht auf Erfolg. Das Konzept einer kontrollierten Militarisierung sprach vor allem amerikanische Regierungsvertreter an, die sich um den Verlust ihres Einflusses sorgten und eifrig nach politischen Instrumenten suchten, die im neuen syrischen Krieg Gewicht haben konnten. Doch in der Realität beschleunigten sie damit nur die zerstörerische Militarisierung, ohne größere Kontrolle über den rasch eskalierenden Aufstand zu gewinnen. Die syrischen Kampfgruppen aber hatten freilich wenig Interesse daran, sich kontrollieren zu lassen, und attraktivere Angebote gab es genug.

Der größte Teil des Geldes stammte aus staatlichen Quellen. Eine weitere wichtige Rolle für die Radikalisierung des Aufstands spielten große Spendenkampagnen zugunsten syrischer Rebellengruppen. Islamisten in der ganzen Golfregion riefen massiv zu Spenden auf und organisierten Sammelaktionen. Auch im Ausland lebende Syrer mobilisierten Unterstützung. Die meisten dieser Kampagnen konzentrierten sich anfangs auf humanitäre Hilfe, wandten sich aber mit der Zeit immer stärker bewaffneten Gruppen zu. Kuwait wurde ein Zentrum dieser Bemühungen, vor allem, als Saudi-Arabien solche Sammel- und Rekrutierungsaktionen im eigenen Land verbot. Bekannte Islamisten veranstalteten »Iftar«-Abende zum gemeinsamen Fastenbrechen, organisierten Kollekten und erhoben ihre Stimme zur syrischen Tragödie.

Syrien wurde bald das zentrale Anliegen einer zunehmend sektiererischen und extremistischen Islamistenbewegung. Der massive Zufluss von Hilfsmitteln an die Rebellengruppen erfolgte völlig unkoordiniert, was fatalerweise die Zersplitterung nur noch weiter vorantrieb, anstatt zu einer Konsolidierung des Aufstands zu führen. Hinzu kam die Notwendigkeit, den ausländischen Geldgebern die eigene Effizienz unter Beweis zu stellen, weshalb dramatische Militäraktionen und ideologische Auftritte in den Vordergrund rückten. Videos von Kampfhandlungen und martialischer Rhetorik, angepasst an die jeweiligen potenziellen staatlichen oder privaten Sponsoren, wurden über YouTube auch zu Werbezwecken verbreitet. Während die Vereinigten Staaten nach gemäßigten Gruppen Ausschau hielten, kam es den meisten Geldgebern vom Golf mehr auf islamische Authentizität und nachweisbaren militärischen Erfolg an.

Das in der Politikwissenschaft bekannte Prinzipal-Agent-Problem machte sich auch im syrischen Stellvertreterkrieg allenthalben bemerkbar. Die externen Mächte brauchten Stellvertreter vor Ort genauso oder sogar noch mehr als diese ihre Schutzherren, und die Interessen beider waren nicht unbedingt deckungsgleich. Die Kataris, Türken und Saudis waren nicht besonders wählerisch bei der Zuteilung von Waffen, solange die Empfänger ordentlich kämpften. Während die Vereinigten Staaten wünschten, dass sich ihre Stellvertreter Demokratie auf die Fahnen schrieben und von Menschenrechtsverletzungen Abstand nahmen, hatten die Kämpfer selbst manchmal ein größeres Interesse daran, ihre Gegner zu töten und ihre lokale Machtbasis abzusichern. In klar definierten Bereichen war eine strenge Überwachung praktikabel, etwa wenn es um die Lieferung von High-Tech-Waffen an dschihadistische Gruppen ging; in diesem Fall konnte man glaubhaft damit drohen, Rebellengruppen die Hilfe aufzukündigen, wenn sie sich nicht an die Vereinbarung hielten. Aber die tatsächlichen Überzeugungen, Interessen und Aktivitäten der kämpfenden Gruppen vor Ort waren sehr viel schwieriger zu kontrollieren.

Die USA waren stärker in Training, Bewaffnung und Koordinierung des Aufstands involviert, als es sich in den politischen Debatten in Amerika niederschlug. Sie taten dabei aber nie genug – und hätten wohl auch nie genug tun können. Sie versuchten, größtmögliche Kontrolle über ihre Vertreter vor Ort auszuüben, insbesondere, was den Zugang zu hochmodernen Waffen und die allgemeine strategische Orientierung betraf. Die Empfänger fühlten sich dadurch gegängelt und versuchten ständig, öffentlich und über private Kanäle für mehr Unabhängigkeit zu werben – und natürlich für immer weitere Waffen. Katar, die Türkei und Saudi-Arabien ließen ihren Stellvertretern deutlich mehr freie Hand, was diesen Staaten größeren Einfluss vor Ort einbrachte, allerdings auch ihre Möglichkeiten beschränkte zu kontrollieren, was die Rebellen taten und dachten. Die amerikanischen Befürchtungen, dass bei einer so lockeren Haltung gegenüber den aufständischen Stellvertretern der Extremismus ins Kraut schießen und sich ungezügelte Gewalt ausbreiten würde, sollten sich in den folgenden Monaten und Jahren mehr als bewahrheiten.

Dieses beständige Hin und Her zwischen Gebern und Empfängern fand naturgemäß auch Niederschlag in den Medien. Alle paar Monate warf der syrische Rebellenkommandeur der Stunde in den amerikanischen Medien der Regierung Obama vor, seine Sache nicht zu unterstützen. In frustrierender Regelmäßigkeit geisterten Kommentare durch die Presse, die sich für die Anliegen eines Salim Idriss, Zahran Alloush oder wer sonst gerade als Retter gehandelt wurde, starkmachten. Diese durchsichtigen Manöver im Pokerspiel zwischen Gebern und Nehmern wurden von einer leichtgläubigen politischen Klasse, die stets nach etwas suchte, was man der Regierung um die Ohren schlagen oder mit dem man sich als Insider aufspielen konnte, unhinterfragt beim Wort genommen und von den Unterstützern des jeweiligen Rebellenkommandeurs in der Hoffnung verstärkt, öffentliches Interesse in materielle Unterstützung umzumünzen.

Vorrücken auf Damaskus

Anfangs sah es so aus, als würde sich die Bewaffnung der Opposition auszahlen. Im Spätfrühjahr und Sommer 2012 schien die Freie Syrische Armee große Fortschritte zu machen. Alles deutete auf einen raschen Zerfall von Assads Regime hin. Immer mehr hohe syrische Funktionsträger liefen dem Regime davon, noch mehr schafften in aller Stille ihr Vermögen aus dem Land und versuchten, sich irgendwie in Sicherheit zu bringen. Die Kämpfer der FSA rückten nach Süden auf Damaskus vor. Im Juli 2012 starben bei einem mysteriösen Sprengstoffanschlag in Damaskus eine Reihe hochrangiger Vertreter aus Militär und Geheimdienst. Viele Beobachter glaubten, dass der syrische Konflikt auf seinen Höhepunkt zustrebte.

In den saudischen und katarischen Medien begann man bereits zu triumphieren. Tariq al-Homayed, Chefredakteur der Zeitung *al-Sharq al-Awsat*, jubelte: »Der Iran hatte gedacht, der Arabische Frühling sei sein größter Sieg und es gebe ein großes Islamisches Erwachen. Aber jetzt, da sein größter Verbündeter vor dem Ende steht und Syrien und die ganze Region bald von ihrem schlimmsten Regime befreit sein werden, sieht er nur noch eine Verschwörung.«[50] Sein Kollege Abd al-Rahman al-Rashed beobachtete »ein großes Gerangel um die beste Position, da sich die Zeichen für Assads Sturz mehren«.[51] Und der libanesische Kolumnist Hussein Hayder verkündete am 19. Juli, das Ende sei nah.[52] Die internationalen Medien griffen seine Erwartung der Endphase bereitwillig auf.

Aber Assad stürzte nicht. Die Offensive auf Damaskus blieb stecken, das Regime fasste wieder Tritt, und Syrien fiel in ein noch stärker von Gewalt geprägtes Patt zurück. Was war geschehen? Dass das Regime überlebte, war nicht besonders überraschend, wenn man bedenkt, dass es immer noch über die Unterstützung externer Mächte und eines beträchtlichen Teils der syrischen Bevölkerung verfügte. Die Medienkommentare des Sommers lassen sich am besten als psychologische Kampagne zur Unterstützung der Offensive der Freien Syrischen Armee verstehen. Mit dieser

Offensive sollten die Unterstützer des syrischen Regimes davon überzeugt werden, dass nun die Zeit gekommen sei, die Seiten zu wechseln, und die syrischen Oppositionellen, die dem bewaffneten Aufstand skeptisch gegenüberstanden, aufgerufen werden, ihre Vorbehalte zu überwinden und sich der FSA anzuschließen. Die Medien versuchten auch, die Regierung Obama unter Zugzwang zu setzen, indem sie an das vorsichtig agierende Weiße Haus appellierten, sich auf die richtige Seite der Geschichte zu stellen. Obama wurde harsch kritisiert, weil er die Realitäten dessen, was sich in Damaskus abspielte, nicht begriff. Aber auch Obama hatte natürlich recht.

Während sich der Aufstand auf einen langen Krieg einrichtete, fochten die Regionalmächte ebenso sehr um die Kontrolle über die Institutionen der Rebellen wie um die Absetzung Assads. Katar, die Türkei und Saudi-Arabien versuchten mit allen Winkelzügen, ihre Stellvertreter zu stärken, und vergifteten dadurch alle Bestrebungen, die Opposition zu einen.[53] Im November 2012 finanzierte Katar die Schaffung der Nationalen Koalition der syrischen Revolutions- und Oppositionskräfte. Ihr stand zunächst der moderate syrische Islamist Moaz al-Khatib vor. Als die Koalition zur zentralen politischen Organisation der syrischen Opposition wurde, bemühte sich Saudi-Arabien, die Kontrolle Katars über das Gremium dadurch zu verwässern, dass es seine eigenen Klienten in Führungspositionen platzierte. Im April trat Khatib als Präsident zurück, und im Juli wurde er durch Ahmed Jarba ersetzt, hinter dem die Saudis standen.

Die bewaffnete Opposition bemühte sich ebenfalls, sich innerhalb dieser Oppositionsstrukturen politisch zu organisieren und zu etablieren. Im Dezember 2012 kam im türkischen Antakya ein breites Spektrum von Gruppierungen der Aufständischen zusammen, um eine offizielle Führung der Freien Syrischen Armee zu wählen. Der Oberste Militärrat unter Führung von General Salim Idriss sollte als Verbindung zwischen dem militärischen und dem politischen Flügel des Aufstands dienen. Alle diese Bemühungen zielten darauf ab, einen einzigen Kanal zu schaffen, durch den Waffen und Geld aus dem Ausland geleitet werden sollten, und zwar unter der effektiven Kontrolle einer verantwortlichen politischen Führung. Ende Mai 2013 nahmen erstmals Vertreter der Freien Syrischen Armee an der Nationalen Koalition teil.

Organisationen der Zivilgesellschaft und NGOs bemühten sich zu dieser Zeit sehr darum, die Themen Menschenrechte, Übergangsjustiz und Staatsführung nach Assad auf die bisher von akuten militärischen Problemen und erbitterten politischen Rivalitäten bestimmte Tagesordnung zu setzen. Während Assads Regime angeschlagen schien, aber offenbar nicht vor dem unmittelbaren Zusammenbruch stand, nutzten einige Organisationen die Zeit, die wichtige Frage anzugehen, was auf das Regime folgen solle. Einige kamen zu dem Schluss, dass ein zu früher Sturz Assads ebenso nachteilig sei wie sein Machterhalt auf unbestimmte Zeit. Arbeitsgruppen trafen sich in der Region und rund um den Globus, um Fragen der Übergangsjustiz und der Sicherheit, der Schaffung von Repräsentationsorganen und der Aufrechterhaltung unerlässlicher öffentlicher Versorgungsleistungen zu diskutieren. Dies waren lobenswerte Bemühungen, die aber inmitten der eskalierenden Gewalt und des politischen Gezänks kaum durchdrangen.

Die Obama-Regierung verhielt sich aufgrund mangelnder attraktiver Handlungsoptionen weiterhin vorsichtig und blieb gespalten. Einige ihrer Vertreter, beispielsweise CIA-Direktor David Petraeus und (weniger entschieden) Außenministerin Hillary

Clinton, plädierten dafür, sich durch verdeckte Bewaffnung und Ausbildung der Rebellen der Aufstandsstrategie der Golfstaaten anzuschließen. Eine beträchtliche Zahl Regierungsmitarbeiter, die mit Syrien befasst waren, insbesondere aus dem Außenministerium, pflichteten dem bei. Obama selbst, wichtige Berater des Weißen Hauses und zahlreiche Mitarbeiter des Pentagon waren schon lange skeptisch gegenüber der Aufstandsstrategie, die, wie sie richtig voraussahen, keinen schnellen Sieg, sondern nur eine sich hinziehende, blutige Pattsituation produzieren würde. Sie wussten, dass die Verbündeten Syriens bei steigendem Druck von außen ihre Unterstützung für das Regime erhöhen würden. Sie machten sich auch große Sorgen um das Sicherheitsvakuum, das mit einem plötzlichen Zusammenbruch des Regimes drohte. Zu befürchten waren Vergeltungsmaßnahmen, der völlige Zusammenbruch des Landes oder auch ein sich festsetzender dschihadistischer Aufstand nach irakischem Muster. Gleichzeitig blieb Obama bei der Sprachregelung, dass Assad gehen müsse. Diese öffentlich zur Schau gestellte Einigkeit über die Ziele sollte zeigen, dass es zwar nicht zu leugnende, erhebliche Differenzen über den erwünschten Ausgang gab, es bei den internen (und öffentlichen politischen) Streitigkeiten des Bündnisses aber hauptsächlich um den Weg, nicht um das Ziel ging.

Die amerikanische Zurückhaltung erboste die Golfstaaten und die Türkei, die gehofft hatten, die amerikanische Militärmacht zur Unterstützung ihrer eigenen Ziele einspannen zu können. Sie begannen sich öffentlich dafür auszusprechen, einen Alleingang zu wagen – eine Position, die paradoxerweise vor allem als Drohkulisse innerhalb der Allianz dienen und Obama dazu bewegen sollte, sich ihrer Agenda anzuschließen. »Wartet nicht auf Amerika«, bat der libanesische Kolumnist Hassan Hayder eindringlich.[54] Sich auf die Vereinten Nationen zu verlassen habe noch nie ein arabisches Problem gelöst, murrte ein anderer saudischer Kolumnist.[55] Die über verdeckte Kanäle fließenden regionalen Waffenlieferungen an die Rebellen einzudämmen oder zumindest zu koordinieren sollte in den kommenden Monaten die ganze Aufmerksamkeit der amerikanischen Diplomaten in Anspruch nehmen. Ihre Bemühungen waren nicht von Erfolg gekrönt.

Kapitel 5

Die Chancen für die Demokratie

Syriens Sturz in den Abgrund erfolgte zu einem Zeitpunkt, als es andernorts in der Region immer noch Hoffnung gab. Aus den Wahlen zur Verfassunggebenden Versammlung in Tunesien 2011 war eine Koalitionsregierung hervorgegangen, die entschlossen zu sein schien, einen demokratischen Übergang zu vollziehen. Nach den Parlamentswahlen in Ägypten war ein von Islamisten dominiertes, frei gewähltes Abgeordnetenhaus gebildet worden. Der vorsichtig gemanagte Übergang in Jemen nach dem Rücktritt des langjährigen Präsidenten Ali Abdullah Saleh enttäuschte viele Aktivisten, doch im Februar 2012 wurde Abd Rabbo Mansour al-Hadi zu seinem Nachfolger gewählt und ein Nationaler Dialog in Gang gesetzt. Der marokkanische König beauftragte die gemäßigt islamistische Partei für Gerechtigkeit und Entwicklung (PJD), die im November 2011 die Wahlen gewonnen hatte, mit der Regierungsbildung.

Auch in Libyen schien noch nicht alles verloren. Mit dem Aufbau eines neuen Staates überfordert, verschob der Nationale Übergangsrat immer wieder wichtige Entscheidungen wie die Verteilung der Öleinnahmen, die föderale Struktur des Landes und die Entwaffnung der Milizen. Dennoch bewegte man sich in kleinen Schritten auf grundlegende Wahlen zu, die den Beginn eines echten Übergangs bedeuten konnten. Bei den Wahlen zum Nationalkongress am 7. Juli 2012 schnitten die Nichtislamisten gut ab, doch im Parlament waren alle großen Parteien vertreten. Die meisten waren bereit, demokratischen Institutionen eine Chance zu geben, obwohl sie sich dadurch absicherten, dass sie ihre Waffen behielten und die Kontakte zu ihren ausländischen Gönnern weiter pflegten. Die Wahlen in Libyen bestärkten die Regime am Golf in der Zuversicht, dass die Islamisten – nach dem Sieg der Muslimbrüder in Ägypten, der Ennahda-Partei in Tunesien und der PJD in Marokko – doch nicht jede Wahl gewannen. Der 7. Juli, so schwärmte ein saudischer Kommentator, der nicht unbedingt für seine demokratischen Neigungen bekannt war, werde als der Tag in die Geschichte eingehen, an dem »die Idee und nicht nur die Person Gaddafis gestorben ist«.[1]

Ein spannender Moment kam am 26. Juni 2012, als die Weltöffentlichkeit gebannt miterlebte, wie ein ägyptischer Richter mit finsterer Miene die Wahl Mohammed Mursis zum Staatspräsidenten verkündete. Bis dahin hatten viele Beobachter erwartet, man werde, ungeachtet des tatsächlichen Wahlergebnisses, Mubaraks ehemaligen Ministerpräsidenten Ahmed Shafik zum Gewinner erklären. Mursis Sieg mit 52 zu 48 Prozent der Stimmen war die einzige Wahl in der Geschichte der arabischen Welt, bei der ein in irgendeiner Weise ideologisch geprägter Vertreter der Opposition jemals den Sieg davontrug.

Vor den arabischen Aufständen war es buchstäblich unvorstellbar gewesen, dass ein Muslimbruder eine freie und faire Präsidentschaftswahl gewinnen könnte. Dieser Möglichkeit noch am nächsten kamen die Parlamentswahlen in Algerien 1991, als die

Islamisten eine überwältigende Stimmenmehrheit für sich verbuchten. Die Antwort des Militärs war ein Putsch, der einen fünf Jahre dauernden blutigen Bürgerkrieg zur Folge hatte.

Dabei waren Wahlen an sich nichts Neues. In den Jahrzehnten zuvor hatten in den meisten arabischen Staaten außerhalb des Golfs Parlamentswahlen stattgefunden. Sie dienten vor allem dem Zweck, die Macht innerhalb der Elitegruppen neu zu verteilen, ein Ventil für die Öffentlichkeit zu schaffen, Teile der politischen Opposition einzubinden und ausländische Beobachter zu beschwichtigen. An einer echten Rotation der Macht hatte man kein Interesse. Wahlen blieben entweder auf gesetzgebende Institutionen mit geringer realer Macht begrenzt, oder die Spielregeln waren so gestaltet, dass ein Sieg der Regimebefürworter von vornherein sicher war. Die Wahlen in Ägypten dagegen versprachen etwas faszinierend Neues: einen friedlichen Machtwechsel, die Einbindung von Islamisten in den demokratischen Prozess und die Umsetzung eines durch Massenproteste angestoßenen demokratischen Wandels.

Es war ein Moment, in dem alles möglich schien.

Für viele Amerikaner ist Demokratie ein Wert an sich: eine grundsätzlich gute Regierungsform und der beste Garant für Stabilität. Für die meisten arabischen Akteure dagegen war die Demokratie nur ein Mittel zum Zweck: gut, wenn ihre eigenen Kandidaten gewannen, aber inakzeptabel, wenn ihre Gegner gewannen. Selbst die verbissen antidemokratischen Herrscher am Golf hatten nichts gegen Wahlsysteme, die ihnen halfen, ihre Leute an der Macht zu halten und sich spielerisch inmitten freundlich gesinnter politischer Parteien und Politiker zu bewegen. Die Saudis hätten demokratische Legitimität gern gelobt, wenn ihr Kandidat Ayad Allawi 2010 die Wahlen in Irak gewonnen hätte;

den tatsächlichen Sieger Nuri al-Maliki dagegen lehnten sie mit dem Vorwurf ab, er sei ein Stellvertreter des schiitischen Iran. Der jemenitische Staatspräsident Abd Rabbo Mansour al-Hadi galt ihnen als rechtmäßiger Gewinner der Wahlen 2012, obwohl er keinen Gegenkandidaten gehabt hatte; Mursi in Ägypten dagegen galt ihnen nicht als rechtmäßiger Wahlgewinner. Kurz: Die meisten arabischen Staaten sahen wenig Sinn darin, »Demokratie« als Wert an sich zu unterstützen.

Ägypten blieb das Herzstück des arabischen Aufstands und der strategische Hauptgewinn für alle, die in der Region eine Vormachtstellung anstrebten. Wenn aus den tunesischen oder libyschen Parlamentswahlen die Islamisten als Sieger hervorgingen, spielte dies für das Machtgleichgewicht in der Region kaum eine Rolle. Die Wahlen in Ägypten dagegen verschoben dieses Gleichgewicht zugunsten islamistischer und aktivistischer Netzwerke in Katar. Ein Sieg Shafiks hätte das nachrevolutionäre Ägypten innerhalb der von den Saudis geführten regionalen Ordnung belassen, Mursis Sieg dagegen barg die Gefahr einer Hinwendung Ägyptens zur katarischen Koalition. Damals erkannten nur wenige, dass Katar auf dem Höhepunkt seiner Macht stand.

Das Jahr nach Mursis Vereidigung zum ägyptischen Staatspräsidenten war von politischen Kämpfen, Polarisierungen und Streitigkeiten innerhalb der staatlichen Institutionen gekennzeichnet. Die Muslimbrüder, Katar und die Demokratie, sie alle waren Verlierer – mit verheerenden Folgen für den arabischen Aufstand insgesamt. Am 3. Juli 2013, vier Tage nach großen Massenprotesten, enthob General Abdel Fattah al-Sisi Staatspräsident Mursi seines Amtes, setzte die Verfassung außer Kraft und verhängte das Kriegsrecht. Der Putsch wurde von Saudi-Arabien, den Vereinigten Arabischen Emiraten und Kuwait begeistert unterstützt, auch finanziell. Seine demokratische Legitimation bot Mursi wenig Schutz. Sechs Wochen später stürmte die Armee zwei islamistische Protestcamps im Zentrum Kairos und richtete am helllichten Tag ein Blutbad an; tausend Menschen kamen ums Leben. Mit der Repressionskampagne gegen die Muslimbrüder und gegen säkulare Aktivisten begann eine neue, dunkle Phase der arabischen Aufstände mit Folgen weit über Ägypten hinaus.

Der Gang der Ereignisse von den jubelnden Menschenmengen auf dem Tahrir-Platz zu den schrecklichen Massakern auf dem Rabaa-Platz zeigt Chancen und Scheitern der Aufstände. Wie in den anderen Ländern wurden die Geschehnisse auch hier vor allem von innenpolitischen Faktoren angetrieben, die Auseinandersetzungen zwischen diesen inneren Kräften jedoch waren von regionalen und externen Faktoren geprägt. Es ist erstaunlich, wie selten in den zahllosen analytischen Aufsätzen, die zum Übergang in Ägypten veröffentlicht wurden, auf die Bedeutung dieser externen Faktoren für die ägyptische Politik hingewiesen wurde; lediglich Katar wurde für seine Unterstützung der Muslimbrüder gerügt. Doch die Tahrir-Aktivisten waren im Januar 2011 fest in den größeren arabischen Aufstand eingebunden und betrachteten sich ganz entschieden als Teil einer regionalen Protestwelle. Die Muslimbrüder und die Salafisten, die in der Übergangszeit die Wahlpolitik dominierten, konnten auf weitgespannte transnationale Netzwerke zurückgreifen. Die Putschisten vom Juli 2013 wiederum wurden von den Vereinigten Arabischen Emiraten und Saudi-Arabien finanziert, die ihnen halfen, wirkungsvolle Mobilisierungskampagnen durchzuführen und in den Monaten des erbittert polarisierenden politischen Konflikts breiten Rückhalt in der Bevölkerung zu gewinnen.

Von den Parlamentswahlen zur Präsidentschaft

Das politische Klima in Ägypten zwischen November 2011 und Januar 2012 war von den Folgen der gewaltsamen Zusammenstöße im November und den Ergebnissen der Parlamentswahlen geprägt. Nach den chaotischen Schlachten in der Mohamed-Mahmoud-Straße hatte sich der Oberste Militärrat unter amerikanischem Druck verpflichtet, Präsidentschaftswahlen abzuhalten und im Juni die Macht abzugeben. Das Ergebnis der Parlamentswahlen hatte die Aktivisten und die *feloul* demoralisiert, die Islamisten jedoch an die Macht gebracht. Katar war begeistert, die Vereinigten Arabischen Emirate entsetzt. Die Saudis begrüßten zwar sicherlich das gute Abschneiden der Salafisten, die schon seit längerem ihre Unterstützung genossen; doch die politische Gesamtsituation kam ihrem Bemühen um eine Wiederherstellung des Status quo nicht entgegen.

Die Wahlverlierer taten alles, um das neue Parlament zu diskreditieren und ihm Steine in den Weg zu legen. Der Staat suchte nach Möglichkeiten, die Macht des Parlaments zu beschränken und zu verhindern, dass die Muslimbruderschaft ihren rechtmäßigen Wahlsieg in reale Macht ummünzen konnte. Hilfreich waren dabei das verfassungsrechtliche Vakuum in einer Situation ohne einen Staatspräsidenten, die engen Verbindungen der Wahlverlierer zu dem nach wie vor regierenden Militärrat sowie der Widerstand der ägyptischen Justiz, der Sicherheitskräfte sowie des gesamten Staatsapparats, die sich mehrheitlich einem echten Wandel entgegenstemmten. Kaum jemand zweifelte an den politischen Motiven von Gerichtsbeschlüssen, insbesondere nachdem der mächtige Vorsitzende des Verbands der Richter und Staatsanwälte, Ahmed al-Zend, das Parlament in einer flammenden Rede öffentlich kritisiert hatte – ein Angriff, der sich klar gegen die neu gewählten Islamisten richtete. Al-Zend erklärte unumwunden: »Von heute an werden die Richter die Zukunft dieses Landes und sein Schicksal mitbestimmen. Wir werden das Land nicht euch überlassen.«[2]

Der neue parlamentarische Block der Muslimbrüder spielte ihnen dabei in die Hände. Durch ihr grobschlächtiges Vorgehen bei der Gestaltung der neuen Legislative und durch ihren Umgang mit symbolisch bedeutsamen Themen verprellten die Muslimbrüder potenzielle Verbündete. Doch auch wenn aufgrund der politischen Blockadesituation der Handlungsspielraum des Parlaments gering war, tat sich die Bruderschaft mit ihren gesetzgeberischen Maßnahmen keinen Gefallen.

Besonders deutlich wurde dies bei den erbitterten Kämpfen um Zusammensetzung und Aufgaben der Verfassunggebenden Versammlung. Kritiker warfen den Muslimbrüdern vor, das Gremium mit Islamisten besetzen zu wollen, um eine islamistische Verfassung zu entwerfen; sie zogen sich zurück und boykottierten das Gremium. Es kam, wie es kommen musste. Man darf zweifeln, ob an diesem Punkt überhaupt noch irgendetwas geholfen hätte. Dass aber die Gelegenheit verpasst wurde, bei diesem ersten bedeutenden Bemühen um einen Verfassungsentwurf möglichst viele Kräfte einzubinden und einen breiten Konsens zu erzielen, zählt zu den größten Fehlern des ägyptischen Übergangs. In der nachfolgenden Phase fehlten somit klar definierte institutionelle Vorgaben und Regeln. Vor allem blieben die wichtigsten Fragen zur Identität des Landes ungelöst. Stattdessen beschäftigte man sich mit praktischen Problemen des Aufbaus der staatlichen Institutionen und einer effizienten Regierungsführung.

Das Klima der Unsicherheit erschwerte den Übergang und verstärkte sich weiter durch die wiederholte Einmischung der Judikative.[3] Besonders unangebracht waren solche Interventionen im Vorfeld der Präsidentschaftswahlen im Mai 2012. Die Justiz verweigerte mehreren führenden Kandidaten aus fadenscheinigen Gründen die Zulassung, unter anderem dem salafistischen Favoriten Hazem Abu Ismail, dem politischen Schwergewicht der Muslimbrüder Khairat al-Shater und Mubaraks altem Geheimdienstchef Omar Suleiman. Zwar bedauerte kaum jemand den Ausschluss dieser problematischen Kandidaten, aber die willkürlichen, politisch motivierten Entscheidungen der Justiz schufen einen gefährlichen Präzedenzfall für die unkontrollierte Machtausübung von Richtern und Staatsanwälten. Dies zeigte sich noch klarer, als das Oberste Verfassungsgericht im Juni, nur zwei Tage vor der Stichwahl um das Präsidentenamt, das Parlament auflöste. Ein solcher Schritt verhieß nichts Gutes für die Neutralität der staatlichen Institutionen – und war eine unmissverständliche Drohung an die Adresse der Muslimbrüder, die ihren Platz in dem neuen politischen System erst noch finden mussten.

Laut Meinungsumfragen und dem Konsens der Eliten hatten bei den Wahlen für das Präsidentenamt zwei Kandidaten die besten Chancen: Amr Moussa, der ehemalige Generalsekretär der Arabischen Liga, und Abd al-Munim Abu al-Futuh, ein Reformer und ehemaliges Mitglied der Muslimbruderschaft. Die meisten externen Mächte wahrten in der Öffentlichkeit Neutralität, die Golfstaaten und die USA favorisierten vermutlich jedoch Moussa, einen erfahrenen Diplomaten, den sie gut kannten (und der zu alt war für Ambitionen einer Präsidentschaft auf Lebenszeit). Katar, die Türkei und Teile der revolutionären Koalition tendierten zu Abu al-Futuh. Andere Revolutionäre wiederum gaben dem Nasseristen Hamdeen Sabahi beziehungsweise dem sozialistischen Rechtsanwalt Khaled al-Ali den Vorzug. Doch aus der ersten Runde der Präsidentschaftswahlen ging keiner der Kandidaten als Sieger hervor. Moussa, Abu al-Futuh und Sabbahi teilten sich das Votum der Revolutionäre, so dass keiner von beiden eine Mehrheit gewann. Schließlich landete Mursi mit Mubaraks letztem Ministerpräsidenten Ahmed Shafik in der Stichwahl, obwohl keiner der Kandidaten mehr als 25 Prozent der Stimmen erhalten hatte. Aktivisten, Liberale und das Gros der internationalen Gemeinschaft waren entsetzt. Mubaraks alte Warnung, Ägypten habe die Wahl zwischen ihm und den Muslimbrüdern, hatte erneut an Aktualität gewonnen.

Die Stichwahl zwischen Mursi und Shafik war die denkbar schlechteste Lösung für all jene, die auf eine Konsolidierung des demokratischen Übergangs gehofft hatten, und zeigte, wie tief die Gräben zwischen den politischen Lagern und wie verhärtet die Fronten waren. Das breite politische Mittelfeld der Revolutionäre, Liberalen, Aktivisten und parteilosen Staatsbürger, die in die neue Politik hineingezogen worden waren, wurde an den Rand gedrängt. Auf regionalpolitischer Ebene wurde die Wahl in Ägypten zu einem unverhohlenen Kräftemessen zwischen den regionalen Netzwerken Katars und der Vereinigten Arabischen Emirate. Dass Katar die Muslimbrüder und die revolutionäre Koalition unterstützte, war bekannt; dass die Vereinigten Arabischen Emirate Ahmed Shafik unter die Arme griffen, ein offenes Geheimnis. Shafik, der in den Emiraten lebte, verfügte über scheinbar unerschöpfliche finanzielle Ressourcen, und die Medien am Golf berichteten ungewöhnlich positiv über ihn.

Die Stichwahl zwischen den beiden Präsidentschaftskandidaten zwang die Aktivisten und die passiveren Befürworter der Revolution, die am 25. Januar 2011 begonnen hatte, zu einer Entscheidung zwischen, wie sie es sahen, zwei Übeln: einer Rückkehr des Regimes, für dessen Beseitigung sie so viele Opfer gebracht hatten, und der Übergabe der Macht an eine islamistische Partei, der sie mit Skepsis und Angst begegneten. Am Ende gaben viele den Muslimbrüdern einfach einen Vertrauensvorsprung und wählten Mursi. Weniger als zwei Jahre nachdem Millionen Menschen auf die Straße gegangen waren, um Mubaraks Sturz zu fordern, stimmten 48 Prozent der Ägypter für einen Vertreter des gestürzten Regimes. Dennoch: Die Wahlen waren der letzte Atemzug der revolutionären Tahrir-Koalition. Gerade genug Aktivisten und auf einen Wandel hoffende Menschen, die noch bereit waren, den Muslimbrüdern eine Chance zu geben, lieferten die knappe Mehrheit. Doch das Pendel sollte bald umschwingen.

Präsident Mursi

Die Präsidentschaftswahlen 2012 waren der Höhepunkt in den Bemühungen um einen demokratischen Übergang in Ägypten, gleichzeitig aber auch die schwierigste Herausforderung für die Revolution. Das Wahlergebnis offenbarte, wie tief das Land gespalten war – ein Land, das es mit der Tahrir-Koalition nicht gut meinte. Der ägyptische »tiefe Staat« war zwar zähneknirschend bereit, die Wahl zu bestätigen, die Mursi mit einer Mehrheit von 52 zu 48 Prozent gewonnen hatte; mit der Realität eines islamistischen Präsidenten hingegen konnte er sich niemals abfinden. Die Verzögerungstaktiken und die tatkräftige Blockade der Regierung durch die ägyptische Staatsbürokratie führten dazu, dass das Vertrauen der Öffentlichkeit in Mursis Regierung immer weiter schwand. Noch bevor der neue Präsident sein Amt antreten konnte, löste das Oberste Verfassungsgericht das islamistisch dominierte Parlament auf, und der Militärrat ergänzte die Verfassung um einige Änderungen, die die Macht des Präsidenten beschränkten. Ende Juli war Mursi schon beinahe zu einer Witzfigur geworden, unfähig, seine politischen Versprechen einzuhalten und seine Befehlsgewalt durchzusetzen.

Viele, aber nicht alle Probleme Mursis waren innenpolitisch und von ihm selbst geschaffen, doch gaben nach dem Putsch zahlreiche vorsichtige Beobachter allein Mursi die Schuld am Scheitern Ägyptens.[4] Es steht außer Frage, dass er einen spalterischen, ausgrenzenden Regierungsstil pflegte. Klar ist aber auch, dass wichtige Teile der politischen Klasse Ägyptens (mit dem Rückhalt der gleichfalls skeptischen Golfstaaten) von Anfang an nicht bereit waren, konstruktiv mit ihm zusammenzuarbeiten. Es fehlte an gutem Willen und an der Bereitschaft, den Übergang zu unterstützen. Es mag an Mursis Unaufrichtigkeit gelegen haben, dass seine Einladungen zum Dialog und zur Regierungspartizipation boykottiert wurden, aber die Blockade war eine politische Strategie. Mursis mangelnde integrative Kraft war nicht einfach ein persönlicher Charakterzug oder die Folge der ausgrenzenden Organisationskultur der Muslimbruderschaft. Sie war das Ergebnis des politischen Prozesses selbst.

Die Regierung Obama war unschlüssig, was von einem Präsidenten aus den Reihen der Muslimbrüder zu erwarten sei, und besorgt um die Wahrung ihrer Kerninteressen wie des ägyptischen Friedensvertrags mit Israel. Dennoch begrüßte sie das Wahlergebnis als Schritt in Richtung einer Konsolidierung der ägyptischen Demokratie. Obama signalisierte seine Bereitschaft, mit Mursi als dem gewählten Präsidenten Ägyptens zusammenzuarbeiten. Diese offizielle amerikanische Position brachte die Golfstaaten in Verlegenheit, die sich jetzt darin eingeschränkt fühlten, ihrer Ablehnung eines gewählten Islamisten im Präsidentenpalast gemäß zu agieren. Nicht, dass sich Obama über Mursi Illusionen machte. Die amerikanische Haltung gründete in der Entschlossenheit, einen echten politischen Demokratisierungsprozess zu unterstützen und die Partizipation des islamistischen Mainstreams an demokratischen Prozessen zu zementieren.

Hinzu kam der Aspekt der Terrorismusbekämpfung. Für das Konzept eines »Kriegs der Ideen« gegen al-Qaida, das Obama in seiner Kairoer Rede an die Muslime der Welt 2006 dargelegt hatte, war die Einbindung der gemäßigten Islamisten in die politischen Entscheidungsprozesse von zentraler Bedeutung. Indem die Amerikaner Mursis Sieg anerkannten, nahmen sie den Muslimen in der Region den Wind aus den Segeln, die zumeist – und aus guten Gründen – überzeugt waren, die Vereinigten Staaten würden nur amerikafreundliche Demokratien unterstützen. Obama ließ keinen Zweifel daran, dass ein politisches System, das eine so große Gruppe wie die Muslimbrüder ausschloss, nicht wirklich demokratisch sein konnte. Und er war bereit, um der langfristigen Konsolidierung der ägyptischen Demokratie willen kurzfristig einen ungeliebten ägyptischen Präsidenten in Kauf zu nehmen.

Mursis Gegner waren dazu nicht bereit. Für die Feinde der Muslimbrüder war Mursis Wahl eine Katastrophe. Einige Stimmen aus den Golfstaaten empfahlen Besonnenheit und riefen zur Zusammenarbeit mit der neuen Regierung auf, um Ägyptens Einbindung in die regionale Ordnung nicht zu gefährden. Doch die meisten wollten den Aufstieg der Muslimbrüder und Kairos Annäherung an Katar verhindern, und sei es um den Preis der Stabilität Ägyptens. Saudi-Arabien und die Vereinigten Arabischen Emirate lehnten finanzielle Hilfen für Ägypten ab, während viele ägyptische Geschäftsleute ihr Kapital abzogen. Katar sprang ein und gewährte dem Land fünf Milliarden Dollar Wirtschaftshilfe. Bei den anderen Golfstaaten regte sich Unmut über eine Abhängigkeit Ägyptens, schließlich hielten einzig und allein die katarischen und türkischen Finanzspritzen die ägyptische Wirtschaft am Laufen. Nach dem Militärputsch im Juli 2013 zahlte Ägypten mehr als die Hälfte dieser Gelder an Doha zurück.

Mursi versuchte, seine Präsidentschaft als Bestätigung der ägyptischen Revolution darzustellen, nicht als Triumph des Islamismus. Er wusste, wie wichtig es war, eine Arbeitsbeziehung mit den Vereinigten Staaten, Israel und den Golfstaaten aufrechtzuerhalten. Spitzenfunktionäre der Muslimbruderschaft wie Khairat al-Shater versicherten Staatsgästen immer wieder, die wirtschaftliche Entwicklung habe höchste Priorität. Sein Bemühen um Stärkung seiner Autorität weckte jedoch die Ängste seiner Gegner. Kritisch betrachtete man auch die Rolle, die Shater oder auch der geistliche Führer der Muslimbrüder, Mohammed el-Badi'e, bei der Ausarbeitung der Regierungspolitik spielten. Die Reform staatlicher Institutionen – von den Medien bis zum Innenministerium – war eine der Hauptforderungen der Revolution gewesen. Jetzt sah man darin eine finstere Verschwörung zur »Islamisierung« des Staats, in deren Verlauf säkulare Bastionen geschliffen und der gesamte Staatsapparat mit Sympathisanten der Muslimbruderschaft besetzt werden sollten.

Anfang August unternahm Mursi einen entschlossenen Schritt.

Er entließ den Geheimdienstchef, den Kommandeur der Militärpolizei und die beiden ranghöchsten Mitglieder des Obersten Militärrats SCAF. General Abdel Fattah al-Sisi, der an dessen Spitze aufgestiegen war, unterstützte diese Maßnahmen, was zu wilden Spekulationen über seine potenziellen islamistischen Sympathien Anlass gab. Die Polarisierung in Ägypten war inzwischen so weit fortgeschritten, dass die Absetzung dieser von vielen verachteten Militärführer nicht als Erfüllung der revolutionären Forderung nach einer zivilen Kontrolle des Militärs empfunden wurde, sondern als Gefahr einer totalen Kontrolle des Staates durch die Islamisten.[5] Mit diesen Maßnahmen gegen die Führung von Geheimdienst und Militärrat veränderte sich die öffentliche Wahrnehmung von Mursis Präsidentschaft auf dramatische Weise. Er wurde jetzt nicht mehr als eine ineffiziente Witzfigur betrachtet, sondern als ernstzunehmender Akteur im perfiden Spiel der politischen Kräfte Ägyptens: ein Alarmsignal für die Regime am Golf, für die die Führung von Militär- und Geheimdienst schon immer zu den wichtigsten Ansprechpartnern gezählt hatte.

Für Riad und Abu Dhabi kam es bald noch schlimmer, vor allem im größeren regionalen Kontext. Am 1. September 2012 nahm Mursi in Teheran an einem Gipfeltreffen der blockfreien Staaten teil. Es war der erste Besuch eines ägyptischen Präsidenten in Iran seit dreißig Jahren. Die Saudis befürchteten, Ägypten, eine tragende Säule des antiiranischen regionalen Blocks, werde sich Katars neutraler, wenn nicht sogar proiranischer Position anschließen. Wie der saudische Kolumnist Jamal Khashoggi schrieb, wird »die Haltung der Muslimbruderschaft ausschlaggebend dafür sein, ob Iran in seiner derzeitigen Isolation eingesperrt bleibt«.[6] Mursis Besuch in Teheran bot ein gemischtes Bild. Während kaum etwas von dem, was er tat, auf eine Annäherung an Iran hindeutete, signalisierte schon allein seine Präsenz eine Lockerung von Teherans Isolation in der Region. Die Idee des neuen Ägypten als eines ehrlichen Maklers zwischen den rivalisierenden Fraktionen spiegelte Katars Einfluss. Für Riad eine alarmierende Vorstellung.

Mursis Haltung zu Syrien war mehr nach dem Geschmack der Golfstaaten. Niemand wusste genau, was von Mursi als ägyptischem Präsidenten zu solchen politischen Problemen zu erwarten war. Wenn sein Besuch in Teheran die Saudis erzürnt hatte, so beruhigte sie seine Haltung zu Syrien.[7] Sei es aufgrund seines islamistischen Netzwerks, der Rückendeckung durch Katar oder seiner Identifizierung mit den arabischen Revolutionen – jedenfalls stellte sich Mursi entschieden gegen das Assad-Regime und auf die Seite des syrischen Aufstands. Doch selbst diese Position war nach Ansicht einiger Golfstaaten nicht immer fest und entschieden genug. Im Juli 2012 empfahl der Journalist Mishari al-Zaydi in scharfen Worten, die ägyptisch geführte Arabische Liga zu ignorieren. Ihm zufolge ordnete sie sich »ganz klar dem offiziellen ägyptischen Diskurs im Zeitalter der Muslimbruderschaft unter, deren Sympathie für das syrische Volk nur ein Lippenbekenntnis ist. Sie widersetzt sich jeder Intervention, um dieses Volk zu retten ... Warum hat die Führung der Muslimbruderschaft NATO-Kampfflugzeuge in Libyen, nicht aber in Syrien befürwortet?«[8]

Mursis Position zu Syrien veränderte sich mit der Zeit. Im Mai 2013 war er Gastgeber einer umstrittenen Konferenz in Kairo mit Yusuf al-Qaradawi, bei der zum Dschihad in Syrien aufgerufen wurde – ein heikler Moment. Der offen konfessionalistische Ruf nach einem Dschihad wurde von vielen Kritikern als Beweis für Mursis bisher versteckten Extremismus und seine Hinwendung zum Dschihadismus verstanden. Aber nichts war so, wie es schien. So neu die Rede von einem Dschihad für Kairo auch sein mochte, in den Golfstaaten war sie inzwischen gang und gäbe. In den Moscheen und bei Spendenaufrufen in Kuwait, Bahrain, Saudi-Arabien und Katar konnte man solche Töne regelmäßig hören. Mursis Unterstützung des syrischen Dschihad war weniger Ausdruck seiner wahren religiösen Überzeugungen als vielmehr ein zynisches Zugeständnis an die Golfstaaten, mit denen er zahlreiche andere Divergenzen hatte.

Der Angriff auf die amerikanische Botschaft in Kairo im September 2012 während der Proteste gegen den Film *Innocence of Muslims* bot Mursi eine weitere Gelegenheit, seine Absichten zu bekunden. Er hatte die Wahl, entweder für die Demonstranten Partei zu ergreifen und eine islamistische Basis zufriedenzustellen oder die Proteste niederzuschlagen und die US-Botschaft zu schützen, um sich als verantwortungsbewusster Staatsführer zu präsentieren. Er entschied sich für Letzteres. Dieser Schritt war bei seinen Anhängern nicht unumstritten. Für viele waren die Vereinigten Staaten nach wie vor der Erzfeind, und sie konnten kaum glauben, dass ein islamistischer Präsident diesen Feind gegen ihre Proteste in Schutz nahm. Aber hinter Mursis Verhalten steckte politisches Kalkül, verstand er es doch, ein drohendes diplomatisches Desaster zum Signal an den Westen umzumünzen, dass man ihm als Staatsführer vertrauen konnte.

Mursi wurde schon bald erneut auf den Prüfstand gestellt, als die Gewalt zwischen Israel und der Hamas im Gazastreifen wiederaufflammte. Wieder sah sich Mursi hin- und hergerissen zwischen der Begeisterung seiner Basis für eine Konfrontation mit Israel und dem pragmatischen Diktat der nationalen Interessen, die es verlangten, dass die Beziehungen zum Westen nicht aufs

Spiel gesetzt würden. Für Israel war dies der erste Test für die Position des neuen Ägypten gegenüber Gaza. Mubarak war ein enger Partner der israelischen Sicherheitskräfte gewesen, ein erbitterter Feind der Hamas und der Hauptarchitekt und -verfechter der Blockade des Gazastreifens. Der israelfeindliche und hamasfreundliche Mursi bewies erneut mehr Verantwortung und diplomatische Effizienz, als die meisten ihm zugetraut hatten. Seine Administration vermittelte innerhalb von vier Tagen einen Waffenstillstand, der die Gewalt beendete, und versprach Gaza humanitäre Hilfe (auch wenn sie später ausblieb). Bei allem, was Israel betraf, führte zwar wohl weiterhin das Militär Regie, aber Mursi versuchte nicht, die Vermittlungen zu vereiteln oder mit provozierenden Äußerungen Öl ins Feuer zu gießen.

Mursis Verhalten in allen diesen Krisen schien eindrucksvoll zu bestätigen, dass Innenpolitik an der Staatsgrenze endete und dass jede politische Führung ganz rational dem Diktat der nationalen Interessen folgte. Mitte November 2012 genoss Mursi aufgrund seiner internationalen Diplomatie regional wie international weitgehende Akzeptanz, auch wenn sie ihm nur zähneknirschend gewährt wurde. Israel und die Golfstaaten blieben argwöhnisch, doch ihre schlimmsten Befürchtungen hatten sich nicht erfüllt. Die Vereinigten Staaten waren von Mursis effizienter Gaza-Diplomatie und von seiner Bereitschaft beeindruckt, den Mob zurückzudrängen, der die US-Botschaft angegriffen hatte. Mursi gewann mehr und mehr staatsmännisches Format, er war nicht mehr der blutige Anfänger wie noch im Juli. Seine außenpolitischen Erfolge trugen jetzt auch im eigenen Land Früchte. Der Sicherheitsapparat sah sich gezwungen, einen Mann ernster zu nehmen, den er bereits neutralisiert zu haben glaubte.

Doch dann überspannte Mursi den Bogen. Am 22. November 2012 griff er zu einer außerordentlichen Maßnahme, um einen umstrittenen Verfassungsentwurf durchzuboxen. Mit Blick auf die häufigen Interventionen des Obersten Verfassungsgerichts verfügte er, dass die Justiz nicht das Recht habe, seine Dekrete zu überprüfen. Mursi sprach von einer zeitlich begrenzten Maßnahme zur Verabschiedung der Verfassung und einer notwendigen Antwort auf die offenkundige Politisierung der Justiz. Doch sein Vorgehen machte einen sehr schlechten Eindruck, und die potenziellen Folgen waren alarmierend. Eine extrem polarisierte ägyptische Öffentlichkeit sah darin einen gefährlichen Griff nach der Macht, um das Land zu islamisieren. Mursis Verfassung wurde am 15. Dezember per Referendum verabschiedet. Bei einer geringen Wahlbeteiligung von rund 30 Prozent stimmten 57 Prozent der Wähler für die Verfassung. Am 26. Dezember trat sie in Kraft.

Die neue Verfassung trug nicht dazu bei, die politische Krise zu lösen oder Konsensregeln festzulegen. Viele sahen alle Bemühungen um eine neue Verfassung als gescheitert an, und es kam zu schweren Zusammenstößen zwischen Demonstranten und Anhängern der Muslimbruderschaft. Ein gewaltsamer Angriff auf Demonstranten vor dem Präsidentenpalast im Kairoer Stadtteil Ittihadiya Mitte Dezember wurde zum entscheidenden Moment eines Narrativs der islamistischen Niedertracht und zum Ausgangspunkt für die Anti-Mursi-Kampagne. Prominente Liberale wie Mohammed el-Baradei warnten vor einer drohenden Katastrophe. Unter Beteiligung von rund drei Dutzend politischen Gruppierungen und viel Prominenz gründeten sie die Nationale Heilsfront. Das Bündnis versuchte in den nachfolgenden sechs Monaten, den Präsidenten zu entmachten, und fand dafür mächtige Verbündete, darunter viele Kräfte in den Institutionen, mit denen die Revolution einst hatte Schluss machen wollen.

Der Zusammenbruch

Die Nationale Heilsfront erleichterte eine Versöhnung zwischen der politischen Opposition und dem Militär, so dass die Muslimbrüder bald ohne Verbündete dastanden. Die Zerschlagung des Zweckbündnisses der säkularen Aktivisten mit den Muslimbrüdern war von Beginn der Tahrir-Proteste an ein Hauptziel der Muslimbrüder-Gegner gewesen. In Ägypten wie in anderen Ländern konnten die Islamisten nur dadurch zurückgedrängt werden, dass man ihnen ihre Koalitionspartner abspenstig machte. Auf diese Weise sollte eine bipolare politische Situation geschaffen werden, in der die Regimekräfte die einzige Alternative darstellten. Die Feindseligkeiten zwischen Aktivisten und Muslimbrüdern hatten sich in der Zeit nach den Tahrir-Protesten verschärft. In der Übergangszeit hatten die Aktivisten den Muslimbrüdern immer wieder vorgeworfen, sich in ihrem Streben nach der Macht mit dem Militär zu verbünden. Jetzt taten sie genau dasselbe.

Mit Mursis Griff nach der Macht verschärfte sich die Polarisierung. Die Medien, zumeist in staatlicher Hand oder im Besitz reicher Geschäftsleute mit Verbindungen zum alten Regime und zu den Golfstaaten, starteten eine antiislamistische Propagandakampagne, die den Radikalismus und Exotismus der Islamisten betonte.[9] Man sprach ihnen ihre Menschlichkeit ab, indem man sie als willenlose Schafe darstellte, die ihren Führern blind hinterherliefen. Unter Verweis auf ihre länderübergreifenden Netzwerke zweifelte man ihren Nationalismus an. Unermüdlich wiederholte und übertrieb man jeden fragwürdigen Vorfall und jede zweifelhafte Verlautbarung. Islamistische Medien reagierten darauf mit der Dämonisierung ihrer Kritiker als Säkularisten oder Atheisten oder als Knechte Amerikas, Israels und der Vereinigten Arabischen Emirate. Al-Jazeera Direct Egypt wurde zum Sprachrohr der Bruderschaft, während von den Saudis geförderte Medien wie al-Arabiya gegen die Muslimbrüder gerichtete Botschaften verbreiteten. Jedes Ereignis und jeder politische Schachzug wurde durch Dutzende neue parteiische Nachrichtenkanäle gefiltert übermittelt, so dass sich zwei praktisch unversöhnliche Narrative der ägyptischen Politik herausbildeten.

Die Ereignisse in Ägypten selbst lieferten diesen rivalisierenden Deutungsmustern immer neuen Zündstoff. Mursi drängte auf Parlamentswahlen, um das institutionelle Vakuum zu füllen. Das war durchaus vernünftig und hätte von der Opposition als Chance begriffen werden können: Schließlich wurde Mursis Macht dadurch gestärkt, dass es keine mit demokratischer Legitimität ausgestattete Institution gab, die als Gegengewicht auftreten konnte. Wenn die Muslimbrüder tatsächlich so unpopulär waren, wie ihre Kritiker behaupteten, würden Wahlen ihre Schwäche offenbaren. Erstmals in der modernen ägyptischen Geschichte wäre damit ein institutionelles Machtgleichgewicht und ein System der Gewaltenteilung geschaffen worden. Eine Wahlniederlage der Muslimbrüder hätte darüber hinaus Mursi gezwungen, seinen Ansatz zu überdenken und sich um Kompromisse zu bemühen. Aber die Opposition lehnte den Ruf nach Wahlen ab – hauptsächlich weil sie selbst eine Niederlage befürchtete.

Unterdessen eskalierte die Gewalt auf der Straße, als Demonstranten Parteibüros, Gebäude und Busse der Muslimbrüder angriffen. Immer öfter kam es zu blutigen Zusammenstößen, doch die Polizei war weit und breit nicht zu sehen. Dies vermittelte, von den Medien eifrig bestärkt, den Eindruck, Ägypten befinde sich im freien Fall. Zu diesem wachsenden Gefühl der Unsicherheit trugen auch eine beispiellose und unerklärliche Benzinknappheit sowie rätselhafte Stromausfälle bei. Nach dem Putsch vom 3. Juli 2013 konstatierte die *New York Times* das »wundersame Ende der lähmenden Engpässe der Energieversorgung und das Wiederauftauchen der Polizei« und erklärte die Versorgungskrise, durchaus plausibel, mit dem Bestreben des Staats, Mursis Regierung zu unterminieren.[10] Was auch immer an dieser Komplizenschaft des Staats dran ist, die politische Polarisierung und die grassierende Unsicherheit nährten den Eindruck, Mursi habe die Kontrolle über das Land verloren und sei nicht länger regierungsfähig. Dies diente als Rechtfertigung des Putsches.

Die Vereinigten Staaten versuchten beharrlich, beide Seiten zu überzeugen, am demokratischen Prozess festzuhalten. Die öffentlichen Verlautbarungen der US-Regierung erbosten die antiislamistische Koalition, die diesen Prozess untergraben und damit den Präsidenten zu Fall bringen wollte. Am 10. Februar 2013 erklärte die amerikanische Botschafterin Anne Patterson vor Führern zivilgesellschaftlicher Gruppen in Alexandria: »Ägyptens Zukunft wird von denjenigen aufgebaut, die imstande sind, vernünftige Kompromisse zu finden und einen nationalen Konsens zu erreichen.«[11] Die Tamarod-Bewegung, eine von hochrangigen Führern unterstützte landesweite Kampagne, die Millionen Unterschriften gegen Mursi sammelte, rief für den 30. Juni zu einer Massenkundgebung auf, die zum Sammelpunkt der Anti-Mursi-Kampagne wurde. Am 18. Juni, weniger als zwei Wochen vor der Tamarod-Kundgebung, verärgerte Patterson die bereits siegessicheren Aktivisten mit einer Warnung: »Manche behaupten, Proteste würden mehr bewirken als Wahlen. Ehrlich gesagt, meine Regierung und ich sind zutiefst skeptisch. Ägypten braucht Stabilität, um seine Wirtschaft in Ordnung zu bringen, und mehr Gewalt auf den Straßen wird nur neue Namen auf die Liste der Märtyrer setzen.«[12]

Inzwischen hatten Mursis Gegner im In- und Ausland jedoch kein Interesse mehr daran, eine gemeinsame Basis zu finden. Die Nationale Heilsfront hatte in den zurückliegenden sechs Monaten einen Konfrontationskurs gefahren und alle Anstrengungen darauf konzentriert, Mursi aus dem Amt zu jagen. Mursi wiederum war fest überzeugt, der Tamarod-Protest werde im Sande verlaufen oder wenigstens durch politische Verhandlungen beherrschbar werden.

Am 30. Juni berichteten die Medien euphorisch von dreißig Millionen Teilnehmern, dem angeblich größten Protest der Menschheitsgeschichte.[13] Solche Behauptungen, die wie ein Lauffeuer kursierten, waren zwar stark übertrieben, aber die Proteste waren fraglos gewaltig. Einige spekulierten, der Grund für diesen Zuspruch sei die tatkräftige Unterstützung durch die Vereinigten Arabischen Emirate und die Sicherheitsdienste. Aber es gab auch viele Ägypter, die von dem politischen Stillstand enttäuscht waren und der Bruderschaft in unversöhnlicher Feindschaft gegenüberstanden.[14] Tatsächlich fehlt bis heute eine überzeugende Erklärung für diese offenkundig weit verbreitete Abkehr von den Muslimbrüdern, mit der die jahrzehntelangen sorgsamen Bemühungen der Organisation um Rückhalt in der Bevölkerung zunichtegemacht wurden. Wäre der Protest vom 30. Juni versickert, hätte das Militär wahrscheinlich stillgehalten, und Mursi hätte die Krise in den Griff bekommen.

Doch nach der massiven Protestkundgebung am 30. Juni ging alles ganz schnell. Mursi lehnte die Forderung nach einem sofortigen Rücktritt ab und ließ ein Ultimatum der Militärführung verstreichen. Daraufhin setzte ihn das Militär ab. Die Medien in Ägypten und am Golf wiederholten monatelang beharrlich, es handle sich nicht um einen Militärputsch, sondern um eine zweite Volksrevolution. Aber das ist Unsinn. General al-Sisis Machtergreifung war ein Militärputsch wie aus dem Bilderbuch. Nach dem Muster zahlloser Militärs vor ihm nahm al-Sisi die Mobilisierung der Massen zum Anlass, einen gewählten politischen Führer und zahlreiche Mitglieder von dessen Partei aus dem Amt zu entfernen und einzusperren, die Verfassung außer Kraft zu setzen und das Kriegsrecht zu verhängen. Dass der Putsch von einem so großen Teil der Bevölkerung begrüßt wurde, ist zwar eine Besonderheit, aber ein Putsch ist es trotzdem.

Man hört heute überall, dass die ägyptische Demokratie niemals Erfolg hätte haben können und dass dem Militär gar keine andere Wahl blieb, als einzugreifen und den Zusammenbruch des Staates zu verhindern. Das ist nicht überzeugend. Bis zum Augenblick des Staatsstreichs gab es durchaus Alternativen, die den demokratischen Übergang hätten retten können. Mursi hätte vorgezogenen Präsidentschaftswahlen zustimmen können, auch wenn damit für spätere Regierungen ein gefährlicher Präzedenzfall geschaffen worden wäre. Die Opposition hätte Mursis Angebot neuer Parlamentswahlen annehmen können. Hätte sie ihren gewachsenen Einfluss genutzt, um ein faires Wahlgesetz auszuhandeln, hätten sie von den Fehlern der Muslimbrüder profitieren und in der neuen Legislaturperiode eine Mehrheit erringen können. Damit hätten erstmals in der modernen Geschichte Ägyptens durch Wahlen legitimierte politische Gruppen gemeinsam eine Regierung bilden können. Indem die Nationale Heilsfront den Putsch unterstützte, hat sie diese historisch einmalige Chance zur Demokratie vertan.

Warum hatte Mursi den Putsch nicht kommen sehen? Vielleicht weil er das Kräftegleichgewicht falsch einschätzte. Er unterschätzte die Nationale Heilsfront und die Gruppe der Aktivisten, die beide unpopulär waren und in der Vergangenheit interne Machtkämpfe ausgefochten und leere Versprechungen gemacht hatten. Er schien geglaubt zu haben, der Protestaufruf für den 30. Juni sei nur eine weitere jener gescheiterten Massenkundgebungen, zu denen die Opposition in den vergangenen zwei Jahren immer wieder aufgerufen hatte. Mursi wähnte sich fest im Sattel, solange das Militär bei der Stange blieb, und glaubte den Zusicherungen, die ihm General al-Sisi diesbezüglich wohl gegeben hatte. Er überschätzte die Macht Amerikas und baute darauf, dass die privaten und öffentlichen Beteuerungen Washingtons, den demokratischen Prozess mitzutragen, ihn schützen und seine Gegner abschrecken würden.

Er unterschätzte aber nicht nur das Ausmaß der Unzufriedenheit in der Bevölkerung und al-Sisis tatsächlichen Standpunkt, sondern auch die sich rasch verändernde Regionalordnung. Die Saudis und die Emiratis konnten sich die Gelegenheit nicht entgehen lassen, den gewaltigen strategischen Fortschritt Katars rückgängig zu machen und die Kontrolle in der Region zurückzugewinnen. Auch wollten sie sich von Washington nicht zwingen lassen, den Entwicklungen tatenlos zuzusehen. Die Krise in Ägypten spitzte sich im Spätfrühjahr und Sommer 2013 zu, als die Golfstaaten im Syrienkonflikt mit den Vereinigten Staaten brachen, deren Diplomatie gegenüber Iran sie ohnehin zutiefst beunruhigte. Washingtons schwindender Einfluss auf Riad und Abu Dhabi war ein Faktor, den Mursi – durchdrungen vom Glauben an Amerikas Allmacht in der Region, den die Ägypter über Generationen hinweg verinnerlicht hatten – nicht in Betracht gezogen hatte.

General al-Sisis Putsch gegen Mursi am 3. Juli 2013 markierte den Beginn einer neuen Phase nicht nur für Ägypten, sondern für die gesamte Region. Das amerikanische Projekt des demokratischen Übergangs in Ägypten nach dem arabischen Aufstand, das so vielversprechend begonnen hatte, war durch enge Verbündete Amerikas in der Region abrupt beendet worden. Der Erfolg der Anti-Mursi-Koalition ermunterte deren Unterstützer, in anderen Ländern mit ausweglosen Konflikten (wie Libyen, Jemen und Syrien) ähnlich aggressive politische Initiativen in Erwägung zu ziehen. Die Muslimbrüder, die gerade erst ihren Aufstieg begonnen hatten, wurden in eine existenzbedrohende Krise gestürzt und gezwungen, schnell neue Überlebensmechanismen und politische Deutungsmuster zu entwickeln. Der Putsch veränderte die Innenpolitik so unterschiedlicher Staaten wie Tunesien, das sich im Übergang befand, und Kuwait, eine Monarchie.

In der neuen Militärregierung waren bekannte Liberale wie der Menschenrechtsanwalt Ziad Bahaa al-Din und Mohammed el-Baradei vertreten, eine Symbolfigur der Opposition. Wie viele, die den Protest am 30. Juni befürwortet hatten, glaubten vermutlich auch sie, der Putsch sei eine zweite Chance für den demokratischen Übergang. Sie rieten zur Besonnenheit und warnten vor den innen- und weltpolitischen Konsequenzen einer gewaltsamen Antwort. Es sei besser, so meinten sie, die Muslimbrüder nach einer gewissen Zeit erneut in das politische Geschehen einzubinden und Ägypten auf den demokratischen Weg zurückzuführen. Vertreter der USA und der EU bemühten sich durch diskrete Kontakte, einen Weg zur Versöhnung mit den Muslimbrüdern zu finden.

Sie fanden wenig Kompromissbereitschaft, auf beiden Seiten. Die Muslimbrüder konnten die Absetzung Mursis und die Verhaftung ihrer Führung nur schwer verwinden. Sie veranstalteten täglich Protestmärsche gegen das neue Regime und errichteten auf dem Rabaa-Platz in Kairo ein Protestcamp, um Druck auszuüben, damit der Putsch rückgängig gemacht wurde und der gewählte Präsident in sein Amt zurückkehren konnte.

Das Militärregime war gespalten in der Frage, ob gegenüber den Muslimbrüdern eine Strategie der Versöhnung oder eine harte Linie verfolgt werden sollte. Die Radikalen und ihre externen Unterstützer konnten sich mit ihrer Politik der eisernen Faust durchsetzen. Als das Militär am 6. August das Protestcamp räumte, starben fast tausend Menschen. Noch nie im gesamten Nahen Osten waren an einem einzigen Tag so viele Menschen getötet worden, nicht einmal an den schlimmsten Tagen in Syrien. Mit diesem Gewaltexzess waren die Würfel gefallen: Baradei trat als Vizepräsident zurück, und das Militärregime konsolidierte sich als neue Autokratie. Die Medien wurden zu staatlich kontrollierten Propagandaorganen, die neue Töne eines gehässigen Nationalismus und der Fremdenfeindlichkeit anschlugen und einen Personenkult um den neuen Präsidenten al-Sisi entfalteten. Auf der Grundlage eines drakonischen neuen Demonstrationsrechts wurden Aktivisten verhaftet.

Diese harten Maßnahmen konnten natürlich keine Stabilität zurückbringen. Schon bald sah sich das Regime mit einem eskalierenden Aufstand konfrontiert. Der Sinai geriet außer

Kontrolle. Zwielichtige Gruppen bis dahin unbekannter Dschihadisten nutzten das Chaos, und Mitglieder der zerschlagenen Muslimbruderschaft verübten Sabotageakte. Polizisten wurden erschossen, staatliche Gebäude und Fahrzeuge angegriffen. Die Wirtschaft kam weiterhin nicht auf die Beine, und der Tourismussektor siechte dahin. Nur die regelmäßigen Geldspritzen vom Golf hielten die Wirtschaft am Laufen – eine provisorische Lösung, die einmal mehr offenlegte, wie sehr Kairo von ausländischen Geldgebern abhängig war.

Für Ägyptens Scheitern waren jedoch vorrangig Ägypter verantwortlich, nicht Ausländer. Die Vereinigten Arabischen Emirate und Saudi-Arabien allein hätten über das Schicksal von Ägyptens demokratischem Übergang nicht bestimmen können. Mursi selbst hatte schwere Fehler begangen und damit große Teile der politischen Öffentlichkeit seines Landes gegen sich aufgebracht. Für deren Protest gab es gute Gründe. Die staatlichen Institutionen und ein Großteil der alten Elite wiederum hatten andere Motive für ihre Ablehnung Mursis. Verzweifelte Ägypter sehnten sich nach einer Rückkehr zu Stabilität und hofften auf wirtschaftliche Verbesserungen. Die externen Unterstützer der Anti-Mursi-Bewegung konnten sich auf sehr reale Missstände berufen, und ihre Bedeutung war auf internationaler Ebene wohl am größten. Saudi-Arabien, die Vereinigten Arabischen Emirate und Kuwait standen bereit, Kürzungen amerikanischer Hilfe auszugleichen und somit die wenigen politischen Instrumente unwirksam zu machen, die Washington zur Verfügung standen, um einen Putsch zu verhindern bzw. rückgängig zu machen.

Die Regionalpolitik des ägyptischen Militärputsches

Dass es eine regionale Koalition gab, die den Putsch unterstützte, war kein Geheimnis. Al-Sisis neues Regime erhielt vom antiiranischen Block am Golf umgehend massive Finanzhilfen. Saudi-Arabien, die Vereinigten Arabischen Emirate und Kuwait investierten mehr als 20 Milliarden Dollar zur Stärkung der ägyptischen Wirtschaft; gleichzeitig boten sie wichtigen politischen Schutz gegen den amerikanischen Druck zur Wiederversöhnung. Der Feldzug gegen die Muslimbrüder wurde schon bald auf regionaler Ebene geführt, als nach den Vereinigten Arabischen Emiraten auch Saudi-Arabien die Muslimbruderschaft zu einer Terrororganisation erklärte und (mit geringem Erfolg) auf eine breitere internationale Kampagne gegen die islamistische Organisation drängte.

Diese Golfstaaten mussten allerdings bald feststellen, dass Ägypten kein einfach zu handhabender Klientelstaat war. Obwohl es fast vollständig von ihrer finanziellen Unterstützung abhängig war, widersprach das Regime der saudischen Position zu Syrien und zögerte mit der Teilnahme am Krieg in Jemen; zudem wurde versäumt, dringend notwendige Wirtschaftsreformen einzuleiten.

Der tiefe Antiislamismus der al-Sisi-Koalition war mitverantwortlich für diese Probleme. Er entsprach zwar der politischen Position der Vereinigten Arabischen Emirate, führte aber zum Konflikt mit der komplexeren saudischen Position. In der Syrienfrage befürwortete al-Sisi eher Assads militarisierten Krieg als einen Aufstand, den er als durch und durch islamistisch betrachtete. Während sich die Regime am Golf längst dem bewaffneten Sturz Assads verschrieben hatten und syrische Aufstandsgruppen großzügig unterstützten, identifizierte sich das ägyptische Regime, das über die Leichen der Muslimbrüder an die Macht gekommen war, eher mit dem syrischen Diktator und seinem blutigen Krieg gegen die Dschihadisten. Dieser Konflikt verschärfte sich 2015, als der neue saudische König Salman die Feindseligkeiten gegen die Türkei und die Muslimbruderschaft abmilderte. Während die Golfstaaten die russischen Luftangriffe im September 2015 scharf verurteilten, begrüßte Ägypten die russische Intervention als einen wertvollen Beitrag zum Kampf gegen den Terrorismus.[15] Der jordanische Journalist und Direktor von al-Jazeera, Yasir Abu Hilala, wunderte sich: »Nach dem Putsch vollzog das ägyptische Militär eine völlige Kehrtwende der Syrienpolitik Mursis ... und schloss sich offenkundig eng mit dem Assad-Regime zusammen ... Das Merkwürdige dabei ist, dass Saudi-Arabien, das die politische und militärische Kampagne gegen Baschar al-Assad führte, als erstes Land den Putsch unterstützt hatte. Warum setzten die Saudis al-Sisi nicht unter Druck, sich der Koalition gegen das syrische Regime anzuschließen?«[16]

Die harten Maßnahmen gegen die Muslimbrüder waren ganz im Sinne der Vereinigten Arabischen Emirate, die den Muslimbrüdern gegenüber extrem feindselig gesinnt waren und die neue ägyptische Regierung finanziell unterstützten. Sie kamen auch den Saudis entgegen, die entschlossen waren, Katars Aufstieg zu stoppen. Mit dem Putsch verschob sich das Kräftegleichgewicht der rivalisierenden Netzwerke am Golf beträchtlich: Katars Aufstieg endete abrupt, die Mitglieder der emiratisch-saudischen Koalition gewannen erneut die Oberhand. Der in Ägypten errungene Sieg Saudi-Arabiens und der Vereinigten

Arabischen Emirate über Katar wurde von einem sensationellen Wandel in Doha selbst begleitet. Am 25. Juni dankte der Emir von Katar zugunsten seines Sohnes Tamim ab. Die Kataris versicherten zwar, der Zeitpunkt der Abdankung sei reiner Zufall und die Nachfolge lange geplant gewesen; sie habe gesundheitliche Gründe und werde an der katarischen Regionalpolitik nichts ändern. Das mag stimmen. Aber der neue Emir begann unverzüglich, die Beziehungen zu Saudi-Arabien wieder in Ordnung zu bringen. Er enthob Hamed bin Jassem, den Architekten der katarischen Politik des Arabischen Frühlings, seiner Ämter als Premier- und Außenminister sowie als Direktor der Qatar Investment Authority. Katar unterstützte zwar seine Verbündeten weiter und forcierte seine Politik in Syrien und Libyen, aber es war durch seine Niederlagen auch kleinlaut geworden.

Die Rechtfertigung all dieser Interventionen war ein schwieriger Drahtseilakt. Die ägyptischen Muslimbrüder beriefen sich bei ihrer Verteidigung des gestürzten Präsidenten Mursi auf das Konzept der Legitimität. Die Golfstaaten, die den Putsch unterstützt hatten, taten dies ab und wiederholten Argumente des ägyptischen Militärs, Präsident Mursi habe als integrative Kraft versagt und die massiven Proteste am 30. Juni seien einer Amtsenthebung durch das Volk gleichgekommen. Doch während sie die Legitimität der ägyptischen Wahlen in Frage stellten, sicherten sie gleichzeitig dem libyschen Abgeordnetenhaus ihre Unterstützung zu und drängten den jemenitischen Präsidenten Hadi mit dem Argument aus dem Amt, er sei nicht durch Wahlen legitimiert. Saudische Stimmen verurteilten die russische und die iranische Intervention in Syrien als unrechtmäßige Verletzung staatlicher Souveränität, während sie ihre eigenen Bombardements in Libyen und in Jemen verteidigten.

Das rigorose Durchgreifen der Golfstaaten gegen die Muslimbruderschaft im Sommer 2013 zählt zu den bemerkenswertesten Ereignissen dieser Phase und verschärfte die Polarisierung. Es enthob die Muslimbrüder ihrer bis dahin komfortablen Stellung im regionalen Gesamtgefüge. Die Vereinigten Arabischen Emirate waren die treibende Kraft hinter dieser Kampagne, aber auch Saudi-Arabien warf sein ganzes Gewicht in die Waagschale. Die Abdankung des Emirs von Katar zugunsten seines noch jungen und wenig erfahrenen Sohnes Scheich Tamim ließ – in dem entscheidenden Jahr zwischen dem Ende des Nationalen Dialogs und dem Putsch der Huthi-Rebellen in Jemen – die Zukunft sämtlicher Ableger der Muslimbrüder im Ungewissen.

In den meisten Golfstaaten hatten die Muslimbrüder jahrelang einen privilegierten Status genossen. Ihre gut etablierten Organisationen und politischen Parteien agierten in Kuwait und Bahrain. In Saudi-Arabien existierte die Bruderschaft zwar nicht offiziell als unabhängige Organisation, konnte sich aber innerhalb des islamistischen Netzwerks der Sahwa-Bewegung entfalten, welche die saudische Politik der 1990er Jahre mitbestimmte.[17] In Katar hatten sich die Muslimbrüder Ende der 1990er Jahre formell aufgelöst, waren aber in den staatlichen Institutionen und im religiösen Bereich weiterhin von großem Einfluss; das beste Beispiel dafür ist Yusuf al-Qaradawi. Lediglich in den Vereinigten Arabischen Emiraten waren sie geächtet. Hier wurde die grundsätzliche Ablehnung jeder Form der politischen Opposition noch verstärkt durch die antiislamistische Haltung des Kronprinzen Mohammad bin Zayeds in Abu Dhabi.

Es ist daher bemerkenswert, dass die Vereinigten Arabischen Emirate die anderen, mehrheitlich islamistenfreundlichen Golfstaaten für ihren extrem feindseligen Kurs gegenüber den

Muslimbrüdern gewinnen konnten. Bemerkenswert vor allem deshalb, weil die Islamisten am Golf gleichzeitig für eine Unterstützung des syrischen Aufstands warben. Die Erfolge der Islamisten nach den Aufständen in der arabischen Welt weckten tiefe Ängste der Herrscher am Golf, die sich durch die Muslimbrüder plötzlich selbst bedroht sahen. Das starke Gewicht der Muslimbrüder in der Region und deren Nähe zu Katar weckte bei den Saudis Bedenken, obwohl Mursi nach seiner Wahl Saudi-Arabien demonstrativ seinen ersten Auslandsbesuch abstattete. Saudische Regierungsvertreter sorgten sich auch um die Rolle von Islamisten wie Salman Odah von der Sahwa-Bewegung, mit der die Muslimbrüder eng verbunden waren und die auf politische Reformen in Saudi-Arabien drängten.[18] Im März 2013 veröffentlichte Odah einen vieldiskutierten offenen Brief an König Abdullah und warnte vor möglichen verheerenden Folgen, wenn nicht ernsthafte Reformen eingeleitet würden. Diese vielfältigen Sorgen und Ängste können erklären, warum die Vereinigten Arabischen Emirate plötzlich auf einen so radikalen Vernichtungskurs gegen die Muslimbrüder einschwenkten – und warum sich dies nach Abdullahs Tod und der Krönung Salmans zum saudischen König fast ebenso schnell wieder änderte.

Die Islamisten am Golf waren über den Militärputsch in Ägypten nahezu einhellig empört. Das Emblem einer schwarzen Hand mit vier ausgestreckten Fingern vor einem gelben Hintergrund und dem Schriftzug »R4bia« – ein Symbol für die ägyptische Protestbewegung und die Ermordung von Demonstranten durch ägyptische Sicherheitskräfte – breitete sich in diesen Netzwerken wie ein Lauffeuer aus. Anfangs gab es einige erstaunlich gewagte Provokationen.[19] Ein vielfach weiterverbreiteter Tweet lautete: »König Abdullahs Rede entspricht nicht meinen Ansichten.« Der populäre Prediger Tareq Suwaidan aus Kuwait wurde von dem saudischen Prinzen Waleed bin Talal kurzerhand seines Postens beim Fernsehsender al-Risalah enthoben – begleitet von einer ganzen Serie von Tweets, in denen es hieß: »In unserem Unternehmen ist kein Platz für ein Mitglied der Muslimbruderschaft«; Suwaidan habe »seine Mitgliedschaft in der terroristischen Bewegung der Muslimbruderschaft eingestanden«. Tatsächlich hatte Suwaidan lautstark gegen die Repressionen protestiert, aber er war bei weitem nicht der Einzige.

Das scharfe Vorgehen gegen die Muslimbrüder in Ägypten und die offizielle Unterstützung dieser Repressionen durch die Golfstaaten wurde in vielen islamistischen Netzwerken und von vielen Prominenten kritisiert. Der populäre kuwaitische Islamist Nabil al-Awadhy (einer der Hauptinitiatoren der Kampagne zur Unterstützung der syrischen Rebellen) schäumte, in Ägypten fließe »das Blut Unschuldiger ... Die Mörder feuern gnadenlos, sie belagern Moscheen und brennen sie nieder ... und sie wollen, dass ihr Muslime stillschweigend zuseht!« Als der Saudi Abd al-Aziz Tarefe twitterte, was in Ägypten geschehe, sei »ein Krieg gegen den Islam«, wurde sein Tweet in vierundzwanzig Minuten 1584-mal retweetet. Der saudische Islamist Salman al-Awda twitterte am 15. August in englischer Sprache: »Wer einem Mörder hilft – sei es durch Worte, Taten, finanzielle Unterstützung oder auch nur eine Geste der Zustimmung –, ist ein Komplize. Wer angesichts von Mord schweigt, um seine persönlichen Interessen zu wahren, ist ein Mittäter.« Und eine Gruppe von sechsundfünfzig Islamisten, unter ihnen einige, die den saudischen Netzwerken der Muslimbrüder nahestanden, schrieb in einem offenen Brief: »Wir bekunden unsere Gegnerschaft und unsere Überraschung angesichts des Weges, den einige den Putsch befürwortende Länder eingeschlagen haben … und dabei an einer Sünde und einem Angriff beteiligt waren, der nach islamischem Recht verboten ist – und es wird negative Folgen für alle haben, wenn Ägypten in Chaos und Bürgerkrieg versinkt.«[20]

Für ein verunsichertes saudisches Regime war mit dieser öffentlichen Sympathiebekundung für die Sache der Muslimbrüder und gegen die saudische Politik eine rote Linie überschritten. Das sich verändernde politische Gleichgewicht stärkte im saudischen Regime all jene, die die Bruderschaft schon seit längerem mit Skepsis betrachteten. Kronprinz Nayef hatte in früheren Jahren die Muslimbrüder für al-Qaida und für die Ausbreitung des globalen Terrorismus verantwortlich gemacht.[21] Und saudische Regierungsvertreter und Experten hatten gegenüber leichtgläubigen Gesprächspartnern aus dem Westen oft muslimbrüderfeindliche Propaganda verbreitet. Dass sich die Öffentlichkeit der Kritik der Mursi-Unterstützer an dem ägyptischen Putsch anschloss, mag den König dazu bewogen haben, so hart gegen die Bruderschaft vorzugehen (es war gewiss nicht allein der von den Vereinigten Arabischen Emiraten ausgeübte Druck). Die Maßnahmen erfolgten auf verschiedenen Ebenen. Die staatlichen saudischen Medien veröffentlichten Kommentare, in denen die Politisierung der Religion durch die Muslimbrüder, ihre Rigorosität und ihre Heuchelei kritisiert wurden. Dem Beispiel Ägyptens folgend, stuften im Februar 2014 Saudi-Arabien und mehrere andere Staaten die Muslimbruderschaft als Terrororganisation ein. Der Druck auf die Aktivitäten, die Finanzen und die öffentliche Präsenz der Muslimbrüder in der Region wuchs. Die Golfstaaten brachten sogar die britische Regierung dazu, eine halbherzige Untersuchung zu angeblichen terroristischen Verbindungen der Muslimbrüder einzuleiten.

Angesichts der fest verankerten Netzwerke und der breiten Sympathien, die die Muslimbrüder in der saudischen Bevölkerung genossen, konnte Saudi-Arabien jedoch keinen endlos langen Krieg gegen die Bruderschaft führen. Die Abdankung des Emirs von Katar und der Aufstieg seines nachgiebigeren Sohnes auf den Thron brachte für diese Dimension der regionalen Rivalitäten eine gewisse Entspannung und ließ die Muslimbrüder im Kampf der Netzwerke am Golf etwas in den Hintergrund treten. Fast unmittelbar nachdem Salman die Nachfolge Abdullahs angetreten hatte, beendeten die Saudis nach eineinhalb Jahren ihre Strategie der Repressionen gegen die Bruderschaft. Der Krieg in Jemen bot Gelegenheit, die beschädigten Beziehungen zu kitten. Die al-Islah-Partei war ein nützlicher lokaler Stellvertreter für Saudi-Arabien, das den Huthi nach deren Eroberung Sanaas Einhalt zu gebieten suchte. Gemeinsam das Augenmerk auf die schiitische Bedrohung zu richten war schon immer eine gute Möglichkeit gewesen, die Rivalitäten innerhalb der sunnitischen Staaten zu überspielen. Die begeisterte Unterstützung der Militärintervention des Golf-Kooperationsrats in Jemen bemäntelte somit eine ansonsten von Streit geprägte Beziehung.

Der Putsch in Ägypten bot dem Islamischen Staat in Syrien und in Irak (ISIS) sowie al-Qaida eine einmalige Chance. Mit der Zerschlagung der Muslimbruderschaft war der mächtigste Konkurrent der dschihadistischen Tendenzen eliminiert. Der Putsch hatte die Strategie einer friedlichen, demokratischen Partizipation, wie sie die Muslimbrüder angestrebt hatten, diskreditiert und den Beweis dafür geliefert, dass die Islamisten ihre Ziele also doch nicht mit friedlichen Mitteln erreichen konnten. Der Putsch erschütterte die Organisation der Bruderschaft und ihre gesamte soziale Infrastruktur. Hunderte aus ihrer Führungsriege und

Zehntausende ihrer Mitglieder wurden ins Gefängnis gesperrt, Hunderte ihrer Krankenhäuser und Unternehmen vom Staat enteignet; ihre öffentlichen und privaten Aktivitäten gerieten unter immensen Druck.

Nachdem sich die Bruderschaft jahrelang auf die innenpolitischen Auseinandersetzungen in Ägypten konzentriert hatte, gewann sie nach dem Putsch internationales Format. Die meisten ihrer Führer, die sich der Repression entziehen konnten, landeten in Katar oder in der Türkei, von wo aus sie begannen, die Organisation neu aufzubauen. Im Exil waren sie in hohem Maße abhängig von den Ländern, die sie aufnahmen und unterstützten, und abgeschnitten von den Entwicklungen in ihrer Heimat. Die Organisation hatte Mühe, ideologisch auf Linie zu bleiben und die Kontrolle über ihre Botschaften zu behalten. Wenn man Leute von der Türkei aus zu irgendetwas aufruft, ist das möglicherweise ganz anders motiviert und vermittelt ein anderes Bild, als wenn man von sozialen Medien in Kairo aus agiert. Enttäuschte ehemalige Führer der Bruderschaft ermunterten zu einer Umstrukturierung, die für die meisten von ihnen bis dahin undenkbar gewesen war.[22] Die sozialen Medien wurden zum Grundgerüst für den Wiederaufbau der schwer getroffenen Organisation.[23] Von ihrem europäischen Exil aus formulierten einflussreiche Medienaktivisten neue Strategien durch Austausch und Datenauswertung im Internet, da es eine einfache und direkte Kommunikation innerhalb der Organisation nicht gab.[24]

Tausende Muslimbrüder waren führungslos und auf sich allein gestellt. Wütend darüber, wie man sie behandelte, sannen sie auf Rache. Und damit wurden sie für in Ägypten entstehende neue dschihadistische Gruppen interessant, die sie anzuwerben versuchten. In einem solchen Milieu wuchs die Gewaltbereitschaft zorniger junger Kader der Muslimbruderschaft.[25] Viele dieser jungen Leute können in einer friedlichen Strategie kaum etwas anderes sehen als einen kollektiven Selbstmord.[26] Die genaue Größe und Identität der vielen kleinen Gruppen des neuen ägyptischen Aufstands lässt sich schwer schätzen, aber ein gewisser Prozentsatz von ihnen besteht wohl aus alten Zellen der Muslimbruderschaft.[27]

Ägyptens erfolgreiche Revolution hatte den arabischen Aufstand in jeden Winkel der Region getragen. Das Scheitern des Übergangs wirkte daher gleichfalls weit über die Grenzen Ägyptens hinaus. Von diesen Auswirkungen in Libyen und Tunesien handelt das folgende Kapitel.

Kapitel 6

Autokraten in der Offensive

Anfang September 2012 geriet die arabische Welt in hellen Aufruhr über einen Abscheu erregenden Film, der heute noch auf YouTube zu sehen ist. Dabei handelte es sich um ein widerwärtiges Machwerk, das unter dem Titel *Innocence of Muslims* (Die Unschuld der Muslime) den Propheten Mohammed als homosexuellen Pädophilen verunglimpft und den muslimischen Glauben schmäht. Es wiederholte sich, was man schon 2006 anlässlich der dänischen Karikaturen, die den Propheten beleidigten, erlebt hatte: Politiker und islamistische Bewegungen der ganzen Region überboten sich in wütenden Verurteilungen dieses Films, den wenige überhaupt gesehen hatten und von dem ohne ihren Eifer kaum jemand Notiz genommen hätte.

In der Ära der arabischen Aufstände konnte sich eine derartige Mobilisierung allerdings viel leichter zu einem größeren politischen Problem auswachsen. Am 10. September brachen in mehreren arabischen Städten massive Proteste aus. In Kairo kletterten Demonstranten über die Mauer des amerikanischen Botschaftskomplexes und hissten dort die damals mit al-Qaida assoziierte schwarze Flagge – eine schwierige Situation für Präsident Mursi, der zwischen seiner äußerst wichtigen Beziehung zu Washington und den islamistischen Befindlichkeiten seiner Wählerbasis lavieren musste. Die dramatischen Ereignisse in Ägypten wurden am darauffolgenden Tag von den Geschehnissen in der libyschen Hafenstadt Bengasi in den Schatten gestellt, als Botschafter Christopher Stevens und drei weitere Amerikaner getötet wurden.[1]

In der politischen Diskussion der USA ging es bald hauptsächlich darum, ob und inwiefern die Ereignisse von Bengasi ein skandalöses Versagen der Obama-Regierung darstellten. Für den weiteren Verlauf der arabischen Aufstände hatte dieser schreckliche Tag allerdings eine viel größere Bedeutung.

In den Monaten zwischen Herbst 2012 und Mitte 2013 nahmen die arabischen Aufstände endgültig eine ungute Wendung. Im syrischen Aufstand kamen von Tag zu Tag mehr Waffen zum Einsatz, und dschihadistisch-salafistische Gruppen gewannen immer mehr Gewicht. Der demokratische Übergang in Ägypten scheiterte vollends. Libyens taumelnder Übergang endete mit dem offenen Kampf zwischen bewaffneten Milizen. Die sunnitischen Proteste in Irak steigerten sich zu einer gewaltsamen Konfrontation mit der Regierung Maliki. Israel bombardierte den Gazastreifen und verursachte dort großes menschliches Leid. Das Scheitern des Übergangs in Tunesien konnte gerade noch verhindert werden. Israel war nahe daran, im Alleingang einen Militärschlag gegen Iran zu führen, und die USA bemühten sich um ernsthafte Geheimverhandlungen mit Iran über sein Nuklearprogramm.

Der Militärputsch am 3. Juli 2013 in Ägypten, von dem im vorigen Kapitel die Rede war, erschütterte die Politik der gesamten Region – am unmittelbarsten und nachhaltigsten die der

Übergangsstaaten Tunesien und Libyen. Al-Sisis Putsch und das Blutbad an den Islamisten auf dem Rabaa-Platz in Kairo sechs Wochen später waren ein Schock für das politisch stark polarisierte Tunesien. Sie führten zu verstärkten Bemühungen zivilgesellschaftlicher Organisationen, einen Konsens für den weiteren Weg zu finden, und bewegten wahrscheinlich die regierende Ennahda-Partei zu weitreichenden Zugeständnissen, um ein Scheitern des Übergangsprozesses in ihrem Land zu vermeiden. In Libyen ermutigte der ägyptische Militärputsch General Khalifa Haftar zu einer Militärkampagne gegen die rivalisierende islamistische Koalition. Damit beschleunigten der Putsch in Ägypten und seine externen Unterstützer Libyens Absturz in den Bürgerkrieg. Der sich immer weiter aufschaukelnde Konflikt in Libyen führte bald zu Luftangriffen der Vereinigten Arabischen Emirate und Ägyptens.

Im August stellte sich heraus, dass das Assad-Regime in Ghuta östlich von Damaskus Giftgas gegen Zivilisten eingesetzt hatte, und die Vereinigten Staaten mobilisierten für einen Krieg. Über Wochen warb die Regierung Obama im eigenen Land, in der Region und international beharrlich um Unterstützung für Luftangriffe gegen Damaskus – um das Vorhaben schließlich abzublasen, als Assad überraschend einem russischen Vorschlag zustimmte, sein Chemiewaffenarsenal unter internationaler Aufsicht abzugeben. Die Golfstaaten waren über Obamas plötzliche Kehrtwende regelrecht außer sich und nahmen sie zum Anlass, Syrien noch hemmungsloser mit Waffen zu überschwemmen und zunehmend direkter und auf eigene Faust in Libyen und Jemen militärisch aktiv zu werden.

Nicht eine einzelne Ursache setzte diese tödliche Spirale in Gang, sondern das Zusammenspiel verschiedener Akteure auf lokaler, regionaler und internationaler Ebene. Doch die fatale Entwicklung war keinesfalls so unvermeidlich, wie gerne behauptet wird. Andere Entscheidungen, vielleicht auch nur ein wenig Glück, hätten die Region auf einen anderen Weg bringen können. Doch dieselben Verflechtungen der regionalen politischen Landschaft, die in der Anfangszeit den arabischen Aufständen so viel Schwung verliehen hatten, bewirkten jetzt das Gegenteil. Das Scheitern in einem Land führte zur Krise im nächsten, denn neben einer unendlichen Flut schockierender Bilder strömten nun ganz real die Flüchtlinge der Bürgerkriege in die benachbarten Länder.

Die Bilder friedlicher Demonstranten, die für schier unmöglich gehaltene Erfolge errangen, hatten die Menschen beflügelt; umso mehr erschreckten sie die Bilder der Gewalt und der Polarisierung arabischer Länder. Viele Jordanier, mit der Wirtschaftslage und ihrer Regierung so unzufrieden wie eh und je, befürchteten nun, auch ihr Land werde den Weg Syriens gehen. Diese düstere Stimmung in der Region bewog die kuwaitische Zeitung *al-Rai*, die Proteste vom Juni 2013 nicht als Auslöser von Reformen, sondern als potenzielle Vorboten eines Bürgerkriegs anzusehen: »In Tunesien und Ägypten, in Libyen und Jemen sind die Ereignisse rasch eskaliert … und dann kam Syrien.«[2] Ein solcher Pessimismus war von ungeduldigen jungen Arabern einst abgetan worden, nun fiel er auf fruchtbaren Boden.

Die diplomatische Öffnung zu Iran

Die Wiederwahl Barack Obamas im November 2012 trug das Ihre dazu bei, die Ereignisse zu beschleunigen. Wie vor jeder Präsidentenwahl war es zu einer längeren Periode des Abwartens gekommen, in der die regionalen Akteure sich zurückgehalten hatten, um erst einmal zu sehen, wer in den nächsten vier Jahren das Ruder der amerikanischen Außenpolitik führen würde. Der Verbleib Obamas im Weißen Haus wurde von der iranischen Führung begrüßt, die ungeduldig auf eine Fortsetzung der Nukleardiplomatie hoffte. Eine große Enttäuschung war Obamas Wiederwahl dagegen für den israelischen Premierminister Benjamin Netanjahu, der keinen Hehl daraus gemacht hatte, dass ihm eine Abwahl Obamas lieber gewesen wäre, und der sich nun weiter mit ihm arrangieren musste. Sie enttäuschte auch viele Führer der Golfstaaten, die gehofft hatten, ein unerfahrener, aber außenpolitisch eher zu den Falken zählender neuer Präsident würde sich ihrer aggressiven Kampagne in Syrien anschließen und Gespräche mit Iran nicht weiter forcieren. Es gab zwar Spekulationen, Obama würde nach seiner Wiederwahl seine Außenpolitik revidieren, aber schnell war klar, dass sie sich in den Grundzügen nicht ändern würde. Damit war zumindest für die nächsten Jahre ein globaler Rahmen abgesteckt, in dem Israel, Saudi-Arabien, die Vereinigten Arabischen Emirate und andere in den für sie existenziellen Problemen auf Konfrontationskurs mit Washington lagen.

Die intensiven diplomatischen Kontakte mit Iran und die verzwickte Bündnispolitik mit Israel und den Golfstaaten spielten für den weiteren Verlauf der Kriege in der arabischen Welt eine entscheidende Rolle. Die Atomverhandlungen mit Iran brachten aller Wahrscheinlichkeit nach die Regierung Obama zum Nachdenken darüber, ob ein diplomatischer Durchbruch nicht auch im Fall Syrien zu schaffen sei, auch wenn daran nur wenige glaubten. Solche Erwägungen trugen wohl dazu bei, dass die ohnehin zur Vorsicht neigende amerikanische Regierung von direkteren militärischen Aktionen in Syrien weiterhin Abstand nahm. Und die Gespräche mit Iran waren sicherlich auch der Grund für die Agitation hinter den Kulissen und den öffentlichen Schlagabtausch Israels und der Golfstaaten mit der US-Regierung. Die Nukleardiplomatie ist zwar nicht der Schlüssel zur gesamten Nahostpolitik der amerikanischen Regierung, aber sie stellte eine wichtige außenpolitische Initiative dar und markierte den Höhepunkt eines bereits zehn Jahre andauernden Pokerspiels mit hohem Einsatz in der Region. Nach allgemeiner Einschätzung würde sie das Vermächtnis der Regierung Obama definieren und letztlich die Karte der Region neu zeichnen.[3]

Für die Obama-Regierung hatte das iranische Nuklearprogramm von Anfang an ganz oben auf der Nahost-Agenda gestanden. Im Einklang mit der seit vielen Jahren von Israel offiziell vertretenen Linie sah Obama die iranischen Bestrebungen zur atomaren Bewaffnung als eine der größten Gefahren für die Sicherheit der USA und der Region. Erste diplomatische Bemühungen in dieser Frage waren ohne Ergebnis geblieben. Die Unruhen in Iran nach der umstrittenen Wiederwahl Präsident Mahmud Ahmadinedschads 2009 hatten die in Obamas erster Amtszeit begonnenen Atomverhandlungen ins Stocken geraten lassen. Die fast einhellige internationale Verurteilung des iranischen Regimes und dessen offensichtliche innenpolitische Unsicherheit boten kein günstiges Klima für den Beginn ernsthafter Atomgespräche. Die USA griffen daher auf die Strategie der »Zweigleisigkeit« zurück: Sie zogen die Daumenschrauben der Sanktionen an und luden gleichzeitig zu diplomatischen Gesprächen ein – eine Politik, die von den meisten ihrer Befürworter wohl eher als dürftig bemänteltes, möglichst dauerhaftes Containment betrachtet wurde. Aber Obama versuchte aus der Sanktionspolitik das Beste zu machen, indem er die Tür der Diplomatie offenhielt.

Der Beginn der arabischen Aufstände verzögerte ernsthafte diplomatische Gespräche mit Iran noch weiter. Die große Unsicherheit über die Zukunft machte es für beide Seiten schwierig, sich auf dauerhafte Verpflichtungen einzulassen und die künftigen Machtverhältnisse einzuschätzen. Zudem banden Ausmaß und Komplexität der arabischen Aufstände viele politische Kräfte in Washington. Obamas gestresste außenpolitische Mannschaft hatte mit Ägypten, Libyen, Syrien sowie Jemen und den sonstigen Turbulenzen in der Region alle Hände voll zu tun; für strategische Überlegungen zu Iran fehlte ihr schlicht die Zeit. Doch die sich mehrenden Anzeichen für einen geplanten israelischen Angriff auf iranische Atomanlagen zwangen das Problem auf die übervolle amerikanische Agenda.

Das erste Geheimtreffen zwischen iranischen und amerikanischen Regierungsvertretern fand im Juli 2012 statt, fast unmittelbar nach dem Angriff der syrischen Rebellen auf Damaskus. Das Umfeld dieser Gespräche bildeten Spekulationen über den bevorstehenden Sturz Assads und die heftigen Debatten innerhalb der US-Regierung über die Bewaffnung der syrischen Rebellen. Die Geheimverhandlungen wurden 2013 in Oman fortgesetzt, daneben gab es auch einige offizielle Gespräche, die wenig ergiebig verliefen. Die amerikanisch-iranischen Sondierungsgespräche gingen weiter, während der Übergang in Jemen ins Stocken geriet, Israel einen neuen umstrittenen Krieg in Gaza begann, der

Angriff auf das US-Konsulat in Bengasi Libyen zum heißen Eisen für Washington machte und sich mit dem Putsch des ägyptischen Militärs die Hoffnungen auf einen demokratischen Übergang des Landes zerschlugen. Es boten sich wenige andere Optionen, und deshalb setzte die Regierung Obama auf Gespräche mit Iran als einzig gangbaren Weg, eine gefährlich aus dem Ruder laufende Region unter Kontrolle zu bringen.

Tunesiens turbulenter Übergang

Tunesiens Übergang brach 2013 unter dem Gewicht seiner eigenen Probleme und der Vorgänge in Ägypten beinahe zusammen. Das Schlimmste konnte in letzter Minute verhindert werden, was zum großen Teil der Bereitschaft der Ennahda-Partei zu verdanken ist, sich auf Kompromisse einzulassen, statt bis zum bitteren Ende zu kämpfen.

Die politische Polarisierung Tunesiens in den Jahren nach der Revolution erinnerte in fast unheimlicher Weise an Ägypten. Gerade die erheblichen Unterschiede zwischen den beiden Ländern lassen die Ähnlichkeiten deutlich hervortreten. Viel länger schon als in Ägypten gab es in Tunesien eine säkulare Linke. Die Bevölkerung Tunesiens war relativ homogen und hatte einen höheren Bildungsstand, die Säkularisierung war seit langem Staatsziel, die Wirtschaft war stärker, das Militär schwächer, und es gab eine sich deutlich bemerkbar machende Frauenbewegung. Verglichen mit den ägyptischen Muslimbrüdern verfügte die Ennahda-Partei über eine schmalere gesellschaftliche Basis und profilierte sich weniger durch Engagement im sozialen Bereich, stand dafür aber unter der weltmännischen und politisch klugen Führung von Rachid Ghannouchi. Ägypten dagegen hatte eine viel zentralere Bedeutung für die arabische Politik als Tunesien.

Tunesische Politiker verfolgten auch gänzlich andere politische Strategien. Trotz ihres guten Abschneidens bei den Parlamentswahlen 2011 bewies die Ennahda-Partei Zurückhaltung und versuchte nicht, eine dominierende Stellung einzunehmen. Statt ein Ennahda-Mitglied als Staatspräsidenten durchzuboxen, stimmte sie für den linken Menschenrechtsaktivisten Moncef Marzouki. Und statt allein zu regieren, bildete sie mit zwei anderen Parteien eine Regierungskoalition, die unter dem Namen Troika bekannt wurde. Statt eine Verfassung nach ihrem Geschmack durchzusetzen, folgte sie dem vereinbarten Weg über eine Verfassunggebende Versammlung und ließ sich im Verlauf dieses Prozesses auf beträchtliche Zugeständnisse ein.

Man sollte meinen, bei all diesen Unterschieden hätte Tunesien die tiefe Spaltung der Gesellschaft, die Ägypten erlebt hatte, erspart bleiben können. Doch dem war nicht so. Die tunesische Politik polarisierte sich bald entlang derselben Trennungslinien wie die ägyptische, zwischen Islamisten und ihren Gegnern. Die anhaltenden Wirtschaftsprobleme führten zur Enttäuschung bei den Tunesiern, die sich von der Revolution ein besseres Leben versprochen hatten. Internationale Unterstützung brachte zwar etwas Linderung, konnte aber weder die hohe Arbeitslosigkeit vermindern noch der Wirtschaft auf die Beine helfen. Die Tourismusbranche lag nach zahlreichen Terroranschlägen am Boden. Die Lebensbedingungen der einfachen Tunesier, Träger der Revolution, hatten sich nicht verbessert. Die politische Polarisierung und Sensationsberichterstattung in den Medien verstärkten das weit verbreitete Gefühl von Unsicherheit, politischer Stagnation und dem Ende des politischen Aufbruchs. Die Medien der Opposition warfen der Ennahda-Partei zunehmend vor, die Dschihadisten zu tolerieren, nicht für Sicherheit zu sorgen, dem Land die Islamisierung aufzwingen zu wollen und Libyens Probleme nach Tunesien zu tragen.

So kam es, dass sich die regionalen Auseinandersetzungen über den Islamismus im politischen Diskurs Tunesiens auf sehr unproduktive Weise niederschlugen. Ennahda wurde das Ziel massiver Medienkampagnen, schwerer Verdächtigungen und wachsender antiislamistischer Mobilisierung. Auffällig ist, wie stark die Kritik an Ennahda den Vorwürfen gegen die Muslimbrüder in Ägypten glich. Kritiker, deren Antiislamismus die spezifisch tunesisch gefärbte Note eines linken Säkularismus besaß, warfen der Partei vor, vom Ausland beeinflusst zu sein. Die Klage, die Ennahda-Partei strebe eine Islamisierung Tunesiens an und nutze ihre durch die Wahl errungene Macht dazu, die staatlichen Institutionen von Grund auf umzukrempeln, indem sie alle Posten mit ihren eigenen Leuten besetze und die Schulbücher umschreiben lasse, deckten sich mit den Vorwürfen gegenüber der Muslimbruderschaft in Ägypten.

Die tunesische Politik zog weniger regionale Intervention auf sich als Ägypten, aber die regionalen Netzwerke, die sich am Konflikt beteiligten, waren im Wesentlichen dieselben. Katar und die Türkei waren die Hauptverbündeten der Ennahda, während die Vereinigten Arabischen Emirate und Saudi-Arabien die Gegner der Islamistenpartei unterstützten. Die tunesischen Säkularen empörten sich vor allem über Katar, während Ennahda-Anhänger den Vereinigten Arabischen Emiraten gerne vorwarfen, sie spielten eine ausgesprochen »schmutzige« Rolle in den Angelegenheiten ihres Landes. Das saudisch-emiratische Netzwerk, das erst Ben Ali und dann im März 2011 die Schlacht um den Erhalt des Kerns seiner Regierung verloren hatte, konzentrierte sich darauf, die Legitimität der Ennahda zu untergraben und die Neuformierung eines tragfähigen antiislamistischen Blocks voranzutreiben.

Daraus entstand die Sammelbewegung Nidaa Tounès unter dem Vorsitz des schon über achtzigjährigen Politikers Beji Caid Essebsi. Nidaa Tounès vereinigte eine Reihe nicht leicht unter einen Hut zu bringender Gruppen, die im politischen Spektrum von weit links bis extrem rechts angesiedelt waren. Ihr verbindendes Element war die Ablehnung der Ennahda und der Islamisten. Da die Koalition sonst nicht viel zusammenhielt, ging Nidaa Tounès vor allem mit ihrer Opposition zu Ennahda auf Stimmenfang, statt eine alternative Wirtschaftspolitik oder politische Reformen anzubieten.

Ennahda kämpfte gegen konkurrierende islamistische Trends, die die Tunesier erschreckten, von der Partei aber nicht kontrolliert werden konnten. Die stärker werdende salafistische Bewegung, seit langem eine erbitterte Rivalin von Ennahda, und Extremisten unbekannter Identität standen hinter den dramatischen Ereignissen, die in Tunesien die Polarisierung vorantrieben. Im Januar 2012 veranstalteten salafistische Studenten, die für ihre Kommilitoninnen das Recht einforderten, den Niqab (den islamischen Gesichtsschleier) zu tragen, ein Sit-in an der Universität Manouba und besetzten das Büro des Dekans Habib Kazdaghli. Angeblich soll er bei dieser Gelegenheit eine Studentin geohrfeigt haben, wofür er vor Gericht gestellt wurde. Der Prozess zog sich über ein Jahr hin und endete mit einem Freispruch. Für die Säkularen, die die Islamisierung ihres Landes befürchteten, wurde Kazdaghli zur Symbolfigur.[4]

Solche Auseinandersetzungen über Religions- und Identitätsfragen nahmen im Lauf des Jahres an Schärfe zu. Im Zuge der regionalen Protestwelle gegen den Film *Innocence of Muslims* stürmten am 14. September 2012 tunesische Demonstranten das Gelände der US-Botschaft in Tunis. Dabei starben mehrere Demonstranten. Diese Ereignisse können zwar nicht mit den entsetzlichen Vorgängen in Bengasi wenige Tage zuvor verglichen werden, bewiesen aber doch, zu welcher Mobilisierung die Islamisten fähig waren, und zeigten zugleich die Grenzen einer Regierung auf, die entweder nicht willens oder nicht in der Lage war, die öffentliche Ordnung aufrechtzuerhalten.

Diese Bedenken bestätigten sich am 6. Februar 2013 mit dem schockierenden Mord an dem linken Oppositionspolitiker Chokri Belaïd. Er war ein scharfer Kritiker der Ennahda-Regierung gewesen und hatte kurz vor seiner Ermordung gewarnt, dass »all jene, die sich Ennahda widersetzen, Ziel von Gewalt werden«.[5] Es kam zu massiven Protesten, Präsident Marzouki brach eine Auslandsreise ab. Amr Hamzawy, ein liberaler ägyptischer Politiker und Menschenrechtsaktivist, zog eine direkte Verbindung zwischen der Ermordung und den wachsenden Spannungen in Ägypten: »[S]ich Gewalt, Radikalismus und den Mächten der Finsternis entgegenzustellen muss für Gesellschaften, die nach Freiheit und Demokratie streben, oberste Priorität haben. Die Ermordung Chokri Belaïds ist ein Alarmzeichen für Tunesien, aber auch für Ägypten.«[6] Im Gegensatz zur harten Linie des ägyptischen Präsidenten Mursi gegen seine Kritiker verurteilte Ennahda diesen Mord, und Tunesiens Premierminister Hamadi Jebali von der Ennahda-Partei bot seinen Rücktritt an. Das brachte jedoch weder ein Ende der Polarisierung noch der Gewalt. Am 25. Juli wurde Belaïds Kollege Mohamed Brahmi bei einem ähnlich verlaufenden Anschlag vor seinem Haus getötet. Wieder kam es zu Protesten gegen die Ennahda-Regierung.

Diese schockierenden Morde, die so gar nicht zur politischen Geschichte Tunesiens passten, verstärkten in der Bevölkerung Ängste, die auch durch die mediale Sensationsberichterstattung und die Bilder der eskalierenden Kriege in Libyen und Syrien angeheizt wurden. In den folgenden Jahren, als der Islamische Staat in Nordafrika Fuß fasste und Tunesien mit einer Serie verheerender Terroranschläge überzog, verstärkten sich diese Ängste. Das tunesische Staatsfernsehen war immer noch fest in den Händen der alten Garde von Ben Alis Regime, und die neuen privaten Fernseh- und Radiostationen teilten deren antiislamistische Einstellung. Die Sicherheitsdienste spielten diesen Sendern und Websites kontinuierlich Material zu, das die Niedertracht der Islamisten entlarven sollte. Die Ennahda verteidigte sich mit dem Hinweis auf ihre demokratische Legitimation und die unflexible Haltung der Opposition. Zudem erhob sie den Anspruch, ebenfalls eine Revolutionspartei zu sein.

Ende Juli schien Tunesien so hoffnungslos gespalten wie Ägypten. Nachdem die Proteste im Anschluss an Belaïds Ermordung zum Rücktritt der Regierung Jebali geführt hatten, versprach man sich von den Demonstrationen nach der Ermordung Brahmis womöglich noch mehr. Ägyptens Militärputsch gegen die Muslimbrüder wurde für viele Ennahda-Gegner zum Ansporn. Nicht wenige tunesische Antiislamisten zeigten ganz offen, dass sie sich Ägypten in diesem Punkt gern zum Vorbild nehmen würden. Für den 6. August 2013 plante Nidaa Tounès eine Großkundgebung, die, so die Hoffnung der Veranstalter, der Anfang vom Ende der Ennahda-Regierung sein sollte. Eine Woche später kam es in Ägypten zum Massaker vom Rabaa-Platz, das selbst den entschlossensten Tunesiern auf ernüchternde Weise vor Augen stellte, wohin der Konfrontationskurs führen konnte. Doch die Ennahda wählte erneut den Kompromiss und willigte ein, ihren Premierminister durch den parteilosen Technokraten Mehdi Jomaa zu ersetzen und Neuwahlen abzuhalten. So blieb der Konflikt innerhalb der geordneten Bahnen der politischen Institutionen.[7]

Hätte die Ennahda auch ohne das ägyptische Beispiel in dieser Weise reagiert? Die amerikanische Politologin Monica Marks sieht in der Kompromissbereitschaft einen Wesenszug der Partei und meint, Ghannouchi hätte wahrscheinlich unabhängig vom ägyptischen Putsch versucht, eine Katastrophe zu vermeiden. Und zu guter Letzt gab es auch noch die Kräfte der Zivilgesellschaft, vertreten im sogenannten Quartett für den Nationalen Dialog, das 2015 den Friedensnobelpreis erhielt. Dieser Zusammenschluss aus Gewerkschaften, Arbeitgebern, Menschenrechtsaktivisten und Rechtsanwälten hätte sich in jedem Fall um eine Vermittlung im Konflikt bemüht.[8] Die Tunesier beobachteten die Vorgänge in Ägypten allerdings sehr genau. Hätte der Militärputsch tatsächlich rasch für eine Rückkehr auf den Weg hin zu einer liberalen Demokratie gesorgt, hätte er ihnen wohl wirklich zum Vorbild werden können. Der Rückfall in die Herrschaft der Militärs und die Gewalt auf dem Rabaa-Platz verhinderten dies.

Als ich im November 2014 Ghannouchi dazu befragte, erklärte er mit Entschiedenheit, das Bestreben der Ennahda sei eine Regierung der nationalen Einheit und der Schutz des demokratischen Übergangs habe oberste Priorität. Indem die Ennahda-Partei den Premierminister zurücktreten ließ und keinen eigenen Kandidaten für das Präsidentenamt ins Rennen schickte, habe die Partei »die Regierung verloren, aber die Demokratie gewonnen«. Freimütig äußerte er sich auch zur regionalen Dimension: Tunesien sei dem Schicksal Ägyptens und anderer Staaten, in denen der Übergang gescheitert sei, auch deshalb entgangen, weil es im Unterschied zu Ägypten, Syrien und Libyen »nicht unter [dem] Druck der internationalen Aufmerksamkeit leidet«. Tunesien war für die Regionalmächte einfach nicht wichtig genug.

Die Tunesier ließen diese Atempause nicht ungenutzt. Am 26. Januar 2014 verabschiedete Tunesiens Verfassunggebende Versammlung nach mehr als einem Monat heftiger Debatten eine neue Verfassung. Anders als Mursi mit seinem unglückseligen Griff nach der Macht hatten es die Tunesier somit geschafft, ein Verfassungsdokument zu formulieren, das auf weitgehende Zustimmung traf. Die Verfassunggebende Versammlung diskutierte jeden Artikel ausführlich, und alle Seiten zeigten große Kompromissbereitschaft. Schließlich wurde die Verfassung mit überwältigender Mehrheit angenommen.

Nachdem die neue Verfassung in Kraft getreten war, standen in Tunesien Neuwahlen an. Diesmal wurde Nidaa Tounès stärkste Partei im Parlament, Ennahda verlor eine halbe Million Stimmen. Bei den Präsidentschaftswahlen verzichtete Ennahda wiederum auf einen eigenen Kandidaten, unterstützte jedoch den amtierenden Übergangspräsidenten Marzouki, der für eine reguläre Amtszeit antrat. Zum Präsidenten gewählt wurde dann allerdings Essebsi. Manche fühlten sich durch seinen Sieg ermuntert, nun mit den unterlegenen Islamisten abzurechnen und die alte Ordnung wiederherzustellen. Doch Essebsi, ein nicht weniger kluger Kopf als Ghannouchi und ein Politiker mit Grundsätzen, entschied sich für eine Politik der Eingliederung.

Am Ende hatte das Netzwerk der Vereinigten Arabischen Emirate erneut Katar besiegt. Doch ein totaler Sieg war es nicht und auch keine völlige Wiederherstellung des alten Regimes. Ennahda blieb ein aktiver, ernstzunehmender Akteur auf der politischen Bühne. Nidaa Tounès versuchte nicht zu dominieren und zeigte unter dem Druck der Regierungsverantwortung bald Verschleißerscheinungen. Im Jahr 2015 stellte eine Welle von Terroranschlägen die Grundsätze der Partei auf eine harte Probe. Essebsi hatte einige Mühe, die richtige Balance zwischen Sicherheit und Freiheit zu halten. Tunesiens stabile Institutionen, das ausgewogene Parlament, das breite internationale und regionale Wohlwollen und der weitgehende politische Konsens sind allerdings eine gute Ausgangsposition, auch diese Herausforderung zu überstehen.

Der Zerfall Libyens

Libyen erging es nicht annähernd so gut. Im Unterschied zu Tunesien, wo es galt, ein fast schon totalitäres System zu überwinden und einen Ausgleich zwischen zwei mächtigen Koalitionen zu finden, stand Libyen vor der Aufgabe, einen Staat praktisch aus dem Nichts neu aufzubauen. Es gab keinerlei staatliche Hoheit mehr, dafür Milizen und politische Bewegungen, die reichlich mit Waffen, Medienpräsenz und Geld versorgt wurden – der angehende Staat verfügte über nichts dergleichen.

Dabei hatte es für Libyen anfangs recht gut ausgesehen. Der Nationale Übergangsrat strebte nicht nach dauerhafter Macht, bewundernswert in einer Region, deren Staatsführer ihre Herrschaft nicht selten bis zum letzten Atemzug verteidigen. Man hätte durchaus Verständnis dafür gehabt, wenn die ungewählten

Führer des Übergangsrats ihre durch die Revolution gewonnene Legitimität in längerfristige Positionen an der Spitze eines neuen libyschen Staats umgemünzt hätten. Doch sie hielten sich zurück und leiteten rasch den Übergang zur Demokratie ein. Der im November 2011 beschlossene Fahrplan für den Übergang sah eine Reihe rasch aufeinanderfolgender Wahlen vor: ein ambitionierter Plan angesichts der Tatsache, dass sich noch gar keine staatlichen Institutionen etabliert hatten.

Die erste dieser Wahlen war die zum Nationalkongress im Juli 2012. Die katarischen Netzwerke waren entsetzt über das schlechte Abschneiden der Islamisten, das so gar nicht zur sonstigen Entwicklung in der Region passte. Immerhin hatte Katar riesige Summen in den Aufstand und den Übergang gesteckt. In den Tagen nach Gaddafis Sturz hatte die Flagge Katars überall in Libyen geweht, und Doha schien bestens positioniert, die Führung des Übergangs zu übernehmen. In den saudisch finanzierten und westlichen Medien hingegen feierte man den Sieg der augenscheinlich moderaten Kräfte.

Wie hatte Katar innerhalb weniger Monate derart an Einfluss verlieren können? Zum Teil lag es daran, dass die Libyer misstrauisch gegenüber allzu offensichtlicher Einmischung von außen waren. Zudem hatten sie genug von den Übergriffen der Milizen, die von der Bevölkerung zunehmend als unseliges Erbe der Revolution betrachtet wurden. Und sie hegten natürlich sowohl Abneigung als auch Bedenken gegenüber den wahren Absichten der Islamisten. Ihre im östlichen Nachbarland Ägypten und im westlichen Nachbarland Tunesien gewählten Vertreter jedenfalls wurden zunehmend kritisch gesehen. Eine manchmal übersehene Rolle spielte auch, dass die libyschen Klienten der Vereinigten Arabischen Emirate erheblichen Widerstand gegen die Islamisten leisteten und die saudisch gestützten Medien versuchten, ihre katarischen Rivalen zu diskreditieren und zu dämonisieren. Das ging so weit, dass sie dem im Aufbau befindlichen libyschen Staat die Legitimität absprachen.

Obwohl die Islamisten bei den Wahlen nicht sonderlich gut abgeschnitten hatten, waren sie stark genug, um am Ende doch eine Mehrheit im Nationalkongress zusammenzubringen. Dem Nationalkongress gelang es jedoch nie, wirkliche Regierungsmacht auszuüben. Die Milizen zeigten unterdessen keine Bereitschaft, ihre Waffen abzugeben, was die Ausübung staatlicher Souveränität praktisch verhinderte. Dies führte bald zu dauerhafter politischer Lähmung, staatlicher Handlungsunfähigkeit, konkurrierender Einmischung des Auslands und in letzter Konsequenz auch zu dem verhängnisvollen Angriff der Milizionäre von Ansar al-Sharia auf das amerikanische Konsulat in Bengasi.

Dass es nach Jahrzehnten Gaddafi-Herrschaft nahezu keine staatlichen Strukturen mehr gab, auf die man hätte zurückgreifen können, war eine große Herausforderung und Chance zugleich. Tatsächlich sahen damals viele gerade in der Schwäche der staatlichen Institutionen Libyens einen wichtigen positiven Unterschied zu anderen arabischen Ländern im Übergang. Dass es keine aufgeblähte, korrupte Staatsbürokratie gab, schien dem raschen Aufbau eines modernen, demokratischen Staats zugute zu kommen. Mit seinem Ölreichtum und seiner relativ kleinen und homogenen Bevölkerung, so das Argument, sei Libyen weniger anfällig für die Krankheiten der von konfessionellem Zwist gebeutelten Levante.

Da praktisch kein Staat eine rechtmäßige Ordnung durchsetzen konnte, verpufften die Diskussionen der neuen politischen Elite. Ihre sorgfältig ausgehandelten Vereinbarungen fanden in der Realität, die von entschlossenen Männern mit Gewehren dominiert wurde, wenig Widerhall.[9] Die alte Elite konnte sich zwar nicht wie in Ägypten und Tunesien in den Festungen der Bürokratie verschanzen, die dort auch nach Entfernung der Führungsspitze des Regimes weiterbestanden, aber sie blieb dennoch einflussreich. Abgesehen von Gaddafis engstem Kreis blieb diese Elite – wie in praktisch allen anderen Staaten des arabischen Übergangs – von der Übergangsjustiz weitgehend verschont und konnte sich ungehindert um neue Machtpositionen bemühen.[10]

In den Monaten nach Gaddafis Sturz hatten Dutzende Milizen 125 000 Libyer unter Waffen, die den allenfalls im Aufbau befindlichen staatlichen Sicherheitskräften mühelos überlegen waren.[11] Finanzielle Anreize bewogen bald noch mehr Libyer dazu, sich den bewaffneten Gruppen anzuschließen. Der Nationalkongress – wie zuvor schon der Nationale Übergangsrat – erlaubte den Weiterbestand dieser Milizen, um sie in die neue Ordnung einzubinden. Ohne die Unterstützung solcher Gruppen wäre der entstehende libysche Staat überhaupt nicht in der Lage gewesen, auch nur ansatzweise eine Ordnung aufzubauen.

Diese Milizen hatten ihre eigenen, durchaus berechtigten Sorgen, die durch eine Amnestie für Funktionäre der Gaddafi-Ära und eine stark polarisierende Medienberichterstattung verschärft wurden. Regierungsvertreter, darunter auch der damalige Ministerpräsident Ali Zeidan, stellten die Milizen öffentlich als Problem Nummer eins des Landes dar und gaben vor allem ihnen die Schuld an der Gewalt und Instabilität in Libyen. Nach einer Anschlagsserie der Milizen auf Polizei, Gerichte, Gefängnisse und andere Einrichtungen im ganzen Land, die in den Medien viel Wirbel machte, stimmten ihm viele Libyer zu.

Diese negative Darstellung, so gerechtfertigt sie durch die Ängste der Bevölkerung und die Sorgen eines immer noch schwachen Staats war, der sein Gewaltmonopol nicht durchsetzen konnte, löste wiederum bei den Milizen die schlimmsten Befürchtungen aus. Wie sollten Gruppen, denen Jahrzehnte der Willkür, Gewalt und Gesetzlosigkeit Gaddafis in den Knochen steckten und die so hart für ihre Befreiung gekämpft hatten, Vertrauen in neue, wiederum aus weiter Ferne wirkende undurchsichtige Führer haben? Die meisten Milizionäre fühlten sich durch die Revolution legitimiert und waren empört, auf einmal von jenen, denen sie zur Macht verholfen hatten, als Staatsfeinde betrachtet zu werden. Wie konnten sie bei solch unsicheren Verhältnissen ihre Waffen abgeben, wo ihnen absolut niemand garantieren konnte, dass ein neutraler Staat sie in Zukunft vor Racheakten schützen würde? Ihre berechtigten Ängste führten zu einem Teufelskreis, den die International Crisis Group so beschrieb: Indem sie Recht und Ordnung in die eigenen Hände nahmen und außerhalb jedes gesetzlichen Rahmens und oft auch in klarem Widerspruch zu den Anordnungen des neuen Staats handelten, verstärkten die Milizen dessen Kontrollbemühungen, was weitere Zusammenstöße und gesteigertes Misstrauen auslöste.

Erneut waren die lokale und die regionale Ebene auf komplizierte Weise miteinander verschränkt. Das Spiel von Politik und Macht war eine hochgradig lokale und fragmentierte Angelegenheit, aber externe Mitspieler nutzten die Verhältnisse für Interessen aus, die weit über Libyen hinausgingen. Die Zeit unmittelbar nach Gaddafis Sturz war hauptsächlich von Katar geprägt. Die Libyer waren anfangs sehr froh um die Unterstützung ihrer Rebellion und begrüßten die Anwesenheit der Kataris. Aber wie das nun mal so ist, legte sich die anfängliche Begeisterung bald, als ehrgeizige Libyer an der Dominanz ausländischer Mächte Anstoß nahmen und die Folgen der katarischen Günstlingswirtschaft zu fürchten begannen. Lokale Akteure kultivierten die Rivalität zwischen Katar und anderen arabischen Staaten und versuchten, sie gegeneinander auszuspielen, um daraus Vorteile zu schlagen und sich gleichzeitig ihre Handlungsfreiheit zu bewahren. Wer im Libyen nach Gaddafi mitspielen wollte, musste eine dauerhaft sprudelnde externe Geldquelle auftreiben. Aufgrund der Rivalität zwischen den Golfstaaten und transnationalen Netzwerken blieb die Macht zersplittert. Gruppen, die von Katar oder den Vereinigten Arabischen Emiraten unterstützt wurden, hatten wenig Grund, ihre Forderungen auf das zu beschränken, was ihnen ihre heimischen Ressourcen erlaubt hätten. Zudem hatten sie kaum Anreize, Kompromisse einzugehen, die Souveränität eines schwachen und ineffizienten Staates anzuerkennen oder sich mit anderen zusammenzuschließen – insbesondere nicht, wenn der Preis für ein Bündnis die Aufgabe ihrer unabhängigen Finanzierungsquellen war.

Der Angriff auf das amerikanische Konsulat in Bengasi am 11. September 2012, bei dem Botschafter Christopher Stevens den Tod fand, ist in den USA zu einer beispiellosen Politsaga hochstilisiert worden. Sieben verschiedene Kongressausschüsse haben sich mit diesem Thema befasst, eine wahre Flut von Büchern wurde darüber geschrieben, sogar Spielfilme nahmen sich des Themas an. Am 22. Oktober 2015 legte Hillary Clinton geschlagene elf Stunden lang vor dem Bengasi-Sonderausschuss Rechenschaft ab. Es ist hier nicht der Ort, noch einmal das endlose Hin und Her über den Inhalt der offiziellen Verlautbarungen im unmittelbaren Anschluss an den Angriff durchzugehen, über unzureichende Sicherheitsvorkehrungen oder Hillary Clintons privaten E-Mail-Account zu reden. Doch die Absurdität des amerikanischen Parteiengezänks sollte uns nicht davon abhalten darzulegen, welche Folgen dieser tragische Tag für Libyen wirklich hatte.

Welche Bedeutung die Proteste gegen *Innocence of Muslims* hatten, ja ob es sich in Bengasi überhaupt um Proteste handelte, ist eine der politisch umstrittensten Fragen rund um dieses Thema geworden. Dabei ist sie im Grunde gar nicht so interessant. Zum Zeitpunkt des Angriffs war es bereits zu großen und oftmals gewalttätigen Kundgebungen in Kairo gekommen, weitere sollten in den kommenden Tagen vor den amerikanischen Botschaften in Tunis, Kuwait City, Sanaa, Amman und in fast zwanzig anderen Ländern folgen. Es gab keinen Grund zu der Annahme, dass diese sich rasant entwickelnde Krise an Libyen vorbeigehen würde. Und das blieb natürlich nicht ohne Einfluss auf die amerikanischen Geheimdienstberichte und diplomatischen Depeschen über das Geschehen.

Die negativen Folgen von Bengasi für die USA, die Region und die internationale Politik können gar nicht hoch genug eingeschätzt werden. Die Krise machte das Thema Libyen in Washington zum heißen Eisen. Sie führte dazu, dass die Vereinigten Staaten und die meisten ihrer westlichen Partner ihr anfänglich großes Engagement für Libyen zurücknahmen und das Feld eher destruktiven Kräften überließen. Im März 2014 beklagte sich der gerade erst abgesetzte Ministerpräsident Ali Zeidan, der Westen hätte Bodentruppen schicken sollen, um nach der Vertreibung Gaddafis aus dem Amt für Sicherheit und Ordnung zu sorgen.[12] Doch falls das überhaupt jemals eine Option gewesen war, Bengasi setzte solchen Überlegungen ein Ende.

Der dreiste Angriff der Milizen von Ansar al-Sharia auf das

Konsulat hatte für die Libyer eine ganz andere Bedeutung als für die Amerikaner, die sich mitten in der heißen Phase eines Präsidentschaftswahlkampfs befanden. Den Libyern führte der Anschlag von Bengasi die Unfähigkeit ihres Staates vor Augen, für Sicherheit zu sorgen. Die Milizionäre, einst als Helden der Revolution gefeiert, galten nun als brisantes Sicherheitsrisiko. Dass eine dschihadistische Miliz auf den Straßen von Bengasi, der Hauptstadt der Revolution, ihr Unwesen treiben und sogar das amerikanische Konsulat überrumpeln konnte, zeichnete ein vernichtendes Bild des Staates.

Der Anschlag von Bengasi trug dazu bei, dass der ohnehin unsichere Übergangsprozess Libyens immer mehr ins Schleudern geriet. Schon in den Sommermonaten davor hatte sich die Gewalt der Milizen immer weiter hochgeschraubt. Eine Reihe von Figuren des Gaddafi-Regimes war ermordet worden, die Salafisten hatten Sufi-Schreine zerstört, Stammesfehden breiteten sich ungehindert aus.[13] Bengasi offenbarte die unkontrollierte Macht dschihadistischer Gruppen, untergrub das Vertrauen in den neuen libyschen Staat, verschärfte die Angst vor Milizen jeglicher Couleur, nicht nur denen der Dschihadisten, und veranlasste viele verschreckte Gegner der Islamisten, in dieser Situation der Anarchie nach neuen Schutzmöglichkeiten Ausschau zu halten. Der Angriff auf das US-Konsulat löste von Bengasi bis Tripolis Proteste gegen Ansar al-Sharia aus und zwang die schwache und weitgehend wehrlose libysche Regierung, einen von vornherein zum Scheitern verurteilten Versuch zu machen, die Milizen an die Kandare zu nehmen.

Für den 15. Februar 2013, weniger als zehn Tage nachdem die antiislamistischen Proteste gegen die Ermordung von Chokri Belaïd den tunesischen Ministerpräsidenten Hamadi Jabali zum

Rücktritt gezwungen hatten, riefen die Gegner des Nationalkongresses zu einer Großdemonstration in Bengasi auf. Ihre Hoffnung war es wohl, die Übergangsregierung zu Fall zu bringen. Das gelang ihnen zwar nicht, aber sie bewiesen ein eindrucksvolles Mobilisierungspotenzial und die Fähigkeit, die ohnehin schwache Regierung jederzeit vollends lahmzulegen. Vor allem aber wurde jetzt klar, wozu es führte, wenn es keinen funktionierenden Staat gab, der Sicherheit garantieren und dem Recht zur Geltung verhelfen konnte.[14] Im Mai 2013 offenbarte sich die staatliche Schwäche noch schmerzlicher, als es zu bewaffneten Protesten gegen das »Gesetz zur politischen Isolation« kam, das darauf abzielte, ehemalige Mitglieder des Gaddafi-Regimes von politischen Ämtern auszuschließen. Aufgebrachte Milizionäre umringten den Nationalkongress und setzten auch den Ministerpräsidenten kurzzeitig fest, um ihren Forderungen Nachdruck zu verleihen.

Im Sommer 2013 befand sich Libyens Übergang bereits auf dem Weg zum Scheitern. Die Ausschreitungen in Bengasi hatten die Legitimität des Staates unterhöhlt und die Spannungen zwischen offiziellen Institutionen und den mächtigen Milizen verschärft. Bombenanschläge von unbekannter Hand, hinter denen Getreue Gaddafis vermutet wurden, erschütterten wiederholt libysche Städte. Im Mai besetzten Milizen fast zwei Wochen lang das Justiz- und das Finanzministerium in der Hauptstadt Tripolis. Im Oktober wurde Ministerpräsident Ali Zeidan kurze Zeit von Milizen entführt, ein Zeichen für die schweren Defizite des libyschen Staats. Die öffentliche Sicherheit verfiel zusehends, niemand konnte aufständische Gruppen im Zaum halten. Wiederholt umstellten Milizen staatliche Einrichtungen, um Forderungen durchzusetzen, und im November stürmten sie eine größere Ölförderanlage. Libyen zeigte alle Kennzeichen eines gescheiterten Staats: Es gab keine allgemein akzeptierten Spielregeln mehr, dafür Waffen im Überfluss, keine funktionierenden staatlichen Institutionen, die Wirtschaft lag am Boden, Unsicherheit grassierte, und die sozialen und politischen Auseinandersetzungen eskalierten.

Der Auslöser für die Proteste der Milizen im Mai 2013 war die Angst, dass das »Gesetz zur politischen Isolation« verwässert werden könnte. Sowohl der Inhalt wie auch die Verabschiedung des Gesetzes waren Gegenstand von Kontroversen: Das Lustrationsgesetz, das die alte Gaddafi-Riege aus Staatsämtern fernhalten sollte, ging weit über den inneren Zirkel des Diktators hinaus und betraf auch reines Verwaltungspersonal und moderate Politiker, und es war von Milizen, die den Parlamentskomplex umstellt hatten, quasi mit Waffengewalt erzwungen worden. Ein zweites strittiges Thema war – wie schon in Ägypten – das Wahlverfahren für die Verfassunggebende Versammlung. Dabei stand viel auf dem Spiel. Wichtige Verfassungsprobleme wurden sehr kontrovers diskutiert, insbesondere Fragen des Föderalismus und der Zuständigkeit lokaler Behörden.[15] Umstritten war auch, welcher Stellenwert dem Islam in der Verfassung zukommen sollte, insbesondere mit Blick auf die Krisen islamistischer Regierungen in den östlichen und westlichen Nachbarstaaten. Nach langen Verhandlungen über die Auswahlkriterien entschied der Nationalrat, die Mitglieder der Verfassunggebenden Versammlung durch Wahl zu bestimmen.

Neben all diesen politischen Fragen hatte der schwache Staat noch mit großen strukturellen Problemen und aufbegehrenden Regionen zu kämpfen. Spätestens seit Bengasi verlor die libysche Regierung durch ihre Unfähigkeit, staatliche Souveränität auszuüben, an politischer Legitimität. Die Milizen mischten dabei allerdings kräftig mit. Der Nationalkongress holte sich zunehmend bei ausgewählten Milizen den Rückhalt, den die offiziellen Sicherheitsorgane nicht gewährleisten konnten; andere Milizen stellten sich offen auf die Seite der Gegner des Nationalkongresses.[16]

Diese Milizen waren wiederum in die Netzwerke ausländischer Sponsoren eingebunden, die während der Revolution entstanden waren. Sowohl der Nationalkongress als auch die mächtigen und gut bewaffneten Milizen von Misrata erhielten weiterhin Unterstützung aus Katar in Form von Waffen, wohlwollender Medienberichterstattung, politischer Schützenhilfe und Geld. Andere Stämme und Städte genossen ähnlichen Beistand aus den Vereinigten Arabischen Emiraten. Die externen Zuwendungen hatten allerdings zur Folge, dass die lokalen Milizen keinen Grund sahen, ihre Differenzen beizulegen, da damit ihre Einkommensquellen versiegt wären. Es bedeutete auch, dass der libysche Zentralstaat wenig Chancen hatte, ihnen gegenüber Autorität geltend zu machen. Fahmy Howeydi bemerkte dazu: »Es besteht keine Hoffnung auf eine Lösung des Libyen-Problems, solange unsere arabischen Brüder ihre Intervention in dem Land nicht einstellen.«[17] Doch dazu zeigten sie keinerlei Neigung.

Der Verfall des libyschen Staates spiegelte auch die sich verändernden Prioritäten der miteinander konkurrierenden regionalen Blöcke. Die Rivalität zwischen Katar und den Vereinigten Arabischen Emiraten zu Beginn der Revolution hatte zu tiefen Zerwürfnissen zwischen den neuen politischen Institutionen geführt. Widerstand gegen Katar regte sich schon kurz nach der Befreiung von Tripolis, und zwar sogar innerhalb der katarischen Netzwerke selbst: Mahmoud Shammam, ein ursprünglich aus

Libyen stammender prominenter Journalist in Dohas Medienimperium, mahnte zur Zurückhaltung. Das wehrlose Libyen bot externen Kräften einfach zu viele verlockende Gelegenheiten, mittels Klienten ihre eigenen Interessen voranzubringen. Nicht nur die Kataris und Emiratis versuchten im neuen Libyen Fuß zu fassen. Auch die Türkei hoffte, zumindest anfangs, mitzumischen, indem sie die Netzwerke der Muslimbrüder unterstützte. Saudi-Arabien hielt sich größtenteils im Hintergrund, da es in Libyen nicht den Iran zu bekämpfen galt, verlor jedoch im Rahmen seines Strebens nach Hegemonie in der Region das Land nie ganz aus dem Blick.

Die unmittelbaren Nachbarn waren von den Unruhen in Libyen am stärksten betroffen und gezwungen, eine aktive Rolle zu übernehmen. Algerien, Tunesien und Ägypten, aber auch die südlichen Nachbarn nahmen Anteil an der weiteren Entwicklung des Landes. Für sie alle barg Libyens Sturz in den Bürgerkrieg große Risiken.

Die Tunesier hegten anfangs große Sympathien für den libyschen Aufstand. Während des Krieges hatte Tunesien als Nachschub- und Unterstützungsbasis für die libyschen Rebellen gedient und zahllosen libyschen Kämpfern, Flüchtlingen und Exillibyern, die auf eine Rückkehrmöglichkeit warteten, Unterschlupf gewährt. Die Ennahda-Regierung lag auf einer Linie mit den breiteren Netzwerken der Kataris und der Muslimbrüder, unterstützte den Sturz Gaddafis und trat für den Aufbau eines demokratischen Systems in Libyen ein. Als ich im Jahr 2011 Tunesien besuchte, konnte man überall libysche Flaggen und T-Shirts auf den Straßen kaufen, und die Menschen begeisterten sich für den Freiheitskampf der Libyer. Doch als es dann in Libyen nach Gaddafi bergab ging, bekam Tunesien die Folgen ganz unmittelbar zu spüren. Wie in vielen anderen Ländern, die Flüchtlinge aufnahmen, entwickelten sich in Tunesien bald offene Vorbehalte gegenüber den libyschen Exilanten, die man – meist zu Unrecht – für Wirtschafts- und Sicherheitsprobleme verantwortlich machte. Die Tunesier warfen Libyen auch vor, eine Brutstätte neuer dschihadistischer Gruppen wie Ansar al-Sharia zu sein, deren Anschläge und Provokationen zunahmen. Tunesische Streitkräfte fielen wiederholt in Libyen ein, um gegen Schmuggler vorzugehen, Kriminelle und Dschihadisten zu verfolgen und den Zustrom an Waffen in ihr Land zu unterbinden.

Das algerische Regime hatte nie viel für Gaddafi übriggehabt, aber Algeriens Haltung zu Libyen war von dem großen Trauma des gescheiterten demokratischen Experiments und des blutigen Bürgerkriegs der 1990er Jahre geprägt, das in der politischen Kultur Algeriens tiefe Spuren hinterlassen hatte. Die arabischen Aufstände weckten Ängste vor einer Wiederholung der Erfahrungen zwischen 1988 und 1991 mit einer Demokratisierungsphase, die durch einen blutigen Militärputsch beendet worden war. Algerier, die den Blick nach Ägypten oder Tunesien richteten, erschraken über die offensichtlichen Parallelen zu ihrer eigenen Geschichte. Auch in Algerien waren mit der Demokratisierung die Islamisten gekommen, und dann hatte – wie in Ägypten – das Militär das Ruder übernommen. So verwundert es nicht, dass Algerien anfangs dem libyschen Aufstand abwartend gegenüberstand und generell eher zu Gaddafi als zu den Rebellen neigte.

Nach Gaddafis Sturz sorgten sich die Algerier um die möglichen Auswirkungen auf die Stabilität ihres Landes, waren aber weitgehend ratlos, wie sie mit der neuen chaotischen Situation umgehen sollten. Besonders beunruhigend war der Aufstieg dschihadistischer Milizen, insbesondere nach dem Angriff auf algerische Ölförderanlagen am 16. Januar 2013, bei dem von einer Dschihadistengruppe unter Führung von Mokhtar Belmokhtar Dutzende Geiseln getötet wurden. Das weckte schmerzliche Erinnerungen an die 1990er Jahre, das Schwarze Jahrzehnt, wie die Algerier es nennen, als Hunderttausende in einem grausamen Bürgerkrieg starben.

Algerien wurde im Juli 2014 einer der wichtigsten Partner der Unterstützungsmission der Vereinten Nationen für Libyen, die einen Ausweg aus dem gescheiterten Übergang und dem außer Kontrolle geratenen Bürgerkrieg finden soll.[18] Im Gegensatz zu den stets miteinander in Konkurrenz stehenden Golfstaaten bemühte sich Algerien in seiner Mediation um Konsensfindung. Es stellte den libyschen Konfliktparteien, den Vertretern des Nationalrats und des neu gewählten Abgeordnetenrats, die sich im eigenen Land bitter bekämpften, seine gute Infrastruktur an Konferenz- und Arbeitsräumen zur Verfügung. Die Vermittlungsbemühungen hatten eine Vielzahl von Gründen. Der algerischen Regierung bereiteten naturgemäß die direkten Folgen des libyschen Bürgerkriegs, wie die Flüchtlinge und die Ausbreitung dschihadistischer Gruppen, große Sorgen. Neben diesen Überlegungen zu ihrem eigenen Schutz hatten die Algerier sicher auch das Bedürfnis, aktiv im libyschen Spiel mitzumischen, und pflegte in aller Stille Kontakte zu potenziellen Verbündeten.

Bezeichnenderweise wurde Algerien zu einem der größten Hemmnisse für eine einheitliche Politik der Arabischen Liga gegenüber Syrien und auch Libyen. Algeriens Widerstand gegen saudische und katarische Initiativen, eine geschlossene arabische Front gegen Assad zu bilden, hatte nur zum Teil mit Assad selbst oder mit – eher begrenzten – Interessen des Landes an Syrien zu tun. Die algerischen Führer störten sich vor allem daran, dass damit ein bislang sakrosankter Grundsatz der arabischen Politik aufgegeben wurde: die Anerkennung der staatlichen Souveränität anderer arabischer Nationen. Und die wachsende Abenteuerbereitschaft der Golfstaaten und ihre dominierende Stellung in den Institutionen der Region bereiteten ihnen noch mehr Kopfzerbrechen. Dass Algerien nach einer langen Phase relativer Isolation auf die Bühne der regionalen Politik zurückkehrte, entsprang zumindest teilweise dem Wunsch, die Golfstaaten, die sich aus der Ferne in die Angelegenheiten Nordafrikas einmischten, etwas mehr auf Abstand zu halten. Ein hochrangiger algerischer Diplomat äußerte gegenüber dem Verfasser eines Berichts der International Crisis Group: »Ich frage mich, wie die Länder des Golf-Kooperationsrates reagieren würden, wenn wir uns dazu entschlössen, in Jemen zu intervenieren. Ich verstehe die Sorgen unserer Nachbarn, aber nicht die von anderen [weiter entfernten Ländern].«[19]

Am stärksten mischte sich al-Sisis Ägypten in Libyen ein. Ägypten war seit jeher an der Stabilität und Sicherheit seines westlichen Nachbarn interessiert. Nach der Absetzung Mubaraks hatte der Oberste Militärrat wenig an der ägyptischen Libyenpolitik geändert. Ein Regime, das seine Legitimität nun auf einen Volksaufstand stützte, konnte gar nicht anders, als sich mit den libyschen Rebellen zu identifizieren, und das ägyptische Regime unterstützte sie tatsächlich. Dass die Führung des ägyptischen Militärs und der Sicherheitsdienste dieselbe geblieben war, garantierte jedoch eine weitgehende Kontinuität der politischen Strategien.

Unter Mursi verfolgte die ägyptische Politik gegenüber Libyen eine ähnliche Linie wie gegenüber Tunesien und legte deutlich mehr Enthusiasmus für den Demokratisierungsprozess an den Tag. Ägyptens Führung war zu dieser Zeit in das katarische Netzwerk eingebunden und spiegelte die Ansichten, die in den Kreisen der Muslimbrüder überall in der Region vertreten wurden. Dies änderte sich jedoch mit dem Militärputsch vom Juli 2013 komplett, als Ägypten in das Netzwerk der Vereinigten Arabischen Emirate wechselte und sein Engagement in Libyen dramatisch ausweitete. Von nun an war Ägypten sozusagen der bewaffnete Arm Abu Dhabis in Libyen.

Der Putsch in Ägypten wirkte auf Libyen und viele andere Länder der arabischen Welt geradezu elektrisierend. Haftar schien sich General al-Sisis Staatsstreich in Ägypten zum Vorbild zu nehmen, möglicherweise drängten ihn auch seine externen Unterstützer zur Nachahmung. Ägyptens Militärputsch wurde rasch das, was Fred Wehrey den »Wendepunkt in Libyens postrevolutionärem Narrativ« nannte. Ein Militärputsch konnte mit regionaler Unterstützung gelingen, das hatte Ägypten gezeigt. »Der starke Mann Ägyptens, der zumindest anfänglich noch gar nicht an eine Intervention dachte, warf einen langen und letztendlich polarisierenden Schatten über Libyens unruhige Politik«, erklärte Wehrey.[20] Der ägyptische Journalist Hilmi Nimnim berichtet von einer Begegnung mit zwei hohen libyschen Politikern, die »sagten, was in Ägypten am 30. Juni geschehen sei, habe vielen außerhalb Ägyptens die Hoffnung zurückgegeben, dass es mit dem Arabischen Frühling weitergehe, der sich schon in einen Frühling der Muslimbrüder und der Fundamentalisten verwandelt hatte«.[21] Im Fernsehsender al-Jazeera ordnete Hisham al-Shalwi Bestrebungen, den Nationalkongress aufzulösen, Vertretern des alten Regimes zu, die durch al-Sisis Putsch ermutigt worden seien, das neue politische System umzustürzen und »wieder bei null anzufangen«. Der »Putsch gegen die Legitimität in Ägypten«, so argumentierte er, »dehnte sich damit auf Tunesien und Libyen aus und schaffte vorher noch die Legitimität in Jemen ab.«[22] Für Libyens Islamisten und den Nationalrat war der ägyptische Putsch eine schmerzliche Lektion über die Vergeblichkeit der Bemühungen um eine demokratische Partizipation und nährte ihre Überzeugung, dass es wichtiger war, sich mit Waffengewalt verteidigen zu können, als auf die Neutralität des Staates zu vertrauen.

Das politische Patt ging mit einer erschreckenden Eskalation von Terroranschlägen, Gewalt auf lokaler Ebene und Missachtung der öffentlichen Ordnung einher. Ende 2013 und Anfang 2014 stieg die Gewalt dramatisch an, es kam zu Morden und Anschlägen auf Regierungseinrichtungen. Die Bevölkerung wünschte bald nur noch Ordnung und Sicherheit um jeden Preis. Der wachsende Widerstand gegen die Milizen manifestierte sich in Volksprotesten, politischen Manövern und schließlich in Haftars »Operation Würde«.[23] Am 7. Februar 2014 forderte eine friedliche Demonstration die Auflösung des Nationalkongresses mit Ablauf seines Mandats.

Die Spannungen spitzten sich immer weiter zu, bis General Khalifa Haftar am 14. Februar 2014 einen Putschversuch wagte, der allerdings kläglich im Sande verlief.[24] Haftar hatte sich nach 2011 in Libyen als starker Mann gegen islamistische Gruppen positioniert, was ihm die Unterstützung der Vereinigten Arabischen Emirate, Ägyptens und anderer antiislamistischer Netzwerke eintrug. Naturgemäß machte er sich damit all die vielen islamistischen Gruppen in Libyen zu Feinden, nicht minder Katar, die Türkei und die immer noch mächtigen islamistischen Netzwerke der Region. Haftars Putsch fand weder im Militär noch in der Öffentlichkeit Rückhalt, die Regierung Zeidan wischte sein Manöver mit Leichtigkeit beiseite. Doch es ließ sich nicht übersehen, dass die Übergangsregierung unter wachsenden Druck geriet.

Haftar startete daraufhin am 16. Mai 2014 seine umstrittene »Operation Würde« gegen die islamistischen Milizen. Ägypten und die Vereinigten Arabischen Emirate leisteten ihm tatkräftig Hilfe. Rasch wurde er eine der umstrittensten Figuren der libyschen Politik.[25] Haftar, der viele Jahre in den USA gelebt hatte, pflegte weithin bekannte Verbindungen zur CIA. Aber in diesem Fall schien er nicht auf Geheiß der Vereinigten Staaten zu handeln, die statt einer Militäraktion einen von der UN begleiteten Nationalen Dialog favorisierten.

Zunächst bemühte sich Haftar, die Milizen aus Bengasi zu vertreiben, dehnte seine Operationen aber rasch auf Tripolis aus. Haftar verlangte die Auflösung des Nationalkongresses, der nach den Unruhen im Jahr zuvor nun von einer Islamisten-Koalition dominiert wurde, die sich auf die Milizen von Misrata stützte. Der Nationalkongress lehnte das Ansinnen ab, und die Fronten verhärteten sich.

Am 25. Juni wurden in einem politisch angespannten, von Gewalt und Instabilität geprägten Klima Parlamentswahlen abgehalten. Das neue Parlament, der Abgeordnetenrat, wurde von antiislamistischen Kräften beherrscht, die lose mit Haftar verbunden waren. Die Wahl des Abgeordnetenrats brachte aber keine Lösung der Probleme. Die Wahlbeteiligung war gering ausgefallen, ganze Regionen hatten die Abstimmung boykottiert. Trotzdem wurde der Abgeordnetenrat von der internationalen Gemeinschaft, die unbedingt an demokratischen Fortschritt glauben wollte, schnell anerkannt. Für das in vielerlei Hinsicht unter Druck stehende Parlament, das nur ein Element in einer komplexen und sich rasch ändernden Arena darstellte, war diese Anerkennung sehr wichtig. Der Nationalkongress weigerte sich jedoch, das neue Parlament anzuerkennen, und betrachtete sich weiterhin als die legitime Regierung Libyens. Im Juli startete er die »Operation Morgenröte«, die Tripolis zurückerobern und Haftar vertreiben sollte. Die Koalition der Morgenröte versammelte ein breites Spektrum vom islamistischen Mainstream bis zu Extremisten wie der berüchtigten Terrorgruppe Ansar al-Sharia in Libyen.

Anfang November 2014 erklärte der Oberste Gerichtshof Libyens, die Wahl zum Abgeordnetenrat sei nicht verfassungskonform verlaufen – eine Entscheidung, die das Parlament nicht akzeptierte. Diese Intervention der Judikative erzeugte dieselbe fatale Unsicherheit wie die Entscheidungen ägyptischer Gerichte im Jahr zuvor, und das in einem noch weit instabileren Umfeld. Doch im Unterschied zu Ägypten, wo selbst stark politisierte Entscheidungen des Verfassungsgerichts Akzeptanz fanden, wurde die Entscheidung in Libyen schlicht ignoriert. Der Sprecher des Abgeordnetenrats Farraj Hassan gab zur Begründung an, die Entscheidung sei »unter Androhung von Waffengewalt« gefallen.[26]

Im Sommer 2015 hatten sich die Auseinandersetzungen zwischen dem Abgeordnetenrat und dem Nationalkongress so hochgeschaukelt, dass man von einem Kampf zwischen zwei Regierungen sprach. International anerkannt und vom Golf unterstützt, hatte der Abgeordnetenrat zwar den vom Nationalkongress kommandierten Milizen etwas entgegenzusetzen, war aber nicht in der Lage, sie aus dem Feld zu schlagen.[27] Keine Seite konnte für sich beanspruchen, Souveränität über das zutiefst gespaltene Land auszuüben, das von den Operationen »Morgenröte« und »Würde« tief gespalten worden war.[28]

Dieser Krieg brachte neue Formen der direkten regionalen Intervention mit sich, die über die allgemein verbreitete indirekte Finanzierung und die Medienkampagnen hinausgingen. Zwei große Lager bildeten sich heraus. Das eine, angeführt von Katar und der Türkei, mit Unterstützung von Algerien und Marokko und im Einklang mit dem Nationalkongress, drängte auf eine regionale diplomatische Lösung. Das andere Lager, unter Führung der Vereinigten Arabischen Emirate und Ägyptens, das den Parlamentsrat unterstützte, setzte auf einen militärischen Sieg Haftars. Sowohl die lokalen Schlachten als auch die politischen Verhandlungen waren von diesen externen Koalitionen nachhaltig geprägt.[29]

Ägyptens erste direkte Intervention erfolgte noch vor Haftars Offensive und vor der Ausrufung eines Ablegers des Islamischen Staates in Libyen. Im August 2013, nur wenige Monate nachdem al-Sisi seine Macht gefestigt hatte, startete Ägypten seinen ersten mit den Vereinigten Arabischen Emiraten koordinierten Luftangriff auf Libyen. Es war ein erfolgloser Versuch, die »Operation Morgenröte« an der Einnahme des Flughafens von Tripolis zu hindern.

Im November führte Ägypten eine Runde weiterer Angriffe, diesmal anlässlich der Veröffentlichung eines grausigen Videos, das die Ermordung ägyptischer Kopten in Libyen durch eine Gruppe zeigte, die sich auf den Islamischen Staat berief. Die Ägypter bemühten sich, ihre Rolle in Libyen etwas zu verschleiern, doch geheim waren ihre Aktionen nicht. Im August schwärmte Hisham Allam in einer Kolumne, dass »al-Sisi mit Haftar das macht, was Nasser 1969 mit der libyschen Revolution gemacht hat«, nämlich mit verdeckter und öffentlicher Hilfe die vitalen nationalen Interessen seines Landes zu schützen.[30] Ägyptens Intervention fand in enger Kooperation mit den Vereinigten Arabischen Emiraten statt, die auch auf eigene Faust Luftangriffe flogen.

Ägyptens Gründe für die Interventionen waren so vielschichtig, dass man sie als überdeterminiert bezeichnen kann.[31] Da waren zunächst große und seit Urzeiten bestehende Interessen in Libyen, und natürlich wollte Ägypten vor seiner Haustür weder einen gescheiterten Staat noch einen dschihadistischen Aufstand haben. Keine ägyptische Regierung hätte Brutalitäten gegenüber ihren Bürgern, wie sie durch das Video verbreitet wurden, einfach hinnehmen können. Das offensichtlichste Motiv war jedoch Kairos große finanzielle und politische Abhängigkeit von den Vereinigten Arabischen Emiraten, die viel in den ägyptischen Putsch und die »Operation Würde« investiert hatten. Für al-Sisi war kaum etwas wichtiger als die weitere finanzielle Unterstützung vom Golf, von der Ägyptens krisengeschüttelte Wirtschaft inzwischen abhängig war.[32] Zum Glück für al-Sisi fügte sich die Polarisierung zwischen den Islamisten und ihren Gegnern in Libyen perfekt in sein politisches Denkschema. Al-Sisi sah in Libyen wohl Parallelen zu Ägyptens politischem Kampf gegen den Islamismus und setzte General Khalifa Haftars Feldzug gegen die Islamisten mit dem Kampf seines eigenen Regimes gegen die Muslimbrüder gleich.

Doch auch sein Einsatz hatte Grenzen. Am 22. Februar wagte sich al-Sisi mit dem Vorschlag einer gemeinsamen arabischen Interventionsstreitmacht für Libyen hervor, zog ihn aber rasch zurück, als er keine Unterstützung fand.[33] Auch die Bitte von Abdullah Thinni, Ministerpräsident einer der beiden rivalisierenden Regierungen Libyens, Bodentruppen zu entsenden, lehnte al-Sisi mangels internationaler Rückendeckung ab.[34]

Im August 2014 bombardierten die Vereinigten Arabischen Emirate Ziele in Libyen, der seltene Fall einer Intervention im Alleingang auf der Arabischen Halbinsel. Der ägyptische Kolumnist Fahmy Howeydi merkte dazu an, in der langen Geschichte der arabischen Stellvertreterkriege müsse »der Luftangriff der Vereinigten Arabischen Emirate in Libyen als etwas völlig Neues verstanden werden, bedeutet er doch eine Abkehr von indirekter Intervention zu einer direkten militärischen Intervention, und dies nicht um einem befreundeten Staat beizustehen, sondern um in einem Land eine Gruppe gegen eine andere zu unterstützen.«[35] Wie es in diesen Kriegen so häufig der Fall war, hatten weder die Luftangriffe der Emirate noch die der Ägypter irgendwelche erkennbaren positiven Auswirkungen auf den libyschen Bürgerkrieg. Im Gegenteil, die Interventionen vertieften und verfestigten nur die Spaltung zwischen den beiden libyschen Regierungen.

Im September 2014 unternahmen die UN einen Versuch, in dieser festgefahrenen Situation zu vermitteln, und beauftragten den erfahrenen Diplomaten Bernardino León damit, einen auf ein Jahr angesetzten Nationalen Dialog zu leiten. Der Abgeordnetenrat und der Nationalkongress stimmten den Gesprächen zu; auch Vertreter der Zivilgesellschaft und andere politische Kräfte nahmen teil. Doch die zivilgesellschaftlichen Gruppen und lokale Akteure beklagten sich bald, dass sie weitgehend ignoriert würden. Im Laufe von mehr als einem Jahr fanden mehrere Gesprächsrunden innerhalb und außerhalb Libyens statt, und im September 2015, kurz vor dem vereinbarten Ende der Gespräche, kündigte León einen Vertragsentwurf an. Doch seine Bemühungen scheiterten an der Zerstrittenheit Libyens, dem Zusammenbruch des Staates und der regionalen Einmischung. Keine Seite wollte sich auf einen Kompromiss einlassen, weil alle fürchteten, damit die andere an die Macht zu bringen. Kurz vor Unterzeichnung der Vereinbarung nahm León ein äußerst lukratives

Jobangebot der Vereinigten Arabischen Emirate an, die in dem schwierigen Prozess sehr klar Partei ergriffen hatten, was einen Schatten auf all seine Bemühungen warf.

Diese externen Interventionen waren wenig konstruktiv. Mit der ausufernden Gewalt der Milizen und der Unfähigkeit der Regierung, sinnvolle Entscheidungen zu treffen oder durchzusetzen, taumelte Libyen rasch in jene offen militärische Konfrontation, die von so vielen befürchtet worden war.

Kapitel 7

Die Hölle Syrien

Im Herbst 2012 war die öffentliche Debatte zur Frage einer Bewaffnung syrischer Rebellen oder einer direkten Intervention aus den amerikanischen Medien weitgehend verschwunden. Mitt Romney, der Meinungsumfragen entnommen hatte, dass sich die amerikanische Öffentlichkeit mit überwältigender Mehrheit gegen eine Syrien-Intervention aussprach, verzichtete darauf, das Thema im Wahlkampf gegen Obama einzusetzen. Ohne direkten Bezug zur Politik des Präsidenten schied das Problem aus der ganz auf die Präsidentschaftswahlen ausgerichteten Berichterstattung aus. Stattdessen wurden Bengasi, Israel und das iranische Atomwaffenprogramm zu Kernthemen der republikanischen Kritik an Obama.

Während sich die Aufmerksamkeit der amerikanischen Öffentlichkeit anderen Themen zuwandte, waren die Monate zwischen Herbst 2012 und Frühjahr 2013 für den weiteren Verlauf des syrischen Aufstands von schicksalhafter Bedeutung. Das Gleichgewicht der Kräfte innerhalb des Aufstands verschob sich deutlich zugunsten dschihadistischer Gruppen und bereitete ISIS den Boden. Die Folgen des Syrienkriegs veränderten auch Irak in entscheidender Weise. Gleichzeitig spitzte sich die Flüchtlingskrise dramatisch zu, als der Krieg nach Aleppo getragen wurde und verzweifelte Syrer vor der Gewalt flohen. Der Syrienkonflikt entfachte auch neue konfessionelle Spannungen in der Region. Und schließlich besiegelte nicht nur der ägyptische Militärputsch, sondern auch die Verschärfung des bewaffneten syrischen Aufstands durch regionale Kräfte das Ende des Arabischen Frühlings.

Die Bewaffnung der Rebellen

In Syrien flossen allen Konfliktparteien gewaltige Mengen an Waffen und Hilfsleistungen zu. Iran und die Hisbollah unterstützten das Assad-Regime indirekt und direkt durch schiitische Milizionäre und iranische Streitkräfte, die sich in entscheidenden Momenten in den Kampf einschalteten. Die Türkei, Katar und Saudi-Arabien versorgten ihre lokalen Klienten mit Waffen; und private Sponsorennetzwerke vom Golf übermittelten Geld an islamistische Gruppen. Die Freie Syrische Armee und die offiziellen politischen Institutionen der syrischen Opposition hatten Mühe, mit den finanz- und waffentechnisch bestens ausgestatteten Dschihadisten mitzuhalten, die jetzt auf dem Schlachtfeld die Initiative ergriffen. Die Hoffnung, dass die katastrophalen Folgen einer militarisierten Opposition noch vermieden werden konnten, hegte niemand mehr.

Washington unterstützte in dieser Zeit die militärischen Anstrengungen des Aufstands aktiver und unmittelbarer, auch wenn es versuchte, dessen schlimmste Exzesse zu begrenzen. Obwohl tief besorgt über die Militarisierung der Rebellion, waren die Amerikaner dennoch bald aktiv an der Bewaffnung und Schulung der Aufständischen beteiligt. Sie erkannten, dass sich der bewaffnete Aufstand rasch zu einer Kampfarena der Dschihadisten entwickelte und dass die schlimmsten Exzesse erst durch ihre eigenen Verbündeten in der Region ermöglicht wurden. Sie wussten auch, dass der Aufstand allein nicht in der Lage sein würde, Assad zu Fall zu bringen. Mit seiner geheimen Zustimmung zur Bewaffnung und Ausbildung von Rebellen im Frühjahr 2013 wollte Obama vor allem dazu beitragen, halbwegs moderate Gruppen zu stärken und damit ein Gegengewicht zum Dschihad zu schaffen, der immer mehr Zulauf gewann. Auf diese Weise hoffte er, einen gewissen Einfluss auf eine sich zunehmend radikalisierende Opposition zu gewinnen und den militärischen Druck auf Assad zu erhöhen, um beide Seiten an den Verhandlungstisch zu bringen.

Im Sommer lehnte Obama zwar den von CIA-Direktor David Petraeus erarbeiteten Plan von Waffenlieferungen an syrische Rebellen ab (die Medien berichteten ausführlich darüber), aber das Programm fand in der Washingtoner Bürokratie und bei Amerikas Verbündeten in der Region immer mehr Befürworter. Mitte 2012 billigte Obama ein Programm der »nicht tödlichen« Unterstützung der Rebellen – ein Beschluss, der Anfang August an die Öffentlichkeit gelangte.[1] Anfang 2012 begannen Unterstützer der Rebellen insgeheim Waffen nach Syrien zu liefern, und Anfang 2013 stockten die USA ihren Beitrag massiv auf. Spätestens seit November 2012 schulten amerikanische, britische und französische Militärs Rebellen auf geheimen Stützpunkten in Jordanien und der Türkei und leisteten dem Syrischen Militärrat, dem militärischen Arm eines Dachverbands eher gemäßigter Rebellengruppen, umfangreiche materielle Unterstützung.[2]

Erstmals erfuhr die Öffentlichkeit von Waffenlieferungen, die mit katarischen Transportflugzeugen über die Türkei nach Syrien gelangten. Wie die *New York Times* berichtete, stieg »den ganzen Herbst hindurch die Zahl der Transportflüge der katarischen Luftwaffe kontinuierlich an, und im Oktober gab es fast jeden zweiten Tag welche. Doch die Rebellen drängten auf noch mehr Waffen und beteuerten, es fehle ihnen an militärischer Schlagkraft im Kampf gegen eine mit Panzern, Artillerie, Mehrfachraketenwerfern und Flugzeugen ausgerüstete Armee«.[3] Diesem Bericht zufolge gab es bis Anfang 2013 »mehr als 160 Transportflüge jordanischer, saudischer und katarischer Militärflugzeuge, die auf dem Flughafen Esenboğa bei Ankara und in geringerem Umfang auch auf anderen türkischen und jordanischen Flughäfen landeten«.

Einem anderen Bericht zufolge startete im Mai ein weiteres geheimes amerikanisches Programm zur Bewaffnung syrischer Rebellen.[4] Das verdeckte Programm war mit den europäischen und arabischen Partnern abgestimmt, um Rebellengruppen im Süden zu bewaffnen. Diese standen unter dem Kommando von General Salim Idriss und waren mit Jordanien koordiniert, um ihnen den Vorstoß auf Damaskus zu erleichtern. Die Vereinigten Staaten achteten genau darauf, welchen Rebellengruppen sie Waffen lieferten – sehr zum Ärger der Streitkräfte vor Ort, die es gewohnt waren, freiere Hand zu haben.[5] Im September berichtete CNN von Waffenlieferungen der CIA an syrische Rebellen.[6] Im Oktober wurde das CIA-Programm erweitert, und man schickte paramilitärische Experten nach Jordanien, um die Ausbildung zu beschleunigen.[7] Im Dezember berichteten regionale und internationale Medien über »geheime« CIA-Trainingslager für syrische Rebellen in Jordanien.[8] Etwa um dieselbe Zeit gelangten auch amerikanische TOW-Panzerabwehrraketen neuerer Bauart nach Syrien.

Diese Programme zur Bewaffnung und Schulung syrischer Rebellen stellten die Empfängergruppen jedoch nur selten zufrieden und hatten auch nicht die Aufnahme ernsthafter Friedensgespräche zur Folge. Sie erzeugten genau die negativen Folgen, die in wissenschaftlichen Aufsätzen prophezeit worden waren. Die Rebellengruppen waren mit dem Ausmaß an Unterstützung, die sie erhielten, nie zufrieden und verfolgten zudem oft Interessen, die denen ihrer Sponsoren widersprachen. Die Aufständischen in diesem grausamen Bürgerkrieg nahmen wenig Rücksicht auf Menschenrechte oder demokratische Feinheiten. Die selektive Bewaffnung von Gruppen förderte darüber hinaus die Zersplitterung und unterminierte alle Bemühungen um eine Verhandlungslösung. Erfolge dieser Gruppen wurden von einer verstärkten Unterstützung durch Russland, Iran und die Hisbollah sofort wieder zunichtegemacht. Die Konsequenz war naturgemäß ein noch blutigerer und noch zerstörerischer Krieg, der weder einen Sieg brachte noch Verhandlungen den Weg ebnete. Dass dieses vorhersehbare Ergebnis als Beleg dafür betrachtet wurde, wozu es führte, wenn die Rebellen *nicht* bewaffnet wurden, zeigt nur, dass die Strategen der Syrienpolitik und die Medien nur allzu bereit waren, sich mit bequemen Deutungsmustern zufriedenzugeben.

Die Rivalität zwischen den Verbündeten, von der die neuen Kriege in der arabischen Welt an allen Fronten geprägt waren, hatte nirgends verheerendere Folgen als in Syrien. Neben den Vereinigten Staaten waren auch Saudi-Arabien, Katar und die Türkei aktiv, wenngleich mit einer völlig anderen Stoßrichtung. Gleichsam zum Aushängeschild der saudischen Mission für eine

Bewaffnung syrischer Rebellen wurde der saudische Prinz Bandar.[9] Altgediente saudische Regierungsvertreter wie Prinz Turki al-Faisal verglichen die saudische Syrienpolitik mit der erfolgreichen Unterstützung des Dschihad in Afghanistan in den 1980er Jahren – auch wenn die meisten Amerikaner die Folgen dieser Afghanistan-Kampagne (ein zerrütteter Staat, die Herrschaft der Taliban und das Land als Rückzugsgebiet für al-Qaida) keineswegs als nachahmenswertes Beispiel betrachteten. Mit ihren Waffenlieferungen an die Rebellen, die Anfang 2012 begannen, trugen die Saudis dazu bei, dass die zerrissene syrische Opposition immer mehr vom diplomatischen Weg abkam und sich auf einen bewaffneten Aufstand verlegte.

Viele Amerikaner, die eine Bewaffnung der Rebellen befürworteten (wie beispielsweise die Senatoren John McCain und Lindsey Graham), setzten mehr auf die Saudis als auf ihre eigene Regierung.[10] Allerdings überschätzten sie die Kompetenz Saudi-Arabiens bei weitem. Die Saudis konnten über ihre ausgedehnten Netzwerke Geld und Waffen verteilen, durch finanzielle Anreize auf externe Mächte Einfluss nehmen und die arabischen Medien mit unterstützenden Botschaften überfluten. Wie alle anderen externen Akteure hatten jedoch auch sie große Schwierigkeiten, ihre lokalen Stellvertreter zu kontrollieren. Sie verfügten nur über begrenzte Kenntnisse der Lage vor Ort und mussten unvorhergesehene Rückschläge und Gegenaktionen ihrer Rivalen hinnehmen.

Erneut erwies sich die Rivalität innerhalb der Allianz als verheerend. Die Saudis waren erpicht darauf, Assad zu stürzen und den iranischen Einfluss zurückzudrängen, mindestens ebenso sehr aber waren sie darauf bedacht, im Wettstreit mit Katar und der Türkei um die Kontrolle der Rebellion nicht den Kürzeren zu ziehen. Im Juli 2015 stellte und beantwortete der saudische Kolumnist Mishari al-Zaydi eine, wie er es nannte, »freimütige Frage«. Welches, so lautete sie, »sind die Staaten, die Baschar al-Assad gewaltsam stürzen wollen? Saudi-Arabien, die Türkei und Katar. In den übrigen arabischen Staaten herrscht darüber geteilte Meinung.«[11] Über die Türkei war er sich allerdings nicht ganz sicher.

Viele andere teilten diese Zweifel bezüglich der türkischen Politik. Die Türkei spielte ein undurchsichtiges Spiel. Das Land beherbergte die politischen und militärischen Schaltstellen der syrischen Opposition und hatte die größte Zahl syrischer Flüchtlinge aufgenommen, doch gegenüber unschönen Aktivitäten jenseits ihrer Grenze drückte die Regierung in Ankara ein Auge zu. Ohne türkische Unterstützung hätte der Aufstand wohl gar nicht so lange durchgehalten. In der Türkei hatten der Syrische Nationalrat und die Freie Syrische Armee ihre Kommandozentralen, und das Land fungierte als wichtigste Schleuse, um Waffen, Geld und humanitäre Hilfe in die von den Rebellen kontrollierten Gebiete Nordsyriens zu bringen. Seine lange Grenze mit Syrien blieb in der Syrienkrise die meiste Zeit unkontrolliert, so dass Aufstandsgruppen – darunter ISIS, al-Nusra und andere dschihadistische Organisationen – Menschen, Güter und Waffen nahezu ungehindert nach Syrien schaffen konnten. Seitdem die Regierung Erdoğan 2011 auf einen assadfeindlichen Kurs eingeschwenkt war, zeigte sie sich entschlossen, es dabei nicht bei bloßen Worten zu belassen. Westliche Regierungsvertreter waren jedoch tief besorgt über die türkische Nachsicht gegenüber dschihadistischen Gruppen und betrachteten die Türkei als hauptverantwortlich für die Ausbreitung der Dschihadisten in Syrien.

Freilich war die türkische Syrienpolitik vor allem durch die Kurdenfrage bestimmt, die für die Regierung oberste Priorität besaß. Die Kritik vieler Türken an Erdoğans zunehmend aggressiver Politik gegenüber Syrien verquickte sich bald immer stärker mit dem Widerstand gegen seinen autokratischen Regierungsstil und sein schwieriges Verhältnis zu seinen kurdischen Staatsbürgern. Am 28. Mai 2013 erlebte die Türkei ihren eigenen Moment des »Arabischen Frühlings«, als Demonstranten den Gezi-Park im Zentrum Istanbuls besetzten, um gegen ein großes Bauvorhaben der Regierung zu protestieren. Erdoğan, der sich als Befürworter der sozialen Mobilisierung in Ägypten und Tunesien geriert hatte, erwies sich im eigenen Land als Autokrat. Seine gewaltsame Niederschlagung der Proteste polarisierte die Türkei ebenso wie sein Bestreben, mit einer Verfassungsänderung die Macht des Staatspräsidenten zu stärken, der er selbst zu werden hoffte. Im Sommer 2015, nach dem überraschend guten Abschneiden der den Kurden nahestehenden HDP, die aus dem Stand 13 Prozent der Stimmen auf sich vereinigen konnte, und dem Erstarken syrisch-kurdischer bewaffneter Gruppen, begann Erdoğan eine militärische und politische Offensive gegen die Kurden in seinem Land.

Diese Entwicklungen hatten tiefgreifende Auswirkungen auf das Engagement der Türkei in dem Stellvertreterkrieg in Syrien und im gesamten Nahen Osten. Erdoğans Syrienkrieg, im eigenen Land extrem unpopulär, belastete auch seinen Wahlkampf. Am stärksten jedoch waren die Auswirkungen auf die Kurden in der Türkei. Die Verlagerung vom Aufstand zum Krieg war ein Geschenk für die Kurden in der gesamten Region. In Irak gewann die kurdische Regionalregierung (KRG) wachsende Unabhängigkeit von einem dysfunktionalen, in seiner Aufmerksamkeit abgelenkten Bagdad. In Syrien wurde die kurdische Partei der Demokratischen Union (PYD) zum bevorzugten Partner der Vereinigten Staaten und ihrer Luftangriffe gegen den Islamischen Staat. Diese immer höher schlagende kurdische Welle erfasste natürlich auch eine Türkei, die sich durch ihre Feindschaft gegen den kurdischen Nationalismus definierte. Auch noch als die Vereinigten Staaten zunehmend irakische und syrische Kurden als Bodentruppen gegen den IS unterstützten, führte die Türkei Angriffsoperationen gegen diese Kurden.

Die Sponsoren des syrischen Aufstands zogen sehr unterschiedliche Trennlinien zwischen akzeptablen und inakzeptablen dschihadistischen Hilfsempfängern.[12] Unterstützer der saudischen Position argumentierten, die Strategie der Saudis ziele auf die Ausgrenzung dschihadistischer Hardliner zugunsten von gemäßigteren islamistischen Gruppen. Diese Differenzierung war jedoch vor allem für die Medien bestimmt. Saudi-Arabien hatte kein Interesse an einer Demokratisierung Syriens (oder irgendeines anderen Landes) und verfügte über gut entwickelte islamistische und Stammesnetzwerke für die materielle Versorgung der verschiedenen Gruppen.[13] Riads Konflikt mit syrischen dschihadistischen Gruppen hatte nichts mit einer Ablehnung von deren Ideologie zu tun, sondern damit, dass sie von seinen Rivalen gesponsert wurden. Die Saudis schreckten vor der Unterstützung extremistisch-dschihadistischer Gruppen wie Jubhat al-Nusra und (später) dem IS zurück – zum einen weil sie diese Gruppen als Bedrohung ihrer eigenen inneren Sicherheit wahrnahmen, zum anderen aber auch weil bereits Katar und die Türkei diese Netzwerke nutzten.

Katar und die Türkei zogen durch ihre Bereitschaft, mit diesen dschihadistischen Gruppen zusammenzuarbeiten, den Zorn des Westens auf sich. Sie pflegten Beziehungen zum al-Qaida-Ableger Jubhat al-Nusra, der von den Vereinigten Staaten als Terrororganisation eingestuft wurde. Die Türkei schloss sich diesem Schritt erst 2014 an, nachdem sie al-Nusra lange und erfolglos gedrängt hatte, sich von al-Qaida loszusagen, um der Gruppe Unterstützung zukommen lassen zu können. Viele warfen der Türkei vor, ihre Grenzen absichtlich nicht zu kontrollieren, damit die Rebellen, die ihre Stellvertreterrolle übernahmen, ungehindert passieren konnten, wodurch unvermeidlich auch der IS freie Bahn hatte. Selbst Kuwait wurde, ungewöhnlich genug, von den Amerikanern öffentlich gerügt, und mehrere kuwaitische Staatsbürger wurden zu Terroristen erklärt, weil sie riesige Geldsummen von Privatpersonen an islamistische Rebellengruppen leiteten.

Der mächtigste Verbündete der Türkei, Ahrar al-Sham, war als Partner besonders umstritten. Die Vereinigten Staaten betrachteten Ahrar al-Sham als eindeutig dschihadistische Gruppierung. Diese Einschätzung basierte unter anderem auf der aktiven Zusammenarbeit dieser Gruppe mit al-Nusra, auf ihrem Bekenntnis zur salafistisch-dschihadistischen Ideologie und ihrer extrem sunnitischen Ausrichtung. Katar und die Türkei sowie die islamistischen Netzwerke am Golf dagegen betrachteten Ahrar al-Sham als eine durchaus akzeptable Mainstream-Komponente der Rebellion und als einen legitimen Empfänger von Hilfsgeldern.[14] Mit ihrer Kombination aus Salafismus und militärischer Effizienz wurde die Gruppe zum wichtigsten Empfänger privater Zuwendungen vorrangig von den Golfstaaten.[15] 2015 war Ahrar al-Sham die größte Gruppe innerhalb der saudisch unterstützten islamistischen Koalition Jaysh al-Fateh, ohne jedoch ihre dschihadistische Ideologie oder ihre Verbindungen zu Katar und der

Türkei aufzugeben. Trotz amerikanischer Vorbehalte wurde Mohammad Alloush, der von Saudi-Arabien unterstützte politische Führer von Jaysh al-Islam, zum Chefunterhändler bei den von den Vereinten Nationen einberufenen Friedensgesprächen in Genf.

Unterstützer der syrischen Rebellen geben häufig den Vereinigten Staaten die Schuld an der Islamisierung des Aufstands und argumentieren, es wäre nie so weit gekommen, wenn Amerika früher und nachdrücklicher an der Seite der Rebellen interveniert hätte. Nichts deutet darauf hin, dass dies stimmt, weder die Lage in Syrien noch vergleichbare Erfahrungen aus Irak, Libyen oder Afghanistan. Je länger solche Bürgerkriege dauern, desto wahrscheinlicher wird es, dass Hardliner-Gruppen das Gewaltniveau erhöhen – auf Kosten ehemals gemäßigter Kräfte. Eine bessere Erklärung für die Radikalisierung des syrischen Aufstands wäre die unausweichliche Logik lang anhaltender Bürgerkriege, die durch wahllose Geld- und Waffenlieferungen und die politische Unterstützung extremistischer Gruppen durch externe Akteure verschärft werden.

Die Eskalation der Gewalt

Die Bewaffnung der Rebellen mag die Chancen gleichmäßiger verteilt haben, aber weder wurde das Töten vermindert, noch wurden Verhandlungen erleichtert. Vielmehr verhärteten sich die Fronten, und die Gewalt erreichte ein neues, fast unglaubliches Niveau. Die Opferzahlen, obwohl nie besonders zuverlässig, sprechen eine deutliche Sprache. Schon zu einem frühen Zeitpunkt in diesem Konflikt wurden die Toten zu Dutzenden und

Hunderten gezählt; fast alle von ihnen waren Zivilisten, die von Regierungssoldaten ermordet wurden. Dies ist das Bild des Krieges, das die Medienberichterstattung und den politischen Diskurs bis heute bestimmt.

Doch mit der Militarisierung des Aufstands änderte sich dieses Bild. Besser bewaffnete Aufständische töteten immer mehr Regierungssoldaten, und vom Regime gehaltene Gebiete wie Aleppo oder Damaskus wurden ein leichtes Ziel von Granatwerfern und Autobomben der Rebellen. Die Sponsoren des bewaffneten Aufstands erwarteten derartige Angriffe für ihr Geld. Zivilisten waren zwar die Hauptopfer in diesem Krieg, aber viele Menschen starben auch auf dem Schlachtfeld, auf beiden Seiten. Nach Erkenntnissen der Syrischen Beobachtungsstelle für Menschenrechte wurden bis Dezember 2013 mehr als 50 000 Regimekämpfer und knapp 30 000 Rebellen getötet.[16] Tendenz steigend. Nach im Juni 2015 veröffentlichten Zahlen der Syrischen Beobachtungsstelle für Menschenrechte waren bis dahin fast 40 000 Rebellen und 30 000 mit dschihadistischen Gruppen (unter ihnen auch IS und al-Nusra) verbundene ausländische Kämpfer ums Leben gekommen, gegenüber rund 50 000 Soldaten des Assad-Regimes und 32 000 dem Regime nahestehenden irregulären Kämpfern.[17] Für den Tod von Zivilisten waren zwar weiterhin vor allem Assads Soldaten verantwortlich, aber die Zahl der Getöteten insgesamt war jetzt gleichmäßiger verteilt.

Das wachsende militärische Potenzial des Aufstands führte erwartungsgemäß zu einer Eskalation der Zerstörung. Die Aufständischen eroberten zwar neue Gebiete und fügten den Regierungstruppen sehr viel größere Verluste zu, für Assads Überleben jedoch stellten sie keine ernsthafte Bedrohung dar. Sobald wichtige Gebiete Assads außer Kontrolle zu geraten drohten, sprangen ihm die Hisbollah, Iran, schiitische Milizen aus Irak und im Notfall auch Russland bei, um seine Position zu stärken und ein neues strategisches Patt zu schaffen. Kritiker der Aufstandsstrategie hatten längst davor gewarnt, dass jedes Bemühen um eine Stärkung der Rebellen eine Gegenreaktion zur Stärkung des Regimes zur Folge habe.

Diese Eskalation der Gewalt war begleitet von einer beunruhigenden Zunahme dschihadistischer Propaganda und Ideologie. In allen Golfstaaten, besonders in Kuwait, starteten ehrgeizige religiöse Führungspersönlichkeiten massive Spenden- und Hilfskampagnen, die von Moscheen und islamischen Wohltätigkeitseinrichtungen durchgeführt wurden. Spendengalas im Fernsehen und Wohltätigkeitsfestivals wurden häufig unter dem Deckmantel unverfänglicher Anliegen wie Hilfe für syrische Kinder und Flüchtlinge veranstaltet. Das Motiv dieser Sponsoren war die Furcht, die Kontrolle über die Kanäle zur Finanzierung der syrischen Rebellen zu verlieren; noch mehr jedoch fürchteten sie die negativen Auswirkungen einer Unterstützung radikalisierter syrischer Gruppen.

Und angesichts der Logik eines bereits äußerst komplizierten und frustrierenden Stellvertreterkriegs erscheint ihre Sorge verständlich.[18] Diese an eine breite soziale Mobilisierung geknüpften privaten Spendenkampagnen folgten völlig anderen Gesetzen als die Regime. Private Spendensammler konnten Geld für Rebellengruppen nicht ganz so zynisch und strategisch-manipulativ einsetzen, auch wenn sich keine klaren Trennlinien zwischen diesen Gruppen ziehen ließen. Die Freie Syrische Armee (FSA) grenzte sich in ihren englischsprachigen Verlautbarungen scharf von dschihadistischen Gruppen ab, um sich weiterhin als Empfänger westlicher Hilfe zu empfehlen. In Kuwait dagegen hatte der Oberkommandierende der FSA, Riad al-Asaad, keine Scheu, sich bei Sammelaktionen von extremistischen salafistischen Predigern wie Hajjaj al-Ajmi zu zeigen, die später wegen ihrer Unterstützung von Jubhat al-Nusra und Ahrar al-Sham zu Helfern des globalen Terrorismus erklärt wurden.

Anfangs stellten die Mobilisierungskampagnen das Leid der syrischen Bevölkerung in den Vordergrund und konzentrierten sich auf die Bereitstellung humanitärer Hilfe. Doch je mehr sich der Konflikt zuspitzte, desto schärfer wurde die antischiitische Rhetorik und desto lauter der Ruf nach einem Dschihad. Als Ende 2011 der Aufstand anfing, sich zu militarisieren, begannen einige Spendennetzwerke ihre Aufmerksamkeit auf die bewaffneten Gruppen zu richten. Sie hatten freilich nicht immer ein klares Bild der Situation vor Ort. Oft wollten Spendenbeschaffer aus den Golfstaaten einfach nur Gruppen unterstützen, die effektiv zu sein und – in zweiter Linie – ihre Identität und Ideologie im weitesten Sinn zu teilen schienen. Kampfgruppen versuchten ihre Botschaften auf diese Kriterien zuzuschneiden. Videos von Schlachten und Angriffen im Internet zu veröffentlichen hatte zumindest teilweise das Ziel, Sponsoren anzulocken und zu demonstrieren, dass deren Geld bei einer schlagkräftigen Kampfeinheit gut angelegt wäre. Und da die meisten Gelder über salafistisch-islamistische Netzwerke flossen, schien es ihnen ratsam, ihrerseits eine salafistische Identität anzunehmen.

Auch wenn die letztliche Bestimmung der Gelder verschleiert wurde, operierten die Netzwerke selbst nicht sonderlich geheim.[19] Bewusstseinsbildung war ein wichtiges Ziel dieser Kampagnen, und aus diesem Grund wurde ein stetiger Strom von Geschichten über das Leid hilfsbedürftiger Syrer in die traditionellen und sozialen Medien eingespeist. Der kuwaitische Salafist

Nabil al-Awadhy erzielte mit seinem Account nicht selten die mit Abstand häufigsten Retweets zum Thema Syrien.[20] Im September 2013 veröffentlichte der ehemalige kuwaitische Abgeordnete Walid al-Tabtabaei auf YouTube ein Video, das ihn als Kämpfer in den Reihen der Freien Syrischen Armee zeigte.[21] Prominente Spendenbeschaffer wie Shafi al-Ajmi und Hajjaj al-Ajmi posteten via Twitter Fotos von ihren Besuchen im Kampfgebiet. 2012 behauptete Hajjaj al-Ajmi öffentlich, er habe schon im April 2011 angefangen, Geld für bewaffnete Gruppen wie die Freie Syrische Armee und Ahrar al-Sham zu sammeln.[22]

Die Präferenzen potenzieller Sponsoren vom Golf spielten mit den Verhältnissen vor Ort in Syrien auf vielfältige Weise zusammen. Zwischen 2011 und 2013 veränderten sich Zusammensetzung, Inhalte und Netzwerkstrukturen der sozialen Medien, die das Thema Syrien aufgriffen. Die Salafisten zum Beispiel konzentrierten sich nun vor allem auf Spendenaufrufe, auf die Solidarität innerhalb der eigenen und die Verunglimpfung anderer Gruppen. Aufständische arbeiteten primär in eigenen sozialen Netzwerken, um die Stärke und die Ideologie ihrer Gruppe besser ins rechte Licht rücken zu können und externe private und staatliche Unterstützung (und ausländische Kämpfer) zu gewinnen. Aufsehenerregende Videos wurden zu einem Instrument des politischen Wettstreits zwischen Gruppen mit unterschiedlichen Interessen, Ideologien und strategischen Zielen, die die Deutungshoheit von Nachrichten aus Syrien für sich beanspruchten. Ihre sozialen Medien hatten oft bestimmte Identitätsgruppen im Blick und nahmen wenig Rücksicht darauf, wie ihre Inhalte von einem größeren Publikum aufgenommen werden könnten. Während westlich orientierte Aktivisten (aus Angst, potenzielle Sponsoren aus dem Westen zu verprellen) bemüht waren, jeden

Hinweis auf antischiitische Gewalt und Propaganda zu unterdrücken, versuchten Aufstandsgruppen eher, solche Inhalte in den Vordergrund zu stellen, um die Unterstützung antischiitischer salafistischer Netzwerke am Golf zu gewinnen.

Dies ist zumindest einer der Gründe für die merkliche Islamisierung des Aufstands in dieser Phase. Wie sehr die Zugehörigkeit zu diesen immer zahlreicher werdenden dschihadistischen Gruppen tiefer Überzeugung oder nur zynischer Pose entsprach, ist schwer zu beurteilen, auch wenn die Antwort auf diese Frage für westliche Debatten über die Bewaffnung von Rebellen eine zentrale Rolle spielt.

Die Regime am Golf gingen umso entschiedener gegen diese Spendennetzwerke vor, je länger der Krieg dauerte und je mehr sich der Aufstand radikalisierte. Der Grund dafür war nur zum Teil die Angst vor den Konsequenzen vor Ort oder dem Radikalismus der Hilfsempfänger. Eine große Rolle spielte der wachsende amerikanische Druck. Ende 2013 äußerte sich der Staatssekretär im amerikanischen Finanzministerium David Cohen dazu öffentlich in ungewöhnlich kritischen Worten: Kuwait, so sagte er, sei »nach wie vor ein gedeihliches Umfeld für die Finanzierung des Terrorismus«.[23] Die Ernennung des prominenten Unterstützers der Syrien-Kampagne Nayef al-Ajmi zum kuwaitischen Justizminister im März 2014 führte zu einer scharfen öffentlichen Beschwerde Washingtons.[24] Im Oktober ging Vizepräsident Joseph Biden noch einen Schritt weiter, als er die Golfstaaten und die Türkei öffentlich beschuldigte, den Aufstand zu schüren (nach diplomatischen Beschwerden ruderte er zwar zurück, aber seine Äußerung stand im Raum). Auch Beamte des US-Außenministeriums sprachen dieses Problem gegenüber ihren Partnern am Golf und in der Türkei regelmäßig an.

Amerikanischer Druck hätte jedoch wohl wenig bewirkt, wenn es nicht noch andere, lokale Gründe für diese Maßnahmen gegeben hätte. Einige Regime befürchteten offenbar Rückschläge für ihr eigenes Land und erschwerten gewisse Reisemöglichkeiten, damit ihre Bürger nicht mehr so einfach in den Dschihad ziehen konnten. Saudi-Arabien, Katar und die Vereinigten Arabischen Emirate belegten private Wohltätigkeitsspenden für Syrien mit Restriktionen. Die saudische Führung startete eine Reihe offizieller humanitärer Hilfskampagnen, versuchte aber gleichzeitig, private, nicht staatlich abgesegnete Kampagnen zu verhindern.[25] Im April 2013 warnte das saudische Innenministerium vor Spendenaufrufen für Syrien in sozialen Medien, Moscheen und anderen nichtoffiziellen Einrichtungen.[26] Der saudische Mufti Abd al-Aziz Al al-Shaykh lobte wiederholt die Bereitschaft zur Unterstützung der syrischen Bevölkerung, riet aber von gesetzwidrigen Spenden über nichtoffizielle Kanäle ab.[27] Saudische Regierungsvertreter warnten häufig, wohlmeinende Bürger liefen Gefahr, unabsichtlich Terroristen zu unterstützen.[28] Saudische Islamisten empörten sich über diese Restriktionen. Im März verlangte der führende Islamist Salman al-Odeh öffentlich Auskunft über den Verbleib der Millionen Dollar Spendengelder, die über offizielle Kanäle mobilisiert worden waren.

Golfstaaten, die Hilfskampagnen für syrische Gruppen über soziale Medien untersagten, schufen damit eine Lücke, die Spendensammler in Kuwait füllen konnten. Wie Hajjaj al-Ajmi 2012 in einem Interview erklärte: »Jedem Saudi, der für Syrien spenden möchte, sage ich: Ich bin hier in Kuwait.« Kuwait wurde zur wichtigsten Anlaufstelle für private Spenden von Arabern aus den Golfstaaten. Der ehemalige Abgeordnete Falah al-Sawagh erklärte im Juni 2013 gegenüber der kuwaitischen Zeitung *al-Qabas*,

»der Westen und die Vereinten Nationen« hätten »es versäumt, dem syrischem Volk zu helfen. Doch als die muslimischen Ulema zu einem Dschihad zur Unterstützung von Kämpfern zur Verteidigung ihrer Glaubensgenossen aufriefen, hatten wir in nur vier Stunden 80 000 kuwaitische Dinar [282 500 Dollar] zusammen.«[29] Im August 2014 verschärfte Kuwait die Kontrollen wohltätiger Spenden für Syrien, als die Ministerin für Arbeit und Soziales, Hind al-Sabih, Transparenzkriterien zur Herkunft und Bestimmung von Geldern für Syrien aufstellte und das Ministerium für islamische Angelegenheiten alle Wohltätigkeitskampagnen in Moscheen unterband.[30] Ein paar Monate später stoppte die kuwaitische Regierung die von der Syria Support Campaigns Union initiierte Kampagne »Syrien ruft« als Verstoß gegen das Wohltätigkeitsgesetz.[31]

Die Spendenkampagnen für Syrien vertrugen sich auch schlecht mit dem harten Kurs der Golfstaaten gegen die Muslimbrüder nach dem ägyptischen Militärputsch. Schließlich waren die wichtigsten islamistischen Unterstützer der syrischen Rebellen zugleich prominente Unterstützer der Mursi-Regierung in Ägypten gewesen. Viele kritisierten diesen Putsch ganz offen. Und nach dem Massaker auf dem ägyptischen Rabaa-Platz im August tauchte in allen sozialen Medien, die Spenden für Syrien anwarben, das »R4bia«-Emblem der schwarzen Hand mit den vier ausgestreckten Fingern vor gelbem Hintergrund auf – ein Dilemma für die Regime am Golf, für die diese islamistischen Netzwerke wichtig zur Wahrung ihrer Interessen in Syrien, aber hinderlich zur Wahrung ihrer Interessen in Ägypten waren.

All jene, die im Westen für den Aufstand warben, hatten Mühe, das Bild der Rebellen als moderate, säkulare Kräfte, die amerikanische Unterstützung verdienten, aufrechtzuerhalten. Dieses

Image geriet zunehmend in Konflikt mit der Realität. Die Brutalisierung des Krieges machte es schwierig, einen moderaten Kurs zu halten, insbesondere weil das Regime clever genug war, seine militärischen Anstrengungen auf die Vernichtung jener Gruppen zu richten, die für westliche Geldgeber am attraktivsten waren. Aufstände folgen ihrer eigenen Logik. Die Idee sympathischer Rebellen war in einem brutalen Bürgerkrieg mit vielen Fronten und einer gemischten Bevölkerung unbrauchbar. Autobomben und Mörsergranaten in dicht besiedelten, vom Regime kontrollierten Gebieten waren nicht weniger tödlich als Fassbomben gegen Zivilisten in den von Rebellen kontrollierten Gebieten.

Nicht zuletzt durch die Mithilfe von Journalisten und Aktivisten, die ganz bewusst nicht darüber berichteten, konnten diese Wahrheiten teilweise oder ganz unter der Decke gehalten werden. Videos mit Gräueltaten der Opposition wurden kaum mehr veröffentlicht, während die Grausamkeiten des Regimes in den sozialen Medien zirkulierten und zur Grundlage der »Berichterstattung« von Journalisten und Analysten wurden, die nicht selbst vor Ort waren. Gelegentlich sickerten dennoch Nachrichten durch – mit verheerenden Folgen für das Image der Opposition. Das Video eines von Amerika unterstützten Rebellenkommandanten, der die Lunge seines besiegten Gegners isst, dürfte schiitenfeindliche Zuschauer am Golf begeistert haben; westliche Beobachter, darauf konditioniert, von »ihrer« gemäßigten Opposition eine solche Barbarei nicht zu erwarten, waren schockiert.

Aleppo wurde zum Ground Zero dieser düsteren Realität. Die zweitgrößte Stadt Syriens war im ersten Kriegsjahr weitgehend verschont geblieben, da sich die sunnitische Bevölkerung, unter ihnen viele Unternehmer und Geschäftsleute, dem Aufstand nicht angeschlossen hatten. Im Juli 2012 jedoch waren bewaffnete Gruppen im Begriff, in die Stadt einzufallen. Bald war Aleppo zwischen Rebelleneinheiten und den Streitkräften des Regimes geteilt. Beide Seiten bombardierten einander und kämpften um jeden Häuserblock. Als sich die Kampflinien stabilisierten, drangen Berichte über die erbitterte Rivalität zwischen den verschiedenen Rebellengruppen an die Öffentlichkeit. Das Blutbad von Aleppo, für Journalisten aufgrund der größeren Nähe zur Türkei zugänglicher als Damaskus, weckte Zweifel am Charakter des Aufstands.

Die rote Linie

Im September 2013 kamen die USA einer Intervention gegen Assad so nah wie nie zuvor. Viele in der Region glaubten, Obama habe mit Blick auf die Präsidentschaftswahlen im November 2012 darauf verzichtet, das für den gewaltsamen Sturz Assads Naheliegende zu tun. Der neue Außenminister John Kerry unterstützte öffentlich und hinter verschlossenen Türen aggressivere Maßnahmen in Syrien und nährte damit die Hoffnung auf ein Umschwenken der amerikanischen Politik.

Zu diesem Zeitpunkt hatte man bereits begonnen, die Opposition zu bewaffnen. Am 14. Juni hatte die Obama-Regierung offiziell erklärt, sie werde als Antwort auf Berichte über den Einsatz chemischer Waffen durch das Assad-Regime Waffen an die Rebellen liefern. Am 22. Juni 2013 sicherten die »Freunde Syriens« bei einem Treffen in Doha zu, »der Opposition vor Ort dringend benötigte [militärische] Materialien und Ausrüstungsgüter zur Verfügung stellen«.[32] Das erklärte Ziel dieser Unterstützung war auch diesmal die Schaffung eines neuen Kräftegleichgewichts vor Ort, das es den Rebellen erlauben würde, mit Assad aus einer Position der Stärke zu verhandeln. Zu solchen Verhandlungen kam es jedoch nie, aus wohlbekannten Gründen. Die Rebellen blieben tief gespalten, zerrieben von internen Grabenkämpfen und vom Gerangel um externe Geldgeber. Assad und seine ausländischen Unterstützer dagegen waren bereit und imstande, mit jedem Zuwachs an Schlagkraft der Rebellen Schritt zu halten, wodurch alle durch die Waffenlieferungen erreichten taktischen Gewinne immer wieder aufs Neue zunichte gemacht wurden.

In dieser Situation erschienen am 6. August Berichte über einen verheerenden Giftgasangriff auf Ost-Ghuta, einen Vorort von Damaskus, bei dem rund 1400 Menschen ums Leben kamen. Mit diesem massiven Einsatz chemischer Waffen war die »rote Linie« überschritten, die Präsident Obama ein Jahr zuvor für eine direkte militärische Intervention Amerikas in Syrien gezogen hatte. Diese Grenzüberschreitung war so eklatant, dass sich viele Beobachter fragten, ob der Chemiewaffeneinsatz tatsächlich auf einen Befehl Assads zurückging, der mehr als zwei Jahre lang seine Militärstrategie sorgfältig darauf ausgerichtet hatte, gerade *keine* militärische Aktion des Westens zu provozieren. Es kursierten Gerüchte, in Wahrheit hätten Rebellen und ihre Unterstützer in der Region – die Türkei und Saudi-Arabien – diese Operation durchgeführt, um Amerika endlich in ihren Krieg hineinzuzwingen. Der Angriff eines abtrünnigen Offiziers des syrischen Regimes, sei es aus eigener Initiative, sei es im Auftrag eines ausländischen Geheimdienstes, wäre zwar denkbar, doch für diese These gibt es bis heute keine Beweise. Gründliche Ermittlungen erbrachten keine substanziellen Belege dafür, sondern stützten die Vermutung, dass die Schuld bei Assad lag.

Die Obama-Regierung mobilisierte umgehend regionale und internationale Unterstützung für militärische Schläge als Vergeltung für den Chemiewaffenangriff. Die Regionalmächte, die seit Jahren für eine solche Militäraktion geworben hatten, konnten ihre Begeisterung kaum verhehlen und versprachen ihre volle Teilnahme. Die amerikanische Öffentlichkeit, insbesondere Obamas liberale Wählerbasis, war weniger begeistert, auch wenn sich Außenminister Kerry und Präsident Obama nach Kräften bemühten, die Notwendigkeit für einen eng begrenzten Militärschlag darzulegen.

Als unumstößlich feststand, dass chemische Waffen eingesetzt worden waren, machten sich die Vereinigten Staaten zum Krieg bereit. Das Spektakel, das man jetzt beobachten konnte, mutete etwas peinlich an. Regierungsvertreter aus dem Weißen Haus, die sich jahrelang gegen eine Militärintervention ausgesprochen hatten, trugen jetzt dieselben Argumente vor, die sie zuvor bespöttelt hatten. Kerry erging sich in theatralischen Worten über Assads Perfidie, stellte Vergleiche mit Hitler an und sprach von einem nicht hinnehmbaren Völkermord, versicherte aber gleichzeitig zögerlichen Unterstützern, die Luftschläge würden »unglaublich klein« ausfallen, wie Nadelstiche. In einer Reihe von Reden warb Obama für öffentliche Unterstützung, war aber nach wie vor sichtlich besorgt, Amerika könne mit einem solchen Angriff in ein zweites Irak hineinschlittern.

Der Krieg schien vorprogrammiert – bis der britische Premierminister David Cameron im Unterhaus eine unerwartete Schlappe erlitt. Das House of Commons verweigerte ihm die parlamentarische Unterstützung für eine Beteiligung an der Koalition. Dass Camerons Regierung nach jahrelangem Werben für eine militärische Eskalation im Parlament scheiterte, war ein klares

Signal dafür, wie unsicher die politische Unterstützung für einen aller Voraussicht nach langen und schwierigen Krieg war. Obama hatte noch den Fall Libyen vor Augen, wo man voller Euphorie begonnen, bald aber jede politische Unterstützung verloren und es bald nur noch mit einer politischen Belastung und einem beunruhigend gescheiterten Staat zu tun hatte.

Nach der Absage der Briten überdachte das Weiße Haus seine Position erneut. Im letzten Moment und nach Beratungen mit seinen engsten Mitarbeitern kündigte Obama nicht den Beginn von Luftangriffen an, sondern seinen Entschluss, zunächst den Kongress um Zustimmung zu bitten, um für den Fall eines neuen Kriegs den nationalen Konsens im Rücken zu haben. Washington geriet in helle Aufregung. Kongressführer, von Obamas Schritt überrascht, wollten mit einem Krieg, der in jedem Fall unpopulär wäre, nichts zu tun haben. Es schien nicht ausgeschlossen, dass Obama – wie Cameron zuvor – dieses Votum verlieren würde. Das wäre zwar eine schwere politische Niederlage für den Präsidenten, böte ihm aber auch die Möglichkeit, einen Krieg zu vermeiden, den er ohnehin nicht führen wollte.

Aber noch bevor der Kongress eine Entscheidung treffen konnte, trat Russland mit dem Vorschlag hervor, internationale Inspektoren nach Syrien zu entsenden, um Assads gefährliches Chemiewaffenarsenal zu vernichten. Angesichts der Rolle Russlands blieb Assad keine andere Wahl, als dem Vorschlag zuzustimmen. Es war ein Kompromiss, der Obama half, das Gesicht zu wahren, und ein wirklicher Erfolg. Ein Meisterstück der Zwangsdiplomatie, wie US-Offizielle später behaupteten, war der Chemiewaffendeal zwar nicht, wohl aber die Lösung eines gravierenden Sicherheitsproblems. Die Organisation für das Verbot chemischer Waffen (OPCW) erhielt später den Friedensnobelpreis für ihren umfangreichen Einsatz für die Beseitigung und gefahrlose Vernichtung des syrischen Arsenals. Obama konnte dieses Ergebnis als erfolgreiches Beispiel der Zwangsdiplomatie darstellen und erklären, durch Androhung eines Kriegs sei das vorrangige Ziel einer chemischen Abrüstung erreicht worden.

Mit seiner Diplomatie der roten Linie stürzte Obama Amerikas Beziehung zu seinen Verbündeten am Golf und zu einem Großteil der syrischen Opposition in eine schwere Krise. Chemiewaffen waren für sie nie das Problem gewesen. Sie wollten die militärische Unterstützung Amerikas, um Assad zu stürzen. Die Wendung der Ereignisse machte sie fassungslos. Jahrelang hatten die Golfstaaten mit ihrer Diplomatie, ihren Geheimdiensten und ihrer militärischen Unterstützung auf diesen Augenblick hingearbeitet, nur um dann in letzter Sekunde festzustellen, dass alles umsonst gewesen war. Sie konnten einfach nicht glauben, dass Obama sie erneut ausmanövriert hatte. Vielleicht waren sie aber auch ehrlich überzeugt, dass eine historisch einmalige Chance, Assad zu stürzen und die Region auf einen besseren Kurs zu bringen, vertan worden war.

Ihre wütende Reaktion hatte nachhaltige Folgen. Die Saudis, aber auch die Israelis befürchteten, Obamas Rückzieher in Syrien mache militärische Drohungen Amerikas gegen Iran unglaubwürdig, und kündigten daher einen Alleingang an. Prinz Bandar, der schon immer mit der Obama-Regierung gehadert hatte, orakelte, dieser Verrat, wie er es sah, hätte »weitreichende Veränderungen« in den amerikanisch-saudischen Beziehungen zur Folge.[33]

Viele dieser öffentlichen Bekundungen gehörten zwar zum politischen Spiel innerhalb des Bündnisses, aber es hatte sich tatsächlich einiges verändert. Im folgenden Monat schlug Saudi-Arabien die Bildung einer einheitlichen syrischen Rebellenarmee vor, die außerhalb Syriens ausgebildet werden sollte, um gegen Assad und die immer stärker werdenden dschihadistischen Gruppen zu kämpfen.[34] Dabei sollte Jaysh al-Islam (Armee des Islam) eine Schlüsselrolle zufallen. Die neue Rebellenkoalition wurde als Zusammenschluss gemäßigter islamistischer Gruppen vermarktet, die sowohl gegen Assad als auch gegen den IS kämpften, tatsächlich aber ein breites Spektrum zweifelhafter islamistischer Gruppen beinhaltete und von dem umstrittenen Salafisten Zahran Alloush befehligt wurde.[35] Jaysh al-Islam sollte sich eigentlich dem vom Westen unterstützten und von Salim Idriss befehligten Obersten Militärrat unterordnen, doch das geschah nicht wirklich, weil die politischen Institutionen der Opposition sehr schwach waren. Bandar warb bei den Vereinigten Staaten mit Nachdruck dafür, ihre Restriktionen für die Lieferung von Panzer- und Flugabwehrwaffen an die Rebellen zu lockern – wobei er bei den Panzerabwehrwaffen erfolgreicher war.

Die Bekanntgabe der Gründung von Jaysh al-Islam zeigte, dass Saudi-Arabien jetzt öffentlicher (wenn nicht gar grundsätzlich anders) agierte. Mit diesem einseitigen Vorstoß und der Bekundung der Bereitschaft zur Zusammenarbeit mit extremistischeren Gruppen, als Washington genehm war, sollten die Vereinigten Staaten wohl auch stärker unter Druck gesetzt werden. Erklärtes Ziel war der Aufbau einer großen, einheitlichen Rebellenarmee, die nicht nur Assad stürzen, sondern auch die Basis für einen neuen syrischen Staat schaffen sollte. Doch die saudische Initiative offenbarte nur erneut die Unwägbarkeiten, die mit einer externen Unterstützung der Rebellen verbunden waren. Diese neuen Stellvertreter bemühten sich kaum um Mäßigung. Viele von ihnen (wie Alloush) hatten sich in der Vergangenheit durch extrem provozierende konfessionalistische Äußerungen und durch Gewaltakte hervorgetan.

Die neue Koalition war eine Herausforderung für die politischen Institutionen der syrischen Opposition und provozierte den Widerstand von Gruppen und Personen, die ein Interesse am Fortbestand dieser Institutionen hatten. Yezid Sayigh zufolge, einem der besten Syrien-Analysten, offenbarten die verschiedenen, sich immer wieder neu formierenden Koalitionen »die Logik eines Wettstreits um externe Gelder, wodurch eine stärkere politische Polarisierung und sich vertiefende Spaltung zu erwarten sind«. Die saudische Vorgehensweise schuf die falschen Anreize für Gruppen vor Ort und untergrub die bedachtsam aufgebaute Führung der Opposition. Der Transfer von Geld und Waffen direkt an Rebellengruppen vor Ort unterminierte, wie nicht anders zu erwarten, das Bemühen um den Aufbau institutioneller Strukturen.[36]

Die Türkei und Katar passten sich gleichfalls an. Nachdem die Türkei den Vereinigten Staaten bei der Irak-Invasion 2003 die Nutzung ihres Territoriums verweigert hatte, verstrickte sie sich im Verlauf der 2000er Jahre tief in ihre Stellvertreterkriege. Die größte Sorge der Türkei bezüglich Iraks war die Entstehung eines rudimentären Kurdenstaats auf dem Gebiet der Kurdischen Regionalverwaltung (KRG). Die Gründung eines kurdischen Staates zu verhindern hatte für die Türkei schon seit Jahrzehnten oberste Priorität. Die Feindseligkeit gegenüber den politischen Bestrebungen der Kurden hielt Ankara jedoch nicht davon ab, enge Beziehungen mit der Kurdischen Regionalverwaltung zu pflegen: Das war Teil der türkischen Strategie gegen die Kurdische Arbeiterpartei PKK. Im vergangenen Jahrzehnt hatten die irakischen Kurden dem türkischen Militär wiederholt Einfälle in ihr Territorium erlaubt, um Lager der PKK anzugreifen. Dennoch war die Wahrung der territorialen Einheit Iraks zur Verhinderung eines kurdischen Staates für Ankara ein vorrangiges Anliegen.

Nach 2005 hatte sich Erdoğans Regierung mit Saudi-Arabien und anderen externen Mächten verbündet, um die von Ayad Allawi geführte al-Iraqiya-Koalition als Gegengewicht zu Ministerpräsident Nuri al-Maliki zu unterstützen.[37] Nachdem es Allawi 2010 nicht gelungen war, Maliki zu entmachten, begann die Türkei mit der Strategie, eigene Klienten aufzubauen, insbesondere in Nordirak. Sie konnte ihren wichtigsten politischen Verbündeten Osama Nujaifi von der Mutahidun-Partei als Vizepräsidenten positionieren und damit ihren politischen Einfluss auf Bagdad verstärken. Dieser Einfluss wurde jedoch geschwächt, als sich die irakischen Sunniten von der Zentralregierung abwendeten. Bald wurde das Land von einem neuen Aufstand der sunnitischen Iraker erschüttert, der eng mit dem Krieg in Syrien verknüpft war.

Anfang 2014 drängte die Türkei auf die Schaffung einer islamistischen Militärkoalition in Nordsyrien, die als schlagkräftigerer Stellvertreter agieren konnte.[38] Nachdem die Türkei lange mit der al-Nusra-Front zusammengearbeitet hatte, war sie schließlich doch bereit, den al-Qaida-Ableger zur Terrororganisation zu erklären und aus der Koalition auszuschließen. Gleichzeitig verstärkte sie ihre Unterstützung der mächtigen salafistisch-dschihadistischen Gruppe Ahrar al-Sham. In Abstimmung mit Katar drängte die Türkei Ahrar al-Sham zu moderateren Tönen und zur Abkehr von al-Nusra. Ohne Erfolg.

Im Januar 2014 beriefen die Vereinten Nationen eine neue Runde von Friedensgesprächen in Genf ein, um die Spirale des Kriegs zu stoppen. Doch kaum jemand gab diesen Verhandlungen eine

Chance. Sie waren eher dazu gedacht, den diplomatischen Prozess in Gang zu halten, während man auf einen günstigeren Zeitpunkt wartete. Die Syrische Nationale Koalition, ein Oppositionsbündnis im Exil, war zerrissen von diesen externen Rivalitäten und mit geringem Einfluss vor Ort, hielt kaum noch zusammen. Die Kampagne der Golfstaaten gegen die Muslimbrüder in Ägypten hatte auch Auswirkungen auf die syrische Opposition, wo die Bruderschaft in der Führung der Syrien-Koalition nach wie vor stark vertreten war. Nach der Wiederwahl des von den Saudis unterstützten Ahmed Jarba verließen Riad Hijab und andere wichtige, von Katar unterstützte Führer aus Protest das Bündnis, auch wenn sie später zurückkehrten. »Die Verschnaufpause«, schrieb Sayigh, »die der Nationalen Koalition durch die Genfer Friedensgespräche gewährt wurde, konnte nur kurzzeitig verdecken, wie sehr dieses Bündnis durch die neu aufgeflammte Rivalität zwischen Saudi-Arabien und Katar im Ringen um Einfluss auf die syrische Opposition gelähmt wurde.«[39]

Die Differenzen zwischen den Politikern waren jedoch nicht das einzige Problem. Die Aufständischen, ausgerüstet mit neuen Waffen aus Saudi-Arabien und der Türkei, hatten kein Interesse an einer Übereinkunft, und wichtige Militärkommandeure drohten offen mit Gewalt gegen Oppositionsgruppen, die an den Verhandlungen teilnahmen. Am Ende vertrugen sie sich vor allem deshalb wieder, um ihre westlichen Unterstützer nicht zu verlieren. Sie hatten allerdings nicht die Absicht, sich auf irgendetwas anderes als auf Assads bedingungslosen Machtverzicht zu einigen. Das Assad-Regime wiederum hatte die »Krise der roten Linie« überstanden und war zuversichtlich, zu überleben und keine schmerzlichen Zugeständnisse machen zu müssen.

Am 14. April 2014 wurde Prinz Bandar, zuständig für die saudische Syrienpolitik, seines Amtes enthoben. Es war höchste Zeit. Seine Strategie des Aufbaus einer bewaffneten Opposition war ein totaler Fehlschlag gewesen. Sie hatte die amerikanische Strategie unterminiert und zur Radikalisierung des Aufstands sowie zur unkontrollierten Ausbreitung von Gewalt beigetragen. Waffen und Geld in einen zersplitterten Aufstand zu pumpen ist immer eine Dummheit, und Bandar hatte ein riskantes Blatt schlecht gespielt. Die Rivalität mit Katar und der Türkei hatte alles nur noch schlimmer gemacht, ebenso die Tolerierung sich zunehmend radikalisierender dschihadistischer Gruppen innerhalb der bewaffneten Verbände. Die syrischen Rebellen waren in einer schlechten Verfassung, als Bandar abtrat. Syrien war in noch schlechterer Verfassung – und der Weg in den Abgrund unausweichlich.

Düstere Schlagzeilen suggerierten, Assad habe praktisch gewonnen, doch auch das war höchst irreführend. Diese Ansicht zeugte von einer extrem starken Identifizierung mit der syrischen Opposition und offenbarte, dass man sich allzu sehr auf deren Informationen verließ. Sie verriet aber auch eine Tendenz zu ungerechtfertigten und allzu einfachen Schlussfolgerungen aus den jüngsten Ereignissen sowie den Impuls, die amerikanische Politik als treibende Kraft überzubewerten. In Wahrheit steckte Syrien weiter in einem strategischen Patt fest.

Sieg und Niederlage hatten hier kaum eine Bedeutung. Assads Regime erodierte unter den Belastungen des Krieges weiter von innen, und der Aufstand nahm beunruhigende neue Formen an. Die Zivilisten blieben die Hauptleidtragenden, die Flüchtlinge flohen dorthin, wo immer sie Schutz zu finden glaubten, und der Kriegsverlauf insgesamt veränderte sich kaum. Sobald die Rebellen vorrückten, griffen die Hisbollah und dann auch schiitische Milizen aus Irak ein.[40] Sobald Assad vorrückte, lieferten Saudi-Arabien, die Türkei, Katar und Amerika neue Waffen, um eine Niederlage der Rebellen zu verhindern. Das strategische Patt, das die externen Mächte immer wieder neu einpegelten, überdauerte sogar den größten Schock dieses ganzen Systems: das Auftauchen des selbsternannten Islamischen Staates.

Im Winter 2013/14 hatte sich in Syrien ein zerstörerisches Gleichgewicht zwischen einem sich zunehmend radikalisierenden bewaffneten Aufstand und einem erschöpften, von ausländischen Mächten gestützten Regime etabliert. Eine amerikanische Militärintervention, die man noch im Frühherbst 2013 für unausweichlich gehalten hatte, wurde immer unwahrscheinlicher. Die meisten Chemiewaffen Assads waren von UN-Inspektoren zerstört worden, der Rest seines Arsenals jedoch war intakt geblieben. Die Enttäuschung der Golfstaaten und der Türkei über nicht erfolgte amerikanische Luftangriffe hatte dazu geführt, dass diese Länder immer wahlloser jeden unterstützten, der imstande zu sein schien, Assad zu schaden, egal wie radikal seine dschihadistische Ideologie war. Die Hisbollah und Iran hatten das Assad-Regime gegen diese wachsende militärische Bedrohung erfolgreich gestärkt. Die Flüchtlingskrise verschärfte sich immer weiter, es entstanden aber auch neue, aggressive Formen des Konfessionalismus und des salafistischen Dschihadismus. Selbst die Jordanier hatten an der »südlichen Front« ihre Finger im Spiel; dort waren auch die Vereinigten Staaten am unmittelbarsten beteiligt.

Je mehr in Syrien die Gewalt eskalierte und je mehr die Aussicht auf eine Lösung des Konflikts schwand, desto tiefer wurden Syriens Nachbarn in diesen Krieg hineingezogen. Die Zahl der außer Landes Geflohenen und intern Vertriebenen ist unfasslich. Bis 2015 war mehr als die Hälfte der syrischen Bevölkerung gezwungen worden, ihre Häuser zu verlassen. Millionen Syrer flohen ins Ausland, die übrigen suchten Zuflucht in weniger umkämpften Gebieten hinter den Frontlinien des Regimes oder der Rebellen. Die Türkei, Libanon, Jordanien und Irak zusammen nahmen rund 95 Prozent der Flüchtlinge auf, von denen einige nach Nordafrika, an den Golf oder nach Europa weiterzogen. Bewaffnete Kämpfer nutzten die Durchlässigkeit der Grenzen aus, trotzdem spielten die Aufnahmelager als Unterstützungsbasen für den Krieg keine Rolle – im Unterschied zu anderen Bürgerkriegen mit massiven Flüchtlingsströmen.

Libanon, von mehr als einer Million syrischer Flüchtlinge überschwemmt, versuchte verbissen, sich aus dem Konflikt herauszuhalten. Mit der militärischen Intervention der Hisbollah wurde das schwieriger.[41] Die Hisbollah war lange darauf bedacht gewesen, ihre Rolle als rechtmäßige politische Partei in Libanon und als Vorhut des militärischen Widerstands gegen Israel zu kultivieren. Eine Beteiligung an den Gefechten in Syrien stellte für die Organisation ein erhebliches Risiko dar. Sie verfügte nur über eine begrenzte Anzahl von Kämpfern und genoss in Syrien keinen der lokalen Vorteile, die sie auf heimischem Terrain gegen israelische Angriffe schützten. Im Frühjahr 2013 konnte sich die Hisbollah nicht länger heraushalten – zum einen weil Iran drängte, zum anderen aber auch um ihre eigenen Interessen zu wahren. Die entscheidende Intervention fand im April in der Stadt Qusayr statt, als Hisbollah-Kämpfer beim Zurückdrängen einer Rebellenoffensive nahe der libanesischen Grenze die Führung übernahmen. Doch wie alle anderen Beteiligten des Konflikts machte auch die Hisbollah bald die Erfahrung: Wer einen Fuß in diesen Sumpf setzt, kommt nicht mehr so leicht heraus.

Mit dem Eintritt der Hisbollah in den Syrienkonflikt und der zunehmenden dschihadistischen Dominanz des syrischen Aufstands wuchs die Gefahr, dass der Krieg auf Libanon übergriff. Es kam immer wieder zu Gefechten, und in Beirut gingen gelegentlich Bomben hoch, aber das Land erwies sich als überraschend robust. Bei der hohen Zahl von Flüchtlingen, die die libanesischen Ressourcen belasteten, konnte man jedoch kaum davon ausgehen, dass dies lange so bleiben würde.

Auch Jordanien wurde von mehr als einer Million Flüchtlingen überflutet. Anders als bei der irakischen Flüchtlingswelle zehn Jahre zuvor errichtete Jordanien diesmal riesige Camps. Zaatari in einer unwirtlichen Wüste unweit der syrischen Grenze wurde zu einem der größten Flüchtlingslager der Welt und zur drittgrößten Stadt Jordaniens. Viele Syrer zogen in die Städte auf der Suche nach Unterkunft und Arbeit, belasteten Dienstleistungen und Ressourcen und gerieten zunehmend mit Einheimischen in Konflikt. Jordanien spielte in diesem Krieg eine ambivalente Rolle. Das Land versuchte sich zu schützen und es gleichzeitig seinen ausländischen Geldgebern recht zu machen, von denen es völlig abhängig war. Jordanien beobachtete die Ereignisse in Syrien voller Sorge, fürchtete es doch Repressalien, massive Flüchtlingsströme und eine Überstrapazierung seiner Ressourcen. Mit öffentlichen Forderungen nach einem Sturz Assads hielt es sich zurück und rief immer wieder zu einer politischen Lösung der Krise durch Verhandlungen auf. Gleichzeitig war Jordanien durch seine immense finanzielle Abhängigkeit von Saudi-Arabien und seine politische Abhängigkeit von den Vereinigten Staaten in seiner Freiheit so eingeschränkt, dass es sich weder auf die Seite Assads stellen noch unbeteiligter Zuschauer bleiben konnte. Es arbeitete an der Verstärkung der südlichen Front mit den Vereinigten

Staaten und dem Militär der Golfstaaten eng zusammen, indem es geheime Trainingslager für syrische Rebellen auf seinem Territorium zuließ und Berichten zufolge sogar eigene Spezialeinheiten einsetzte. Allerdings fürchtete es Angriffe syrischer Agenten, die angesichts der großen Zahl syrischer Flüchtlinge überall im Land leichtes Spiel hatten. Jordanien bekannte sich erst nach der barbarischen Ermordung eines jordanischen Piloten, der an Luftangriffen gegen ISIS beteiligt gewesen war, öffentlich zu seiner militärischen Rolle.

Die schwersten Auswirkungen hatte der Syrienkonflikt jedoch weder auf Libanon noch auf Jordanien, sondern auf Irak.

Irak und die Syrienkrise

Die Eroberung Mossuls im Juni 2014 durch sunnitische Dschihadisten und die Ausrufung eines Islamischen Staates veränderte die Strategien des Syrienkriegs und die globale Sicht des arabischen Aufstands radikal. Mit seiner Kontrolle eines großen, zwei Staaten überspannenden Territoriums und einer erschreckenden Serie von Hinrichtungen, die auf Video aufgenommen und im Internet gepostet wurden, holte ISIS die Vereinigten Staaten nach Syrien und auch zurück nach Irak – auf eine Weise, die der amerikanische Präsident bis dahin entschieden ausgeschlossen hatte. Der Ableger des Islamischen Staates mutierte schnell und begann sich bald auch in anderen gescheiterten oder scheiternden Staaten auszubreiten. Er inspirierte eine neue Generation von Dschihadisten und bewies eine fast unheimliche Fähigkeit, die politische Agenda zu beherrschen.

Für den Aufstieg von ISIS gibt es drei weit verbreitete Theorien. Die von den syrischen Rebellen propagierte Theorie besagt, Assad habe ISIS gezielt geschaffen, indem er schon bald nach Beginn des Aufstands Dschihadisten aus dem Gefängnis entließ, um die Rebellion zu unterminieren. Assad hatte von Anfang an behauptet, die Rebellion sei nur ein schlecht getarnter dschihadistischer Aufstand. Und indem er die Dschihadisten ermutigt habe, sich zu organisieren und zu metastasieren, habe er nur beweisen wollen, dass er mit seiner Vorhersage recht hatte. Aus diesem Grund hätten Assads Streitkräfte stets nur die säkularen Aufständischen angegriffen und die Dschihadisten geschont. Mit diesem Trick habe er die Welt vor die Wahl zwischen ihm, Assad, und den Dschihadisten stellen wollen – und geglaubt, dabei zu gewinnen. Diese These impliziert natürlich, dass ISIS nur besiegt werden kann, wenn Assad zu Fall gebracht wird.

Die zweite Theorie, die gern von Assad-Unterstützern und Kritikern der syrischen Rebellen (zwei einander überlappende, aber getrennte Lager) vertreten wird, lautet, ISIS sei von den Golfstaaten und der Türkei als Teil eines Feldzugs gegen Assad geschaffen worden. Dabei wird auf ideologische Ähnlichkeiten zwischen Saudi-Arabien und ISIS und auf die nachdrückliche Unterstützung der Ziele der Organisation durch das religiöse Milieu Saudi-Arabiens verwiesen; auf die unkontrollierten Geldflüsse der Golfstaaten und privater Netzwerke an extreme dschihadistische Gruppen; und schließlich auf die offene Grenze zur Türkei, über die ungehindert Menschen, Geld und Waffen in die von ISIS kontrollierten Gebiete fließen konnten. Die Schlussfolgerung dieser These lautet daher, dass Assad im Kampf gegen ISIS und den globalen Terrorismus als Verbündeter betrachtet werden müsse.

Die dritte Theorie geht über die Besonderheiten der Situation in Syrien hinaus und behauptet, ISIS stelle den Höhepunkt von Tendenzen innerhalb des Islamismus insgesamt dar. Ihr zufolge hat sich ISIS im Verlauf der letzten zehn Jahre quasi mit evolutionärer Folgerichtigkeit aus den Verhältnissen entwickelt. Erfolg und Scheitern von al-Qaida, so diese These, hätten den Lehrstoff für das weitere taktische und strategische Vorgehen der Islamisten geliefert. Syrien und Irak seien zwar die Bühne für dieses Experiment, aber ISIS habe sich auf ein ganzes Ökosystem dschihadistischer Netzwerke und Online-Communitys stützen und auf eine Vielzahl von Missständen berufen können. Dieser These zufolge ist der IS ein globales und kein lokales Phänomen, und seine Macht und innovative Kraft liegt in seiner Ideologie und seiner Organisation.

Jede dieser drei Theorien enthält ein Körnchen Wahrheit. Aber jede kann auch leicht in die Irre führen. Assad mag erkannt haben, wie nützlich ihm Dschihadisten sein können, die im Licht der Öffentlichkeit stehen, und sie nach Kräften unterstützt haben. Aber eine solche Bewegung zu schaffen überstieg seine Möglichkeiten bei weitem. Die These eines von Assad gezielt geschaffenen ISIS wird in der Regel von jenen überstrapaziert, die die Unterstützer des bewaffneten Kampfes von ihrer Verantwortung entlasten wollen. Assad öffnete Ende 2011 tatsächlich seine Gefängnisse und ermöglichte es damit hochrangigen Dschihadisten, sich aktiv ins Geschehen einzumischen. Auch räumte er dem Kampf gegen die Rebellen höhere Priorität ein als dem Kampf gegen ISIS. Die Öffnung der Gefängnisse spielte zwar eine Rolle, aber die Ursprünge von ISIS liegen in dem sich neu formierenden irakischen Aufstand, auf den Assad keinen Einfluss hatte. Assads Strategie, ISIS zu ignorieren, war taktisch klug, wenn man bedenkt, an welchen Orten diese Dschihadisten stark waren, und angesichts der Tatsache, dass sie andere Rebellengruppen bekämpften. Man braucht keine Verschwörungstheorie zu bemühen, wo es sich nur um strategisches Denken handelt. ISIS war kein Stellvertreter Assads, sosehr der syrische Machthaber auch von den Aktivitäten dieser Organisation profitierte.

Auch die Gelder vom Golf und aus der Türkei allein kann man nicht für den Aufstieg von ISIS verantwortlich machen; jedenfalls steckte keine gezielte Strategie dahinter. Die Frage, ob die Regime am Golf ISIS unterstützt haben, wurde immer wieder untersucht, verfehlt aber den entscheidenden Punkt. Ohne Assads Brutalität hätte ISIS niemals Wurzeln schlagen können. Und ob es nun eine direkte Unterstützung gab oder nicht: Tatsache ist, dass der von den Golfregimen unterstützte bewaffnete Kampf die Bedingungen dafür schuf, dass ISIS wachsen und gedeihen konnte. Dieser bewaffnete Kampf war islamisiert, dezentral, radikal und abhängig – und damit ein Einfallstor für eine Gruppe, die behaupten konnte, sie sei noch islamischer und noch radikaler und zugleich gut organisiert und unabhängig.

Der Aufstieg des Islamischen Staats muss im Zusammenhang mit dem Scheitern der arabischen Aufstände, dem schwelenden Aufstand der Sunniten in Irak und dem Verlauf des bewaffneten Aufstands in Syrien gesehen werden.[42] Der Islamische Staat in Syrien und Irak erhob sich aus den Ruinen dieser beiden Staaten und konnte ein Umfeld nutzen, das wie für ihn geschaffen schien. Dass er so großen Anklang fand, hat seinen Grund im Scheitern der arabischen Aufstände, in einem hochexplosiven ideologischen Gemisch aus sunnitischer Unzufriedenheit, vereitelten islamistischen Ambitionen und sektiererischer Rhetorik der arabischen Regime. ISIS ist das Produkt eines von Assad und dem bewaffneten Kampf in Syrien geschaffenen Milieus, das Ergebnis der gescheiterten arabischen Aufstände und von mehr als zehn Jahren amerikanischer Militärintervention und Terrorbekämpfung im Nahen Osten.

Man kann die Entstehung von ISIS nicht auf eine dieser Ursachen beschränken. Viele innerhalb der syrischen Opposition zum Beispiel betrachten den 30. Mai 2011 als den Stichtag für das Auftauchen von ISIS: den Tag, an dem Assad die Gefängnisse öffnete und islamistische Gefangene entließ. Sie wollen in der Freilassung dieser Gefangenen eine gezielte Maßnahme Assads sehen, um die bis dahin friedliche Protestbewegung mit gewaltbereiten Dschihadisten zu überschwemmen, die schließlich ihr wahres Gesicht zeigten und die Repressionen des syrischen Diktators rechtfertigten. Es ist keine Frage, dass viele dieser Freigelassenen bei der Bildung dschihadistischer Rebellenbrigaden eine maßgebliche Rolle spielten. Zu ihnen zählen ISIS-Führungskader, aber auch Islamisten außerhalb von ISIS wie Hassan Abboud, der Gründer von Ahrar al-Sham, oder Zahran Alloush, der Militärkommandeur von Jaysh al-Islam. Aber wie bei allen Stellvertreterkriegen arabischer Regime entzogen sich die Ereignisse schon bald jeder Kontrolle. Assads Schachzug, die Gefängnisse zu öffnen, hätte niemals ISIS hervorgebracht, wenn nicht die Reste der irakischen Aufständischen nach Syrien gegangen wären und wenn ein zunehmend dschihadistisch geprägter Aufstand nicht so massiv mit Geld und Kämpfern unterstützt worden wäre.

Die Ursprünge von ISIS liegen in Irak und nicht in Syrien, doch ohne die durch den syrischen Bürgerkrieg entstandene Öffnung wäre wiederum der irakische Aufstand nicht neu entflammt. Der sunnitische Aufstand gegen die US-Besatzung in Irak wurde 2003 von ehemaligen Anhängern der Baath-Partei begonnen, die nach der Eroberung Bagdads untergetaucht sind. Es entstand eine Vielzahl oft rivalisierender aufständischer Gruppen, die gegen die Besatzung kämpften. Gruppen wie die Islamische Armee in Irak, die Brigaden der Revolution von 1920 und die Mudschaheddin vertraten einen sunnitischen Nationalismus islamistischer Prägung. Islamistische Organisationen wie die Vereinigung Muslimischer Gelehrter von Harith al-Dhari verschafften ihnen religiöse Legitimität. Der Aufstand gegen die Vereinigten Staaten und gegen die neue irakische Regierung fand in der ganzen arabischen Welt breiten Anklang. Al-Jazeera und andere panarabische Fernsehsender berichteten positiv über diesen Widerstand gegen die amerikanische Besatzung. Die von den USA unterstützte schiitisch dominierte Regierung wurde von diesen Gruppen zunehmend als »iranische Besatzung« wahrgenommen. Bald wurde Syrien zum wichtigsten Transitland und zur logistischen Drehscheibe des irakischen Aufstands, um Waffen und Kämpfer über die Grenze zu schmuggeln. Mitte der 2000er Jahre sah Syrien keinen Widerspruch zwischen seinem Bündnis mit Iran und seiner Unterstützung eines sunnitischen Aufstands, der eine sich etablierende iranisch dominierte Ordnung in Irak bekämpfte.

Abu Musab al-Zarqawis Organisation »Monotheismus und Dschihad«, die bald zu al-Qaidas offiziellem irakischem Ableger wurde, lag an einem Ende dieses dschihadistischen Spektrums.[43] Zarqawi war mit seiner Gruppe al-Qaida in Irak (AQI) sowohl Teil eines größeren Aufstands mit den nationalistischen Dschihadisten im Zentrum als auch deren gefährlicher Außenseiter. Sein extremes Sektierertum, seine strenge Theologie und seine strategisch eingesetzte Brutalität brachten ihn in Konflikt mit dem sunnitischen Mainstream des Aufstands, mit führenden islamistischen Gelehrten wie Abu Mohammed al-Maqdissi und Yusuf al-Qaradawi, ja sogar mit der Führung von al-Qaida Central. Zarqawi verübte brutale Angriffe auf die schiitische Zivilbevölkerung – aus ideologischen Motiven, aber auch mit dem strategischen Ziel, Vergeltungsmaßnahmen zu provozieren, um ganz Irak in den Strudel eines Bürgerkriegs zu reißen. Er hatte wenige Freunde und viele Feinde, als er 2006 von amerikanischen Spezialkräften getötet wurde, aber er hatte dem Verlauf des Krieges seinen Stempel aufgedrückt.

Zarqawis Nachfolger Abu Ayub al-Masri und Abu Omar al-Baghdadi waren die Ersten, die einen Islamischen Staat in Irak ausriefen und die Hegemonie über das gesamte Spektrum der dschihadistischen Kampfgruppen anstrebten. Dieser Islamische Staat in Irak (ISI) führte in den von ihm kontrollierten Territorien ein gnadenloses Regiment und machte keinen Hehl aus seiner Absicht, den Aufstand unter seine Kontrolle zu bringen. Doch er überspannte den Bogen. Seine harschen Methoden und unverblümten Ambitionen lösten in den Reihen der Sunniten eine Lawine des Widerstands aus. Stammesführer, Lokalpolitiker und dann auch große nationalistisch-dschihadistische Gruppen wandten sich gegen ihn. Die von den Sunniten Sahwa (»Erwachen«) genannte Bewegung (die mit den Amerikanern unter General David Petraeus und seiner Strategie einer Truppenaufstockung zur Eindämmung des eskalierenden Aufstands militärisch zusammenarbeitete) hatte ihren Ursprung in dem durch die Exzesse des IS ausgelösten innersunnitischen politischen Konflikt, aber auch in dem verzweifelten Zustand des Kriegs gegen die Schiiten, den Zarqawi mit seinen Provokationen entfesselt hatte.[44]

Das temporäre Bündnis zwischen den Vereinigten Staaten und diesen irakisch-sunnitischen »Erwachen«-Gruppen versetzte schließlich dem Islamischen Staat einen empfindlichen Schlag. Die Gewalt ebbte ab, als lokale sunnitische Kräfte mit Unterstützung der Amerikaner die Kontrolle über ihre Gebiete zurückgewannen. 2010 kamen Masri und Baghdadi bei einem Angriff nördlich von Tikrit ums Leben. Viele aus der Führungsriege des Islamischen Staats in Irak wurden getötet, seine Funktionäre aus ihren Hochburgen in den Städten vertrieben. Doch die Organisation machte weiterhin durch kleinere Gewaltakte auf sich aufmerksam und behielt genügend intakte Netzwerke, um sich neu zu konstituieren und auf künftige Aktionen vorzubereiten. Selbst die Ideologen in den dschihadistischen Foren gestanden ihr Scheitern ein; einige analysierten die Geschehnisse und zogen Konsequenzen. Ihre Erkenntnisse dürften die späteren ISIS-Strategien beeinflusst haben.[45]

Dass die Organisation eine solche Chance erhielt, verdankt sie in erster Linie der Politik des irakischen Ministerpräsidenten Nuri al-Maliki, der einen fatal sunnitenfeindlichen Kurs einschlug.[46] Nach 2003 hatte Iran die politische Ordnung in Irak durch ein breites Spektrum an Einflussmöglichkeiten beherrscht. Die schiitische Bevölkerungsmehrheit garantierte die Macht auf dem Weg über demokratische Wahlen auch deshalb, weil die (weitgehend von den Vereinigten Staaten formulierten) Wahlgesetze die konfessionelle Spaltung begünstigten. Iran hatte natürlich enge Verbindungen zu schiitischen politischen Parteien wie ISCI (dem Obersten Islamischen Rat in Irak, ehemals SCIRI, Oberster Rat für die Islamische Revolution in Irak), zu den Badr-Milizen und zu Dawa (der Partei Nuri al-Malikis, des ehemaligen Ministerpräsidenten Ibrahim Jaafari und des späteren Ministerpräsidenten Hayder al-Abadi). Schwächer waren die iranischen Beziehungen zu Muqtada al-Sadrs Mahdi-Armee. Iran pflegte auch Beziehungen zu zahlreichen kurdischen und sunnitischen Politikern und sicherte mit diesem breiten Spektrum an Kontakten seine

Interessen ab. Irans Rolle war natürlich eine Herausforderung für die Vereinigten Staaten, die ihre massive militärische und politische Präsenz mit ihrem wichtigsten Rivalen in der Region abstimmen mussten. Irans Einfluss in Irak diente auch Saudi-Arabien und anderen sunnitisch geführten Golfstaaten als Rechtfertigung für ihren Verzicht auf ein stärkeres Engagement in Irak, auch wenn eine solche Präsenz die diversen und nachdrücklichen Aktivitäten Irans hätte eindämmen können.

Al-Maliki, der sowohl enge Beziehungen zu den Vereinigten Staaten pflegte als auch von Iran unterstützt wurde, war die Schlüsselfigur der Strategie einer amerikanischen Truppenaufstockung – und von deren Scheitern. Amerikas Deal mit der sunnitischen »Erwachen«-Bewegung beinhaltete Garantien für deren politische Interessen in Bagdad und für die Eingliederung von deren Kämpfern in die Reihen der irakischen Sicherheitskräfte. Al-Maliki hatte diesen Bedingungen zwar widerstrebend zugestimmt, verzögerte aber deren Umsetzung und ließ kaum eine Gelegenheit aus, die Sunniten auszugrenzen. Er hatte das Gefühl, er sitze fest im Sattel, und sah keine Notwendigkeit zu den schmerzlichen Kompromissen, denen er unter Druck zugestimmt hatte. In den Jahren, nachdem die Gewalt zurückgegangen war, klagten Kämpfer und Führer der »Erwachen«-Gruppen häufig über gebrochene Versprechen, nicht erfolgte Zahlungen und fehlenden Schutz vor den Vergeltungsaktionen der Aufständischen.

Im Einklang mit der öffentlichen Meinung in Irak und offenkundig im Glauben, er sei nunmehr imstande, auf eigenen Beinen zu stehen, weigerte sich al-Maliki, eine Vereinbarung auszuhandeln, die den amerikanischen Truppen einen längeren Verbleib in Irak erlaubt hätte. Das Abkommen scheiterte an der Frage der strafrechtlichen Immunität amerikanischer Soldaten in Irak, das Problem lag jedoch sehr viel tiefer: Obama war entschlossen, Amerikas Präsenz in Irak zu beenden, wie er es versprochen hatte; gleichzeitig waren fast alle irakischen Politiker und ein Großteil der Öffentlichkeit gegen eine amerikanische Präsenz in Irak. Der Abzug der amerikanischen Truppen 2011 war für den nachfolgenden Zusammenbruch weit weniger bedeutsam, als gewöhnlich behauptet wird. Al-Maliki begann seine Kampagne der Ausgrenzung der sunnitischen Bevölkerung bereits, als noch Zehntausende US-Soldaten im Land waren, und es ist fraglich, ob eine kleinere Reststreitmacht daran etwas hätte ändern können. Der Islamische Staat in Irak begann sich bereits vier Monate *vor* dem Abzug amerikanischer Truppen am syrischen Aufstand zu beteiligen.

Der sunnitische Aufstand in Irak

Der arabische Aufstand trug auch dazu bei, den bewaffneten Kampf der irakischen Sunniten wiederaufflammen zu lassen. Zunächst sah es so aus, als würde es in Irak keinen arabischen Aufstand geben. Das war wenig überraschend angesichts der jüngeren traumatischen Geschichte des Landes (der amerikanischen Invasion und der Erhebung gegen die Besatzungsmacht) sowie der ethnischen und religiösen Spannungen. Doch das Problem des Ausschlusses der Sunniten von der politischen Partizipation war nie ernsthaft in Angriff genommen worden, und der syrische Aufstand war mitverantwortlich dafür, dass die schwelende Unzufriedenheit in offenen Protest umschlug.[47] Die irakischen

Demonstranten verwiesen auf den syrischen Aufstand als Inspirationsquelle, und in den populären sozialen Medien wurde die »irakische Revolution« ausdrücklich mit der syrischen verknüpft und in einen explizit sunnitischen Kontext gestellt. Die wachsende Gewalt und Zerstörung des Syrienkriegs öffnete den Dschihadisten Tür und Tor. Bereits sechs Monate nach Beginn des syrischen Aufstands schickte der Islamische Staat in Irak seine Leute über die Grenze, um das Terrain zu erkunden. Der syrische Aufstand mobilisierte nicht nur neue politische Energien und verstärkte das Gefühl der konfessionellen Identität. Seine Eskalation öffnete auch die Schleusen für den massiven Zustrom von Waffen, Geld und ausländischen Kämpfern in ein Gebiet, das von Irak nur durch eine ungesicherte Grenze getrennt war.

Ende 2012 begann ein zunächst friedlicher sunnitischer Protest, der sich an einem Überfall irakischer Sicherheitskräfte auf das Haus des stellvertretenden Ministerpräsidenten Rafi Issawi entzündete. Er breitete sich von Falludscha nach Ramadi und in der gesamten Provinz Anbar aus, was sunnitische Kräfte, die in den Jahren zuvor marginalisiert worden waren – und fatalerweise auch der Islamische Staat in Irak – ausnutzten. Die Proteste begannen friedlich, aber die Gewalt eskalierte rasch. Bei Zusammenstößen in Falludscha und Mossul in den ersten Monaten des Jahres 2013 wurden Demonstranten getötet. Am 23. April 2013, als irakische Sicherheitskräfte gegen ein Protestcamp in Hawija bei Kirkuk vorgingen, begann eine neue Spirale der Gewalt, die durch die offene Konfrontation zwischen Schiiten und Sunniten geprägt war. Doch statt Zugeständnisse zu machen, verschärfte das irakische Militär die Situation, indem es Falludscha bombardierte und in Ramadi Kampfeinsätze führte. Jetzt schlugen sich die irakischen Sunniten auf die Seite der Aufständischen und kämpften gegen die Regierung, was den Weg für die dramatischen Ereignisse in Mossul ebnete. Im Spätfrühjahr 2013 waren die noch bestehenden Chancen auf einen politischen Kompromiss für immer verspielt. Die sunnitischen Führer Iraks quer durch das politische Spektrum optierten für einen neuen Aufstand gegen ein in ihren Augen hoffnungslos korruptes und auf konfessionelle Spaltung setzendes Regime.

Unklar ist, ob die Protestbewegung tatsächlich durch politische Missstände motiviert war oder ob diese Missstände nur als Vorwand für die Wiederbelebung eines latenten Aufstands dienten.[48] Der Islamische Staat in Irak jedenfalls war gut darauf vorbereitet, die Remilitarisierung des Konflikts für sich zu nutzen. Der ehemalige Islamische Staat hatte in den Jahren zuvor Mitglieder der »Erwachen«-Bewegung und Leute aus der mittleren Führungsebene der bewaffneten Gruppen ermordet. Durch einen dramatischen Gefängnisausbruch hatte ein ganzer Klüngel ehemaliger Aufstandsführer die Freiheit wiedererlangt; sie bildeten jetzt das Rückgrat des neuen bewaffneten Kampfes. Je mehr sich dieser Kampf in Irak zuspitzte, desto leichter wurde es für die Aufständischen, syrische Rebellengruppen jenseits der Grenze zu unterstützen. Waffen, Geld und ausländische Streitkräfte, die für den Kampf gegen Assad nach Syrien strömten, konnten die durchlässige Grenze zu Irak mühelos passieren. In Syrien kämpfende Gruppen, die auf beiden Seiten der Grenze präsent waren, fanden in Irak einen sicheren Rückzugsort – was wiederum das Gleichgewicht der Kräfte innerhalb des Aufstands zugunsten dieser Gruppen veränderte. Waffen – zum Beispiel die riesigen Mengen von Waffen amerikanischer Herkunft, die in die Hände der Aufständischen gelangten, als die irakischen Soldaten in Mossul in Scharen davonliefen – konnten auf den anderen

Kriegsschauplatz verlagert werden, wenn sie dort gebraucht wurden. Maliki wusste, was vor sich ging. Er hatte vor einer Bewaffnung des syrischen Aufstands gewarnt – nicht nur mit Rücksicht auf Iran und gewiss nicht aus angeblicher Solidarität mit den Schiiten (andernfalls ließe sich nur schwer erklären, warum er im August 2009 den Vorwurf, Assad unterstütze Terroristen, bis vor den UN-Sicherheitsrat brachte). Al-Maliki erkannte, dass der enge Zusammenhang zwischen dem irakischen und dem syrischen Aufstand verheerende Folgen für Irak haben konnte. Aber er konnte oder wollte nicht erkennen, welche Rolle er selbst bei der Verschärfung der Krise spielte.

Der Islamische Staat in Irak operierte in Syrien zunächst vorsichtig, dann aber immer dreister, als sich auf beiden Schauplätzen das Blatt zugunsten des sunnitischen Aufstands wendete. Jubhat al-Nusra, der al-Qaida-Ableger in Syrien, ist ein Produkt des irakischen Aufstands und wurde anfangs von diesem direkt kontrolliert. Abu Mohammed al-Jolani und sieben seiner Mitstreiter gingen im August 2011 aus Irak nach Syrien (sie kamen nicht aus Assads Gefängnissen) und begannen dort jene Netzwerke aufzubauen, aus denen sich bald Jubhat al-Nusra entwickelte.[49] Der Beschluss zur Gründung von al-Nusra wurde Berichten zufolge im Oktober 2011 gefasst und die Existenz der Gruppe am 23. Januar 2012 öffentlich verkündet. Am 12. Februar 2012 sprach der al-Qaida-Führer Ayman al-Zawahiri erstmals über Syrien und rief alle kampffähigen Muslime auf, zu den »Schlachtfeldern des Dschihad« nach Syrien zu kommen.

Die beiden Organisationen arbeiteten eng zusammen und waren in das größere Umfeld des sunnitisch-islamistischen Aufstands eingebunden. Charles Lister zufolge »hatte sich der in Irak basierte ISI bereit erklärt, seiner neuen syrischen Front rund

50 Prozent seines Budgets zur Verfügung zu stellen; weitere Unterstützung durch bereits aktive al-Qaida-Finanziers vom Golf kam über deren jeweilige privaten Netzwerke.«[50] Ein großer Teil dieser Gelder vom Golf ging auch an andere islamistische Gruppen. Das ist ein entscheidender Punkt. Al-Nusra und ISIS waren nur ein kleiner Teil eines dschihadistischen Gesamtkomplexes mit vielen Gruppen, die jetzt überall in Syrien auftauchten und sich vor allem mit Hilfe der unkoordinierten und massiven öffentlichen Spenden- und Propagandakampagnen in der gesamten Golfregion am Leben hielten. Viele Bewohner der Golfstaaten, die über kuwaitische Hilfsorganisationen Geld spendeten, wollten wahrscheinlich lediglich syrische Kinder und Zivilisten unterstützen, die unter den Übergriffen des Regimes zu leiden hatten. Doch diese Gelder wurden durch eine Vielzahl von Netzwerken und oftmals nach persönlichem Gutdünken nach Syrien geleitet. Anfang 2014 begannen einige Regionalmächte die Gefahren eines Dschihad zu erkennen, den sie selbst mit geschaffen hatten. Die Angst vor Terroranschlägen im eigenen Land veranlasste jetzt Saudi-Arabien und andere, Reisen ihrer Bürger nach Syrien mit Restriktionen zu belegen und die Werbung übers Internet und sowie Geldzuflüsse besser zu kontrollieren. Doch dafür war es bereits viel zu spät.

Die zunehmend offen dschihadistische Ausrichtung der Spendennetzwerke war ein starkes Signal für potenzielle Empfänger. Viele Spendennetzwerke, die anfangs die Freie Syrische Armee unterstützt hatten, finanzierten schon bald dschihadistische Organisationen. Noch im Sommer 2012 war es nicht ungewöhnlich, dass Kommandeure der Freien Syrischen Armee gemeinsam mit salafistischen Dschihadisten bei einer Spendenaktion auftauchten. Auch alteingesessene Netzwerke der Muslimbrüder beteiligten sich an solchen Aufrufen. So rief der ägyptische Präsident Mursi bei der berühmt-berüchtigten »Dschihad-Konferenz« in Kairo zu Spenden für Syrien auf; und Yusuf al-Qaradawi appellierte am 31. Mai 2013 in Doha an alle Muslime, die dazu in der Lage waren, sich dem bewaffneten Kampf in Syrien anzuschließen; seine Worte erinnerten in beunruhigender Weise an Zawahiri.

Um potenzielle Verbündete nicht abzuschrecken und weiter finanzielle Unterstützung vom Golf zu erhalten, wurde die Verbindung der Nusra-Front zum Islamischen Staat in Irak erst im April 2013 öffentlich eingeräumt. Aber al-Nusras Nähe zu ISI war längst ein offenes Geheimnis. Ihre Taktiken, insbesondere Selbstmordanschläge, und ihre ideologischen Verlautbarungen, aber auch ihre Einbindung in die dschihadistischen Internetplattformen waren Beleg genug für den Extremismus der Organisation.

Amerikanische Regierungsvertreter erkannten schnell, wie sehr al-Nusra den alten Feinden ihres Landes in Irak nahestand. Im Dezember 2012 wurde al-Nusra aufgrund seiner klaren Verbindungen zu al-Qaida von den Vereinigten Staaten als Terrororganisation eingestuft. Amerikas Verbündete – die Türkei und die meisten Golfstaaten – schlossen sich dieser Einschätzung noch über Jahre hinweg nicht an, weil sie die Gruppe als effiziente Streitmacht gegen Assad betrachteten. Dass die USA al-Nusra auf die Terrorliste setzten, konnte jedoch deren Entwicklung zu einer der am stärksten bewaffneten Gruppen des syrischen Aufstands nicht verhindern. Al-Nusra genoss weiterhin die großzügige Unterstützung von Finanziers am Golf und war die erste Gruppe, die Ölförderanlagen unter ihre Kontrolle brachte und betrieb.[51]

Das kontinuierliche Wachstum von al-Nusra geriet durch zwei öffentliche Verlautbarungen ins Stocken: eine Videobotschaft am 7. April 2013, in der al-Zawahiri zur Einheit der Dschihadisten aufrief; und eine Erklärung des weniger bekannten ISI-Führers Abu Bakr al-Baghdadis am 8. April, der die Beziehung zwischen den beiden Organisationen erstmals bestätigte. Baghdadi erklärte, die Nusra-Front habe sich mit ISI zu ISIS zusammengeschlossen, dem Islamischen Staat in Irak und in al-Sham (der Levante). Damit bekräftigte er offenbar den Führungsanspruch der irakischen Organisation gegenüber dem zunehmend mächtigeren und eigenständigeren syrischen Ableger: ein Schuss, der nach hinten losging.

Jolani widersprach wenig später und bestätigte die Autonomie al-Nusras. Die Unterstützer beider Lager lieferten sich verdeckt und offen ausgetragene Kämpfe, was im Mai zur formellen Spaltung der Organisationen führte. In den folgenden Monaten lieferten sich al-Nusra (und andere dschihadistische Organisationen wie Ahrar al-Sham) und ISIS erbitterte Gefechte um die Kontrolle syrischer Territorien, aus denen die Truppen des Assad-Regimes vertrieben worden waren. ISIS gewann immer mehr an Boden, und im Januar 2014 gelang es der Organisation schließlich, ihre Rivalen aus Raqqa zu vertreiben. ISIS erklärte die Stadt zu ihrer syrischen Hauptstadt. Zawahiris eindringlicher Appell, zur dschihadistischen Einheit zurückzukehren, verhallte ungehört.

Es folgte die schicksalhafte Einnahme Mossuls durch ein paar hundert IS-Kämpfer, wodurch beide Kriege und beide Kriegsschauplätze völlig umgestaltet und in dem einstmals zumindest nominell so bezeichneten irakisch-syrischen Grenzgebiet einheitliche Verwaltungsstrukturen geschaffen wurden. Zwei Divisionen der irakischen Armee liefen einfach davon und überließen eine große Stadt einer kleinen IS-Streitmacht. Dieser kampflose Rückzug der irakischen Soldaten war der Auftakt zur rücksichtslosen Expansion in sunnitische Gebiete. Es war freilich nicht einfach eine militärische Eroberung. Ohne die aktive Hilfe der Sunniten vor Ort, die bereit waren, gemeinsam mit ISIS gegen die verhasste, schiitisch dominierte irakische Regierung vorzugehen, wäre diese Expansion niemals erfolgreich gewesen.

Der Fall Mossuls war ein Schock, aber die Einnahme der Stadt durch die Dschihadisten muss als Endpunkt einer monatelangen Entwicklung betrachtet werden, in deren Verlauf die Sunniten immer mehr zum Islamischen Staat überwechselten.[52] Viele Bewohner bejubelten die Einnahme ihrer Stadt als »Befreiung« von der Besatzung durch ein von Iran gestütztes schiitisches Regime. Die Führer der irakischen Sunniten schienen zu glauben, sie würden in der politischen Verwaltung ihres Territoriums das Sagen haben, und anzunehmen, der Islamische Staat habe seit seinen schlimmen Anfängen Mitte der 2000er Jahre hinzugelernt. Doch sie wurden schon bald schwer enttäuscht.

ISIS außerhalb Syriens und Iraks

Die spektakulären Terrorakte des Islamischen Staates, angefangen mit der Enthauptung von Journalisten bis zum blutigen Anschlag auf die Journalisten des französischen Satiremagazins *Charlie Hebdo*, machten zehn Jahre Fortschritt im Kampf gegen den globalen Dschihadismus zunichte. Antimuslimische Aktivisten, jahrelang marginalisiert, beherrschten plötzlich in Europa und Amerika erneut den öffentlichen Diskurs. Diese neu aufflammende Islamfeindlichkeit wurde von Politikern und Medien angeheizt, die die religiöse Konfrontation wollten. Extremisten auf beiden Seiten hatten ein Interesse daran, die breite Mehrheit in der Mitte zum Verschwinden zu bringen. Ihre Behauptung, die meisten, wenn nicht alle Muslime seien Extremisten, nützte sowohl den Dschihadisten als auch deren Gegnern.

Der Islamische Staat selbst stellte ein neues, wenn nicht sogar einzigartiges Modell des Dschihad dar. Statt als gesellschaftliche Randgruppe aus dem Hinterhalt Terrorangriffe zu führen, strebte der IS danach, Territorien zu erobern, die Gottesherrschaft auszurufen und quasi als Staatsmacht zu regieren. Er entwickelte einen komplexen bürokratischen Apparat, der die zentralen Aufgaben eines modernen Staatswesens erfüllte: Schulbildung, ein Steuersystem, öffentliche Dienstleistungen sowie Pflege und Erhalt der Infrastrukturen. Der IS finanzierte sich vorwiegend mit dem illegalen Verkauf von Öl und erbeuteten antiken Schätzen, mit der Plünderung von Reichtümern in den von ihm kontrollierten Territorien sowie mit Spendengeldern ausländischer Gönner. Im Innern setzte der IS auf den messianischen Eifer seiner Anhänger und kontrollierte und überwachte die unterworfene Bevölkerung erbarmungslos.[53] Welchen Weg nahm dieses Modell?

Seine Ausbreitung wurde von einer Vielzahl von Faktoren auf regionaler Ebene begünstigt. Die Tötung Osama bin Ladens durch die Amerikaner im Mai 2011 hatte die Autorität und Legitimität al-Qaidas innerhalb des dschihadistischen Milieus nachhaltig geschwächt. Der arabische Aufstand, der einen friedlichen demokratischen Wandel versprach, und der damit einhergehende Machtzuwachs moderater islamistischer Bewegungen stellte die politische Kernbotschaft al-Qaidas in Frage. Ayman al-Zawahiri bemühte sich um Schadensbegrenzung. Er übernahm zwar die organisatorische Rolle bin Ladens, ihm fehlten allerdings das

Charisma und das politische Format seines Vorgängers. Die offiziellen Ableger al-Qaidas blieben aktiv und gefährlich und waren – ungeachtet der Schwäche der zentralen Führung – in Syrien, Nordafrika und Jemen erstaunlich erfolgreich. In jener entscheidenden Übergangsphase des transnationalen Dschihad jedoch erlitt al-Qaida zumindest vorübergehend einen schweren Rückschlag.

Das Schicksal der jetzt auf den Plan tretenden dschihadistischen Bewegungen war eng mit dem Aufstieg und Fall islamistischer Mainstream-Bewegungen wie den Muslimbrüdern verknüpft. Die Dschihadisten erhielten von ihren alten islamistischen Rivalen, die jetzt an der Macht waren, keine Unterstützung. Mursi in Ägypten und Ghannouchi in Tunesien zeigten sich al-Qaida gegenüber ausgesprochen feindselig. Die Muslimbrüder und al-Qaida hatten beide dieselbe islamische Öffentlichkeit im Blick, jeweils mit einer radikal anderen Ideologie, Organisation und Strategie. Der islamistische Mainstream hatte keine Angst, Wählerstimmen an säkulare Liberale zu verlieren; seine salafistischen Herausforderer an den Wahlurnen und seine dschihadistischen Herausforderer auf der Straße dagegen bereiteten ihm großes Kopfzerbrechen. Man hat den moderaten Islamisten oft vorgeworfen, den neuen Extremisten nicht entschieden genug entgegenzutreten. Doch der Grund für ihre Zurückhaltung war nicht, dass sie sie stillschweigend akzeptierten, der Grund war die Schwäche des Staates. Sie erkannten, dass diese Dschihadisten ihrem Bemühen, ein akzeptables Bild islamistischer Herrschaft zu präsentieren, schweren Schaden zufügten; es gibt keine Hinweise darauf, dass die Gemäßigten sie, anders als öffentlich bekundet, insgeheim unterstützten. Das Scheitern der Muslimbrüder jedoch war für die Dschihadisten ein Glücksfall.

Der ägyptische Militärputsch 2013 zerschlug die Organisation und die Ideologie der Bruderschaft, übrig blieb ein großes Reservoir potenzieller Rekruten.

Der Islamische Staat nutzte die sozialen Medien und die Massenmedien äußerst effizient für spektakuläre Terrorakte wie Massenenthauptungen, um das Bild eines raschen und unaufhaltsamen Eroberungsfeldzugs zu verbreiten. In Wirklichkeit kam er über sein syrisch-irakisches Kernland nicht hinaus.[54] Das Modell für eine »Provinz« *(wilayet)* des Islamischen Staats beinhaltete kaum mehr als den Kampf um ein kleines Gebiet, in dem man nach dessen »Befreiung« eine rudimentäre Verwaltung aufbaute, begleitet von frenetischen Medienkampagnen. Indem der IS die Annexion immer neuer Gebiete in der Region verkündete, vermittelte er zwar das eindrucksvolle Bild eines Kalifats, das auf der Landkarte immer deutlichere Konturen annahm, mit der Realität jedoch nur wenig zu tun hatte. Die *wilayets* des Islamischen Staates waren in Wahrheit zumeist unscheinbare dschihadistische Gruppen, die sich umbenannt hatten und den ihnen durch ihre neue Identität zugewachsenen Status genossen. Tatsächlich aber verübten sie nur weitere Terroranschläge aus dem Hinterhalt, die nach dem altbekannten Muster abliefen. Eine Ausnahme bildeten Gruppen, die in einem besonders empfänglichen Umfeld operierten: beispielsweise auf der ägyptischen Sinai-Halbinsel, wo seit langem ein Aufstand im Gange war, der Staat kaum Präsenz zeigte und drastische militärische Repression einen Nährboden für Dschihadisten bildete.

Diese lokalen IS-Ableger mussten jedoch gar keine ausgeprägte Präsenz demonstrieren, um unverhältnismäßig großen Einfluss zu erzielen. Terrorangriffe nach alter Manier brachten die erhoffte Wirkung. Der Anschlag auf ein Museum in Tunis im März 2015 und der besonders grausame Terroranschlag am 26. Juni 2015, bei dem an einem Strand in Sousse achtunddreißig Touristen starben, hatte für Tunesien verheerende wirtschaftliche Konsequenzen. Eine Schlüsselindustrie des Landes wurde in der Phase des Übergangs völlig zerstört. Die erfolgreiche Imagestrategie des Islamischen Staates und seine starke Präsenz in den sozialen Medien vergrößerten die Wirkung dieser Anschläge, da sie in das größere Narrativ einer unaufhaltsamen Expansion des IS eingebettet wurden.

Die größten Auswirkungen hatte ISIS jedoch nicht auf die lokale, sondern auf die regionale Entwicklung. Der schnelle Aufstieg des Islamischen Staates in Syrien und Irak und dessen geschickte Nutzung der Medien zwang alle anderen islamistischen Bewegungen zu reagieren – und das zu einem Zeitpunkt, als der islamistische Mainstream (die ägyptischen Muslimbrüder zum Beispiel) politisch gescheitert war und brutal unterdrückt wurde.[55] Islamistische Bewegungen mussten ihren eigenen Anhängern gegenüber und in der stark von Konkurrenz bestimmten islamistischen Öffentlichkeit ihre Politik und ihre ideologische Ausrichtung rechtfertigen. Insbesondere islamistische Bewegungen in gescheiterten oder repressiven Staaten sahen sich gezwungen, den Methoden und dem Sprachgebrauch des Islamischen Staates nachzueifern. Andere grenzten sich durch ihr Verhalten und ihre ideologische Stoßrichtung von ihm ab. Doch Ende 2014 konnte sich keine islamistische Bewegung den Luxus leisten, den IS noch länger zu ignorieren – mit langfristigen Folgen für die Stellung des politischen Islam in der politischen Landschaft der Region.

Das Gleichgewicht der Kräfte und Ideen innerhalb des islamistischen Milieus verschob sich stark zugunsten von Dschihadisten unterschiedlicher Couleur – und zum Nachteil einer politischen

Strategie der Geduld, wie sie jahrzehntelang praktiziert worden war. Rachedurst, das Fehlen anderer Optionen und ideologische Zuspitzung führten zu einer Ausbreitung der Gewalt, die nun vom Islamischen Staat, von al-Qaida und von Dutzenden kleinen, neuen Gruppen befürwortet wurde. Sie alle begannen jetzt ihren eigenen lokalen Aufstand.

Der Aufstieg des Islamischen Staates und das Patt in Syrien waren nach dem Scheitern des arabischen Aufstands die neuen strategischen Herausforderungen für die Regionalmächte. Amerikas Rückkehr nach Irak und die Endphase der Verhandlungen über das iranische Atomprogramm boten neue Möglichkeiten der Kooperation mit Iran. In der Türkei wuchsen die Bedenken gegen den IS und die sich verstärkenden Ambitionen der Kurden. Die Golfstaaten wiederum befürchteten eine Bedrohung der Sicherheit ihres eigenen Landes durch den Islamischen Staat und waren beunruhigt über die wachsende Präsenz Irans in der Region. All dies bereitete den Boden für die ungewöhnlich selbstbewusste saudische Politik, die mit einem neuen Herrscher auf dem saudischen Thron schon bald Gestalt annahm.

Kapitel 8

Saudische Manöver

In einer Situation, die durch den Militärputsch in Ägypten, das Patt in Syrien und die blutigen Anfänge des IS gekennzeichnet war, forcierte die USA bei ihren schon länger andauernden, schwierigen diplomatischen Verhandlungen mit Iran das Tempo. Begonnen hatten die neuen diplomatischen Bemühungen mit Geheimtreffen in Oman, die zu etlichen Verhandlungsrunden unter den Augen der Weltöffentlichkeit geführt hatten. Da Obama sich im vorletzten Jahr seiner Präsidentschaft befand, wussten alle, dass dies die letzte Chance für den Abschluss eines Abkommens war. Und die Aussicht auf einen Verhandlungserfolg ließ keinen Aspekt der Politik in der Region unberührt. Die Regierungen Israels und der Golfstaaten hatten Angst vor dem Machtzuwachs Irans als Folge eines möglichen Endes der Sanktionen, noch mehr aber fürchteten sie sich vor den Auswirkungen auf ihre Allianz mit den USA.

Die Verhandlungen mit Iran beschworen einen historisch einmaligen, offenen Zwist zwischen den USA und ihren Verbündeten in der Region herauf und prägten die weitere Entwicklung in Syrien, Irak und Jemen.

Das Zusammentreffen negativer Entwicklungstendenzen in der gesamten Region erzeugte einen Teufelskreis der Verzweiflung. Die Hoffnungen der Aktivisten auf einen friedlichen Wandel waren längst zerstört. Nun waren auch die Hoffnungen der Machthaber auf einen entscheidenden militärischen und politischen Sieg zerronnen. Übrig blieb ein erbittert geführter politischer Wettstreit, ausgetragen auf zerstörten Schauplätzen von argwöhnischen, verwundeten Gegnern, die offenbar weder wussten, wie sie die Oberhand gewinnen konnten, noch eine Vorstellung davon besaßen, wie es nach einem Sieg weitergehen sollte. Die nächste Phase war geprägt vom Islamischen Staat, vom Endspurt im Atomabkommen mit Iran und von einer neuen, ebenso unberechenbaren wie selbstbewussten Außenpolitik der Saudis.

Diese drei Faktoren hingen eng miteinander zusammen. Der saudische Kolumnist Khaled al-Dakhil meinte, es sei wohl kaum ein Zufall gewesen, dass die Operation Decisive Storm, zu Deutsch etwa »Entscheidungssturm«, nur wenige Tage vor Ablauf der Frist für ein Rahmenabkommen des Atomvertrags begann.[1] Die Einigung mit Iran verstärkte auch die Angst bei den herrschenden Eliten der Region und zwang sie, ihre Bündnisse und Positionen innerhalb einer sich schnell wandelnden Regionalordnung zu überdenken. Der IS veränderte die Kriege in Irak und in Syrien und erhöhte die Furcht vor dschihadistischen Anschlägen in der ganzen Region.

Die Angst, Iran könne plötzlich über größeren Einfluss, größeres Ansehen und mehr finanzielle Mittel verfügen, führte dazu, dass die Golfstaaten teilweise die Reihen schlossen, wozu auch eine vorsichtige Aussöhnung zwischen Katar und Saudi-Arabien gehörte. Dies wiederum hatte eine aggressivere Politik in Krisengebieten wie Jemen und Syrien zur Folge – was erwartungsgemäß neue Bedrohungen und Probleme hervorrief. Die Enttäuschung der Israelis und Saudis über die Vereinigten Staaten und die Tatsache, dass sie von der militärischen und politischen Unterstützung der USA abhängig waren, resultierte in einer unberechenbaren, häufig kontraproduktiven Außenpolitik mit überaus schädlichen Auswirkungen auf die übrige Region. Der größte Fehler der Obama-Regierung war ihr Unvermögen, die schrecklichen politischen Fehlentscheidungen der Saudis und anderer Verbündeter in der Region zu verhindern.

Den Beginn dieser neuen Phase markiert der lange erwartete Tod des saudischen Königs Abdullah. An seine Stelle trat reibungslos sein designierter Nachfolger Salman, der wiederum den von Washington favorisierten Mohammed bin Nayef zum Kronprinzen und seinen kaum bekannten, noch jungen Sohn Mohammed bin Salman zum stellvertretenden Kronprinzen ernannte, eine nicht ganz unumstrittene Wahl. Genau wie nach der Abdankung des Emirs von Katar 2013 prophezeiten Kenner der Golfstaaten, dass auch unter der neuen Regentschaft alles beim Alten bleiben werde. Und genau wie im Fall von Katar erwies sich diese Vorhersage bald als falsch. Unter König Salman änderte sich die saudische Politik binnen kurzem. Die neue Regierung rückte von ihrer harten Linie gegenüber den Muslimbrüdern ab, übte ungewöhnlich scharfe öffentliche Kritik an Washington und begann im März 2015 mit einem äußerst riskanten und schlecht geplanten Krieg in Jemen.

Zur selben Zeit positionierte sich Oman überraschend als Vermittler diskreter Gespräche zwischen den USA und Iran. Im November 2013 war Oman Gastgeber und Organisator von Geheimtreffen zwischen amerikanischen und iranischen Abgesandten, die den Weg zu den Verhandlungen über das Atomabkommen ebneten. Oman bot sich als neutraler Ort für Verhandlungen zu Jemen an, worüber die saudisch-emiratische Koalition öffentlich erbost, insgeheim aber wohl erleichtert war. Im Oktober 2015 traf sich der Außenminister Omans als offizieller Vertreter des Golf-Kooperationsrats erstmals mit Baschar al-Assad, seit dessen Land im Bürgerkrieg versunken war. Diese Rolle Omans stand im Gegensatz zu dem regionalen Trend zur Eskalation und rief heftige Kritik an dem Sultanat hervor, das bislang nicht mit außenpolitischen Initiativen in Erscheinung getreten war. Doch in dieser schrecklichen Zeit war seine Vermittlerrolle von unschätzbarem Wert.

Die letzten entscheidenden Monate der diplomatischen Verhandlungen mit Iran beanspruchten fast alle diplomatischen Kapazitäten, die für die Region zur Verfügung standen. Im November 2013 stimmte Iran dem Joint Plan of Action (JPA) zu, einer vorläufigen Vereinbarung, deren Ziel es war, den Weg zu einem endgültigen Abkommen zu skizzieren und gleichzeitig Irans Atomprogramm vorläufig auszusetzen. Nachdem es trotz intensiver Gespräche nicht gelungen war, wie zunächst vereinbart im Juli 2014 ein Abkommen zu erzielen, wurde die Frist verlängert. Im März und April 2015 ergaben zähe Verhandlungen in Lausanne Grundzüge einer Vereinbarung, brachten aber keinen endgültigen Durchbruch. Als der nächste Termin näher rückte, traf man sich zu einer letzten brisanten Gesprächsrunde in Genf. Die Deadline, die ursprünglich auf Ende Juni festgesetzt war, wurde mehrfach verlängert, bis die Verhandlungsteilnehmer am 14. Juli schließlich den Abschluss einer endgültigen Vereinbarung verkündeten.

Diese Verhandlungen waren ein entscheidender Wendepunkt in der Entwicklung des regionalen Machtgefüges. Die Verhandlungsdelegationen auf beiden Seiten vermieden es sorgsam, die Gespräche über das Atomprogramm mit allgemeinen politischen Themen zu verknüpfen, aber ein Atomabkommen hatte zwangsläufig Auswirkungen auf die Region. Nach der Unterzeichnung des JPA kam es zu fieberhaften Beeinflussungsversuchen, bei denen es jedoch nicht um das Abkommen selbst ging, sondern um die Veränderungen der Regionalordnung nach einem solchen Deal. Sogar viele seiner Kritiker beurteilten es hinter vorgehaltener Hand als nützliches Instrument zur Kontrolle des iranischen Atomprogramms und meinten, es werde wohl zustande kommen. Israel und die Golfstaaten waren gleichermaßen entschlossen, eine weitgehende Aussöhnung zwischen den USA und Iran zu verhindern und dem Land, das sie für ihren Erzfeind und ihre gefährlichste Bedrohung hielten, weiterhin mit einer Politik der Eindämmung und Konfrontation zu begegnen.

Wie die Vereinigten Staaten mit den Vorbehalten Israels umgingen, war in den Medien ein großes Thema, und Netanjahus ebenso theatralische wie kontroverse Rede vor dem US-Kongress beherrschte tagelang die Schlagzeilen. Für die Probleme, die im Mittelpunkt dieses Buches stehen, waren jedoch die Bemühungen der USA, ihre Partner am Golf von den Vorzügen des Abkommens zu überzeugen und den Fortbestand ihrer Allianz mit den Ländern des Golf-Kooperationsrats zu sichern, von weitaus größerer Bedeutung. Obama lud die Führung des Golf-Kooperationsrats für den 14. Mai 2015 zu einem Gipfel nach Camp David ein. Etliche Staatsoberhäupter der Golfstaaten, darunter auch der neue König Salman von Saudi-Arabien, blieben zwar aus Protest fern, aber alle schickten sie hochrangige Vertreter, die sich anhören sollten, was der US-Präsident zu sagen hatte. Das offizielle Abschlusskommuniqué stellte kurz und bündig fest: »Die Teilnehmer haben die große Bedeutung der strategischen Partnerschaft zwischen den USA und dem Golf-Kooperationsrat betont, deren Ziel es ist, die Beziehungen auf allen Gebieten, einschließlich der Verteidigungs- und Sicherheitspolitik, zu vertiefen und im Interesse der Stabilität und des Wohlstands gemeinsame Anstrengungen zur Lösung regionaler Probleme zu unternehmen.«[2] In den vergangenen viereinhalb Jahren war kaum ein Wille zu solchen gemeinsamen Anstrengungen erkennbar gewesen. Und die neue Partnerschaft sollte in Jemen schon sehr bald auf die Probe gestellt werden.

Die diplomatischen Spannungen im Zusammenhang mit den Atomverhandlungen überschnitten sich auf gefährliche Weise mit konfessionellen Spannungen, die durch die Kriege in Syrien und in Jemen noch angeheizt wurden. Diese Konflikte hatten seit mindestens einem Jahrzehnt an Heftigkeit zugenommen, angestachelt durch den irakischen Bürgerkrieg und die Konfrontation zwischen Iran und Saudi-Arabien. Die Volksaufstände des Jahres 2011 intensivierten und beschleunigten sie weiter. Die Niederschlagung des Aufstands in Bahrain ist im Rahmen dieser konfessionellen Spannungen zu sehen, hatte man die politischen Forderungen der Schiiten doch als einen iranischen Subversionsversuch dargestellt. Die öffentlichen Kampagnen zur Unterstützung der syrischen Rebellen stachelten die Streitigkeiten zwischen Sunniten und Schiiten unablässig an, indem sie diffamierende Begriffe wie »Safawi« (Safawid, eine Anspielung auf das alte persische Reich) und »Ruwafidh« (»Ablehner«, ein altes Schimpfwort für die Schiiten) benutzten, die zuerst auf radikalen Webseiten auftauchten und sich dann immer weiter verbreiteten, bis sie die Massenmedien und die sozialen Netzwerke erreicht hatten. Die Welle konfessionalistischer Konflikte in der

Region musste zwangsläufig zu innenpolitischen Spannungen führen, insbesondere in den Golfstaaten. Die Situation in Bahrain blieb sehr instabil, zumal die Herrscher nicht einmal vorgaben, die Wunden heilen zu wollen, die durch die gewaltsame Unterdrückung der religiösen Minderheit entstanden waren. Selbst das traditionell tolerante Kuwait, wo die Schiiten eine große und mächtige Minderheit bildeten, erlebte erstmals spürbare konfessionelle Spannungen.

Sie verschärften sich im Sommer 2015 durch eine Serie gezielter Terroranschläge auf schiitische Moscheen in Kuwait und Saudi-Arabien. Der Islamische Staat übernahm die Verantwortung für diese Anschläge, und sie passten auch zu seiner extrem antischiitischen Ideologie und zu seiner Strategie, gewalttätige Auseinandersetzungen zwischen Sunniten und Schiiten zu schüren, um bestimmte Regime zu destabilisieren. Die meisten Kuwaitis solidarisierten sich mit ihren schiitischen Mitbürgern und verurteilten die Terroranschläge. In Saudia-Arabien traf der Islamische Staat jedoch einen Nerv. Die Ablehnung der Schiiten gehörte zu den Grundpfeilern des saudischen Staats und ist im Bewusstsein des politischen und religiösen Establishments fest verankert. Wahrscheinlich sympathisierte ein großer Teil der saudischen Bevölkerung mit zentralen Punkten der Ideologie des Islamischen Staats. Zudem schwelten in der mehrheitlich von Schiiten bewohnten Östlichen Provinz schon seit Jahren Konflikte.

Der Krieg gegen den Islamischen Staat

Der schnelle Vormarsch des IS, der ihn bis vor die Tore von Bagdad und Erbil brachte, führte schließlich zu einer amerikanischen Intervention. Im Juli startete die Obama-Regierung die Operation Inherent Resolve mit Luftangriffen und Waffenlieferungen an irakische und kurdische Soldaten, die gegen den IS kämpften; eine geringe Zahl militärischer Berater und Ausbilder kehrte nach Irak zurück. Das vorrangige Ziel, den Vormarsch des IS zu stoppen, wurde bald erreicht. Langfristig sollte der IS durch gezielte Luftangriffe, das Austrocknen seiner Finanzquellen und das Unterbinden des Zustroms neuer Kämpfer so geschwächt werden, dass am Ende von den USA ausgebildete und bewaffnete lokale Truppen in der Lage wären, die Gebiete des Islamischen Staats Stück für Stück zurückzuerobern.

Unter den Arabern fanden die USA allerdings nur wenige echte Verbündete für diesen Krieg. Die Vereinigten Arabischen Emirate, Jordanien und andere arabische Staaten beteiligten sich zwar ostentativ an der ersten Welle von Luftangriffen, aber dies änderte sich schon bald. In der zweiten Hälfte des Jahres 2015 flogen die arabischen Staaten fast keine Angriffe mehr in Syrien oder Irak. Der Kampf gegen den IS besaß für sie schlicht und einfach nicht die oberste Priorität. Der Krieg in Jemen, der im März 2015 begonnen worden war, beanspruchte in steigendem Maße die Aufmerksamkeit und die militärischen Kapazitäten der Golfstaaten. Sie betrachteten zudem Assad und nicht den IS als das zentrale Problem und widersetzten sich Bestrebungen, Rebellen von Damaskus abzuziehen. Außerdem hatten die Golfstaaten kaum ein Interesse daran, der irakischen Regierung zu Hilfe zu eilen, die in ihren Augen ein Verbündeter Irans war. Die USA mussten sich daher im Krieg gegen den IS trotz der großen Zahl offizieller Verbündeter fast ausschließlich mit der Unterstützung durch einheimische Gruppen irakischer und kurdischer Kämpfer begnügen.

Die Obama-Regierung verhielt sich in dieser Situation sehr geschickt. Sie beschränkte ihre Unterstützung für Irak bis zu Malikis Rücktritt bewusst auf ein Minimum. Ihre Abneigung gegen den irakischen Ministerpräsidenten hatte mehr als bloß persönliche Gründe. Amerikanische Diplomaten sahen schon seit einiger Zeit in Maliki den Hauptschuldigen am Erstarken des IS und am erbärmlichen Zustand des irakischen Staats. Sein paranoider Regierungsstil und sein ostentativer Konfessionalismus hatten die sunnitischen Anführer gegen ihn aufgebracht, deren Unterstützung für einen Erfolg des Kampfs gegen den IS unabdingbar war. Zwar verschwanden auch mit der Ablösung al-Malikis die enormen politischen Probleme Iraks nicht über Nacht, aber es war ein dringend notwendiger erster Schritt.[3]

Die von den USA geführte Intervention in Irak warf ein Schlaglicht auf einen der vielen Widersprüche der regionalen Gemengelage. Der Kampf gegen den IS bedeutete de facto eine stärkere Unterstützung der irakischen Regierung und Sicherheitskräfte, die von den meisten Sunniten in Irak, aber auch in Syrien und in den Golfstaaten als eindeutig konfessionalistisch angesehen wurden. Der IS wusste seinen Feldzug sehr geschickt so darzustellen, dass er breiten Zuspruch aus der ganzen arabischen Welt erhielt. Zu diesem Zweck betonte er die Kränkungen, die den Sunniten widerfuhren, und stellte sich als effizienten Gegner Irans dar.[4] Um nur eines von unzähligen Beispielen zu nennen: Der kuwaitische Salafist Hajjaj al-Ajmi, ein wichtiger Geldbeschaffer für die im syrischen Bürgerkrieg kämpfenden Dschihadisten, verurteilte

»die Machenschaften der USA und Irans gegen die irakische Revolution«.[5] In einer Region, die entlang konfessionalistischer Trennlinien tief gespalten ist, wurde die ganze irakische Regierung – nicht nur Maliki – als schiitisch abgestempelt und als Bündnispartner Irans, wenn nicht gar als dessen Marionette hingestellt.

Als Großajatollah Ali al-Sistani die schiitischen Volksmobilmachungskräfte (die Hashd-Milizen) zur Verteidigung Bagdads aufrief, wurde dies von vielen Sunniten als weiterer Affront angesehen. Gewalttätige Übergriffe der schiitischen Miliz gegen Sunniten fanden ein großes Medienecho und verschärften die bestehenden Vorurteile. Viele irakische Sunniten hassten und fürchteten den IS, doch das änderte nichts daran, dass sie al-Maliki und die schiitisch dominierte Regierung Iraks, der die USA zu Hilfe geeilt waren, vehement ablehnten. Besonders entsetzt waren sie über die stillschweigende Zusammenarbeit zwischen den USA und Iran bei der Verteidigung Bagdads, wo doch Iran von den syrischen Aufständischen als Hauptfeind betrachtet wurde. Wie konnten sich die Vereinigten Staaten in Irak mit Iran verbünden und zugleich als Unterstützer des syrischen Aufstands gegen Irans Alliierten in Damaskus auftreten?

In Syrien achtete Washington sehr darauf, dass sich die Luftangriffe und die Ausbildungsmissionen gegen den IS und nicht gegen Assad richteten, doch die militärischen Aktionen trafen auch dschihadistische Gruppen, die mit der gemäßigten Opposition zusammenarbeiteten. Äußerst umstritten waren bei den syrischen Rebellen und deren türkischen und arabischen Unterstützern Maßnahmen gegen die al-Nusra-Front, da die meisten von ihnen al-Qaida inzwischen als Verbündeten im Kampf gegen Assad akzeptierten. Versuche der USA, syrische Kämpfer auszubilden und auszurüsten, um sie anschließend darauf einzuschwören, ausschließlich gegen den IS und nicht auch gegen Assad zu kämpfen, waren von vornherein zum Scheitern verurteilt. Zwar hätte wahrscheinlich keine derartige Bewaffnungsaktion das strategische Patt aufgebrochen. Doch die Bemühungen, eine syrische Rebellenarmee aufzustellen, waren ein noch größerer Fehlschlag als befürchtet.

Zu einer entscheidenden Feuerprobe dieses neuen Feldzugs kam es bei der Verteidigung der kurdischen Stadt Kobane, die von IS-Kämpfern eingekesselt war und verloren schien. Wochenlange schwere Bombardements der Amerikaner und Waffenlieferungen per Luftbrücke wendeten das Blatt und sorgten für die erste weltweit zur Kenntnis genommene Niederlage des Islamischen Staates. Die außergewöhnliche militärische Energie, die in diese eine Schlacht gesteckt wurde, erklärt sich vor allem aus der wichtigen Rolle, die Narrative und Bilder in diesen neuen Kriegen spielten. Der IS gewann großen Einfluss durch seine Medienmaschinerie, die mittels grausamer Videos und unermüdlicher Beiträge in sozialen Medien seine Terrorbotschaft und den Nimbus selbstbewusster Unausweichlichkeit verbreitete. Die Niederlage von Kobane war der erste herbe Rückschlag für den IS, seit er öffentliche Aufmerksamkeit erlangt hatte, und zerstörte das Bild einer unbesiegbaren und unaufhaltsamen Armee. Zugleich diente der Triumph der Koalition als Modell für künftige gemeinsame Kriegsanstrengungen der einheimischen Truppen und der amerikanischen Luftwaffe.

Aber er brachte auch neue Probleme mit sich. Der Sieg der Peschmerga weckte bei vielen die Erwartung, dass nun die Stunde der Kurden gekommen sei. Die Vereinigten Staaten wurden hartnäckig gedrängt, die Kurden direkt zu bewaffnen, statt den Umweg über die Regierung in Bagdad zu nehmen, und endlich die Errichtung eines kurdischen Staates zu unterstützen. Dies löste wiederum bei Türken wie Irakern Ängste aus und bewog diese wichtigen Verbündeten zu Maßnahmen, die einen kurdischen Staat verhindern sollten.

Als der Feldzug des IS vor Bagdad und Erbil ins Stocken geriet, ließ die Dringlichkeit einer Gegenoffensive zwangsläufig nach. Die kurdischen Politiker kehrten zu ihren endlosen internen Machtkämpfen zurück und buhlten erneut um ausländische Unterstützung. Die irakischen Politiker vergaßen ihr Versprechen politischer Veränderungen, das sie unter enormem Druck gegeben hatten – zumindest so lange, bis eine außergewöhnliche, von Schiiten dominierte Protestbewegung, die 2015 urplötzlich auf der Bildfläche erschien, Ministerpräsident Abadi die Gelegenheit bot, ein Reformpaket gegen Korruption und Privilegien durchs Parlament zu bringen. Der Krieg steckte schon bald fest. Zwar verlor der IS beständig Terrain, Kämpfer und Geldquellen, leistete aber weiter erbitterten Widerstand. Die Entschlossenheit der von Schiiten dominierten irakischen Regierung, den Krieg auf sunnitische Gebiete auszuweiten, hielt nicht lange an, während vermutlich das Verhalten der schiitischen Milizen viele Sunniten dazu brachte, die IS-Herrschaft nicht mehr komplett abzulehnen. Der IS verschanzte sich in seinen Hochburgen und ging in die Offensive, wann immer sich eine Gelegenheit bot. Die USA bombardierten Ziele in Syrien und in Irak und versuchten, die irakischen Sicherheitskräfte besser auszubilden. Nach einer Weile eroberten die irakischen Truppen Tikrit und ein paar Monate später Baidschi, aber die Rückeroberung Ramadis blieb stecken, und ein Angriff auf Mossul schien vollkommen unmöglich. Die Strategie der Koalition bestand darin, den Islamischen Staat zu zermürben und nicht ihn rasch zu zerstören.

Je länger der Krieg in Syrien andauerte, desto offensichtlicher wurde die Bedeutung ausländischer Gruppen für die Aufrechterhaltung des militärischen Gleichgewichts. Als Assad in die Defensive geriet, erhöhten die Hisbollah, Iran und schiitische Milizen aus Irak ihre Präsenz. Iran hatte als Reaktion auf Assads militärische Schwäche seine direkte Kriegsbeteiligung deutlich intensiviert. Qassem Soleimani, Generalmajor der iranischen Revolutionsgarden, trat mit seinen Fotos von der syrischen Front, die er regelmäßig in sozialen Netzwerken veröffentlichte, ins Rampenlicht. Da sich die Revolutionsgarden immer öfter an der Vorbereitung und Ausführung von Kriegshandlungen beteiligten, wuchs auch die Zahl der gefallenen iranischen Soldaten. Die regimetreuen Truppen hatten Zulauf von Mitgliedern schiitischer Milizen aus Irak und von freiwilligen Kämpfern, wodurch der konfessionalistische Charakter des Kriegs und seine transnationale Dimension verstärkt wurden.

Als die Truppen des Regimes immer mehr die Oberhand gewannen, ließen die Türkei, Katar und Saudi-Arabien ihre Meinungsverschiedenheiten vorübergehend außer Acht, um gemeinsam die Bildung einer neuen, von Dschihadisten dominierten Allianz namens Jaysh al-Fateh zu unterstützen. Aber erneut half die verstärkte Unterstützung der Rebellen nicht. Die militärischen Erfolge von Jaysh al-Fateh und die aussichtsreichen Verhandlungen der USA mit der Türkei über eine Flugverbotszone waren vermutlich der Grund, warum Russland zugunsten des Regimes in den Krieg eingriff. Der Umstand, dass Russland eigene Soldaten und Flugzeuge einsetzen musste, um ein so begrenztes Ziel zu erreichen, offenbarte den großen Mangel des Regimes an Soldaten und Ausrüstung. Andererseits zeigte das Eingreifen Russlands auch, dass die Pattsituation noch lange andauern konnte.

Die Befürworter einer Bewaffnung der Rebellen beklagten regelmäßig, dass ihre Pläne aufgegangen wären, hätten sich Russland, Iran oder die Türkei nur herausgehalten. Das ist natürlich Unsinn. Jede Strategie, die solche Reaktionen nicht mit ins Kalkül zog, war von vornherein fehlerhaft. Rivalisierende Interventionen der Unterstützer aller Parteien waren fast von Anbeginn des Syrienkriegs die Regel. Saudi-Arabien, Katar, die Türkei, Russland, Iran, die Vereinigten Staaten – sie alle betonten stets, dass der Krieg so lange einen Blutzoll fordern werde, bis sich die externen Unterstützer für eine Verhandlungslösung entschieden.

Unterdessen kämpften die syrischen Rebellen darum, ihren Platz in einem Kampf zu finden, der durch den Krieg des Islamischen Staates neu definiert worden war. Ihr Hauptziel blieb der Sturz des Assad-Regimes. Die meisten von ihnen hassten den IS, da sie ihn für eine Schöpfung und ein Faustpfand Assads hielten. Die anderen dschihadistischen Gruppen, einschließlich der al-Nusra-Front, betrachteten sie hingegen als wichtigen Teil des bewaffneten Aufstands – eine Sichtweise, die nur gelegentlich in Frage gestellt und im Allgemeinen von den Unterstützern aus der Türkei und den Golfstaaten gutgeheißen wurde. Saudi-Arabien übernahm eine Führungsrolle bei dem Bestreben, eine Rebellenkoalition zu schmieden, die aus allen Truppen – von der Freien Syrischen Armee bis zu den Dschihadisten – bestehen und sowohl Assad als auch den IS bekämpfen sollte. Diese Bemühungen gerieten regelmäßig in Konflikt mit der Realität eines völlig zersplitterten Aufstands, dessen einzelne Gruppen sich ideologisch uneins waren, die um finanzielle Unterstützung miteinander konkurrierten und geographisch sehr begrenzte Gebiete kontrollierten. Das Auftauchen des IS hatte die Aufmerksamkeit der US-geführten Koalition geweckt und die Rebellen, die nicht dem

IS angehörten, zwischen einem sich zunehmend vergrößernden Islamischen Staat und dem unverwüstlichen Assad-Regime eingezwängt. Es war bezeichnend, dass Präsident Obama in seiner letzten Ansprache zur Lage der Nation im Januar 2016 den IS die größte außenpolitische Bedrohung der USA nannte und seiner Bekämpfung oberste Priorität beimaß.

Ein ums andere Mal wurden neue Koalitionen verkündet – begleitet von großem Getöse der Massenmedien, die mit bestimmten Interessengruppen in Verbindung standen –, nur um dann erneut in der Versenkung zu verschwinden. Die Presse in Saudi-Arabien und den Vereinigten Arabischen Emiraten bejubelte die Gründung der Armee des Islam (Jaysh al-Islam) und die Gründung eines Revolutionären Kommandorats im November 2014, aber beides blieb ohne große Wirkung. Beobachter warben für eine südliche Front, da die strenge Überwachung der Grenze durch die Jordanier und die geringe Präsenz von IS-Kämpfern dort die Formierung einer schlagkräftigen Stellvertreterarmee ermöglichen könnte, aber das Vorhaben wurde still und leise begraben. Die amerikanische Ausbildungs- und Bewaffnungsmission, in deren Rahmen sorgfältig ausgewählte Kämpfer außer Landes gebracht wurden, um ihnen spezielle Fähigkeiten beizubringen, endete in einem Fiasko, als die al-Nusra-Front die Kämpfer bei der Einreise nach Syrien gefangen nahm und ihre Waffen konfiszierte. Bestrebungen, kurdische Kämpfer nach ihren Erfolgen in Kobane und in der Autonomen Region Kurdistan in Irak zu bewaffnen, stießen auf Widerstand der Türkei und arabischer Kämpfer, die den Absichten der Kurden misstrauten.

Die neue saudische Strategie wurde in Syrien im Mai 2015 anlässlich der Gründung von Jaysh al-Fateh (Armee der Eroberung) deutlich, die aus einer zeitweiligen Kooperation von Katar, der

Türkei und Saudi-Arabien resultierte. Diese zielte auf die Bewaffnung einer noch sehr viel extremeren islamistischen Koalition. Jaysh al-Fateh bestand im Kern aus der salafistisch-dschihadistischen Ahrar-al-Sham-Miliz und unterhielt enge Kontakte zur al-Nusra-Front. Von ihren vorübergehenden Gönnern mit modernsten Waffen ausgerüstet, gelang Jaysh al-Fateh eine Reihe überraschender Siege im Norden, unter anderem die Einnahme von Idlib und die teilweise Eroberung von Latakia und anderen Gebieten, die für das Assad-Regime von zentraler Bedeutung waren. Dass diese Allianz von Dschihadisten wie Jubhat al-Nusra und anderen etwas weniger extremen Gruppen wie Ahrar al-Sham dominiert wurde, verstärkte die Befürchtungen der Amerikaner, schien aber den Geldgebern aus der Region oder den Experten aufseiten der Rebellen, die von den Erfolgen der Allianz mehr beeindruckt waren als von deren Ideologie, keine übermäßigen Sorgen zu bereiten. Doch ihre militärischen Erfolge endeten, als die Iraner ihre Unterstützung Assads verstärkten, und es trat wieder die strategische Pattsituation ein.

Jede potenzielle oder reale internationale Eskalation provozierte eine Gegenreaktion. Im Juli 2015 erhielten die USA endlich von der Türkei die Genehmigung, den Luftwaffenstützpunkt Incirlik für ihren Krieg gegen den IS zu nutzen. Aber dieser Fortschritt wurde schon bald durch die türkischen Angriffe gegen die PKK, einen brutalen Terroranschlag in Ankara und die rasche Verschlechterung der allgemeinen politischen Lage zunichtegemacht. Im Oktober 2015 zog Russland mit großem Tamtam in den Krieg und flog eine Reihe von Luftangriffen, die sich hauptsächlich gegen Rebellen aus dem Lager der Assad-Gegner richteten. Als Antwort darauf verstärkte Saudi-Arabien mit amerikanischer Unterstützung seine Lieferung modernster Waffen an die Rebellen, darunter auch Panzerabwehrraketen. Und die Pattsituation dauerte an.

Jemen und die Operation »Entscheidungssturm«

Der Krieg in Syrien und Irak ging weiter, als die Saudis unvermittelt im Regionalkrieg eine neue Front eröffneten: Jemen.

Nachdem in den Jahren 2013 und 2014 die staatliche Autorität zunehmend verfallen und die Sicherheitslage immer prekärer geworden war, befand sich das Land in einem bedrohlichen Zustand. Bewaffnete Konflikte brachen entlang verschiedener Verwerfungslinien aus. Die Huthi kämpften gegen Islamisten, die mit der Islah-Partei verbündet waren, während im Süden die Unabhängigkeitsbewegung Hirak die jemenitische Armee attackierte. Der regionale Zweig von al-Qaida, AQAP, eroberte beträchtliche Gebiete, während unbekannte Truppen immer öfter Angriffe auf Ölpipelines und die Infrastruktur unternahmen, wofür viele dem ehemaligen Präsidenten Ali Abdullah Saleh die Schuld gaben. Zugleich bemühte sich der UNO-Sondergesandte Jamal Benomar unverdrossen um einen Erfolg des Nationalen Dialogs, der eine neue, allseits akzeptierte jemenitische Verfassung erarbeiten sollte, um das zerstrittene Land endlich wieder zu einen.

Dieser Prozess endete abrupt im September 2014, als die Huthi von Nordjemen aus in die Hauptstadt Sanaa einmarschierten und die Macht übernahmen. Präsident Hadi, der unter Hausarrest gestellt wurde, trat offiziell zurück, floh nach Aden und erklärte dort seinen Rücktritt für nichtig. In beschwörenden

Worten beschrieb Hadi die Einnahme Sanaas durch die Huthi als einen Putschversuch und verglich ihn sogar mit der Eroberung Mossuls durch den IS.[6] Die Schuld am Vormarsch der Huthi gab er Iran – eine Einschätzung, die von den meisten Mitgliedern des Golf-Kooperationsrats, die hinter Hadis Regierung gestanden hatten, geteilt wurde. Die Huthi rückten bis weit über die Grenzen ihres Heimatgebietes vor und nahmen auch Aden ein. Hadi schaffte es mit knapper Not zu entkommen und ging ins Exil nach Riad. Die mühsam erarbeiteten Pläne für einen Übergang in Jemen waren Makulatur. Saudi-Arabien beharrte darauf, dass Hadi der rechtmäßige Präsident des Landes sei, und schwor, den Vormarsch der Huthi nicht tatenlos hinzunehmen.

Wie hatten es die Huthi geschafft, in Sanaa einzumarschieren? Einfach mit dem Finger auf Iran zu zeigen reichte als Erklärung bei weitem nicht aus. Der Huthi-Putsch, um den Begriff zu verwenden, den die meisten arabischen Medien benutzten, war die direkte Folge einer Vielzahl altbekannter schwerer Fehler in dem vom Golf-Kooperationsrat entworfenen Übergangsplan. Die Straffreiheit, die Ali Abdullah Saleh gewährt wurde, eröffnete ihm die Möglichkeit, gegen seinen Nachfolger zu intrigieren, was er mit der ihm eigenen Skrupellosigkeit und Cleverness auch tat. Der Nationale Dialog zum Thema Föderalismus bedrohte zentrale Interessen der Huthi. Und der Ausschluss von Vertretern der Protestbewegung und der Jugend vom Dialog schwächte Hadis Rückhalt in der Bevölkerung.

Dennoch unternahm der fast ein Jahr lang tagende Nationale Dialog unter der Leitung des UN-Sondergesandten Jamal Benomar große Anstrengungen, möglichst viele Interessen- und Bevölkerungsgruppen zu beteiligen, und hielt regelmäßig lange Sitzungen ab. Anders als die überhastete Präsidentschaftswahl

2012 war der Nationale Dialog ein umfassender und ernsthafter Versuch, die politische Zersplitterung Jemens zu überwinden. Als die Konferenz im Januar 2014 ihre abschließenden Vorschläge formulierte, hatte sie bei einer Vielzahl heikler Themen bedeutende Fortschritte erzielt. Die Vorschläge sollten bis zum Januar 2015 umgesetzt werden.

Nur in einem besonders strittigen Punkt hatte es der Nationale Dialog nicht geschafft, eine Einigung zu erzielen: Hadis Forderung, Jemen eine neue föderale Struktur zu geben. Hadi glaubte offenbar, dass eine solche Dezentralisierung die beste Methode sei, um Salehs Günstlingswirtschaft zu beenden und gleichzeitig den Huthi und den Bewohnern des Südens, die sich über die Konzentration der Macht in der Zentralregion unter Saleh beklagt hatten, ein positives Signal zu senden.[7] Die Beschlüsse über die föderale Ordnung gefährdeten jedoch in Wahrheit die Autonomie und die Ressourcen der Provinzen. Die vorgeschlagenen neuen föderalen Regionen zerteilten zudem die Gebiete der Hirak und der Huthi und gaben der Zentralregierung zugleich die Möglichkeit, die Ölvorkommen auszubeuten und einen Keil zwischen potenzielle Gegner zu treiben. Die Pläne des Nationalen Dialogs liefen lokalen und regionalen Interessen auf eine Weise zuwider, die einem bekannt vorkommen dürfte. Die alte Elite, die unter Saleh reich und mächtig geworden war, fürchtete Veränderungen, die ihre Privilegien in Frage stellten. Damit war sie anfällig für die Beteiligung an Salehs Machenschaften, der unbedingt vermeiden wollte, dass Hadis Autorität durch eine neue Verfassung gefestigt wurde. Saleh selbst behielt seinen Reichtum und sein Netzwerk an Verbündeten, das sich über die gesamte Golfregion (und die ganze Welt) erstreckte und das ihm dabei helfen konnte, die instabile neue Regierung Jemens in Bedrängnis zu bringen.

Die Huthi nahmen Aufforderungen zur Abgabe ihrer Waffen mit Unmut zur Kenntnis. Im Frühjahr 2014 lieferte die International Crisis Group folgende prägnante Einschätzung der Lage: »Da ihre Gegner … entschlossen sind, sie mit Gewalt an der friedlichen Verbreitung ihrer Ideen zu hindern, bestehen sie vorerst darauf, ihre Waffen zu behalten, um nicht durch einen von ihren Feinden beherrschten Staat vernichtet zu werden.«[8] Dieser Logik folgten bereits die libyschen Milizen, Syriens bewaffnete Opposition und andere vergleichbare Gruppen. In den Monaten nach dem Abschluss des Nationalen Dialogs festigten die Huthi ihre Position in ihrem Heimatgebiet durch militärische Siege über die jemenitische Armee und örtliche Rivalen. Sie gewannen auch ein gewisses Maß an politischer Unterstützung außerhalb ihres eigentlichen Einflussgebiets, indem sie sich als Fürsprecher jener präsentierten, die mit den Machenschaften der traditionellen jemenitischen Elite unzufrieden waren. Hilfreich war dabei, dass sie die Vereinbarung des Golf-Kooperationsrats vom November 2011, der Saleh Immunität gewährte, rundheraus abgelehnt hatten und dass diese Haltung von vielen Revolutionären geteilt wurde.

Ihre militärischen Erfolge vertieften jedoch die Feindschaft zwischen ihnen und einer erschreckend großen Zahl politischer Akteure in Jemen. Außerdem ließen sie die Alarmglocken in Riad läuten, wo man die demütigende Niederlage gegen die Huthi im Jahr 2009 noch nicht verwunden hatte. Gespräche zwischen dem Rebellenführer Abd al-Malik al-Huthi und Präsident Hadi im April 2014 verliefen ergebnislos. Die Saudis zeigten keinerlei Kompromissbereitschaft. Sie betrachteten Jemen seit jeher als ein Land innerhalb ihrer Einflusssphäre (ob das den Jemeniten passte oder nicht), aber nun maßen sie ihm zunehmend eine Rolle in ihrem regionalen Machtkampf mit Iran zu.

Damit Riads Strategie aufging, durften die Huthi nicht länger als Revolutionäre gelten, sondern mussten das Etikett einer schiitischen Bewegung angehängt bekommen, deren Hintermänner in Iran saßen. Nur so würde den Saudis nicht nur die Bildung einer regionalen Koalition gelingen, sondern ein praktikabler Zusammenschluss jemenitischer Streitkräfte mit Anhängern sowohl der Islah-Partei als auch der Unabhängigkeitsbewegung aus dem Süden des Landes, die für ihren »rechtmäßigen« Präsidenten kämpfen sollten. Vergleichbare Bemühungen Salehs waren stets gescheitert, aber 2014 hatte sich aufgrund der Lage in Syrien und des zu erwartenden Atomabkommens die Stimmung in der Region dramatisch geändert. Es war jetzt wesentlich einfacher, bestimmte Gruppen durch ihre Zugehörigkeit zu dieser oder jener Konfessionsgruppe abzustempeln.

Wie dem auch sei, im März startete eine Koalition unter saudischer Führung eine groß angelegte Militäroffensive gegen die Huthi, die den sehr amerikanisch klingenden Namen »Operation Decisive Storm« trug. Diese Offensive wurde nicht zuletzt von den schockierenden Geschehnissen in Jemen ausgelöst. Zum Teil war es aber auch eine Fortsetzung der Kooperation zwischen den Vereinigten Arabischen Emiraten und Ägypten bei den Luftangriffen auf Libyen, die einige Politiker in den Golfstaaten als erfolgreiche gemeinsame militärische Aktionen der arabischen Staaten ansahen, die zu der vereinigten arabischen Armee führen sollte, über die im März 2015 auf dem Gipfeltreffen der Arabischen Liga diskutiert worden war.

Doch die Offensive stand auch in enger Beziehung zum Atomabkommen mit dem Iran. Der libanesische Journalist Ghassan Cherbel nannte sie bezeichnenderweise »Operation Wiederherstellung des Gleichgewichts«.[9] Die Antwort der Golfstaaten auf den möglichen Abschluss eines Atomdeals war Entschlossenheit und Härte gegenüber allen machtpolitischen Bestrebungen Irans in der Region sowie – ein wichtiger Punkt – Druck auf die Vereinigten Staaten, Unterstützung für die Operation zu demonstrieren und damit Iran zu signalisieren, dass die USA an ihrer Allianz mit dem Golf festhielten. Der politisch gut vernetzte saudische Journalist Nawaf Obeid erläuterte: »Als Folge von Washingtons katastrophaler Politik der Wiederannäherung an Iran hat Saudi-Arabien Anstrengungen unternommen, militärisch nicht länger von den traditionellen Verbündeten wie den USA, Großbritannien oder Frankreich abhängig zu sein, sondern seine Interessen selbst wahrzunehmen. Als Iran nun versuchte, die demokratisch gewählte Regierung Jemens, eines wichtigen Verbündeten Riads, zu stürzen, wurden daher Truppen unter saudischer Führung entsandt.«[10]

Die Rolle der Medien in diesem Krieg verdient besondere Aufmerksamkeit. Saudi-Arabien bot sein gesamtes massenmediales Arsenal zur Unterstützung des Feldzugs auf, wobei besonders *al-Arabiya* ein Sperrfeuer an positiven Meldungen und Kommentaren sendete. Viele saudische Journalisten wirkten wie der verlängerte Arme der Regierung und nicht wie neutrale Beobachter. So schrieb der bekannte saudische Journalist Daoud Shriyan im April: »Die Operation Entscheidungssturm war vom ersten Tag an ein Opfer der iranischen Propaganda. Wie können wir auf diese Lügen reagieren?«[11] Es schien ihm gar nicht in den Sinn gekommen zu sein, dass es womöglich nicht Aufgabe der Presse ist, den Krieg der Regierung gegen Kritik in Schutz zu nehmen.

Für die zerstörerische Bombardierung jemenitischer Städte zog der Golf-Kooperationsrat die meisten Flugzeuge aus dem Krieg gegen den IS ab. Dennoch war die Operation kein Erfolg. Monatelange Luftangriffe und eine Seeblockade führten zu einer humanitären Katastrophe, brachten aber nur geringe militärische oder politische Erfolge. Als der Koalition klarwurde, dass sie Soldaten für eine Invasion benötigte, versuchte sie auf verschiedene Weise, an Truppen zu gelangen. Saudi-Arabien bemühte sich emsig, über seine seit vielen Jahrzehnten gepflegten Kontakte zu Stammesführern und einflussreichen Personen lokale Streitkräfte für die Eroberung und anschließend die Kontrolle von Gebieten im Jemen zu mobilisieren.

Für viele am Golf war Ägypten das Land, von dem am ehesten die Entsendung von Bodentruppen zu erwarten war; aber Kairo lehnte eine Beteiligung am Krieg in Jemen ab. Die Frage einer ägyptischen Teilnahme am Krieg in Jemen rief eine ungewöhnlich scharfe, öffentlich ausgetragene Debatte der politischen Elite der al-Sisi-Ära hervor.

Der Militärführung war bewusst, wie sehr das Land auf das Wohlwollen der Vereinigten Arabischen Emirate und Saudi-Arabiens angewiesen war, doch die Öffentlichkeit betrachtete eine militärische Rolle Ägyptens in Jemen mit Skepsis. Das Grauen, das ägyptische Soldaten im jemenitischen Bürgerkrieg in den Jahren 1962 bis 1967 erlebt hatten, war ins kollektive Gedächtnis der Nation eingegangen. Eine ganze Generation litt unter den Erinnerungen an den sinnlosen Tod ägyptischer Wehrpflichtiger in den jemenitischen Bergen, deren Schicksal kaum je öffentlich gewürdigt wurde. In der ägyptischen Presse, seit dem Putsch stramm auf Regierungslinie und sehr nationalistisch eingestellt, konnte man nur äußerst selten Schlagzeilen lesen, die so offen Kritik an al-Sisi übten wie beim Thema einer Beteiligung am Krieg in Jemen.

Der Zeitpunkt einer solchen Aufforderung zur Kriegsbeteiligung hätte nicht schlechter gewählt sein können, denn Ägyptens unsichere Herrscher waren mit schwierigen Problemen konfrontiert, die das Land destabilisierten. Im Sinai eskalierte der seit langem wütende Aufstand, der Nachbar Libyen war politisch zusammengebrochen, und in Kairo ereigneten sich immer öfter Anschläge und Attentate. Aus ägyptischer Sicht noch schlimmer war jedoch die Beteiligung der den Muslimbrüdern nahestehenden Islah-Partei an der saudisch-jemenitischen Kriegskoalition sowie eine Entschärfung der Feindseligkeiten gegenüber der Muslimbruderschaft seit Beginn der Regentschaft von König Salman. Der politisch gut vernetzte saudische Journalist Abd al-Rahman al-Rashed grummelte finster über die ägyptischen Vorbehalte gegenüber einer Kriegsbeteiligung: »Ägypten ist groß, aber es sollte nicht vergessen, dass es in der arabischen Region Freunde braucht.«[12] Da mit ägyptischen Truppen offenbar nicht zu rechnen war, wandte sich die Koalition an den Sudan. Präsident Umar al-Baschir stellte bereitwillig etwa zehntausend Soldaten als Friedenswächter zur Verfügung. Vermutlich versprachen ihm die Golfstaaten dafür, ihm bei der Überwindung seiner internationalen Isolation zu helfen. Dass er vom Internationalen Strafgerichtshof wegen Kriegsverbrechen angeklagt worden war, schien sie nicht zu stören.

Anfang August erlangte die saudisch geführte Koalition einen ersten wichtigen Sieg, als ihre Truppen in Aden Fuß fassten und die zeitweilige Rückkehr der Hadi-Regierung auf jemenitischen Boden ermöglichten. In krassem Gegensatz zu ihren militärischen Gepflogenheiten führten die Vereinigten Arabischen Emirate dreitausend eigene Soldaten als Landungstruppen in die Schlacht und beließen später einen Großteil dieses Kontingents vor Ort, um das eroberte Gebiet zu sichern. Berichte über die begeisterte Begrüßung durch dankbare Bewohner Adens und über das Hissen emiratischer Flaggen riefen unheimliche Erinnerungen daran wach, mit welcher Freude die Libyer Anfang 2011 die Truppen aus Katar willkommen geheißen hatten.[13] Kaum jemand, der sich an den weiteren Verlauf von Katars Engagement in Libyen erinnerte, dürfte geglaubt haben, dass die Begeisterung der Jemeniten für die Präsenz emiratischer Soldaten in ihrem Land lange anhalten würde.

Der Vormarsch auf Sanaa erwies sich als exakt so problematisch, wie Kritiker des Krieges vorausgesagt hatten. Zwar versicherte die Propaganda, ein Sieg stehe unmittelbar bevor, doch in Wahrheit stockte der Feldzug der saudisch geführten Koalition. Die verhassten Huthi-Besatzer aus Aden zu vertreiben war eine Sache; Gebiete zu erobern, die umkämpft waren oder zum eigentlichen Huthi-Territorium zählten, eine andere. Aus diesem Grund verstärkte die Koalition ihre Luftschläge, die enormen Schaden anrichteten, aber nur von geringem militärischem Nutzen waren. Die Zahl der Opfer unter der Zivilbevölkerung war erschreckend hoch – und ließ das ständige Gerede der Saudis über die Lage Syriens in zweifelhaftem Licht erscheinen, jedenfalls für jene, die solche Vergleiche zogen.

Im September hatten viele in Saudi-Arabien und den Vereinigten Arabischen Emiraten begriffen, dass ihr Feldzug in einem militärischen Sumpf feststeckte. Der emiratische Politikwissenschaftler Abd al-Khaleq Abdulla, der für seine unabhängige Meinung bekannt ist, verteidigte zwar den Krieg, räumte aber ein, viele hätten »davor gewarnt, dass ein Krieg in dem armen, instabilen und von verfeindeten Stämmen bewohnten Jemen nur durch ein Wunder zu gewinnen wäre. Selbst wenn es den Vereinigten Arabischen Emiraten und der saudisch geführten Koalition gelänge, Sanaa zu befreien und die rechtmäßige Regierung wieder an die Macht zu bringen, hätte der militärische Sieg eine unerträglich hohe Zahl menschlicher Opfer gekostet und wäre eine bittere politische Niederlage«.[14]

In einen Sumpf gerät man eben leichter hinein, als man wieder herauskommt. Diese alte Weisheit über die Grenzen der militärischen Macht mussten die Saudis jetzt erneut lernen.

Kapitel 9

Wie wird es weitergehen?

Im Januar 2016, während ich diese Zeilen schreibe, könnten die Aussichten für den Nahen Osten nicht düsterer sein. Die Kriege in Syrien, Irak, Libyen und im Jemen gehen weiter, ohne dass eine gangbare politische Lösung in Sicht wäre. Terrorangriffe, die mit dem Islamischen Staat in Verbindung gebracht werden, fordern regelmäßig und beinahe weltweit zahlreiche Opfer. Führende Mitglieder des neu gewählten ägyptischen Parlaments verhöhnen offen die Revolution vom 25. Januar 2011, während die Gefängnisse des Landes von politischen Gefangenen überquellen. Syrische Flüchtlinge machen sich weiterhin verzweifelt auf den Weg, um irgendwo auf der Welt eine einigermaßen normale Existenz zu finden.

Der nächste amerikanische Präsident oder die nächste amerikanische Präsidentin wird schwierige Entscheidungen zur amerikanischen Rolle in diesem neuen Nahen Osten zu treffen haben. Selbst wenn das Atomabkommen mit Iran hält, wird die Versuchung groß sein, weiterzumachen wie bisher: die alten Allianzen wiederaufzubauen und die militärische Gewalt zu verstärken. Aber die Region ist nicht mehr, wie sie einmal war und wird es so schnell auch nicht mehr sein. Die arabischen Regime haben noch nicht einmal begonnen, die Probleme anzugehen, die 2011 den Aufstand heraufbeschworen haben, und die meisten dieser Probleme haben sich inzwischen weiter verschärft. Die Kriege in der Region werden so schnell nicht zu Ende gehen, ihre Folgen noch viele Jahre zu spüren sein. Nur wenige – wenn überhaupt irgendeiner – der traditionellen Verbündeten der USA teilen die amerikanischen Hoffnungen für die Region.

Die Probleme des Nahen Ostens sind so komplex und alles ändert sich so schnell, dass man keine einfachen Antworten auf die Frage finden wird, warum alles derart schiefgegangen ist. Die in diesem Buch erzählte Geschichte ist tragisch, weil alles auch anders hätte kommen können. Die arabischen Aufstände boten eine echte Chance für die Herausbildung neuer demokratischer Systeme, die den Bedürfnissen der Menschen in diesen Ländern endlich Rechnung tragen. Die Geschlossenheit, Begeisterung und Gewaltlosigkeit der Massen, die Anfang 2011 auf die Straße gingen, widerlegt die seit Jahrzehnten verbreitete Propaganda, die dortige Bevölkerung sei politisch unreif, konfessionell gespalten und von Grund auf radikal. Die düsteren Warnungen arabischer Diktatoren, die Menschen hätten die Wahl zwischen ihnen und einem islamistischen Mob, lösten sich angesichts einer Woge der Massenbegeisterung in Luft auf.

Die Traumata der letzten Jahre haben viele Hoffnungen zerschlagen und dem Gift alter Narrative erneut Wirkung verschafft. Der Gedanke, dass die Forderung nach einem politischen Wandel nur im Schlachthaus Irak enden könne oder dass hinter den fröhlichen Gesichtern demonstrierender Menschenmengen nur der islamistische Radikalismus lauere, erschien 2011 abstrus und 2015 evident. Die Regime, gegen die sich 2011 der Volkszorn richtete, genießen heute breite Zustimmung. Die Barriere der Angst, 2011 so eindrucksvoll niedergerissen, wurde neu aufgerichtet. Die Vorstellung, der Islam und der Westen seien zu gewalttätiger Konfrontation verurteilt, war 2011 weitgehend verschwunden, ist aber heute in sehr viel aggressiverer Form zurückgekehrt. Die Amerikaner, 2011 allergisch gegen alles, was mit militärischer Intervention zu tun hatte, scheinen sich heute sogar für einen Bodenkrieg gegen den Islamischen Staat zu erwärmen. Obamas Bemühungen, »die Denkweise zu ändern, die uns in den Krieg geführt hat«, werden wohl den Katastrophen in der Region zum Opfer fallen.[1]

Die Beschreibung der neuen Kriege in der arabischen Welt, die dieses Buch versucht, geht einen anderen Weg, um die gegenwärtigen Verhältnisse in der Region verständlich zu machen. Kurz gesagt: Die arabischen Aufstände sind nicht gescheitert; die arabischen Regime haben sich nicht wieder stabilisiert, und sie sind nicht die Lösung; eine entschiedenere Intervention hätte Syrien nicht gerettet; das Scheitern der Muslimbrüder ist keine Bestätigung antiislamistischer Ansichten; der Islamische Staat repräsentiert nicht den wahren Islam. Aber der Dschihadismus wird eine Herausforderung bleiben, auch wenn dessen Staat längst zerstört ist.

Warum ist das so, und was bedeutet dies für die Vereinigten Staaten?

Der arabische Aufstand ist noch nicht zu Ende

Heute herrscht weitgehend Einigkeit darüber, dass der arabische Aufstand gescheitert ist. Dass es Tunesien geschafft hat, einen fragilen Konsens über demokratische Institutionen zu erreichen und zu bewahren, ist nur ein schwacher Trost angesichts des Trümmerhaufens der paradigmatischen Revolution in Ägypten, des staatlichen Kollapses in Jemen, Libyen und Syrien und der mit brutaler Gewalt wiederhergestellten Autokratie in weiten Teilen der Region. Wenn die Demokratie das Ziel war, wurde es offenkundig verfehlt. Doch auch wenn eine gefestigte Demokratie das fraglos beste Ergebnis der Volkserhebungen in der arabischen Welt wäre, so geht es bei den arabischen Aufständen um sehr viel mehr.

Es gilt, längere Entwicklungsverläufe ins Auge zu fassen. Die Protestwelle Anfang 2011 darf nicht als eine Eruption betrachtet werden, die aus dem Nichts entstanden und ebenso schnell wieder verschwunden ist. Sie war vielmehr ein besonders deutlich herausgehobener Moment in einem Jahrzehnte währenden politischen Umgestaltungsprozess der Region. Das Jahrzehnt vor 2011 war geprägt von einer rasanten Verbreitung der Informations- und Kommunikationstechnik und einer sichtbaren Erosion von staatlicher Führung und Handlungsfähigkeit. Zunehmend selbstbewusste und ungeduldige junge Leute aus allen möglichen weltanschaulichen Lagern erkundeten neue Formen des Protestes und schrieben dabei das Drehbuch der öffentlichen Politik komplett um.

Aufgrund seiner Dimensionen und seines Erfolgs kam der Aufstand von 2011 zwar einem Schock gleich, ansonsten aber lag er voll und ganz im Trend dieser langfristigen Entwicklungsverläufe. Ich habe versucht, diesen Trend mit dem Bild eines Damms gegen eine steigende Flut zu beschreiben. Jahr für Jahr stieg die Flut des Protestes, und jedes Mal wurde sie von der Mauer abgewehrt, die autoritäre Regime zu deren Abwehr errichtet hatten. 2011 schließlich brach der Damm. Die meisten Beobachter waren schockiert, denn der Damm hatte in der Vergangenheit immer gehalten; kaum jemandem war allerdings entgangen, dass die Flut immer höher stieg. Doch die Metapher endet hier nicht. Die Fluten, die sich nun in die Straßen der Hauptstädte ergossen, besaßen eine ungeheure Zerstörungskraft und entzogen sich jeder Kontrolle. Sie konnten nicht so leicht in die Kanäle einer institutionalisierten Demokratie geleitet werden. Und die Erbauer des Damms dachten nicht daran, ihre Machtträume aufzugeben. Allmählich wich die Flut zurück und hinterließ kaputte Straßen und geplatzte Träume, und es wurden neue, stärkere Dämme gebaut. Aber die Metapher wird ihre Gültigkeit behalten, solange die Flut hinter diesen hastig errichteten Mauern immer höher steigt und immer gewaltiger anschwillt.

Das ist der Punkt, an dem wir heute stehen. Die Protestwelle ist abgeebbt, aber die Verhältnisse, die sie hervorgerufen haben, sind schlimmer denn je. Die arabischen Regime haben die Hoffnung auf einen ernstzunehmenden demokratischen Wandel weitgehend zerstört, und das Scheitern der Übergangsregierungen hat der Begeisterung der Bevölkerung für demokratische Institutionen einen empfindlichen Dämpfer versetzt. Aber die Regime haben absolut nichts unternommen, um die Missstände zu beheben, die zu den arabischen Aufständen geführt haben. Ja, in vielen Bereichen sind die Bedingungen noch schlechter geworden: Die Volkswirtschaften kämpfen mit dem niedrigen Ölpreis und dem Zusammenbruch des Tourismus; die regierenden Koalitionen bröckeln, die Unterdrückung nimmt zu. Derweil gehen die Entwicklung und der Einsatz moderner Informations- und Kommunikationstechnologien unaufhaltsam weiter und befeuern die radikal neuen Erwartungen und Kompetenzen junger arabischer Staatsbürger.

Die #youstink-Proteste im Libanon und die irakischen Proteste für Reformen zeigen, dass der Geist des Arabischen Frühlings noch sehr lebendig ist. In Ägypten und anderswo hält sich die Bevölkerung vorerst bedeckt und leckt ihre Wunden, denkt nach und sucht nach Alternativen. Aber es gibt wenig Zweifel, dass ihre Unzufriedenheit mit dem neuen Militärregime sie irgendwann erneut auf die Straße treiben wird. Der jordanische Journalist Hilmi al-Asmar erklärte kürzlich, der Arabische Frühling werde »sehr bald zurückkehren, und er wird stärker und besser organisiert sein«. Der Feldzug gegen die Aufstände, so al-Asmar weiter, trage die Saat seines Scheiterns in sich: »Die brutale Repression des Arabischen Frühlings durch seine Feinde wird letztlich dafür sorgen, dass er zurückkehrt … Rigoros gegen Freiheit vorzugehen und die Würde zu verletzen, um Forderungen nach einer Veränderung zu ersticken, wird diese Forderungen nur noch lauter werden lassen.«[2]

Das ist wohl richtig. Es ist völlig klar, dass kein einziger arabischer Staat auch nur ansatzweise begonnen hat, die Probleme anzupacken, an denen sich die Aufstände entzündet haben – in den meisten Fällen haben sich die Probleme noch verschärft. Wenn aber ein neuer Aufstand losbricht, wird er wahrscheinlich anders sein. Die konfessionellen Spannungen reichen heute sehr viel tiefer, und die Aufstände werden entlang konfessioneller Bruchlinien (Schiiten versus Sunniten) verlaufen, statt dass eine homogene Öffentlichkeit gegen das Regime aufbegehrt. Die Demokratie ist diskreditiert, und deshalb wird es in der nächsten Aufstandsrunde wohl keinen Aufruf zum Konsens geben. Es wird keine Muslimbruderschaft geben, die in den islamistischen Teilen der Bevölkerung für Disziplin sorgt. Aufgrund der blutigen Repression durch Regime wie in Bahrain und Ägypten wird der nächste Aufstand wohl sehr viel stärker von Rachedurst geprägt sein. Er wird weitaus weniger friedlich verlaufen, und die Mitglieder der alten Regime werden nicht wie bisher auf strafrechtliche Immunität hoffen können.

Arabische Regime sind nicht die Antwort

Das von den meisten als Scheitern wahrgenommene Ende der arabischen Aufstände und der Wiederaufstieg des arabischen Autoritarismus haben den Wunsch nach einer Rückkehr zum alten Status quo in der Region verstärkt. In den politischen Debatten des Westens geht es heute zumeist um den Wiederaufbau der alten Allianzen, die schwer gelitten haben. Nachdem die Hoffnungen auf einen Wandel enttäuscht worden sind, lässt man Vorsicht walten und besinnt sich auf das Altbewährte zurück. Im Nahen Osten setzt man verstärkt auf die Partnerschaft mit »gemäßigten« arabischen Autokratien, um Stabilität zu erreichen. Allerdings wird dies vorhersehbar negative Folgen haben und weder die gewünschte Stabilität bringen noch die Partner gefügiger machen.

Der passiv-aggressive Ansatz der USA gegenüber dem Wiederaufstieg autoritärer Regime wird sich als hochproblematisch erweisen. Sich mit dem Militärputsch in Ägypten oder mit dem

Krieg Saudi-Arabiens in Jemen zu arrangieren mag kurzfristig klug erschienen sein, wird Washington aber noch einiges Kopfzerbrechen bereiten. Die amerikanisch gestützte Regionalordnung wird in Zukunft noch unmittelbarer in Frage gestellt werden, sodass Washington noch weniger Spielraum bleibt, den Widerspruch zwischen seinem Ziel einer Demokratie in der arabischen Welt und der Realität seiner Bündnisse mit demokratiefeindlichen Regimen auszugleichen.

Arabische Autokraten geben sich heute selbstbewusst, aber davon sollte sich niemand täuschen lassen. In Wahrheit sind sie heillos überfordert, hypernationalistisch, noch repressiver und außerdem paralysiert, und das im Angesicht wachsender Krisen. Die meisten arabischen Regime warten einfach nur ab. Ihre zunehmende Gewalt gegen Kritiker muss als ein Zeichen von Schwäche, nicht von Stärke betrachtet werden. Viele sehen sich mit zunehmend militanten Aufständen in ihrem Land konfrontiert, die durch ihre Repressionen nur noch weiter befeuert werden. Keines dieser Regime hat praktikable Pläne für die sich verschärfenden wirtschaftlichen Krisen. Die unbegrenzten finanziellen Ressourcen, die es den Golfstaaten erlaubten, sich selbst zu schützen und ihren Verbündeten beizuspringen, versiegen allmählich angesichts der finanziellen Verpflichtungen im eigenen Land, angesichts kostspieliger Kriege im Ausland, massiv gestiegener Rüstungsausgaben und des Ölpreisverfalls. Und auch wenn die Öffentlichkeit im Moment friedlich zu sein scheint, hat sie doch mehrfach unter Beweis gestellt, dass es jederzeit wieder losgehen kann.

Das Gefühl der Unsicherheit heutiger arabischer Regime erklärt sowohl ihre brutale Repression nach innen als auch ihre hektische Politik in der Region. Saudi-Arabien und andere Regionalmächte intervenieren leichtfertig in Ägypten, Libyen, Syrien und Jemen – aus Angst, aber auch weil sie eine Chance wittern. In jedem Fall versuchen sie, aus den am Boden liegenden Ländern Vorteile zu ziehen und in den schwächeren Nachbarländern Einfluss und Macht zu gewinnen, wie sie es schon immer getan haben. Gleichzeitig sind sie von einer tiefen, existenziellen Angst getrieben: der Angst davor, wie ihre Rivalen wohl die sich bietenden Chancen nutzen werden; der Angst vor möglichen Rückschlägen der regionalen Krisen auf den eigenen Machterhalt; der Angst, vom Westen im Stich gelassen zu werden; der Angst vor ihrem eigenen Volk. Eine solche toxische Mischung aus existenzieller Angst und der Entschlossenheit, Chancen zu ergreifen, führt selten zu klugen politischen Entscheidungen. In diesem Fall zumindest nicht.

Es hat sich immer deutlicher gezeigt, dass die USA im Nahen Osten keine echten Verbündeten haben. Sie sind mit den Monarchien am Golf oder mit nationalistischen Militärregimen wie Ägypten durch keine gemeinsamen Werte verbunden. Auch ihre Einschätzung der Probleme in der Region, ja sogar ihre nationalen Kerninteressen sind völlig andere. Gewiss, es gibt ein hohes Maß an militärischer und geheimdienstlicher Zusammenarbeit sowie an politischer Koordination, und es fehlt nicht an Beschwörungen unverbrüchlicher Freundschaft. Aber wenn »Bündnis« bedeutet, dass man zumindest ein paar gemeinsame Grundwerte, Interessen und politische Präferenzen hat, dann findet sich im Nahen Osten kein einziger amerikanischer Verbündeter, ausgenommen das extrem abhängige Jordanien. Auch gibt es für die Vereinigten Staaten keinen starken Sektor innerhalb der arabischen Gesellschaft, mit dem sie durch ein Band der Identität, durch Interessen und Werte verknüpft sind. Nach Jahrzehnten imperialer Machtausübung und Interventionen werden die USA heute von den Regimen und von der Öffentlichkeit in der Region gleichermaßen gehasst.

In den letzten fünf Jahren haben die führenden Golfstaaten und Israel der amerikanischen Politik in der Region nicht nur in praktisch allen Belangen widersprochen, sondern sie auch torpediert. Wenn die Vereinigten Staaten hofften, in Ägypten eine echte Demokratie einzuläuten, funkten die Golfstaaten dazwischen und finanzierten den Militärputsch, der den Übergang beendete. Wenn sie hofften, den islamistischen Mainstream der Muslimbrüder politisch einzubinden, versuchten die Golfstaaten, die Organisation zu zerstören. Einem amerikanischen Atomabkommen mit Iran stemmten sich die Golfstaaten und Israel vehement entgegen. Wenn die Vereinigten Staaten sich bemühten, den Syrienkonflikt zu entmilitarisieren und eine Verhandlungslösung zu finden, pumpten die Golfstaaten Waffen in das Kriegsgebiet. Ernsthaften Verhandlungen mit dem Ziel einer Zwei-Staaten-Lösung im israelisch-palästinensischen Konflikt widersetzte sich Israel mit aller Macht, und die Golfstaaten zeigten kein Interesse.

Die Schuld daran gab man weitgehend der Obama-Regierung. Aber das eigentliche Problem sind die Verbündeten. Obama hat sich im Umgang mit ihnen als energisch, geschickt, ja hartnäckig erwiesen und war nicht bereit, dem enormen Druck Saudi-Arabiens, der Vereinigten Arabischen Emirate und Israels nachzugeben und sich in so wichtigen Fragen wie Syrien, Ägypten, Iran und der Muslimbruderschaft deren Präferenzen zu fügen. Obamas Stärke hat sie und ihre Fürsprecher in der politischen Klasse der USA ohne Ende frustriert. Doch auch wenn Obama in diesem Verhandlungspoker nicht verloren hat, so hat er auch nicht gewonnen. Der amerikanische Präsident besaß einfach nicht die Macht, diese Regime zu zwingen, seine Strategie zu unterstützen, geschweige denn, sie zu bestrafen, wenn sie seine Politik systematisch hintertrieben. Der nächste US-Präsident wird sich wahrscheinlich beeilen, diese Allianzen zu »reparieren«. Für den Januar 2017 darf man die Erklärung erwarten, dass »Amerika wieder da« ist; man kann auch davon ausgehen, dass hochrangige Regierungsvertreter Israel und den arabischen Verbündeten frühzeitig Besuche abstatten und dass es auf einem so symbolträchtigen Schauplatz wie Syrien zu einer Machtdemonstration kommen wird. Doch dann werden die neue Präsidentin (oder der neue Präsident) und die Verbündeten, die ihre (oder seine) Amtseinführung so sehnlichst erwartet haben, bald feststellen, dass die Probleme der Allianz auch nach Obama bestehen bleiben werden.

Das Atomabkommen mit Iran wird bei dieser Neujustierung eine zentrale Rolle spielen. Zunächst hatte dieses Abkommen eine Verschärfung der Konfrontation in der gesamten Region zur Folge. Die Führungen in Washington und Teheran beeilten sich, ihrem Volk und ihren Verbündeten in der Region zu beweisen, dass sie nicht kapituliert hatten. Die Ratifizierung und Umsetzung des Atomabkommens führte nicht zu plötzlichem freundschaftlichem Einvernehmen, sondern zu noch größerer Feindseligkeit. Es ist durchaus möglich, dass sich diese Situation zu einer abgewandelten Form des kalten Kriegs in der Region verfestigt und das Atomabkommen von der anhaltenden politischen Konfrontation unberührt bleiben wird. Das würde Israel und die Golfstaaten zufriedenstellen und den Konsens des außenpolitischen Establishments in Washington fördern – und wahrscheinlich könnte auch die iranische Führung gut damit leben.

Aber damit wäre eine historische Chance verpasst. Denn langfristig bietet das Atomabkommen die Aussicht auf eine grundlegende Umgestaltung der Regionalordnung. Iran würde Teil der größeren, amerikanisch strukturierten Sicherheitsarchitektur werden. Das Modell für eine solche regionale Umstrukturierung sollte das Camp-David-Abkommen sein, in dem Ägypten nicht nur Frieden mit Israel schloss, sondern in die Regionalordnung unter Führung der USA eingebunden wurde. Doch die amerikanischen Verbündeten sehen in einer solchen Annäherung keine Chance, sondern eine existenzielle Bedrohung. Dass die Aussicht auf eine Deeskalation des Konflikts und auf ein friedliches diplomatisches Engagement als eine solche Bedrohung betrachtet wird, ist ein ziemliches Armutszeugnis. Es wird die Aufgabe des nächsten US-Präsidenten und einer neuen Generation in der iranischen und arabischen Führung sein, diese neue Regionalordnung zu gestalten.

Eine Intervention hätte Syrien nicht gerettet

Nach landläufiger Ansicht wirkte sich das Versäumnis der Obama-Regierung, in Syrien zu handeln, ebenso verheerend aus wie die Irak-Invasion der Bush-Regierung. Schon wird Obamas angebliche Passivität angesichts des syrischen Zusammenbruchs von arabischen wie amerikanischen Analysten als der entscheidende Makel seines Vermächtnisses dargestellt. Keine Frage, Syrien ist zu einer der größten politischen, strategischen und humanitären Katastrophen unserer Tage geworden. Mit einer Viertelmillion Toten und mehr als zehn Millionen Vertriebenen wird Syrien der

Region noch jahrzehntelang zu schaffen machen. Aber nicht der amerikanische Verzicht auf eine Intervention war das Problem – und sollten die Vereinigten Staaten schließlich doch noch direkt eingreifen, wird alles nur noch schlimmer werden.

Die unmittelbare Ursache der Katastrophe war zweifellos, dass Baschar al-Assads Regime einer Volkserhebung mit massiver, blutiger Gewalt entgegentrat. Dass ihm jedes Mittel recht sein würde, um an der Macht zu bleiben, war nicht unausweichlich, aber doch vorhersehbar, wenn man den Charakter dieses Regimes bedenkt. Seine Gräueltaten wurden von syrischen Aktivisten und Menschenrechtsorganisationen genauestens dokumentiert. Und wenn es auf dieser Welt Gerechtigkeit gibt (was äußerst fraglich ist), werden diese Beweisdokumente eines Tages die handfeste Grundlage für Kriegsverbrecherprozesse bilden. Es gab im Laufe der Jahre mehrere solche Kampagnen staatlicher Brutalität; aber nur wenige wurden so detailliert auf Smartphones festgehalten, über die sozialen Medien verbreitet und einer entsetzten Weltöffentlichkeit drastisch vor Augen geführt. Assad und sein Regime tragen die volle Verantwortung dafür, dass es in Syrien zu dieser Apokalypse gekommen ist, und man sollte ihnen keine Rückkehr in die internationale Gemeinschaft ermöglichen.

Diese Gräueltaten geschahen jedoch nicht in einem strategischen Vakuum. Es ist unschwer zu verstehen, warum die Syrer zu den Waffen griffen, um sich gegen einen so brutalen und beharrlichen militärischen Angriff zur Wehr zu setzen. Mit der Bewaffnung des Aufstands entstand eine komplett neue politische, strategische und moralische Situation. Die Militarisierung spielte Assad politisch in die Hände, stärkte seinen Rückhalt bei jenen Gemeinschaften im eigenen Land, die vor den Rebellen Angst hatten, und garantierte ihm externe Unterstützung für seine militärische Machtdemonstration. Das Gewaltniveau stieg überall dramatisch an, Staat und Gesellschaft wurden erschüttert – mit unbeschreiblichen humanitären Konsequenzen. Die Entwicklung zum bewaffneten Kampf und der Zustrom von Waffen, mit denen die verschiedenen Gruppen aus dem Ausland unterstützt wurden, öffnete den Dschihadisten und den Warlords Tür und Tor und führte zu einem verheerenden strategischen Patt. Es sollten all jene zur Rechenschaft gezogen werden, die in Syrien eine Aufstandsstrategie befürworteten, wohl wissend, dass eine solche Strategie nicht erfolgreich sein würde. Dass sie, wie sie selbst behaupten, moralisch im Recht waren, ist eine der großen Legenden der vergangenen vier Jahre. Sie drängten auf eine Strategie, die unsägliches menschliches Leid brachte und kaum eine Erfolgschance hatte – in der Hoffnung, die Vereinigten Staaten damit in einen Krieg zu zwingen, den Obama keinesfalls wollte.

Obama lehnte diese Intervention zu Recht ab. Aus Sicht des Washingtoner Konsenses war es sein vielleicht größter Fehler, dass er die irakische Lektion gelernt hatte. Obama hatte erkannt, dass die amerikanische Militärmacht nicht imstande ist, die Konflikte der Region zu lösen, und dass eine begrenzte Intervention nur den Weg für immer neue und immer weiter gehende Forderungen ebnen würde. Er durchschaute die Argumentation der Interventionisten und lehnte deren schlecht durchdachte Vorschläge ungeduldig ab. Den geschickt vermarkteten Versicherungen, es gebe eine gut organisierte, gemäßigte Opposition und Flugverbots- oder Schutzzonen könnten leicht durchgesetzt werden, schenkte er keinen Glauben; sie waren reines Wunschdenken. Vielmehr sah Obama, dass eine begrenzte Intervention – der eisernen Logik solcher Konflikte folgend – schnell zu einem unentrinnbaren Sumpf werden konnte, und war bereit, den politischen Preis dafür zu zahlen, dass er diesen verhängnisvollen Weg nicht beschritt.

Ironischerweise zeigt gerade das Schicksal von Obamas militärischen Maßnahmen gegen den Islamischen Staat in Irak und in Syrien in aller Deutlichkeit, was passiert wäre, wenn die USA gegen Assad interveniert hätten. Die Operation Inherent Resolve vom Juni 2014 bedeutete schwere Luftangriffe, die massive Bewaffnung lokaler Streitkräfte am Boden und deren taktische Unterstützung auf der Basis einer breiten arabischen und internationalen Koalition. Die Operation erzielte tatsächlich gewisse Erfolge, da sie das Vorrücken des Islamischen Staats in Irak stoppen und ihm die eroberten Gebiete langsam wieder abjagen konnte, während Sanktionen und Luftschläge die Organisation immer weiter schwächten. Doch der amerikanische Militäreinsatz brachte keinen unmittelbaren Sieg, sondern erhöhte nur den Druck, noch stärker zu intervenieren.

Syrien ist eine Katastrophe von historischen Ausmaßen, aber nicht die USA haben sie heraufbeschworen. Wenn überhaupt, hat Obama zu viel und nicht zu wenig getan. Indem er sich auf die Position festlegte, Assad müsse gehen, weckte er Erwartungen, die das politische und militärische Verhalten aller Beteiligten bestimmte. Da es Washington zu einem frühen Zeitpunkt der Krise nicht gelang, seine Verbündeten von Waffenlieferungen an die Opposition abzuhalten, musste man scheinbar hilflos zusehen, wie sich das vorausgesagte Desaster unaufhaltsam vollzog. Als sich die USA dann der Kampagne zur Bewaffnung der Rebellen anschloss, trugen sie zu einer Verfestigung des strategischen Patts bei, ohne in nennenswerter Weise auf die Opposition einwirken oder das Regime zerschlagen zu können. Dass Obama im August 2013 zuerst mit Krieg drohte und dann in letzter Minute einen Rückzieher machte, erwies sich in jeder Hinsicht als Fehler. Mit seinen öffentlichen Versprechungen, politischen Schutz zu gewähren, hatte er hohe Erwartungen geweckt, die zwangsläufig enttäuscht wurden – mit schweren Einbußen für die Glaubwürdigkeit und das Ansehen der Vereinigten Staaten. Mehr und nicht weniger amerikanische Zurückhaltung im Fall Syriens wäre für die USA und für die gesamte Region besser gewesen.

Doch trotz aller Versäumnisse der USA: die Verantwortung für Syriens Apokalypse tragen Assad und die Regionalmächte, die den Krieg ermöglicht haben. Iran und die Hisbollah verschafften Assad den Spielraum für seine Gräueltaten, bevor sie sich direkt an seinem Krieg beteiligten. Saudi-Arabien, Katar und die Türkei versorgten die Opposition massiv mit Waffen, ohne Rücksicht auf die Folgen. Ihre Bereitschaft, auf syrischem Boden einen regionalen kalten Krieg zu führen, kostete zahllose Menschen das Leben und destabilisierte die Levante nachhaltig.

Der islamistische Extremismus greift immer weiter um sich

Das Ende der arabischen Aufstände und das Auftauchen des Islamischen Staats hat eine Kritik an den islamistischen Bewegungen neu belebt, die bereits in Misskredit geraten war. Ihr zufolge offenbart Ägyptens desaströser Übergang den wahren Charakter der Muslimbruderschaft als einer totalitären Organisation, die radikal islamistische Ansichten durchsetzen will. Der Islamische Staat wiederum zeige nicht nur das wahre Gesicht des Islamismus, sondern des Islam überhaupt. Die Vorstellung eines

»Kampfes der Kulturen« ist metastasiert und hat den öffentlichen Diskurs befallen.

Die Muslimbruderschaft hat es nicht geschafft, Ägypten zu regieren. Aber dieses Unvermögen hat pauschale Schlussfolgerungen über ihre angebliche Perfidie (die von Analysten und den arabischen Regimen gleichermaßen aggressiv vorgetragen werden) nicht verdient. Dank ihrer hierarchischen, in sich geschlossenen Struktur konnte die Organisation Mubaraks Autoritarismus überstehen, den Anforderungen eines chaotischen, extrem polarisierten Übergangs jedoch war sie tragischerweise nicht gewachsen. Aber eine Terrororganisation war die Muslimbruderschaft nicht. Sie war ein strategischer Rivale salafistisch-dschihadistischer Gruppen wie al-Qaida mit einer ausgeprägten Ideologie, Organisation und politischen Strategie. Mohammed Mursis kurze Präsidentschaft offenbarte zwar die tiefe Kluft zwischen der Weltsicht der Bruderschaft und den Präferenzen großer und einflussreicher Segmente der ägyptischen Gesellschaft, besagt aber wenig über den wahren Charakter dieser Organisation. Die Grenzen zwischen so diametral unterschiedlichen islamistischen Tendenzen zu verwischen würde ein Jahrzehnt wissenschaftlich-analytischen Fortschritts zunichtemachen.

Aber diese Muslimbruderschaft gibt es nicht mehr. Der Staatsstreich in Ägypten 2013 und die nachfolgende Repression haben die Organisation zerschlagen und ihre ideologischen Ansprüche und politischen Strategien in Verruf gebracht. Junge Muslimbrüder waren, wie sich herausstellte, nicht die ferngesteuerten Dummköpfe, als die sie von ihren Kritikern dargestellt wurden. Sie haben auf die Repression in unterschiedlicher Weise reagiert: Einige haben sich ganz aus der Politik zurückgezogen, andere haben sich der Gewalt verschrieben und sich neuen kleinen Organisationen angeschlossen. Was könnte einen Muslimbruder heute davon überzeugen, dass die demokratische Partizipation eine gangbare politische Strategie ist?

Es bleiben nur zwei Optionen: unpolitische Sozialarbeit und ein gewalttätiger Aufstand. Für das breite Mittelfeld islamistischer Jugendlicher, die eine friedliche politische und gesellschaftliche Partizipation vorziehen würden, ist kein Platz. Der Schutzwall, den die bestens organisierten, strategisch denkenden Muslimbrüder einst gegen den Dschihadismus gebildet haben, wurde niedergerissen. Das ist kein Sieg über den Dschihadismus, im Gegenteil. Die desolate Situation der Muslimbrüder hat ein gewaltiges Reservoir potenzieller Rekruten dschihadistischer Gruppen geschaffen.

Noch viel gefährlicher sind das Wiedererstarken der Extremisten und der Zusammenbruch der besten verfügbaren Strategien, sie im Zaum zu halten. In seiner Kairoer Rede 2009 hat Obama eine machtvolle Gegenvision beschworen, der zufolge die Muslime und der Westen durch eine gemeinsame Kultur miteinander verbunden seien – eine Sicht, die er durch die Forderung untermauerte, die Muslimbrüder und andere islamistische Gruppen in die demokratischen Prozesse einzubinden. Die arabischen Regime widersetzten sich diesem Ansatz – nicht weil er nicht praktikabel gewesen wäre, sondern weil er ihnen das Zugeständnis einer demokratischen Partizipation abverlangt hätte; und dazu waren sie schlichtweg nicht bereit. Sie betrachteten den Aufstieg der Muslimbrüder im Zuge der arabischen Aufstände als eine ernste Gefahr – nicht weil die Muslimbrüder Islamisten waren, sondern weil sich die Regime durch ihre eigene Bevölkerung in ihrer Herrschaft bedroht fühlten. Die Angst vor dem Islamismus zu schüren war für Regime wie das ägyptische eine ebenso grundlegende Überlebensstrategie wie das Schüren religiöser Spannungen für die Regime am Golf.

Nachdem die Möglichkeit einer demokratischen Partizipation in Trümmern lag, erschien bin Ladens Bild der Welt verlockender: das eines unvermeidlichen und grundlegenden Konflikts zwischen dem Islam und dem Westen. Das Paradoxe der Situation ist ebenso schmerzlich wie evident. Sowohl die Dschihadisten als auch ihre Gegner hatten ein Interesse daran, jede Möglichkeit der Koexistenz und der Mäßigung für die Muslime weltweit zu leugnen. Diese Sicht war schon immer zum Scheitern verurteilt, denn sie ist von Grund auf falsch. Das strategische Problem von al-Qaida bestand darin, dass die überwältigende Mehrheit der Muslime der Welt sie theoretisch wie praktisch ablehnte. Aber die Ereignisse der letzten Jahre haben diese Sicht aus dem Abgrund zurückgeholt, in den sie bereits gestürzt war. Die Zerschlagung der Muslimbruderschaft bedeutete das Aus für den wichtigsten Akteur des gemäßigten Islamismus. Die von den Regimen geschürte Polarisierung zwischen den Islamisten und ihren Gegnern in der Region hat die Strategie al-Qaidas in jeder Hinsicht gestärkt. Der Islamische Staat und alle, die ihm nacheiferten, gaben der Islamfeindschaft im Westen neuen Auftrieb. So dringend wie nie zuvor bedarf es einer erneuerten amerikanischen und globalen Strategie, um zu verhindern, dass sich diese Spirale zu einem Kampf der Kulturen hochschraubt.

Der Islamische Staat als territoriales Gebilde in Syrien und in Irak wird wohl nicht lange überleben. Aber das Modell und die Idee, für die er steht, werden wahrscheinlich weiter metastasieren und auch unter neuen Bedingungen überleben. Man wird der Herausforderung des Dschihadismus nicht wirksam begegnen können, solange man nicht die grundlegenden Schwächen der

Regierungsführung anpackt, die in der Bevölkerung Unzufriedenheit schüren. Man wird stärkere Staaten brauchen, die die Militärkampagnen gegen den Islamischen Staat insbesondere auf dem Territorium der gescheiterten Staaten Syrien, Libyen und Jemen führen können. Letztlich jedoch sind die arabischen Regime das Problem und nicht die Lösung.

Noch während der Islamische Staat in seinen Hochburgen in Syrien und in Irak zu kämpfen hatte, trugen Einzelne und Bewegungen, die mit dem IS sympathisierten und sich auf ihn beriefen, ihren Dschihad weiter. Der IS machte sich die Anarchie in Libyen zunutze, um sich in Sirte festzusetzen, von wo er schwer zu vertreiben war. Der IS übernahm die Verantwortung für Terroranschläge in Tunesien und in Jemen sowie im Herbst 2015 für den Abschuss eines in Ägypten gestarteten russischen Passagierflugzeugs. Der größte Schock war jedoch, dass der IS sich dazu bekannte, zwei spektakuläre Terrorangriffe in Frankreich organisiert zu haben: die Ermordung von Redaktionsmitgliedern des Satiremagazins *Charlie Hebdo* und ein Massaker im Konzerthaus Bataclan mitten in Paris. Auch wenn es gelingt, den IS territorial einzudämmen, wird die Idee eines globalen Dschihad nicht so leicht zu besiegen sein.

Das Erbe der neuen Kriege in der arabischen Welt

Die neuen Kriege in der arabischen Welt, von denen dieses Buch handelt, werden die Politik der Region in den folgenden Jahrzehnten bestimmen. Die staatliche Macht hat sich nach der Massenmobilisierung von 2011 erneut gefestigt und neue, weniger stabile und gewalttätigere Formen der arabischen Autokratie hervorgebracht. Keiner der Missstände, die die Menschen in der arabischen Welt auf die Straße trieben, wurde behoben, die meisten sind noch schlimmer geworden. Die Diskreditierung des demokratischen Übergangs in den Staaten des Arabischen Frühlings hat die aussichtsreichsten Chancen auf eine Lösung der Probleme für immer zunichtegemacht. Der Militärputsch in Ägypten hat dieses politische System für die nächste Generation zerstört – mit Auswirkungen, die bis heute weit über die Grenzen Ägyptens hinaus spürbar sind. Die Aussichten für die kommenden Jahre sind wirklich düster.

Die Stellvertreterkriege in der Region haben Staaten zerstört und eine humanitäre Tragödie geschaffen, deren Ausmaß erst nach Generationen voll erfasst werden wird. Syriens Apokalypse hat mehr als zehn Millionen Menschen entwurzelt. Hunderttausende sind nach Europa geflohen, Millionen leiden in Flüchtlingslagern entlang der Grenze, und noch viel mehr suchen Sicherheit in Syrien selbst. Der Bürgerkrieg in Libyen hat weitere Hunderttausende zur Flucht nach Europa oder in die Nachbarstaaten getrieben. Hunderttausende in Jemen hungern oder sind vor dem Krieg geflohen. Eine ganze Generation von Kindern wächst auf, die nichts anderes kennen als Vertreibung, Tod und Angst. Wie sollen sie zur Versöhnung finden, wie ihre Rachegedanken aufgeben? Jede Wiederaufbaustrategie für den Nahen Osten muss diesen Menschen die Perspektive auf ein friedliches Miteinander eröffnen. Die Kriege haben gefährliche neue Formen der konfessionellen Spaltung und des Extremismus verfestigt, die leicht heraufzubeschwören, aber sehr viel schwerer wieder aus der Welt zu schaffen sind. Hass zwischen konfessionellen und lokalen Gruppen ist auch eine Folge der Gewalt. Es ist schwierig für jemanden, sich aus seiner ursprünglichen Identität zu lösen, wenn seine Familie im Namen solcher Identitäten ermordet wird. Schlimmer noch: Dieser Hass und die polarisierenden Identitäten wurden von staatlich kontrollierten Medien und von zunehmend selbstbewussteren sozialen Bewegungen geschürt. Denjenigen, die aus diesen konfessionell motivierten Konflikten in zynischer Weise Profit schlagen, nützen diese Polarisierung zum Gewinn von Macht und Geld sowie zur Festigung ihrer politischen Anliegen. Sie mögen sich einbilden, diesen Hass unterbinden zu können, wenn er ihnen nicht mehr dient. Aber es gibt wenig Grund zu der Annahme, dass sie die Geister, die sie gerufen haben, wieder loswerden.

Die Aufstände in der arabischen Welt haben zwar alle diese Schrecknisse entfesselt, doch sie waren in der von einer jahrzehntelangen arabischen Autokratie geprägten politischen Ordnung tief verwurzelt. Konfessionelle Spaltung, Extremismus und soziale Polarisierung in der heutigen arabischen Welt haben nicht die Demonstranten zu verantworten, die auf die Straße gegangen sind, um den Sturz ihrer Regime zu fordern. Sie wurden von diesen Regimen selbst geschaffen. Kein Wunder, dass die derart bedrängten Machthaber mit noch mehr Despotismus und noch mehr Stellvertreterkriegen reagierten, während sie gleichzeitig Öl ins Feuer des religiösen Hasses und der sozialen Polarisierung gossen. Darauf zu hoffen, dass sie zurechtrücken, was mit den arabischen Aufständen schiefgelaufen ist, wäre unsäglich dumm. Genau diese Hoffnung aber wird wohl die Politik der Vereinigten Staaten in den kommenden Jahren bestimmen – bevor sie von neuen Aufständen überrascht werden, die garantiert kommen.

Es wird keine Rückkehr zu Stabilität geben. Die arabischen Aufstände von 2011 waren nur eine Episode in einem jahrzehntelangen Widerstand gegen eine gescheiterte politische Ordnung. 2011 haben die Demonstranten einige Schlachten gewonnen, in den Jahren danach haben die Regime diese Schlachten gewonnen. Bei vielen dieser Auseinandersetzungen, insbesondere in Syrien und in Jemen, gab es überhaupt keinen Gewinner. Es wird weiteren Aufruhr, weitere gescheiterte Staaten, weitere Regimezusammenbrüche, weitere bewaffnete Aufstände und weitere Stellvertreterkriege geben. Die Vereinigten Staaten oder irgendeine andere externe Macht können derzeit wenig tun, um diesen Kampf in eine grundlegend andere Richtung zu lenken. Die USA mögen mehr oder weniger direkt darin verwickelt sein und einen größeren oder geringeren Anteil der Kosten übernehmen. Aber sie werden letztlich nicht in der Lage sein, den Ausgang der fundamentalen Kämpfe der Araber um ihre Zukunft zu bestimmen. Weder vermehrte militärische Interventionen noch größere Rücksichten auf die Präferenzen arabischer Autokraten werden die amerikanische Kontrolle über diesen Nahen Osten wiederherstellen. Die USA wären besser beraten, ihr Engagement in dieser Region weiter zu reduzieren und ihre Ressourcen nicht in die Unterstützung der brutalen Regime dieser Region zu investieren, sondern in jene Araber, die eine demokratischere Zukunft anstreben.

Dank

Dieses Buch ist unter Schmerzen geschrieben. Viel zu viele Freunde, Bekannte, Kollegen und großartige Menschen aus bewegten Tagen sind ums Leben gekommen, im Gefängnis gelandet oder ins Exil gezwungen worden, als die Hoffnungen und Träume zerbrachen, die der arabische Aufstand 2011 geweckt hatte. Dieses Buch soll helfen, besser zu verstehen, was schiefgegangen ist, damit es beim nächsten Mal ein Erfolg wird.

Ohne die verlässliche Unterstützung hervorragender Menschen und Institutionen wäre es nicht möglich gewesen, dieses Buch zu schreiben. Auch hätte ich es nie fertigstellen können, wenn ich nicht nach sechs wunderbaren Jahren meinen Posten als Leiter des Institute for Middle East Studies hätte niederlegen können. Danken möchte ich Michael Brown, der als Dekan meine Arbeit an der George Washington University stets unterstützt hat, insbesondere dafür, dass er mir ein Forschungsjahr genehmigt hat. Auch Nathan Brown möchte ich danken, der die Leitung des IMES übernommen hat; Shana Marshall dafür, dass sie als stellvertretende Direktorin die Stellung hielt; Kate Getz für all ihr Engagement und dazu dem gesamten, tüchtigen Team.

Dieses Buch ist auch das Ergebnis meines intensiven Austauschs mit den großartigen Wissenschaftlern, die das Project on Middle East Political Science (POMEPS) versammelt hat. Diese Initiative hat seit ihrem Start im Jahr 2009 meine kühnsten Hoffnungen und Erwartungen übertroffen. Der Carnegie Corporation of New York, der Henry Luce Foundation und dem Social Science Research Council danke ich für ihre stetige Unterstützung des POMEPS. Auch dem Lenkungsausschuss und dem Beirat des POMEPS möchte ich für ihren Einsatz danken, ebenso den mehr als dreihundert Wissenschaftlern, die zu seinen Workshops und Publikationen beigetragen haben. Und vor allem möchte ich meinen so überaus talentierten und hart arbeitenden Kollegen des POMEPS danken, die all dies möglich gemacht haben: Maria Kornalian, Mary Casey, Cortni Kerr, Lauren Baker und Stephanie Dahle.

Von der Gelegenheit, mich als Redakteur und mit eigenen Artikeln am Monkey Cage der *Washington Post* zu beteiligen, haben meine Überlegungen zu diesem Buch sehr profitiert. Ich bin stolz darauf, an diesem großartigen politikwissenschaftlichen Echtzeitexperiment mitzuwirken, das den öffentlichen Diskurs über politische Themen auf so bedeutsame Weise vertieft und bereichert. Hunderte Wissenschaftler haben mit ihren Forschungen dazu beigetragen, und ich habe von ihnen allen gelernt. Ich danke John Sides, Henry Farrell, Erik Voeten, Joshua Tucker, Kim DiYonne, Laura Seay und allen anderen, die am Monkey Cage mitgewirkt haben.

In der Endphase meiner Arbeit an diesem Buch wurde ich Senior Associate am Carnegie Endowment for International Peace. Ich danke William Burns für die Gelegenheit, das ausgezeichnete Team von Nahostexperten der Carnegie-Stiftung zu verstärken. Danken möchte ich auch Michele Dunne und Marwan Muasher für den warmen Empfang, den sie mir dort bereiteten, und für ihre Geduld, als ich mich zum Schreiben zurückzog. Meine Dankbarkeit gilt meinen Kollegen vom Center for a New American Security, wo ich sechs für mich wertvolle Jahre als Senior Fellow wirken konnte. Ich möchte auch Sheldon Himmelfarb und Anand Varghese vom United States Institute of Peace danken, die mehr als fünf Jahre lang die Initiative »Blogs and Bullets« des Center betreut haben, sowie meinen Kollegen Sean Aday und Deen Freelon für ihre klugen und einsichtsvollen Beiträge zu diesem Programm.

Auch den Redakteuren, die meine Arbeit über all die Jahre immer wieder unterstützt haben, schulde ich Dank. Gideon Rose von *Foreign Affairs* hat mich wiederholt zum genau richtigen Zeitpunkt dazu ermuntert, meine Gedanken in eine prägnante Form zu bringen. Jeffrey Isaac von *Perspectives on Politics*, ein leidenschaftlicher Denker, hat mich beständig gedrängt, mich intensiver mit Politik und Politikwissenschaft zu beschäftigen. Gar nicht genug danken kann ich Clive Priddle von Public Affairs dafür, dass er an dieses Buch geglaubt und mir geholfen hat, den richtigen Ausdruck für meine Gedanken zu finden, dasselbe gilt für das hochkompetente Team von Public Affairs.

Ich fange gar nicht erst an, all die Wissenschaftler, Kollegen und Freunde aufzuzählen, die meine Überlegungen zum Verlauf des arabischen Aufstands beeinflusst haben. Ihnen allen möchte ich einfach Danke schön sagen, und damit ich niemanden auslasse, lieber gar keine Namen nennen. Ihr wisst alle, dass ihr gemeint seid. Danke.

Kendrick Lamar danke ich dafür, dass er Kendrick Lamar ist.

Die Leser von *The Arab Uprising* sollen auch wissen, was für eine wichtige Rolle Jack, mein so zuverlässig nervender Hund, für die Entstehung dieses Buches gespielt hat. Ich danke Jack und seinem Bruder Wilson dafür, dass ich jeden Tag um fünf Uhr morgens aufgestanden bin, und für die vielen, vielen Gelegenheiten, über den Nahen Osten nachzudenken, während ich sie vor die Tür führte. Diesmal will ich es so halten, dass Jack das Verdienst an allem gebühren soll, was an dem Buch gelungen ist, Wilson mache ich für den Rest verantwortlich.

Und zu guter Letzt gilt meine aus tiefstem Herzen kommende Dankbarkeit stets und immer Lauren, Sophia und Alec. Einmal, während ich an der vorletzten Fassung arbeitete, bin ich einen Tag früher aus Paris abgereist, um Sophia bei ihrem ersten Softball-Turnier zuschauen zu können. Das ist meine schönste Erinnerung an dieses Buch. Wie alles, was ich tue, wäre es ohne die Liebe, die Gemeinschaft und Unterstützung meiner Familie unmöglich, und es soll alles ihr gewidmet sein.

Anmerkungen

Vorwort

1 John McCain, Joe Lieberman und Lindsey Graham, »The Risk of Inaction in Syria«, *The Washington Post*, 5. August 2012.
2 Marc Lynch, »Reflections on the Arab Uprising«, *The Washington Post*, 17. November 2014.

1 Die neuen Kriege in der arabischen Welt

1 Arab Barometer, second wave (2011) und third wave (2013); alle Daten zugänglich unter http://www.arabbarometer.org.
2 Abd al-Rahman al-Rashed, »The Yemen war is connected to Syria«, *Al-Sharq al-Awsat*, 13. April 2015.
3 Dalia Mogahed, »Arabs Doubt Benefits of the Uprisings«, 12. September 2012, http://www.gallup.com/poll/157400/opinion-briefing-arabs-doubt-benefits-uprisings.aspx.
4 Alle Daten von Arab Barometer, die hier und an anderer Stelle dieses Buches zitiert werden, sind verfügbar unter http://www.arabbarometer.org/.
5 Wie solche kalten Regionalkriege geführt werden, erörtert Gregory Gause in *Beyond Sectarianism: The New Middle Eastern Cold* War (Washington, DC: Brookings, 2013).

6 Steven Heydemann, »Mass Politics and the Future of Authoritarian Governance in the Arab world«, *POMEPS Studies 11: The Arab Thermidor* (August 2014).
7 Robert Springborg, »The Role of Militaries in the Arab Thermidor«, und Yezid Sayigh, »Militaries, Civilians and the Crisis of the Arab State«, *POMEPS Studies 11: The Arab Thermidor* (August 2014).
8 Roy Gutman, »Biden Continues to Apologize; First Turkey, now UAE«, zuletzt geändert am 6. Oktober 2014; http://www.mcclatchydc.com/news/nation-world/world/middle-east/article24774259.html.
9 Wael Qandil, »Die Internationale Organisation für die Konterrevolution«, *Al-Araby al-Jadeed*, 3. September 2014 (in arabischer Sprache).
10 Patrick Seale, *The Struggle for Syria: A Study in Post-War Arab Politics, 1945-1958* (New Haven: Yale University Press, 1987); David Hirst, *Beware of Small States: Lebanon, Battleground of the Middle East* (New York: Nation Books, 2010).
11 Laurent Louer, *Transnational Shia Politics: Religious and Political Networks in the Gulf* (Oxford: Oxford University Press, 2012); Toby Matthiesen, *Sectarian Gulf: Bahrain, Saudi Arabia, and the Arab Spring That Wasn't* (Palo Alto, CA: Stanford University Press, 2013).
12 Oberst Hassan Mustafa, stellvertretender Kommandeur der Division 30, zitiert bei Borzou Daragahi, »Moderate Syrian Rebels Say They May Not Be Doing Well But Are Very Much Alive«, 7. Oktober 2015; http://www.buzzfeed.com/borzoudaragahi/syrian-rebels-say-they-may-not-be-doing-well-but-are-very-mu#.abLQJn0m9.
13 Palestinian Center for Policy and Survey Research, Palestinian Public Opinion Survey 57, September 2015; http://www.pcpsr.org/en/node/619.
14 Khaled al-Dakhil, »Ist Israel oder der Iran der Feind?«, *al-Hayat*, 3. April 2015; Daoud Shriyan, »Ist Israel oder der Iran der Feind?«, *al-Hayat*, 7. April 2015 (in arabischer Sprache).
15 Marc Lynch, »Calvinball in Cairo«, *Foreign Policy*, 12. Juni 2012.
16 Persönliches Interview mit Rached Ghannouchi, Tunis, 8. November 2014.
17 Frederic Wehry, *Sectarian Politics in the Gulf* (New York: Columbia University Press, 2014).
18 Nathan Brown, *When Victory Is Not an Option* (Ithaca: Cornell University Press, 2012).
19 Carrie Wickham, *The Muslim Brotherhood* (Princeton: Princeton

University Press, 2013); Marc Lynch, »Winter in Cairo«, *Democracy: A Journal of Ideas* 29 (2013); Shadi Hamid, *Temptations of Power* (Oxford: Oxford University Press, 2013).

20 Will McCants, »A New Salafi Politics«, *POMEPS Studies 2: The New Salafi Politics* (2012).

21 Louisa Loveluck, »Planting the seeds of Tunisia's Ansar al-Sharia«, und Aaron Zelin, »Know your Ansar al-Sharia«, *POMEPS Studies 2: The New Salafi Politics* (2012).

22 Siehe Leah Farrall, »How Al Qaeda Works«, *Foreign Affairs* (2012); Dan Byman, »Al-Qaeda's Affiliates: Asset or Burden?«, *Studies in Conflict and Terrorism* (2015).

23 Daveed Gartenstein-Ross und Tara Vassefi, »Perceptions of the ›Arab Spring‹ Within the Salafi-Jihadi Movement«, *Studies in Conflict and Terrorism* 35, 12 (2012).

24 Zur Beziehung zwischen al-Qaida und Ansar al-Sharia Tunesien siehe Daveed Gartenstein-Ross, »Tunisian Jihadism and the Sousse Massacre«, *CTC Sentinel*, Oktober 2015.

2 Der arabische Aufstand

1 Eine gute Darstellung der Arbeitskämpfe liefert Joel Beinin, *Workers and Thieves: Labor Movements and Popular Uprisings in Tunisia and Egypt* (Palo Alto, CA: Stanford University Press, 2015).

2 Zitiert nach CNN, 29. Januar 2011, http://www.cnn.com/2011/WORLD/meast/01/29/egypt.middle.east.reaction/.

3 Sean Yom, »Jordan's New Politics of Tribal Dissent«, *Foreign Policy*, 7. August 2012.

4 Adria Lawrence, »Morocco's Resilient Protest Movement«, *Foreign Policy*, 20. Februar 2012.

5 POMEPS Briefing 15, »Kuwait's Moment of Truth« (1. November 2012).

6 Ra'id al-Jamali, »Oman, Kind of Not Quiet«, *Foreign Policy*, 7. November 2012.

7 Siehe die Aufsätze in *POMEPS Studies* 11: *The Arab Thermidor* (August 2014) und das Kapitel von Steve Heydemann und Reinoud Leenders in *The Arab Uprisings Explained*, hg. von Marc Lynch (New York: Columbia University Press, 2014).

8 Abd al-Bari Atwan, »Grim Scenarios for Libya«, *Al-Quds al-Arabi*, 21. Februar 2011 (in arabischer Sprache).
9 David Roberts, »Qatar, the Ikhwan, and Transnational Relations in the Gulf«, in *POMEPS Studies* 7: *Visions of Gulf Security* (25. März 2014).
10 Toby Mathiessen, »The Sectarian Gulf vs. the Arab Spring«, *Foreign Policy*, 8. Oktober 2013; *POMEPS Studies* 4: *The Politics of Sectarianism*, hg. von Marc Lynch (18. November 2013).
11 Jason Brownlee, Tarek Masoud und Andrew Reynolds, *The Arab Spring* (Oxford University Press 2014); Sean Yom und Gregory Gause, »The Resilience of Monarchs in the Arab Spring«, *Journal of Democracy 2012; POMEPS Studies 3, The Arab Monarchy Debate* (2012), hg. von Marc Lynch.
12 Stephen Day, *Regionalism and Rebellion in Yemen* (Cambridge University Press 2012).
13 Gregory Johnsen, *The Last Refuge: Yemen, Al-Qaeda and America's War in Arabia* (New York: W. W. Norton, 2014).
14 Peter Salisbury, »Federalism, Conflict and Fragmentation in Yemen«, Bericht, veröffentlicht von *SaferWorld*, Oktober 2015.
15 April Alley, »Yemen Changes Everything … and Changes Nothing«, *Journal of Democracy 24*, Nr. 4 (2013).
16 Zitiert im *Report of the Bahrain Independant Commission of Inquiry*, S. 67, http://www.bici.org.bh/BICIreportEN.pdf.
17 Ala'a Shehabi und Marc Owen Jones, *Bahrain's Uprising: Resistance and Repression in the Gulf* (London: Zed Books, 2015); Toby Matthiesen, *Sectarian Gulf* (Palo Alto, CA: Stanford University Press, 2013).
18 BICI-Bericht, S. 93.
19 Justin Gengler, *Group Conflict and Political Mobilization in Bahrain and the Arab Gulf: Rethinking the Rentier State* (Bloomington: Indiana University Press, 2015).
20 Tareq al-Homayed, »To Those Who Could Compare Syria to Bahrain«, *Al-Sharq al-Awsat*, 13. Juni 2011.

3 Intervention und Militarisierung

1 https://twitter.com/senjohnmccain/status/3331878099.
2 Lindsey Hilsum, *Sandstorm: Libya in the Time of Revolution* (New York: Penguin Books, 2012), S. 212.

3 Dennis Ross, zitiert in *Politico*, 23. März 2011.
4 Michael Barnett, *Dialogues in Arab Politics* (New York: Columbia University Press, 1994).
5 Kristian Coates Ulrichsen, *Qatar and the Arab Spring* (Oxford: Oxford University Press, 2014).
6 Fred Wehrey, »Is Libya a Proxy War?«, *Washington Post*, 24. Oktober 2014; http://www.washingtonpost.com/blogs/monkey-cage/wp/2014/10/24/is-libya-a-proxy-war/.
7 Beth Dickinson, »A Gun Runner's Lament«, *Foreign Policy*, September/Oktober 2015.
8 Bardu, »The Corridor of Uncertainty«, S. 36; Peter Cole und Umar Khan, Kapitel drei und vier in *The Libyan Revolution and its Aftermath,* hg. von Peter Cole und Brian McQuinn (London: Hurst Publishers 2015), S. 66.
9 Cole und Khan, S. 68 f.
10 David Roberts, »Qatar and the Muslim Brotherhood: Preference or Pragmatism?«, *Middle East Policy* 21, 3 (2014), S. 84–94.
11 Roberts, 2014.
12 Hilsum, S. 199.
13 Hugh Roberts, »Libya and the Recklessness of the West«, *London Review of Books*, 22. September 2012; Roberts, »Who Said Qaddafi Had to Go?«, *London Review of Books*, 17. November 2011.
14 Christopher Chivvis, *Toppling Qaddafi: Libya and the Limits of Liberal Intervention* (Cambridge: Cambridge University Press, 2014).
15 Fred Wehrey, »The Hidden Story of Airpower in Libya (and what it Means for Syria)«, *Foreign Policy*, 11. Februar 2013.
16 Hilsum, S. 215.
17 Peter Cole und Umar Khan, Kapitel drei und vier in *The Libyan Revolution and its Aftermath,* hg. von Peter Cole und Brian McQuinn (London: Hurst Publishers, 2015), S. 71.
18 Wehrey, in Cole und McQuinn, S. 113–115.
19 Hilsum, S. 220.
20 Cole und Khan, S. 81.
21 Zitiert bei Stephen Sotloff, »Why the Libyans Have Fallen out of Love with Qatar«, *Time*, 2. Januar 2012.
22 Colum Lynch, »Libyan Opposition Leaders Rule out Major Role for International Peacekeepers«, *Washington Post,* 29. August 2011.
23 Eine genauere Analyse bei Christopher Chivvis und Jeffrey Martini,

»Libya after Qaddafi: Lessons and Implications for the Future«, RAND 2014.

24 Ben Fishman, »Could Libya's Decline Have Been Predicted?«, *Survival* 57, 5 (2015), S. 199–208.

25 Kristina Kausch, »›Foreign Funding‹ in Post-Revolution Tunisia«, FRIDE Working Paper 2013.

26 Youssef Cherif, »Tunisia's Elections Amid a Middle East Cold War«, *Atlantic Council,* 22. Oktober 2014.

27 Zeinab Abou el-Magd, »The Egyptian Republic of Retired Generals«, *Foreign Policy,* 8. Mai 2012; Shana Marshall, *The Egyptian Armed Forces and the Remaking of an Economic Empire*, Carnegie Endowment for International Peace, 15. April 2015.

28 Mara Revkin, »Egypt's Injudicious Judges«, *Foreign Policy*, 11. Juni 2012.

29 Marc Lynch und Steven A. Cook, »U.S. Egypt Policy Needs a Big Shift«, *New York Times*, 30. November 2011.

30 Stephen Day, »Can Yemen Be a Nation United?«, *Foreign Policy*, 14. März 2013.

31 Holger Albrecht, »Consolidating Uncertainty in Yemen«, *Foreign Policy,* 22. Februar 2013.

32 Danya Greenfield, »Overcoming the Pitfalls of Yemen's National Dialogue«, *Foreign Policy,* 18. März 2013.

33 Stacey Philbrick Yadav, »Best Friends Forever for Yemen's Revolutionaries?«, *Foreign Policy*, 19. März 2013.

34 Laurent Bonnefoy, *Salafism in Yemen: Transnationalism and Regional Identity* (Oxford: Oxford University Press, 2012).

35 April Longley Alley, »Triage for a Fragmenting Yemen«, *Foreign Policy*, 31. Oktober 2012.

4 Der Aufstand in Syrien

1 David Makovsky, »The Silent Strike«, *The New Yorker*, 17. September 2012.

2 Steve Heydemann und Reinoud Leenders, »Popular Mobilization in Syria«, *Mediterranean Politics* 17, Nr. 2 (2012), S. 139–159.

3 Interview mit Baschar al-Assad, *Wall Street Journal*, 31. Januar 2011.

4 Einblicke in Assads Einschätzung der arabischen Aufstände gibt David

Lesch, *Syria: The Fall of the House of Assad* (New Haven: Yale University Press, 2012), Kapitel 3.

5 Zitiert nach Crisis Group, »Light at the End of Their Tunnels? Hamas and the Arab Uprisings«, *Middle East Report* Nr. 129, 14. August 2012.

6 Steve Heydemann und Reinoud Leenders, »Authoritarian Adaptation«, in *The Arab Uprisings Explained*, hg. von Marc Lynch (New York: Columbia University Press, 2014).

7 Zu Einzelheiten siehe Human Rights Watch, »Torture Archipelago« (Juli 2012).

8 Wendy Pearlman, »Emotions and the Microfoundations of the Arab Uprisings«, *Perspectives on Politics* 11, Nr. 2 (2013).

9 Siehe Marc Lynch, Deen Freelon und Sean Aday, »Syria's Socially Mediated Civil War« (US Institute for Peace 2014).

10 Ein Beispiel für die wichtige Diskussion ist Bashir al-Baker, »Die syrische Ikhwan zwischen taqiyya und einem fatalen Fehler«, *al-Akhbar*, 9. Juni 2011 (in arabischer Sprache).

11 »Qaradawi Condemns Atrocities Against Protestors in Syria«, *Gulf News*, 26. März 2011.

12 Marc Lynch, Deen Freelon und Sean Aday, »Syria in the Arab Spring«, *Research and Politics* 1 (2014).

13 Emile Hokayem, »The Gulf States and Syria«, *USIP Peace Brief* 116 (30. September 2011).

14 Khaled Hroub, »Where are the Arabs on Syria?«, *Al-Ittihad* (Vereinigte Arabische Emirate), 15. Juli 2011.

15 Leila Fadel, *Washington Post*, 8. Juli 2011.

16 Azmi Bishara, »Thoughts on the Syrian Revolution«, *al-Jazeera*, 15. Juni 2011.

17 Oraib al-Rentawi, »The Syrian Intifada and the Question of Arming«, *al-Dustour* (Jordanien), 11. Juni 2011.

18 Crisis Group, »Light at the End of Their Tunnels? Hamas and the Arab Uprisings«, *Middle East Report Nr. 129*, 14. August 2012.

19 Mauricio Constantino und Kristian Gleditsch, »Fresh Carnations or all Thorn, no Rose? Nonviolent Campaigns and Transitions in Autocracies«, *Journal of Peace Research 50* Nr. 3 (2013), S. 385–400; Erica Chenoweth und Maria Stephan, *Why Civil Resistance Works: The Strategic Logic of Nonviolent Conflict* (Columbia University Press 2011).

20 Peter Harling und Sarah Birke, »Beyond the Fall of the Syrian Regime«,

Middle East Report (online), 24. Februar 2012, http://merip.org/mero/mero022412; ähnlich in meinem Bericht für das Center for a New American Security, »Pressure Not War«, Februar 2012.

21 Interview mit Ghalioun, nachzulesen auf All4Syria.com, 6. Oktober 2011.

22 Abd al-Rahman al-Rashed, »The Armed Revolution in Syria has Begun«, *al-Sharq al-A*wsat, 2. Oktober 2011.

23 Yasin al-Haj Saleh, »Back to the Discussion of Militarization of Revolution«, *al-Hayat*, 10. Mai 2012.

24 Bassam Haddad, »Syria's Stalemate«, Middle East Policy 19, Nr. 1 (2012).

25 Stephen Starr, *Revolt in Syria: Eye-Witness to the Uprising* (Columbia University Press 2012), S. X.

26 Yassin Haj al-Saleh, »The Revolution and Weapons«, al-Jamhouryia Center for Studies, 18. Mai 2012; aufgerufen über All4Syria.com.

27 Siehe zum Beispiel Jeffrey White, *Asad's Armed Opposition: The Free Syrian Army*, Washington Institute for Near East Policy, 30. November 2011.

28 Liz Sly und Karen DeYoung, »Syrian rebels get influx of arms with Gulf neighbors' money«, *Washington Post*, 12. Mai 2012.

29 Hierzu beispielsweise Neil MacFarquhar, »After a Year, Deep Divisions Hobble Syrian Opposition«, *New York Times*, 23. Februar 2012.

30 http://www.joshualandis.com/blog/opposition-fails-to-unify-more-call-for-intervention-the-arab-league-first-political-defections/.

31 Ghalioun, zitiert nach BBC, 1. März 2012.

32 Abd al-Bari Atwan, »Syria and the Yemen Model«, *al-Quds al-Arabi*, 12. Juni 2012.

33 Zitiert von Agence France Press, »Syrian Opposition Invited to Tunis Conference«, 19. Februar 2012.

34 Siehe *al-Arabiya*, 24. Februar 2012.

35 Ian Black und Julian Borger, »Gulf States Warned Against Arming Syria Rebels«, *Guardian*, 5. April 2012.

36 Anne-Marie Slaughter, »How to Halt the Butchery in Syria«, *New York Times*, 23. Februar 2012.

37 Hussein Ibish, »Of Course it's not too Late in Syria«, *The Daily Beast*, 17. Juni 2013.

38 Human Rights Watch, »We've Never Seen Such Horror: Crimes Against Humanity by Syrian Security Forces« (1. Juni 2011); Human Rights

Watch, »In Cold Blood: Summary Executions by Syrian Security Forces and Pro-Regime Militias« (9. April 2012); Human Rights Watch, »By All Means Necessary: Individual and Command Responsibility for Crimes Against Humanity in Syria« (15. Dezember 2011).

39 United Nations Human Rights Council, Report of the Independent International Commission of Inquiry on the Syrian Arab Republic A/HRC/21/50, 15. August 2012.

40 Faisal al-Qassem, *al-Sharq*, 12. Mai 2012, http://all4syria.info/Archive /41849.

41 »Syria's Mutating Conflict«, *International Crisis Group Middle East Report* Nr. 128 (1. August 2012).

42 Siehe »Syria's Mutating Conflict«, S. 9.

43 Siehe dazu beispielsweise Aysegul Aydin und Patrick Regan, »Networks of Third Party Interveners and Civil War Duration«, *European Journal of International Relations 18* (2012).

44 Marc Lynch, »Pressure Not War«, Center for a New American Security, Februar 2012.

45 James Fearon, »Syria's Civil War«, in *POMEPS Studies 5: The Political Science of Syria's War* (Dezember 2013).

46 Kathleen Gallagher Cunningham, »Actor Fragmentation and Civil War Bargaining«, *American Journal of Political Science*, 57, 3 (Juli 2013).

47 David Cunningham in *POMEPS Studies 5: The Political Science of Syria's War* (Dezember 2013).

48 »Against the Hopes of Stathis Kalyvas and Laia Balcells«, in *POMEPS Studies 5: The Political Science of Syria's War* (Dezember 2013); zur Frage des Einflusses von Waffenlieferungen siehe Matthew Moore, »Selling to Both Sides: The Effects of Major Arms Transfers on Civil War Severity and Duration«, *International Interactions* 38 (2012), S. 325–347.

49 Steve Heydemann, »Managed Militarization«, *Foreign Policy*; Tamara Wittes, Aussage vor dem Außenpolitischen Ausschuss des US-Senats, http://www.brookings.edu/research/testimony/2012/04/19-syria-wittes.

50 Tariq al-Homayed, »Iran Feeling its Defeat in Syria«, *al-Sharq al-Awsat*, 22. Juli 2012.

51 Abd al-Rahman Rashed, »The Rivalry Towards Damascus«, *al-Sharq al-Awsat*, 29. Juli 2012.

52 Hussein Hayder, »The End is Near«, *al-Hayat*, 19. Juli 2012.

53 Rania Abouzeid, *Time*, 2012; Gaith Abdul-Ahad, »How to Start a Battalion (In Five Easy Lessons)«, *London Review of Books* 35, Nr. 3 (21. Februar 2013).
54 Hassan Hayder, »Don't Wait for America«, *al-Hayat*, 27. Juli 2012.
55 Yusif al-Kuwilit, »Supporting the Syrian Revolution is a Necessary Choice«, *al-Riyadh*, nachgedruckt in *al-Arabiya*, 22. Juli 2012.

5 Die Chancen für die Demokratie

1 Abd al-Aziz al-Suwaygh, AA/al-Medina.
2 Mara Revkin, »Egypt's Injudicious Judges«, *Foreign Policy*, 12. Juni 2012.
3 Nathan Brown, »Cairo's Judicial Coup«, *Foreign Policy*, 14. Juni 2012.
4 Michael Wahid Hanna, »Blame Morsi«, *Foreign Policy*, 8. Juli 2013.
5 Dina Rashed, »What Morsi Could Learn from Anwar Sadat«, *Foreign Policy*, 14. August 2012.
6 Jamal Khashoggi, »Iran and its Neighbors ... and the Brotherhood«, *al-Hayat*, 11. August 2012.
7 Abd al-Rahman al-Rashed, »Syria's Battle Between Egypt and Saudi Arabia«, *al-Sharq al-Awsat*, 2. Mai 2015.
8 Mishari al-Zaydi, »The Tears of Putin and Nasrallah«, *al-Sharq al-Awsat*, 20. Juli 2012.
9 Marc Lynch, »After the Arab Spring: How the Media Trashed the Transitions«, *Journal of Democracy*, Oktober 2015.
10 Ben Hubbard und David Kirkpatrick, »Sudden Improvements in Egypt Suggest Campaign to Undermine Morsi«, *New York Times*, 10. Juli 2013.
11 Transkript verfügbar unter http://arabist.net/blog/2013/2/11/the-us-ambassadors-speech.html.
12 Transkript verfügbar unter http://egypt.usembassy.gov/pr061813a.html.
13 Adel Iskander, »Tamarod: Egypt's Revolution Hones its Skills«, *Jadaliyya*, 30. Juni 2013; http://www.jadaliyya.com/pages/index/12516/tamarod_egypts-revolution-hones-its-skills.
14 David Kirkpatrick, »Recordings Suggest Emirates and Egyptian Military Pushed Ousting of Morsi«, *New York Times*, 1. März 2015; Alain Gresh, »Shadow of the Army over Egypt's Revolution«, *Le Monde diplomatique*, August 2013; Sheera Frenkel und Maged Atef, »How Egypt's Rebel Movement Helped to Pave the Way for a Sisi Presidency«, *Buzzfeed*,

15. April 2014; Mike Giglio, »Cairo Conspiracy«, *The Daily Beast*, 12. Juli 2013.

15 Außenminister Sameh al-Shoukry zitiert in *al-Ahram*, 4. Oktober 2015; http://english.ahram.org.eg/News/152017.aspx.

16 Yasir Abu Hilala, »The Gulf Supports Sisi and Sisi Supports Bashar?«, *Al-Ghad*, 8. September 2013.

17 Stephane Lacroix, *Awakening Islam. The Politics of Religious Dissent in Contemporary Saudi Arabia* (Cambridge: Harvard University Press, 2012).

18 Stephane Lacroix, »Saudi Arabia's Muslim Brotherhood Predicament«, *POMEPS Studies 7: Visions of Gulf Security* (25. März 2014).

19 Marc Lynch, »Gulf Islamist Dissent over Egypt«, *Foreign Policy*, 18. August 2013.

20 Zitiert bei Lacroix, »Saudi Arabia's Muslim Brotherhood Predicament«.

21 Zu Nayef siehe Guido Steinberg, »The Gulf States and the Muslim Brotherhood«, *POMEPS Studies 7: Visions of Gulf Security* (25. März 2014).

22 Abo el-Fotoh im Interview mit *Al-Shorouk*, 21. Juli 2014.

23 Ashraf el-Sharif, »The Muslim Brotherhood and the Future of Political Islam in Egypt«, Carnegie Endowment for International Peace, Oktober 2014.

24 Persönliches Interview mit zwei Netzwerkadministratoren der Muslimbruderschaft, London, Juni 2015.

25 Ibrahim Houdaiby, »The Muslim Brotherhood in Transition«, *Mada Masr*, 18. März 2015; http://www.madamasr.com/opinion/politics/muslim-brotherhood-transition; Eric Trager und Marina Shalaby, »Egypt's Muslim Brotherhood Gets a Facelift«, *Foreign Affairs*, 20. Mai 2015.

26 Mohammad Abu Rumman, »The Muslim Brotherhood … and the Suicide of the Peaceful Solution«, *Al-Araby al-Jadid*, 12. Juli 2015.

27 Mokhtar Awad und Mostafa Hashem, »Egypt's Escalating Islamist Insurgency«, Carnegie Endowment for International Peace, Oktober 2015.

6 Autokraten in der Offensive

1 Den besten Bericht über diese Ereignisse bietet David Kirkpatrick, »A Deadly Mix in Benghazi«, *New York Times*, 28. Dezember 2013.

2 Jassem Boudi, »War on Kuwaiti Soil«, *al-Rai*, 14. Juni 2013.

3 Dass Obamas gesamte Politik in der Region unter dem Aspekt der Annäherung an Iran stand, vertritt Michael Scott Doran, »Obama's Secret Iran Strategy«, *Mosaic Magazine*, 2. Februar 2015.
4 Thomas Bass, »How Tunisia is Turning into a Salafist Battleground«, *The Atlantic*, 20. Juni 2013.
5 Zitiert von Loveday Morris, »Uprising in Tunisia as Regime Critics is Murdered«, *The Independent*, 6. Februar 2013.
6 Zitiert bei Monica Marks und Kareem Fahim, »Tunisia Moves to Contain Fallout after Opposition Figure is Assassinated«, *New York Times*, 7. Februar 2013.
7 Amel Bouebakeur, »Islamists, Secularists and Old Regime Elites in Tunisia: Bargained Competition«, *Mediterranean Politics* (2015).
8 Zum Nationalen Dialog siehe Daniel Brumberg, »Could Tunisia's National Dialogue Model ever Be Replicated?«, *Washington Post*, 12. Oktober 2015.
9 »Divided We Stand: Libya's Enduring Conflicts«, *International Crisis Group Middle East and North Africa Report 130* (14. September 2012).
10 »Trial by Error: Justice in Post-Qaddafi Libya«, *International Crisis Group Middle East and North Africa Report* 140 (17. April 2013).
11 »Holding Libya Together: Security Challenges After Qaddafi«, *International Crisis Group Middle East and North Africa Report 115* (14. Dezember 2011).
12 Ali Zeidan, interviewt von Christiane Amanpour, CNN, 24. März 2014.
13 Fred Wehrey, »Libya's Revolution at Two Years: Perils and Achievements«, *Mediterranean Politics* (2013).
14 Hanspeter Mattes, »Rebuilding the National Security Forces in Libya«, *Middle East Policy* 21, Nr. 2 (2014).
15 Karim Mezran und Eric Knecht, »Libya's Fractious New Politics«, *The Atlantic Council*, 9. Januar 2013.
16 Karim Mezran, »Deepening Polarization in Libya, no Agreement in Sight«, *Atlantic Council*, 5. Februar 2014.
17 Fahmy Howeydi, »Lift Your Hands from Libya«, *al-Jazeera*, 20. Januar 2015.
18 Ein ausgezeichneter Überblick hierzu ist »Algeria and Its Neighbors«, *International Crisis Group Middle East and North Africa Report* 164 (12. Oktober 2015).

19 Zitiert in »Algeria and Its Neighbors«, *Middle East and North Africa Report* 164 (12. Oktober 2015), S. 19.
20 Wehrey, »Is Libya a Proxy War?«, *Washington Post*, 24. Oktober 2014.
21 Hilmi Nimnim, »Egypt and Libya and Qatar«, *al-Masry al-Youm*, 15. April 2014.
22 Hisham al-Shalwi, »Libya… and the Road to a Coup«, *al-Jazeera*, 18. September 2013.
23 Jon Lee Anderson, »The Unraveling«, *The New Yorker*, 23. Februar 2015.
24 David Kirkpatrick, »In Libya, a Coup. Or Perhaps not«, *New York Times*, 14. Februar 2014.
25 Chris Stephen, Ian Black und Spencer Ackerman, »Khalifa Haftar: Renegade General Causing Turmoil in Libya«, *The Guardian*, 22. Mai 2014.
26 »Libya Faces Chaos as Top Court Rejects Elected Assembly«, *Reuters*, 4. November 2014.
27 Missy Ryan und Hassan Morajea, »In Libya, trying to make one government out of two«, *Washington Post*, 18. September 2015.
28 Ausführlich hierzu siehe Daveed Gartenstein-Ross und Nathaniel Barr, *Dignity and Dawn: Libya's Escalating Civil War* (International Center for Counter-Terrorism, Februar 2015).
29 Fahmy Howeydi, »Another Reading of the Crisis in Libya«, *al-Jazeera*, 9. Januar 2015.
30 Hisham Allam, »Sisi between the Nasser of Syria and the Sadat of Gaza«, *al-Masry al-Youm*, 3. August 2014.
31 Ali Abu Yassin, *al-Araby al-Jadeed*, 27. Februar 2015.
32 Khalil el-Anani, »Sisi's Calculations in Libya«, *al-Araby al-Jadeed*, 21. Februar 2015.
33 Yezid Sayigh, »The Mirage of Egypt's Regional Role and the Libya Temptation«, *al-Hayat*, 5. März 2015.
34 Badar Shafa'ie, »Sisi and the Intervention in Libya«, *al-Araby al-Jadeed*, 19. Februar 2015.
35 Fahmy Howeydi, »The Emirati Air Strikes on Libya«, *al-Shorouk*, 27. August 2014.

7 Die Hölle Syrien

1 Mark Hosenball, »Obama Authorizes Secret U.S. Support for Syrian Rebels«, Reuters, 1. August 2012.

2 David Cloud und Raja Abdulrahim, »U.S. Training Syrian Rebels; White House ›Stepped up Assistance‹«, *Los Angeles Times*, 21. Juni 2013; Julian Borger und Nick Hopkins, »West training Syrian Rebels in Jordan«, *Guardian*, 8. März 2013.

3 C. J. Chivers und Eric Schmitt, »Arms Airlift to Syria Rebels Expands, With Aid from C.I.A.«, *New York Times*, 23. März 2013.

4 Adam Entous, Julian Barnes und Siobhan Gorman, »U.S. Begins Shipping Arms for Syrian Rebels«, *Wall Street Journal*, 26. Juni 2013.

5 Adam Entous, »Covert CIA Mission to Arm Syrian Rebels Goes Awry«, *Wall Street Journal*, 25. Januar 2015.

6 Barbara Starr und Leslie Bentz, »Official Says CIA-funded Weapons Have Begun to Reach Syrian Rebels«, CNN, 12. September 2013; Ernesto Londono und Greg Miller, »CIA Begins Weapons Delivery to Syria Rebels«, *Washington Post*, 11. September 2013.

7 Greg Miller, »CIA Ramping up Covert Training Program for Moderate Syria Rebels«, *Washington Post*, 2. Oktober 2013.

8 Siehe zum Beispiel Phil Sands, *The National*, 8. Dezember 2013.

9 Steven Clemons, »Thank God for the Saudis«, *The Atlantic*, 23. Juni 2014.

10 Adam Entous, Nour Malas und Margaret Coker, »A Veteran Saudi Power Player Works to Build Support to Topple Assad«, *Wall Street Journal*, 25. August 2013.

11 Mishari al-Zaydi, »Is Erdoğan with Us?«, *al-Sharq al-Awsat*, 10. Mai 2015.

12 Rania Abouzeid, »Syria's Secular and Islamist Rebels: Who are the Saudis and the Qataris Arming?«, *Time*, 18. September 2012.

13 Zu Stammesnetzwerken siehe Hassan Hassan, »Tribal Bonds Strengthen the Gulf's Hand in a New Syria«, *The National*, 16. Februar 2012.

14 Sam Heller und Aaron Stein, »The Trouble with Turkey's Favorite Syrian Islamists«, *War on the Rocks*, 18. August 2015; Sam Heller, »Ahrar al-Sham's Revisionist Jihadism«, *War on the Rocks*, 30. September 2015.

15 Elizabeth Dickinson, *Playing With Fire: Why Private Financing for Syria's Extremist Rebels Risks Igniting Sectarian Conflict at Home*, Brookings Institution, 4. Dezember 2013.

16 Erika Solomon, »Syria Death Toll Hits Nearly 126,000: Monitoring Group«, Reuters, 2. Dezember 2013.

17 http://www.syriahr.com/en/2015/06/320000-people-killed-since-the-beginning-of-the-syrian-revolution/.

18 Ben Hubbard, »Private Donors' Funds Add Wild Card to War in Syria«, *New York Times*, 13. November 2013.

19 Suhaib Anjarini, »The Unknown Role of Kuwait's Salafis in Syria«, *Al-Akhbar*, 21. März 2014.

20 Marc Lynch, Deen Freelon und Sean Aday, »Syria's Socially Mediated Civil War«, USIP 2014.

21 Dies wurde in der Zeitung *Al-Quds al-Arabi* am 6. September 2013 berichtet.

22 Interview mit Hajjaj al-Ajmi, veröffentlicht unter http://www.syria2011.net/t33021-topic.

23 Joby Warrick, »Private Donations Give Edge to Islamists in Syria, Officials Say«, *Washington Post*, 21. September 2013.

24 David Weinberg, »Kuwait's Embattled Justice Minister Part of a Bigger Terror Finance Problem«, *The National Interest*, 10. April 2014; und Weinberg, »New Kuwaiti Justice Minister Has Deep Extremist Ties«, *The National Interest*, 16. Januar 2014.

25 »Saudi Arabia Bans Donation Campaigns for Syrians«, *Al-Arabiya,* 29. Mai 2012.

26 *Al-Sharq al-Awsat,* 10. April 2013.

27 Äußerungen des Mufti Abd al-Aziz Al al-Shaykh, zitiert nach *Akhbar 24*: 26. Februar 2014 und 18. Dezember 2013.

28 »Saudi Arabia: Warnings Against Supporting Terrorism under the Argument of Donations for Syria«, *Al-Arabiya*, 18. Dezember 2013.

29 Zitiert in »Spendenkampagnen zur Bewaffnung der syrischen Opposition«, *al-Qabas*, 26. Juni 2013 (in arabischer Sprache).

30 »Kuwait Steps up Controls on Islamic Charities«, *The National*, 5. August 2014.

31 »›Syria Calls‹ Fundraising Illegal«, *Kuwait Times*, 4. November 2014.

32 Yezid Sayigh, »What Will the Friends of Syria Do after Arming Syria's Rebels?«, *Carnegie Middle East Center*, 28. Juni 2013.

33 Angus McDowell, »Saudi Spy Chief, Architect of Syria Policy, Replaced«, Reuters, 15. April 2014.

34 Yezid Sayigh, »Unifying Syria's Rebels: Saudi Arabia Joins the Fray«, *Carnegie Middle East Center*, 28. Oktober 2013.
35 Ian Black, »Syria Crisis: Saudi Arabia to Spend Millions to Train New Rebel Force«, *The Guardian*, 7. November 2013.
36 Yezid Sayigh, »Unifying Syria's Rebels«, *Carnegie Middle East Center*, 28. Oktober 2013.
37 Aaron Stein, »Turkey's Weakness in Iraq Tied to Weakness in Nujaifi«, *Atlantic Council*, 26. Mai 2015.
38 Aaron Stein, »What Idlib Takeover Means for Turkey«, al-Jazeera, 5. April 2015.
39 Yezid Sayigh, »The Syrian Opposition's Bleak Outlook«, *Carnegie Europe*, 17. April 2014.
40 Andrew Terrill, »Iran's Strategy for Saving Asad«, *The Middle East Journal* 69, 2 (2015), S. 222–236.
41 Marisa Sullivan, »Hezbollah in Syria«, *Institute for the Study of War* (April 2014).
42 Charles R. Lister, *The Syrian Jihad: Al-Qaeda, the Islamic State and the Evolution of an Insurgency* (London: C. Hurst 2015), ist die beste Darstellung zur Einordnung des IS in das gesamte dschihadistische Spektrum.
43 Joby Warrick, *Black Flags: The Rise of ISIS* (New York & London: Doubleday, 2015).
44 Siehe hierzu genauer Marc Lynch, »Explaining the Awakening«, *Security Studies* 20, 1 (2011), und Steven Biddle, Jeffrey Friedman und Jacob Shapiro, »Testing the Surge: Why Did Violence Decline in Iraq in 2007?«, *International Security* 37 (2012).
45 Marc Lynch, »Al-Qaeda's Counter-Counterinsurgency Manual«, *Foreign Policy*, 17. März 2010.
46 Zaid al-Ali, »Maliki Has only Himself to Blame for Iraq's Crisis«, *Washington Post,* 26. Juni 2014.
47 International Crisis Group, »Make or Break: Iraq's Sunnis and the State«, *Middle East Report* 144 (14. August 2013).
48 Kirk H. Sowell, »Iraq's Second Sunni Insurgency«, *Current Trends in Islamist Ideology*, 9. August 2014.
49 Siehe Lister, *The Syrian Jihad*, Kapitel 4.
50 Lister, *The Syrian Jihad*, S. 58.
51 Die mutmaßlichen finanziellen Unterstützer al-Nusras vom Golf

werden in einer vom US-Finanzministerium veröffentlichten Liste von Terrororganisationen genannt.

52 International Crisis Group, »Iraq's Jihadi Jack-in-the-Box«, *Middle East Briefing 38* (20. Juni 2014).

53 Zum IS als Staat siehe Quinn Mecham, »How Much of a State is the Islamic State?«, *Washington Post,* 5. Februar 2015.

54 Aaron Zelin, »The Islamic State model«, *Monkey Cage,* 28. Januar 2015; zu den sozialen Medien siehe J. M. Berger und Jessica Stern, *ISIS: The State of Terror* (New York: Ecco/HarperCollins, 2015).

55 Khalil al-Anani, »The ISIS-ification of Islamist Politics«, *The Washington Post,* 30. Januar 2015.

8 Saudische Manöver

1 Khaled al-Dukhkayl, »Operation Decisive Storm and the Nuclear Deal«, *al-Hayat*, 12. April 2015.

2 Kommuniqué verfügbar unter https://www.whitehouse.gov/the-press-office/2015/05/14/us-gulf-cooperation-council-camp-david-joint-statement.

3 Siehe dazu die Essays in POMEPS Briefing (24: Iraq Between Maliki and the Islamic State (9. Juli 2014).

4 Siehe Kirk Sowell, »The Islamic State's Eastern Frontier: Ramadi and Fallujah as Theaters of Sectarian Conflict«, *Perspectives on Terrorism* 9, Nr. 3 (2015).

5 Marc Lynch, »How Arab Backers of the Syrian Rebels See Iraq«, *Washington Post*, 18. Juni 2014.

6 Fahmy Howeydi, »Two Crises in Yemen«, *al-Shorouk*, 22. September 2014.

7 Siehe Salisbury, 2015, S. 11.

8 »The Houthis: From Sadaa to Sanaa«, *International Crisis Group Middle East Report 154* (10. Juni 2014).

9 Ghassan Cherbel, »Operation Restore Balance«, *al-Hayat*, 26. März 2015.

10 Nawaf Obaid, »The Liberation of South Yemen Proves Saudi Arabia's Power is Growing«, *The Telegraph*, 26. August 2015.

11 Daoud Shriyan, »Counter-Propaganda to Decisive Storm«, *al-Hayat*, 5. April 2015.

12 Abd al-Rahman al-Rashed, »Are Saudi Relations with Egypt Being Trashed?«, *al-Sharq al-Awsat*, 5. April 2015.

13 Yarislov Trofimov, »UAE Takes the Lead in Leaderless South Yemen«, *Wall Street Journal*, 30. August 2015.
14 Abdulkhaleq Abdullah, »Why the UAE is Fighting in Yemen«, *Gulf News*, 12. Oktober 2015.

9 Wie wird es weitergehen?

1 Sehr ausführlich hat Obama seine Ansichten am 5. August 2015 in einer Rede an der American University dargelegt; sie ist verfügbar unter https://www.whitehouse.gov/the-press-office/2015/08/05/remarks-president-iran-nuclear-deal.
2 Hilmi al-Asmar, »Waiting for the Second Campaign of the Arab Spring«, *al-Araby al-Jadeed,* 24. März 2015.

Namensregister

Die Übersetzer

Thomas Wollermann studierte in Saarbrücken und Berlin, wo er seit 1987 lebt, Philosophie und Romanistik. Er übersetzt als Mitglied des Übersetzerkollektivs Druck-Reif Literatur aus dem Englischen und Französischen für zahlreiche Verlage, u. a. Werke von Anne Baldessari, Reginald Hill, Ariel Dorfman, James Wilson, Noam Chomsky, David Simon und Glenn Greenwald.

Rita Seuß studierte Germanistik, italienische Philologie und Geschichte in Würzburg und Padua und gehört gleichfalls zum Kollektiv Druck-Reif. Nach mehreren Jahren als Verlagslektorin übersetzt sie heute politische und historische Sachbücher, aber auch Belletristik aus dem Englischen und Italienischen, u. a. John Berger, Gore Vidal, Tim Weiner, Sarah Bakewell, Roberto Saviano und Andrea Camilleri.

Foto: Raha Namwar

Daniel Gerlach
Herrschaft über Syrien
Macht und Manipulation
unter Assad

392 Seiten mit einer Landkarte
Euro 17,– (D)
ISBN 978-3-89684-164-3

Das System Assad

Der Bürgerkrieg in Syrien hat in seinem vierten Jahr mehr als vier Millionen Menschen aus dem Land vertrieben. Scheinbar unumstößlich hält sich das Regime an der Macht – trotz der erbitterten Gegenwehr und Sanktionen der westlichen Welt. Aber wer und was ist eigentlich dieses Regime Assad, und worauf begründet es seine Macht? Der Journalist und Orientalist Daniel Gerlach erklärt die Hintergründe des Konflikts sowie die Herrschaftsmethoden und fragt nach den Zukunftsaussichten des umkämpften Landes.

www.edition-koerber-stiftung.de

Mehr Bäume.
Weniger CO_2.
www.cpibooks.de/klimaneutral

MIX
Papier aus verantwortungsvollen Quellen
FSC® C083411
FSC
www.fsc.org